Enzo Gualazzi · Savonarola

Enzo Gualazzi

# Savonarola

## Prophet oder Fanatiker

Verlag Styria

Aus dem Italienischen übersetzt von Josef Helmut Machowetz
Der Titel der italienischen Originalausgabe lautet
SAVONAROLA
und erschien ©1982 Rusconi Libri S.p.A., Via Livraghi 1/b Milano

CIP-Kurztitelaufnahme der Deutschen Bibliothek
**Gualazzi, Enzo:**
Savonarola: Prophet oder Fanatiker /
Enzo Gualazzi. –
Graz; Wien; Köln: Verlag Styria, 1984.
ISBN 3-222-11564-8

1984 Verlag Styria Graz Wien Köln

Printed in Austria
Umschlaggestaltung: H. Paar, Graz
Satz und Druck: Druck- und Verlagshaus Styria, Graz
Bindung: Wiener Verlag, Himberg bei Wien
ISBN 3-222-11564-8

# I.

Im 15. Jahrhundert geht es einem Hofmaler zweifellos besser als anderen Künstlern, aber es gibt doch auch Tage, wo er sich ärgert, weil man beispielsweise von ihm verlangt, in höchster Eile so alltägliche Dinge wie eine Alkoventafel, eine Truhe, Harnische für die Pferde oder einen Katafalk zu bemalen – was er ja nicht einfach ablehnen kann –, weil ein Mitglied des Hofes gerade heiratet, zu einem Turnier reiten muß oder soeben das Zeitliche gesegnet hat; und das ausgerechnet zu einem Zeitpunkt, da er unter höchster Anspannung aller seiner Kräfte an einem Werk arbeitet, das seinen ganzen künstlerischen Einsatz beansprucht.

Im Frühjahr des Jahres 1469 dürfte es auch Cosimo Tura, dem 39jährigen Hofmaler von Ferrara, ähnlich ergangen sein. Er ist gerade mit der Bemalung der neuen Orgel der Kathedrale beschäftigt – Bilder aus dem Leben des hl. Georg, des Ritters und Drachentöters –, als er den Auftrag erhält, die feierliche Inszenierung des bevorstehenden großen Festes zu Ehren des Heiligen vorzubereiten. In diesem Augenblick beginnt sich der Künstler von neuem darüber zu ärgern, daß er seinen alten Jugendtraum, sich für immer in Venedig niederzulassen, nicht verwirklicht hat.

Das Fest des hl. Georg, des Patrons von Ferrara, fällt auf den 24. April, und an diesem Tag soll auch die neue Orgel eingeweiht werden. Bei diesem feierlichen Anlaß darf natürlich das Stadtoberhaupt von Ferrara, Borso d'Este, 56 Jahre alt, nicht fehlen, außer es würden ihn dringende Staatsgeschäfte oder Krankheit von der Teilnahme abhalten. Der Herrscher liebt solche Zeremonien und Feste mit all dem Drumherum, das damit verbunden ist, den Turnieren und Umzügen, Paraden und Prozessionen sowie den verschiedenen Preis- und Ordensverleihungen.

Nach den Bildtafeln für den Dom wendet sich das künstlerische Interesse von Cosimo Tura wichtigen Arbeiten für ein pompöses Landhaus oder – fast noch mehr – jenen Fresken zu, die für den Palazzo Schifanoia nach dessen Erweiterung um ein zweites Stockwerk vorgesehen sind. Und das nicht, weil er besonders geldgierig wäre. Er weiß bereits, was mit seinem Vermögen einmal geschehen wird: Es soll – zum Teil wenigstens – in Venedig unter den Armen der Stadt verteilt werden. So jedenfalls wird er selbst es in weniger als zwei Jahren in seinem Testament vom 14. Januar 1471 bestimmen. Nicht wegen des Geldes also, sondern um der Arbeit selbst willen und aufgrund eines inneren Antriebs malt er nun ein Bild nach dem anderen, ohne Unterbrechung.

Es kann aber auch sein, daß der Maler in letzter Zeit bei seinem mächtigen Arbeitgeber eine gewisse kühle Distanz bemerkt hat, eine Gleichgültigkeit, die sich von einem so sensiblen Manne wie ihm leicht als ein Zeichen mangelnden Interesses und wohl auch geminderter Wertschätzung für seine künstlerischen Leistungen deuten ließ. Diese Interpretation mag natürlich jeglicher Grundlage entbehren, sie entspringt vielleicht nur einer fixen Idee, ist Ausfluß seines schon fast neurotisch zu nennenden Charakters, in dem wohl auch die tieferen Wurzeln für seinen etwas verstörten und verzerrten künstlerischen Stil zu suchen sind: Denn Borso vermittelt seit einiger Zeit – um die Wahrheit zu sagen – diesen Eindruck kühler Distanz, obwohl immer ausgesprochen liebenswürdig im Umgang, auch allen anderen in seiner Umgebung. Vielleicht liegt es an seinem Gesundheitszustand.

Doch es könnte auch die politische Lage dafür verantwortlich sein. Tatsächlich wird gerade zu dieser Zeit die innere Sicherheit des Staates von den Grafen Pio, seinen Nepoten aus Carpi, den sieben Söhnen seines verstorbenen Schwagers Galasso, in Frage gestellt. Außerdem ist die finanzielle Situation äußerst trist und befindet sich – zum Teil auch durch seine eigene Schuld – aufgrund hemmungsloser Verschwendung nunmehr am Rande des Zusammenbruchs.

Was die äußere Lage betrifft, so gibt ihm der Kampf zwischen den verschiedenen italienischen Staaten um die Herrschaft über Rimini nach dem Tod von Sigismondo Malatesta zu Besorgnis Anlaß: Wieder einmal wird es nötig sein, sich vor den Truppen des Grafen Federigo von Urbino in acht zu nehmen, der schon zwei Jahre zuvor bei Molinella Gelegenheit gehabt hatte, seinem Bruder Ercole, der damals ein auf Kosten Venedigs ausgerüstetes Heer gegen Florenz und Mailand führte, eine bittere Lektion zu erteilen.

Aber im Zusammenhang mit der Situation um Rimini dürften wohl auch die Beziehungen zu Rom dazu beigetragen haben, die Sorgen des Herrschers zu vergrößern. Papst Paul II. scheint sich noch immer nicht endgültig entschieden zu haben, ihm offiziell die Herzogswürde von Ferrara zu übertragen, und das trotz der zahlreichen Beweise seiner Treue zur Kirche. Es ist daher nicht auszuschließen, daß Borso deshalb in letzter

Zeit sogar heimlich mit dem Gedanken gespielt hat, zu den Gegnern des Papstes überzulaufen.

Nach dem Tod Sigismondos weigerte sich der Papst, den Nachfolger Roberto Malatesta als Herrscher von Rimini anzuerkennen. Im Zuge dieser Auseinandersetzungen stehen Venedig und Ferrara als Verbündete auf seiten der Kirche, während Mailand, Florenz und Neapel Roberto Malatesta unterstützen. Das Dilemma, vor das sich Borso nun gestellt sieht, dürfte lauten, ob es besser sei, mit dem Papst zu unterliegen oder sich irgendwie von ihm abzusetzen, um sich am Ende vielleicht sogar auf der Seite der einstigen Gegner wiederzufinden: ein äußerst riskantes Spiel, wenn auch nicht ungewohnt für einen Este.

Borso ist aufgrund kaiserlicher Investitur Graf von Rovigo sowie Herzog von Reggio und Modena, doch in Ferrara spielt er nur die Rolle eines Statthalters des Heiligen Stuhles, die Rolle eines kleinen Vasallen. Vom Papst als erster Herzog von Ferrara eingesetzt zu werden, das würde einen enormen Zuwachs an Prestige sowie an innerer und äußerer Autorität für ihn bedeuten. Es würde auch die Nachfolge seines Bruders Ercole erleichtern, ohne daß sich in Ferrara das gleiche Chaos wie in Rimini wiederholen müßte. Aber vor allem würde die glanzvolle Zeremonie seiner Investitur in St. Peter zu Rom zur Verherrlichung seiner eigenen Person beitragen. Sein ganzes Leben lang hat er sich nichts sehnlicher gewünscht, als daß dieser Tag einmal kommen möge.

Jedem schlägt seine Stunde: »Stat sua cuique dies«, wie sein Bruder und Vorgänger Leonello d'Este, Vergil in einem ganz anderen Sinn zitierend, häufig zu sagen pflegte. Leonello war wirklich eine Perle gewesen, auch er die Frucht eines der unzähligen Liebesabenteuer seines Vaters Niccolò III., von dem ein volkstümliches Sprichwort sagte: »Diesseits und jenseits des Po, alles Kinder von Niccolò.«

Diese Perle Leonello, noch schöner gefaßt durch die geglückte Erziehungskunst eines Guarino da Verona, hatte all ihren natürlichen Glanz ausgestrahlt. Borso hingegen hatte von einem Studium nie etwas wissen wollen. Nichts von Latein und schon gar nichts von den übrigen Dingen. Er ritt statt dessen lieber im gestreckten Galopp den Waldrand entlang, er liebte die wilden Jagden, die Hunde, die Pferde – und die Karriere seines Vaters, die Karriere eines Kriegers. Und so hatte er auch 1450 nach dem plötzlichen Tod Leonellos das Recht der Nachfolge an sich reißen können. »Stat sua cuique dies«: Jedem schlägt seine Stunde.

Über die genaue Bedeutung dieser Stelle aus der »Äneis« war seinerzeit zwischen Leonello und seinen gebildeten Freunden an der Akademie unter der wohlwollenden Aufsicht von Guarino da Verona, der die Schule leitete, viel diskutiert worden. Auch der alte Guarino ist nun schon seit einiger Zeit tot, Schule und Internat liegen jetzt in den Händen seines Sohnes Battista. Studenten aus allen Teilen Italiens, aber auch aus Frankreich, Deutschland, England, Griechenland und sogar aus Polen kommen nun nach Ferrara. An diesem kulturellen Prestige, das die Akademie von Ferrara damals genoß und sie zu einer der bedeutendsten Schulen in ganz Italien werden ließ, konnte zweifellos sogar ein Mann wie Borso, der diesen Dingen sonst eher fremd gegenüberstand, größtes Gefallen finden, obschon es nicht zu vergleichen war mit dem Vergnügen, quer durch die Wälder hinter einem Wildschwein herzuhetzen oder auf dem Rücken eines Rassepferdes dahinzugaloppieren.

Aber in diesem Frühjahr 1469 wäre es für den Herrn von Ferrara gut, wenn er seine einstige Fähigkeit wiedergewänne, den verschiedenen Unbilden des Lebens mannhaft entgegenzutreten. Was immer auch die Ursache sein mag, sein Gesundheitszustand oder die bedrohliche Lage des Staatswesens, sein jetziger Anblick ist jedenfalls grundverschieden von früher. »Stat sua cuique dies«: »Jedem schlägt seine Stunde des Todes«, wie der genaue Sinn der Stelle bei Vergil lautet.

Leider ist in diesem Frühjahr 1469 der alte Hofmedicus Michele Savonarola nicht mehr am Leben. Er wäre vielleicht in der Lage gewesen, die richtige Arznei für Borso zu finden. Obwohl seit geraumer Zeit bereits im Ruhestand, war er bis zuletzt imstande gewesen, hilfreiche Ratschläge zu erteilen. Wollte man ihm heute, im nachhinein, ein medizinisches Spezialgebiet zuteilen, so wäre es ohne Zweifel der Genitalbereich. Auch in seinem berühmten »Opus medicinae«, einem Werk über allgemeine Pathologie, hatte er seine ganz spezielle Kompetenz diesbezüglich unter Beweis gestellt, wenn er dort beispielsweise unter anderem gewisse Methoden bei schwierigen Eingriffen im Rahmen der Geburtshilfe beschreibt. Aber auch sonst war er ein ganz ausgezeichneter Arzt gewesen.

Um aber auf Borso zurückzukommen: Er hat nunmehr ein Alter von 56 Jahren erreicht, ist noch immer unverheiratet und ohne Nachkommen. Liebesaffären kennt er nicht, weder legitime noch illegitime, was für einen Este – und noch mehr für einen Sohn Niccolòs III. – fast schon eine Abnormität darstellt. Man könnte vielleicht sagen, daß sein Eros derart mit seinem Narzißmus identisch ist, daß dieser Trieb gar keines weiteren Anwendungsbereiches mehr bedarf.

Einige haben die Hypothese aufgestellt, daß er deshalb nicht geheiratet habe, um seinem Bruder Ercole einmal die Nachfolge überlassen zu können und um so gleichsam das Unrecht wiedergutzumachen, das darin bestand, ihn nach dem Tode Leonellos in der Nachfolgefrage aus dem Feld geschlagen zu haben. In Wirklichkeit hat Borso damals aber vor allem seinen Neffen Niccolò ausgebootet, der als legitimer Sohn Leonellos automatisch die Nachfolge seines Vaters hätte antreten müssen, obwohl er damals noch ein Kind von zwölf Jahren gewesen war.

Das Testament Niccolòs III. ließ keinen Zweifel über die Reihenfolge offen: Zuerst sollte Leonello nachfolgen, wie es auch tatsächlich geschah; nach Leonello wären seine eventuellen rechtmäßigen Söhne und – falls es solche nicht gibt – die illegitimen an der Reihe gewesen; dann Ercole und schließlich Sigismondo. Diese Verfügung kam jedoch nie zum Tragen, weil Borso alle rechtmäßigen Nachfolgekandidaten einfach überrumpelt hatte. Über Borso selbst verliert das Testament kein einziges Wort, so als ob er überhaupt nicht existieren würde, als ob er in der großen Masse seiner illegitimen Brüder und Schwestern untergegangen wäre. In der Tat sind Ercole und Sigismondo unter den zahlreichen Kindern des Grafen Niccolò III. die einzigen, die aus einer rechtmäßigen Ehe stammen, während Borso – wie übrigens auch Leonello – außerehelich geboren wurde. Seine Mutter ist Stella dei Tolomei, die Geliebte des Grafen: Sehr komplizierte Familienverhältnisse also, aber im Grunde halten doch alle ziemlich zusammen, auch mit den vielen »Ablegern« überall im Lande fühlt man sich verbunden; man trachtet danach, sie irgendwie am Hofe oder sonstwo unterzubringen, den einen da, den anderen dort, den einen, um in den Tümpeln kirchlicher Pfründen zu fischen, den anderen, um ihm eine vorteilhafte Heiratsmöglichkeit zu verschaffen.

Apropos Heirat: Im Frühjahr 1469 befindet sich Pandolfo Collenuccio, 25 Jahre alt, aus Pesaro stammend, in Ferrara, um Beatrice dei Costabili, Tochter einer wohlhabenden und einflußreichen Familie aus dem Diplomatenmilieu, zu heiraten. Auch am Hof muß er Erfolg gehabt haben: ein gebildeter und feinsinniger junger Mann, ein Humanist, ganz anders jedoch als Pomponio Leto, jener kleine, wortgewandte Süditaliener (doch auch er war auf seine Weise eine faszinierende Erscheinung), dessen jüngster Aufenthalt in Ferrara in den gebildeten Kreisen der Stadt noch immer einen Hauptgesprächsstoff bietet.

Pomponio war aus Rom gekommen und über Venedig auf dem Weg in den Orient gewesen. Bei der Gelegenheit hatte er an der Akademie von Ferrara einen improvisierten Vortrag über die Ausgrabungen auf dem Forum Romanum gehalten, die von der römischen Akademie, deren Präsident er war, vorgenommen wurden. Er gehe in den Orient, so hatte er gesagt, um seine Kenntnis der griechischen Sprache zu vervollkommnen. Aber schließlich war er dann doch in Venedig geblieben, wo er einigen Söhnen aus gutem Hause Privatstunden gegeben hatte, bis er bei einem von ihnen scheinbar zu weit gegangen und deshalb von den venezianischen Behörden in den Arrest gesteckt worden war. Gern hatte man ihn aber wieder laufen lassen, als Papst Paul II. seine Auslieferung verlangte. Inzwischen hatte sich nämlich die römische Akademie gegen die Gesetze vergangen, und Pomponio selbst wurde eines versuchten regierungsfeindlichen Anschlags verdächtigt, ja sogar der Gottlosigkeit beschuldigt: zwei Delikte, von denen jedes einzelne mit der Todesstrafe geahndet wurde. Es scheint, daß unter dem Vorwand wissenschaftlicher Zusammenkünfte sein Haus auf dem Quirinal zu einem Zentrum der Verschwörung und des Umsturzes geworden war.

Im Frühjahr 1469 sitzt demnach Pomponio Leto zusammen mit Bartolomeo Sacchi, genannt Platina, und anderen Leuten von der ehemaligen römischen Akademie im Kerker in der Engelsburg. Aber sein Kollege Pandolfo Collenuccio, der gewöhnlich gut informiert ist, wäre vielleicht in der Lage, uns genauer zu berichten, daß Pomponio in Wahrheit kurz vor Ostern schon wieder aus der Haft entlassen wurde und nun einzig und allein darauf bedacht ist, mit Hilfe von Teodoro Gaza, einer weiteren illustren und in den kulturbeflissenen Kreisen von Ferrara wohlbekannten Erscheinung, seine Griechischkenntnisse zu vertiefen. Dieser berühmte griechische Humanist war nämlich nach Ferrara gekommen, als die Stadt gerade Tagungsort des Konzils war. Er ist dann noch für kurze Zeit als Lehrer und Rektor der Universität in Ferrara geblieben. Unter anderem hat er dort auch den Traktat seines ebenfalls berühmten Kollegen Michele Savonarola über die Thermalbehandlung ins Griechische übersetzt.

Der alte Michele Savonarola war ein Mann mit einem nicht nur wissenschaftlichen, sondern auch moralischen Charisma gewesen, ein liebenswürdiger Mensch, wenn auch in Prinzipienfragen höchst intransigent. Er wird wohl die gleichen blauen Augen und dieselbe Nase gehabt haben wie sein noch berühmterer Enkel, diese markant gebogene Nase, wie sie auf dem Porträt von Bartolomeo della Porta, das diesen im Profil zeigt, zu sehen ist, aber doch mit regelmäßigen Gesichtszügen, wie dessen Vorderansicht auf dem Gemälde Raffaels »Disputation über das Heilige Sakrament« beweist: dieselbe Art von Nase, wie sie auch Borso d'Este auf seinem Krankenlager in perspektivischer Verkürzung, wie eine Figur von Mantegna, vielleicht gesehen haben mag, wenn sein tüchtiger Leibarzt sich über ihn beugte, um ihn zu untersuchen. Im allgemeinen prüfte der Doktor immer auch den Urin seiner Patienten, worüber er ebenfalls einen Traktat geschrieben hat, nämlich »De urinis«.

Aber man darf nicht glauben, daß seine Studien sich nur auf die medizinische Wissenschaft beschränkt hätten. Die Philosophie war seine große Leidenschaft gewesen, die Philosophie im weitesten Sinne, vor allem das umfassende Studium der Natur, aber auch die Ethik, die Politik, die Ästhetik und die Pädagogik, und zwar so sehr, daß sich der alte Savonarola in letzter Zeit fast nur mehr mit der Erziehung seines Enkels Girolamo und der unentgeltlichen medizinischen Betreuung der Armen in der Stadt beschäftigt hatte.

Wie es so oft bei einem tüchtigen Arzt der Fall ist, hat auch er sich seine jugendliche Spannkraft sehr lange erhalten. Zumindest bis zu seinem 60. Lebensjahr hatte er sich jung gefühlt, und das will etwas heißen in einer Zeit, da die allgemeine Lebenserwartung kaum 50 Jahre betrug. Im Jahre 1440, als er diesem Alter schon ziemlich nahe war, hatte er beschlossen, als Leibarzt Niccolòs III. und Universitätslehrer nach Ferrara zu gehen und damit auf den Lehrstuhl, den er in seiner Heimatstadt Padua innegehabt hatte, zu verzichten. Niccolò war jedoch schon ein Jahr darauf gestorben, sicher nicht aus Verschulden seines neuen Arztes, denn abgesehen von den Folgen einer alten Gonorrhöe hatte er sich, als der Tod ihn dahinraffte, gerade am Hofe von Filippo Maria Visconti in Mailand aufgehalten, und es waren gravierende Anzeichen einer Vergiftung nicht zu übersehen gewesen.

Übrigens hatte auch Niccolò selbst in dieser Hinsicht nie lange gefackelt. Er war immer sehr schnell bei der Hand gewesen, wenn es darum gegangen war, jemanden auf nicht ganz gewöhnliche Weise ins Jenseits zu befördern. So hatte er 1425 seine zweite Frau Parisina Malatesta, die erst 21 Jahre alt war, kurzerhand hinrichten lassen, und zugleich mit ihr auch seinen 20jährigen Sohn Ugo, seinen Erstgeborenen, der wie Borso und Leonello aus der Verbindung mit Stella hervorgegangen war: eine gewaltige Tragödie, ein öffentliches Spektakel. Doch später in Ferrara war er sehr darauf bedacht gewesen, den Vorfall herunterzuspielen, obwohl er selbst es gewesen war, der eine Abschrift der Prozeßakten an alle Staatskanzleien hatte verschicken lassen, nachdem er in seinem eigenen Territorium für Ehebrecherinnen, die auf frischer Tat ertappt wurden, die Todesstrafe eingeführt hatte. Tatsächlich sind die beiden von ihm in flagranti erwischt worden, nachdem er sie zuvor durch ein Loch im Fußboden der Bibliothek, die direkt über dem Schlafzimmer lag, beobachtet hatte.

Tito Vespasiano Strozzi, ebenfalls ein bekannter Humanist, der in Ferrara lebt, schreibt 1469 gerade an einem Epos in lateinischer Sprache. Den Titel des neuen Werkes, das Borso gewidmet ist und eine einzige Verherrlichung seiner Person darstellt, kennt man bereits: »Borsiade«. Er muß sogar damit rechnen, es im Auftrag des Herzogs in die Umgangssprache übersetzen zu müssen. Aber man kann Gift darauf nehmen, daß es sich hier nur um die schmeichlerische Geste eines Höflings handelt und daß das Epos für immer unvollendet bleiben wird. Doch Tito Vespasiano Strozzi verschafft sich auf diese Weise am Hofe eine gewisse Machtposition. Sein bevorzugtes Operationsgebiet ist – abgesehen von der Diplomatie – das öffentliche Finanzwesen. Und als einem, der im Palast ein- und ausgeht, gelingt es ihm bestens, auch auf seinen eigenen Vorteil bedacht zu sein.

Hingegen hatte das Motto des alten Savonarola immer gelautet: »Halte dich fern vom Hofe, wenn du Gott dienen willst!« So hatte er es auch gleichsam wie ein Rezept in einem seiner kleinen pädagogischen Werke niedergeschrieben, die er in den letzten Jahren ausdrücklich für seinen Enkel verfaßt hatte, um ihm für sein weiteres Leben einen Weg zu ebnen, der seinem Talent entsprach, durch das er allen anderen in der Familie überlegen zu sein schien. Andere seiner Grundsätze, wie etwa der folgende, bezogen sich auf die Grenzen religiöser Machtausübung: »Wenn Gott einmal etwas festgelegt hat, dann können weder die Päpste noch deren Statthalter etwas anderes befehlen.«

Für seine Schwiegertochter Elena Savonarola, die Mutter von Girolamo, hatte er eigens einen Traktat geschrieben mit dem Titel »De regimine praegnantium«, der Verhaltensregeln für schwangere Frauen enthielt. Die Schwiegertochter hatte insgesamt sieben Kinder geboren, fünf Knaben und zwei Mädchen; alle waren sie gesund zur Welt gekommen – wie hätte es auch anders sein können bei einem solchen Großvater! Im Jahre 1469 ist sie noch ziemlich jung. Auch sie ist von vornehmer Abstammung, aus dem Adelsgeschlecht der Bonacolsi von Mantua, damals die Herren dieser Stadt, die später aber vertrieben und in alle Winde zerstreut wurden, um der mächtigen Familie der Gonzaga Platz zu machen.

Nach dem Tode des alten Savonarola funktioniert leider manches nicht mehr in der Familie. Elenas Mann Niccolò ist von gutmütiger Art, kein Zweifel; er hängt sehr an seinen Kindern, aber man sieht doch deutlich, daß er der ganzen Sache nicht gewachsen ist. Bis zu seinem 40. Lebensjahr war er immer im Schatten des Vaters gestanden, eine Jugend ohne rechte Ambitionen, aber mit einem naiven Optimismus und einem steten Drang nach Vergnügungen aller Art, sowohl am Hofe wie auch außerhalb des Hofes. In Padua waren die Savonarola zuerst als Militärs (es gibt in Padua noch heute ein Stadttor, das ihren Namen trägt), dann als Geschäftsleute und schließlich als Männer der Wissenschaft in Erscheinung getreten. Durch drei Generationen hindurch hatte es einen ständigen sozialen Aufstieg gegeben. Niccolò hingegen will, obwohl er Philosophie studiert hatte, wieder als Bankier tätig sein. Aber er versteht nichts von diesem riskanten Geschäft. Er ist zu vertrauensselig, läßt sich in vielen Fällen von Mitleid rühren, bewilligt nur allzuleicht Kredite und gibt Garantien. Er ist jedenfalls drauf und dran, mit seiner Wechselstube Schiffbruch zu erleiden.

Auch die beiden größeren Söhne haben es zu nichts Besonderem gebracht. Der älteste, Ognibene, wollte es ebenfalls beim Militär probieren und hat die Familie schon sehr früh verlassen. Im Frühjahr 1469 dürfte er bei der Belagerung von Rimini dabeigewesen sein. Bartolomeo, der zweitälteste, befindet sich gleichfalls fern der Familie.

Derjenige, von dem man sich zu Hause am meisten erwartet, ist Girolamo. Am 21. September 1452 geboren, ist er im April 1469 noch nicht ganz 17 Jahre alt. Marco und Alberto sind noch klein, und noch jünger sind Beatrice und Klara.

Girolamo ist kein Abenteurer, er würde nie die Familie verlassen auf der Suche nach dem großen Glück. Als er noch ein Kind war, blieb er immer dort stehen, wo man ihn gerade hingestellt hatte. Und auch als Erwachsener macht er keinen Schritt, ohne zu sagen, wohin er geht. Sein Großvater hatte ihn schon sehr früh mit dem Studium vertraut gemacht, und nun ist er gewissermaßen ein Intellektueller mit einem ordnungsgemäßen Studienabschluß. Er kennt viele Bücher auswendig, vor allem auch die Heilige Schrift; er schreibt Gedichte und interessante Prosastücke in Latein, aber auch in der Volkssprache, ohne daß man ihn deshalb einen Humanisten nennen könnte; er hat gelernt, selbständig zu denken, er spielt auch verschiedene Musikinstrumente, vor allem die Laute. Nun bereitet er sich auch noch auf das Medizinstudium vor, obwohl er mehr der Philosophie und der Theologie zuneigt. Auf ihn, den künftigen Arzt, scheint nun die ganze Familie ihre Hoffnungen zu setzen, um die eigene wirtschaftliche Lage verbessern zu können.

Jedoch in letzter Zeit neigt Girolamo etwas zu sehr dazu, sich von den anderen abzusondern. Warum diese langen, einsamen Wanderungen aus der Stadt hinaus, entlang des Flusses, in Richtung Bologna? Wäre es nicht besser, meinen die Eltern, mehr unter die Leute zu gehen und sich vor allem am Hofe öfter sehen zu lassen?

Schließlich gibt es auch noch jene alte Geschichte von Laudomia Strozzi. Manche können sie noch immer nicht ganz glauben, obwohl sie diese Geschichte, die möglicherweise von Girolamos Bruder Marco stammen dürfte, eifrig weitererzählen. Und wenn man sie doch glaubt, dann hält man sie eben für eine Jugendtorheit, welche die augenblicklichen Entscheidungen Girolamos und seine zukünftigen Verhaltensweisen in keiner Weise beeinflußt.

Daß der junge Girolamo in das Mädchen verliebt war und daß die beiden Gelegenheit gehabt hatten, von ihren in einer engen Gasse einander gegenüberliegenden Fenstern aus sich ihre Liebe zu gestehen, sind absolut glaubwürdige Tatsachen, und ebenso glaubhaft ist es, daß er sie eines Tages gefragt hat, ob sie ihn heiraten wolle, worauf sie ihm geantwortet haben soll, daß eine Strozzi wohl nie einen Savonarola heiraten würde. Man zögert hingegen zu glauben, daß Girolamo sie daraufhin ganz brutal auf ihre zweifelhafte Herkunft als illegitime Tochter von Roberto Strozzi hingewiesen haben soll.

Aber hat dieser Junge nicht auch später als Erwachsener die Dinge ohne Beschönigung einfach ganz offen beim Namen genannt?

# II.

Am Morgen des Festes des hl. Georg strömt das Volk aus allen Teilen des Landes, aus Stadt und Land, von »diesseits und jenseits des Po«, nach Ferrara. Sie folgen dem Geläute der Glocken, dem Ruf der Pfeifen und Trompeten und ziehen zum Dom, zu den feierlichen Prozessionen, den bunten Paraden, den Spielen, den gebratenen Spanferkeln, den Turnieren und Wettrennen, sie lieben diesen ganzen Trubel, wo man sich auch in ein galantes Abenteuer stürzen oder am süßen Wein berauschen kann, wo es Raufhändel gibt und gefinkelte Taschendiebe ihr Unwesen treiben, wo die verschiedenartigsten Geschäfte abgewickelt werden und jeder irgendwo sein Glück versucht. So war es 1469, und so ist es auch am Fest des hl. Georg 1475, als der 22jährige Girolamo Savonarola, gegen den Strom der in die Stadt drängenden Volksmassen ankämpfend, die Straße nach Bologna zu erreichen trachtet.

Seine Mutter weiß diesmal von nichts. Niemand weiß etwas von seinem Entschluß. Sicher, am Abend zuvor hat sie irgendwelche Vorahnungen gehabt. Er hatte seine Laute zur Hand genommen und ganz spontan in die Saiten gegriffen: »Mein Sohn«, hat sie mit dünner Stimme gesagt, »diese Musik hat so etwas von Abschied an sich.« Er hat nur lächelnd den Kopf geschüttelt, sie mit einigen Worten beruhigt und mit zitternden Händen weitergespielt.

Er hat keine Gelegenheit mehr gehabt, seinem Vater auch nur eine Zeile der Erklärung zu hinterlassen. Aber in seinem Zimmer, auf dem Sessel neben dem Fenster, hat er für ihn einige in Latein beschriebene Blätter offen liegen gelassen: die »Verachtung der Welt«, eine Meditation, die eine totale Ablehnung jenes Lebensmodells zum Ausdruck bringt, das die damalige Welt propagierte: ein Modell, dem sich anzupassen er selbst gezwungen sein würde, wenn er in Ferrara bliebe.

Sein Vater ist selbst in gewisser Weise ein Intellektueller, und als solcher müßte er das eigentlich verstehen. Es handelt sich in etwa um dieselben Gedanken und Gefühle, die schon drei Jahre zuvor den jungen

Girolamo zu einem Lied mit dem Titel »De ruina Mundi« (»Das Verderben der Welt«) inspiriert hatten. Es konnte damals vielleicht wie eine literarische Übung zwischen Dante und Petrarca erscheinen, aber einige Verse vermittelten doch den Eindruck, sehr genau die augenblickliche Realität wiederzugeben:

»Glücklich ist heute der Räuber
und wer vom Blut der andern sich nährt,
wer Witwen und ihre Kinder bestiehlt
und die Armen gänzlich vernichtet!«

Sicher, sein Vater hatte auch Philosophie studiert. Aber es ist doch zu bezweifeln, ob der Mechanismus des Trostbedürfnisses ihn automatisch dazu veranlassen konnte, die »Verachtung der Welt« zu lesen. Vielmehr ist wohl anzunehmen, daß seit dem Fest des hl. Georg im Hause Savonarola viel geweint worden ist. Deshalb auch jener Brief, der im Geiste des jungen Ausreißers schon Gestalt annimmt, während er die ersten Schritte auf dem Weg zu jenem Lebensmodell tut, dem zu folgen er nunmehr entschlossen ist.

Im folgenden einige Auszüge aus diesem Brief, den Savonarola am Tag darauf, dem 25. April 1475, aus Bologna an seinen Vater schreibt:

»Ich verstehe sehr wohl den Schmerz, den ich Euch bereitet habe, als ich in einer Weise von zu Hause fortging, die wie eine Flucht aussehen mag. Aber ich möchte, daß auch Ihr versteht, daß mein Entschluß wohlüberlegt und nicht die Tat eines unreifen jungen Mannes ist. Wenn Ihr das begreift, wird es Euch ein großer Trost sein. Deshalb bitte ich Euch, mit kühlem Kopf beurteilen zu wollen, ob ich eine andere Wahl hatte als diese Flucht.

Ich habe mich für das Kloster entschieden, weil ich das entsetzliche Elend der Welt, die Bosheit und Treulosigkeit der Menschen, ihre Hurerei und Habgier, den Stolz und die Abgötterei samt ihren zotigen Reden gesehen habe und die ganze Gewalttätigkeit einer Gesellschaft, die jeden Sinn für das Gute verloren hat ... Und außerdem, wie sollte ich denn die abgrundtiefe Bosheit dieser verblendeten Völker Italiens ertragen? Wie mich mit einer solchen Umkehr aller Werte abfinden, wo die Laster gepriesen und die Tugenden lächerlich gemacht werden?

Darunter habe ich am meisten gelitten. Deshalb habe ich begonnen, jeden Tag Jesus Christus im Gebet anzuflehen, er möge mich vor all diesem Schmutz bewahren: ›Notam fac mihi viam in qua ambulem‹ (›Zeig mir den Weg, den ich gehen soll‹) ... Nun hat Gott mir diesen Weg gezeigt ...

Wenn also, liebster Vater, etwas zu tun ist, dann dies: Gott Dank zu sagen und sich nicht weinend der Trauer hinzugeben. Er hat Euch doch einen Sohn geschenkt und ihn bei Euch gelassen bis zu seinem 22. Lebensjahr. Nun ruft er ihn zum Kampf in seine Heerschar. Ist es nicht ein großes Glück, einen Sohn zu haben, der zu Gottes Streitmacht gehört? Wenn Ihr mich wirklich liebt, müßtet Ihr Euch eigentlich darüber freuen und ein großes Fest veranstalten wegen dieser Auserwählung.

Ich weiß sehr wohl, daß man der Stimme des Blutes nicht befehlen kann. Dennoch kann es der Vernunft manchmal gelingen, die Leidenschaften zu zügeln, vor allem, wenn es sich um Menschen handelt, die so klug und voller Edelmut sind wie Ihr. Glaubt Ihr vielleicht, daß es für mich kein furchtbarer Schmerz gewesen ist, mich von Euch zu trennen? Seit ich geboren bin, glaubt mir, habe ich noch keinen solchen Schmerz erlitten: das eigene Fleisch und Blut verleugnen zu müssen und sich unter lauter fremde Menschen zu begeben, um meinen Leib Christus zu weihen, um meinen Willen in die Hände derer zu legen, die ich noch nie in meinem Leben gesehen habe. Aber dann, als ich darüber nachdachte, daß Gott mich ruft und selbst nicht gezögert hat, unter uns kleinen Menschenwürmern zum Sklaven zu werden, da habe ich nicht mehr den Mut gehabt, mich seiner verlockenden Stimme zu entziehen: ›Venite ad me omnes qui laboratis et onerati estis, et ego reficiam vos‹ (›Kommt alle zu mir, die ihr euch plagt und schwere Lasten zu tragen habt. Ich werde euch Ruhe verschaffen‹).

Ich weiß, daß Euch die Tatsache am meisten weh tut, daß ich heimlich von Euch weggegangen bin, daß ich gleichsam von zu Hause geflohen bin. Nun, ich möchte Euch sagen, daß in jenem Augenblick der Schmerz, den ich selbst dabei empfand, so groß war, daß es nur eines einzigen Wortes von Euch bedurft hätte, und ich wäre schwach geworden und dageblieben ... Schnell werden jedoch diese Tage vergehen, an denen der Schmerz noch so frisch ist ...«

Jedenfalls ist der Text seines Liedes »De ruina Mundi« nicht nur ein literarischer Erguß, sondern auch die Bestandsaufnahme einer täglichen Realität, eine Beschreibung des momentanen Zustandes der Gesellschaft: aus dem Blickwinkel eines Bewohners von Ferrara zwar, aber doch auch ein Echo der Zustände im ganzen übrigen Italien. Ein wenig später, während seines Noviziates, wird der angehende Dominikaner mit seinem zweiten Lied »De ruina Ecclesiae« von 1475 eine weitere derartige Beschreibung liefern.

Doch wie sieht diese tägliche Realität aus? Es gibt Beweise genug, um mit Sicherheit sagen zu können, daß es in Ferrara, vor allem zwischen 1469 und 1472, genügend solcher Fälle gab, wie sie in dem Lied des jungen

Savonarola geschildert werden, daß man nämlich von Raub und Diebstahl ganz gut leben konnte, daß Witwen samt ihren Kindern ihrer letzten Habe beraubt und unwürdige Personen mit höchsten Ehren überhäuft wurden und dergleichen mehr. Für einen jungen Mann wie ihn, einen Dichter, der in seinen Versen einen Julius Caesar auf dieselbe Stufe stellt wie Nero, kann eine Person wie Borso d'Este nur als ein Tyrann erscheinen, ja sogar als ein ganz besonders verabscheuungswürdiger Tyrann, weil er seine despotische Gewaltherrschaft unter dem Deckmantel herablassender Leutseligkeit verbirgt. Und als einen solchen Tyrannen empfindet er ihn ganz sicher an jenem Tage seines unausweichlichen Debüts am Hofe, als ihm die Atmosphäre des Palastes so unerträglich wird, daß er auf der Stelle diesen Ort verläßt mit dem festen Vorsatz, seinen Fuß nie wieder über diese Schwelle zu setzen.

Für ihn kann ein Mann wie Borso mit seiner 80.000 Dukaten teuren Amtskette, mit den golddurchwirkten Gewändern und dem mit funkelnden Edelsteinen besetzten Hut, mit den vielen kostbaren Ringen an den Fingern, mit seinen Rassehunden und Hofnarren, mit all dem vordergründigen Mäzenatentum nur als das Symbol einer Welt mit perversen Wertvorstellungen erscheinen. Hinter dieser moralistischen Sichtweise des Enkels des Hofmedicus von Ferrara kann nur der Großvater selbst stehen, jener intellektuelle Außenseiter, der in seiner Eigenschaft als Arzt aber dennoch sogar bis in die Schlafgemächer der Fürsten und ihrer Höflinge vordringen konnte.

Wie sollte man da nicht den Verdacht hegen, daß alle diese Prozesse wegen Majestätsbeleidigung von skrupellosen Personen am Hofe des Herzogs angezettelt wurden, wobei dieser selbst sicher nichts dagegen einzuwenden hatte, weil auf diese Weise ja auch er seine Hände nach dem Besitz der Verurteilten ausstrecken konnte und so seine immer schwindelerregenderen Ausgaben zu finanzieren vermochte? Es genügt, auf den Fall seines Kanzlers Uguccione dell'Abbadia hinzuweisen, der zum Tode durch Enthauptung und zum Verlust seines gesamten Vermögens verurteilt wurde (seine Frau und die Kinder wurden in die Verbannung geschickt), weil er es leichtsinnigerweise verabsäumt hatte, über jene Drohungen gegen den Herzog Bericht zu erstatten, die ein offensichtlich Geistesgestörter ausgestoßen hatte.

Mit einer genau kalkulierten und manchmal geradezu maßlosen Liberalität gelingt es jedoch Borso, seine Tyrannei ziemlich gut zu kaschieren: eine Liberalität, die vor allem die Menschen niederen Standes zu spüren bekommen. Borso ist durchaus auch großzügiger Gesten fähig, wenn er beispielsweise ein Justizverfahren gegen sich selbst beantragt, weil die Finanzkammer des Herzogtums die Rechnung eines Lieferanten nicht bezahlt hat.

Aber sein wahres Gesicht kommt gerade jetzt, im Sommer 1469, zum Vorschein. Es geht um die Verschwörung der Grafen Pio von Carpi.

Carpi ist ebenso wie andere Landstriche, die sich unter der Herrschaft der Este befinden, ein Lehen mit nur sehr eingeschränkter Souveränität. Obwohl diese direkt und eigentlich den Herrschern des Hauses Habsburg zukommt, den Rechtsnachfolgern des Heiligen Römischen Reiches, wird sie in der Praxis von den dort ansässigen Grafen Pio unter der Oberaufsicht von Borso d'Este ausgeübt. Wenn es sich um sogenannte (vom Kaiser) »begünstigte« Lehensherren handelt, wie dies im Falle der Este gegeben ist, hat ihr Eingreifen sogar noch eine irgendwie juristisch vertretbare Grundlage.

Nicht zuletzt aus diesem Grunde hat Carpi in letzter Zeit allerbeste Beziehungen zu Mailand und Florenz angeknüpft, was jedoch von Ferrara gar nicht gern gesehen wird. Galeazzo Maria Sforza aus Mailand und Piero di Cosimo de' Medici aus Florenz bedienen sich eines der Grafen Pio, Giovanni Ludovico, für ein Störmanöver gegen Borso, während dieser gerade in die Kämpfe um die Nachfolge von Sigismondo Malatesta in Rimini verwickelt ist. Eines Tages glauben nun die mächtigen Gegner Borsos, den schwachen Punkt gefunden zu haben: Sein Halbbruder Ercole müßte doch eigentlich in höchstem Maße daran interessiert sein, Borso aus dem Sattel zu heben. So übernimmt Giovanni Ludovico die Aufgabe, bei Ercole d'Este vorzufühlen, ob er sich eventuell an dem Plan einer Ausschaltung Borsos beteiligen würde. Weiters sieht dieser Plan die Machtergreifung Ercoles und den Austritt Ferraras aus dem Bündnis mit Venedig vor. Das wäre auch die beste Art und Weise, den Kampf um Rimini endlich zu beenden, wo Venedig und Borso – wie schon erwähnt – den Papst gegenüber Mailand, Florenz und Neapel unterstützen. Ercole zeigt sich dem Plan gegenüber aufgeschlossen, doch als am 17. Juli dann die Emissäre in Ferrara eintreffen, um die näheren Details der ganzen Operation festzulegen, läßt er sie kurzerhand verhaften. Der erste, dessen Haupt schließlich in den Staub der Piazza rollt, ist Giovanni Ludovico.

Die mißglückte Verschwörung nimmt nun Borso zum Anlaß für eine ganze Reihe von Prozessen mit dementsprechenden Urteilen, wobei auch in großem Umfang das Vermögen der Verurteilten beschlagnahmt wird, einschließlich des gesetzlichen Anteils, der eigentlich deren Frauen und Kindern zustehen würde. Dieses Schicksal ereilt auch noch andere von seinen Nepoten aus dem Hause Pio, die allesamt, obwohl völlig unbeteiligt an der Verschwörung, zu harten Haftstrafen unter den unmenschlichsten Bedingungen verurteilt werden.

Am 30. August treffen die Truppen, die für den Krieg um Rimini in Marsch gesetzt wurden, schließlich aufeinander, und wieder einmal gewinnen die vom Grafen Federigo von Urbino geführten Streitkräfte die Oberhand. Roberto Malatesta ist nun der neue Herrscher von Rimini.

Borso zählt zu den Besiegten. Aber Rimini hat Papst Paul II. deutlich vor Augen geführt, welche Gefahren dem Kirchenstaat von der expansionistischen Politik Venedigs gerade hier in Zukunft unter Umständen drohen könnten. Deshalb die Einsicht in die Notwendigkeit einer Stärkung der Este gegenüber Venedig; deshalb wohl auch die Investitur Borsos zum ersten Herzog von Ferrara.

Am 13. März 1471 nimmt ein langer Zug von Berittenen den Weg von Ferrara in Richtung Rom. In der Begleitung Borsos befinden sich die Notabeln der Stadt und die vornehmen Lehensherren, seine Vasallen, vom Grafen Galeotto Pico della Mirandola bis hin zum dichterisch begabten Grafen von Scandiano, Matteo Maria Boiardo. Nicht dabei sind natürlich die sieben Grafen Pio von Carpi, die Söhne seiner Schwester Margarita.

Es sind insgesamt etwa tausend Personen, einschließlich der Schildknappen, der Reitknechte, der Trompeter und Pfeifer. Dazu kommen noch die Leute, welche die 320 Rassehunde beaufsichtigen, die ebenfalls die Reise mitmachen. 150 Maulesel schleppen das umfangreiche Gepäck. Man sieht kaum ihre Hufe, so schwer sind sie bepackt. Beeindruckend, wie dieser lange Zug sich durch die Straßen von Ferrara und der anderen Städte bewegt, die auf dem Wege liegen. Tief beeindruckend auch die Zeremonie der Investitur in St. Peter selbst. Es ist Ostersonntag, eine feierliche Liturgie: der Kuß des Papstes und die Umarmung der Kardinäle für den neuen Herzog von Ferrara, die Übergabe des gezückten Schwertes und der goldenen Sporen und schließlich die Bekleidung mit dem Herzogsmantel, der reich mit Gold, Perlen und Diamanten bestickt ist, sowie die Überreichung des ebenfalls kostbaren Szepters und der Amtskette. Und dann am Ostermontag nochmals ein feierliches Hochamt in St. Peter mit der Lobrede Pauls II. auf den neuen Herzog und das ganze Haus Este, gefolgt von der Verleihung der Goldenen Rose, eine Ehre, wie sie nur den Großen dieser Welt zuteil wird. Schließlich dann noch, hoch zu Roß, der feierliche Zug durch die von einer jubelnden Menge erfüllten Straßen Roms zum offiziellen Festbankett.

Nach diesen beiden aufregenden Tagen dauern die Festlichkeiten zu Ehren des neuen Herzogs von Ferrara noch einen ganzen Monat lang.

Es finden Turniere, Schauspiele und weitere Festgelage statt: lauter Dinge, die für die Gesundheit eines Mannes um die sechzig einfach mörderisch sind.

Und tatsächlich, kaum aus Rom zurückgekehrt, legt sich der Herzog mit angegriffener Gesundheit in seinem Landhaus Belfiore zu Bett, um zu sterben. Nach drei Monaten, die erfüllt waren von Hoffnungen und Enttäuschungen, stirbt Borso schließlich am 19. August, nachdem ihm wenige Tage zuvor, nämlich Anfang des Monats, bereits Papst Paul II. im Tod vorausgegangen war.

Während dieser drei Monate des bangen Wartens wurden in Ferrara und Umgebung viele Pläne geschmiedet. Man hat sich gewissermaßen zum Kampf gerüstet, um für den großen Augenblick, da die Frage der Nachfolge akut werden sollte, gewappnet zu sein. Der Nachfolger »in pectore« ist ohne Zweifel Ercole d'Este, der auch die Unterstützung Venedigs genießt; aber laut der Reihenfolge im Testament Niccolòs III. müßte der neue Herrscher eigentlich Niccolò heißen, der Sohn Leonellos. In Ferrara gibt es auch eine legitimistische Partei, die ihn unterstützt. Ihm hatte seinerzeit auch der alte Hofmedicus Michele Savonarola eine seiner Schriften gewidmet mit dem Titel »De vera republica«, wobei er in seiner Widmung den Wunsch zum Ausdruck brachte, das Buch möge ihm eines Tages nützlich sein, was offensichtlich eine Anspielung auf die Möglichkeit seiner zukünftigen Rolle als Herrscher von Ferrara darstellte.

Doch zu diesen beiden Anwärtern gesellt sich auch noch ein dritter, nämlich Alberto d'Este, ein weiterer Sproß aus der Reihe der illegitimen Söhne Niccolòs III., der ihm diesmal von einer Kammerzofe geboren worden war, von Filippa della Tavola. Steht hinter Ercole Venedig, so steht hinter Niccolò Mantua und hinter Alberto Mailand. Unterdessen bekämpfen sich die Parteigänger der rivalisierenden Fraktionen täglich in den Straßen der Stadt, während Ludovico Gonzaga, ein Onkel Niccolòs mütterlicherseits, ebenso wie der Sforza in Mailand seine Truppen an den Grenzen in Alarmbereitschaft hält.

Und der Papst? Im Grunde hat er als oberster Souverän über das Herzogtum Ferrara das letzte Wort. Aber der neue Papst Sixtus IV. ist erst am 9. August gewählt worden und hat noch keine Zeit gefunden, in dieser Angelegenheit Stellung zu beziehen.

Am Tag, an dem Borso stirbt, befinden sich Ercole und Alberto in Ferrara, während sich Niccolò in Mantua aufhält. Als Gegenleistung für den eigenen Verzicht akzeptiert Alberto sofort das Angebot seines Halbbruders Ercole, das auch einige Besitztümer umfaßt, die erst jüngst den Grafen Pio weggenommen worden waren. So kann sich Ercole bereits am folgenden Tag zum Herrn von Ferrara ausrufen lassen.

Auf die üblichen Festlichkeiten folgen die üblichen Prozesse und die ebenso übliche Beschlagnahme von Besitz und Vermögen, wovon etwa hundert Familien betroffen sind. Die letzten Hinrichtungen ohne jedes Gerichtsverfahren finden im November und Dezember statt.

Sixtus IV., an den sich Niccolò um Hilfe gegen den vermeintlichen Usurpator gewandt hat, gibt noch immer nicht klar zu erkennen, auf wessen Seite er eigentlich steht. Sicherlich hat er daneben auch noch andere wichtige Entscheidungen zu treffen. Bereits am 19. Dezember hat er beschlossen, auf einen Schlag gleich zwei seiner Nepoten, Pietro Riario und Giuliano della Rovere, zu Kardinälen zu ernennen, wobei er die Absicht durchblicken ließ, bei nächster Gelegenheit auch noch andere aus seiner zahlreichen Familie in hohe kirchliche Positionen zu befördern.

Unterdessen lebt man in Ferrara weiterhin in einem Klima der Verdächtigungen und umstürzlerischer Umtriebe. Francesco Strozzi, Borsos ehemaliger Kanzler, wird unter dem Verdacht der Verschwörung verhaftet. Bei der Folter gehen seine Peiniger allerdings etwas zu weit, so daß Strozzi, wie ein zeitgenössischer Chronist berichtet, ärztliche Behandlung benötigt, ehe man mit der Folter fortfahren kann.

Im September 1472 gibt Sixtus IV. endlich seine Entscheidung bekannt: Er ist für Ercole. Niccolò scheint nunmehr endgültig ausgebootet zu sein.

In der Folge kommt es von seiten Ercoles I. d'Este zu einer fortschreitenden Loslösung von Venedig und zur Einleitung einer Neapel freundlich gesinnten Politik, die schließlich in seiner Hochzeit mit Eleonore von Aragon gipfelt, die im Sommer 1473 in Ferrara festlich begangen wird.

Vielleicht ist es auf den wohltuenden Einfluß Eleonores zurückzuführen, wenn man nun – wenigstens bis zum Sommer 1476 – eine Periode relativer Ruhe registrieren kann. In diese Zeit fällt auch die Geburt ihrer drei Kinder Isabella, Beatrice und Alfonso, jeweils im Abstand eines Jahres.

Aber bereits am 3. September 1476 geht es wieder im alten Stil los, auch wenn die ganze Sache nur einen einzigen Tag in Anspruch nimmt. Es ist der Tag des Überfalls des in der Verbannung lebenden Sohnes Leonellos, Niccolò, auf Ferrara, der wohl mit der heimlichen Unterstützung der Venezianer erfolgt ist: eine unangenehme Überraschung, die mit der Festnahme Niccolòs und tags darauf mit dessen Enthauptung endet. Noch am selben Tag findet das Begräbnis statt, wobei wegen der Blutsverwandtschaft das Haupt des Hingerichteten wieder auf den Rumpf aufgesetzt wird. Die Herzogin Eleonore, die den Leichenzug von einem Fenster des Palastes aus vorbeiziehen sieht, vergießt dabei bitterliche Tränen.

Doch von diesem letzten traurigen Ereignis im Hause Este dürfte nur noch ein gedämpftes Echo zu Girolamo Savonarola gedrungen sein. Zu diesem Zeitpunkt hat der Enkel des verstorbenen Hofmedicus sein Noviziat im Konvent des hl. Dominikus zu Bologna bereits beendet.

# III.

Auf den Prior, Fra Giorgio da Vercelli, muß der junge Mann aus Ferrara, der da am Abend des 24. April 1475 an die Pforte des Konventes gepocht hat, einen guten Eindruck gemacht haben: äußerste Bescheidenheit, nicht einmal ein Anflug von Aggressivität, dafür aber die eindrucksvolle Gabe, auf alle Argumente der anderen sofort eine passende Antwort zu wissen; und nicht zuletzt eine ausgesprochen starke Tendenz zur Selbstabtötung. Ein absolut lauterer junger Mann jedenfalls, der ganz genau weiß, was er will. In jeder Hinsicht also eine Bereicherung für das Kloster.

Der junge Mann erzählt ganz offen von sich und seiner Berufung. Anfang Mai letzten Jahres, sagt er, sei er zu Fuß nach Faenza gegangen, das ist eine Strecke von beinahe 100 Kilometern. Dort habe er dann zufällig die Kirche des hl. Augustinus betreten, wo eine gebieterische Stimme ihn gleichsam überfallen hätte: »Zieh weg aus deinem Land, von deiner Verwandtschaft und aus deinem Vaterhaus!« Worte der Heiligen Schrift aus dem Munde eines Mönchs, der gerade in der Kirche eine Predigt hielt. Warum sollte er sie nicht auf sich selbst beziehen? Waren sie nicht eine Antwort Gottes auf seinen sehnlichsten Wunsch: zu wissen, welchen Weg er einschlagen solle? Außerdem hatte er erst einige Tage zuvor einen Traum gehabt, der ihn endgültig auf diesen Weg verwies. Doch darüber schweigt er sich aus.

Aus ihm könnte sicher ein guter Prediger werden. Zu Fuß von einer Stadt zur anderen zu wandern, das scheint ihn keineswegs abzuschrecken. Außerdem ist er bereits Doktor der Theologie – diesen Grad hat er an der Artistenfakultät von Ferrara erworben – sowie angehender Arzt. Er verfügt über eine tiefe und wohlklingende Stimme, wenn auch die Lautstärke noch etwas zu wünschen übrigläßt. Er müßte nur immer daran denken, daß seine Worte nicht nur für die eigenen Ohren bestimmt sind, sondern für die vieler anderer Menschen.

Sich selbst zu verdemütigen scheint im Augenblick sein einziges

Anliegen zu sein. Die erste Arbeit, die er sich aussucht, nachdem er den schon erwähnten Brief an Zuhause geschrieben hat, ist die Reinigung der Toiletten des Klosters.

Inzwischen versuchen seine Eltern in Ferrara alles, um ihn wieder nach Hause zurückzuholen. Der Brief an den Vater hat in dieser Hinsicht überhaupt keine Wirkung gezeitigt. Seine Angehörigen verstehen das alles nicht, und sie wollen sich mit diesem Verlust auch nicht abfinden. Von einem zweiten Brief an das Elternhaus (der aber vielleicht gar nie abgeschickt wurde) gibt es einen fragmentarischen Entwurf, der teils in der Umgangssprache, teils in Latein abgefaßt ist:

»Warum weint Ihr denn so, Ihr Unerleuchteten? Wenn der Herzog mir vor dem ganzen Volke das Schwert umgehängt hätte, um aus mir einen seiner achtbaren Ritter zu machen, welche Freude hättet Ihr da gehabt, welch ein Fest hättet Ihr dann gefeiert! Und wenn ich dort auf der Bühne vor allen Leuten mich geweigert hätte, in den Dienst des Herzogs zu treten, hättet Ihr mich dann nicht für einen Verrückten gehalten?

O Ihr Toren, Ihr Blinden ohne einen Schimmer von Glauben! Der allerhöchste Herzog, der unendlich mächtig ist, er ruft mich mit lauter Stimme, ja er bittet mich (welch große Liebe!) unter tausend Tränen, mich mit seinem Schwert aus purem Gold und kostbarsten Edelsteinen umgürten zu lassen, und er will mich einreihen in die Schar seiner Ritter. Doch Ihr alle miteinander, Ihr geht mir mit Eurem Jammer auf die Nerven, wo Ihr doch eigentlich jubeln müßtet . . .«

Wenn man in diesem erratischen Fragment sieht, wie Gott unter Tränen und mit lauter Stimme den jungen Savonarola ruft, ja ihn geradezu anfleht, das angebotene Schwert zu ergreifen, dann gewinnt man vielleicht auch eine Vorstellung von jenem Traum, über den Girolamo nie, auch später nicht, zu irgend jemandem gesprochen hat und den deshalb auch niemand, wie es scheint, zu deuten vermochte. Übrigens, solche Schriftstücke, die gewisse Lebenserfahrungen und psychische Zustände, die sich zu einem Traum verdichten, zum Ausdruck bringen, waren in der damaligen Zeit in großer Zahl in Umlauf.

In den Tagen vor seiner »Flucht« aus Ferrara muß im Hause Savonarola eine spannungsgeladene Atmosphäre geherrscht haben. Vielleicht haben die Eltern die geheimen Absichten ihres Sohnes intuitiv vorausgeahnt. Die Gespräche des Vaters, das beredte Schweigen der Mutter, die Anspielungen der anderen Familienmitglieder (es gab da auch noch einen Onkel Giovanni, der ebenfalls Arzt war) – alles drehte sich wohl um die Zukunft des angehenden Arztes: um seine Karriere, um Erfolg, um öffentliche Ehren, um das zu erwartende hohe Einkommen.

Doch der Betroffene selbst reagierte darauf mit absolutem Schweigen. Aber da ein Traum dieser Art ja auch wie die äußerliche Projektion eines heimlichen inneren Verlangens nach öffentlicher Anerkennung erscheinen kann, muß man sagen, daß wohl ganz Ferrara in den letzten Jahren diesbezüglich in einem ständigen Fieber lag. Angefangen hat es mit dem Besuch Kaiser Friedrichs III. von Habsburg, der 1452 in die Stadt gekommen war, um Borso d'Este den Titel eines Herzogs von Reggio und Modena zu verleihen. In den Jahren 1459 und 1460 hatte dann Papst Pius II. zweimal hintereinander Ferrara besucht, als er sich auf dem Weg nach Mantua befand, um den Kreuzzug gegen die Türken zu predigen. Und das alles war immer von höchst feierlichen Zeremonien begleitet gewesen. Ganz zu schweigen von den Festlichkeiten aus Anlaß der Aufnahme neuer Ritter, die von Borso selbst in regelmäßigen Abständen angeordnet wurden und fast schon zum Alltag in Ferrara gehörten. Und so versteht man, weshalb Girolamo Savonarola, obwohl er später so bereitwillig und in aller Öffentlichkeit von seinen Visionen und Offenbarungen gesprochen hat (man denke nur an sein »Kompendium der Offenbarungen«), über diesen Traum nie sprechen wollte, weil er ihm so sehr mit einem gewissen »Streben nach Ruhm und Ehre« verbunden zu sein schien, einem Laster, das er später einmal in seinem »Traktat über die Demut« so hervorragend analysieren sollte.

Fra Giorgio da Vercelli besitzt als Prior des Dominikanerklosters von Bologna genügend Erfahrung, um bei der großen Anzahl von Bewerbern die echten Berufungen herausfiltern zu können. Zu seinem Konvent, der in der eigenen Kirche das Grab des Ordensstifters Dominikus beherbergt, strömen die verschiedensten Leute, die sich alle zum Ordensleben berufen fühlen. Die Dominikaner ihrerseits legen gewöhnlich einen sehr strengen Maßstab an, der vor allem eine eventuelle spätere Universitätslaufbahn im Blick hat, da sie selbst zumindest an den wichtigsten Hochschulen die Leitung der theologischen Fakultäten innehaben.

Die Konventschule von S. Domenico in Bologna ist ein sogenanntes »Studium generale« und bietet als solches ein komplettes Studienprogramm an, das durchaus Universitätsniveau erreicht, vor allem was die theologische Fakultät betrifft, die der berühmten Universität von Bologna angeschlossen ist: eine ganz hervorragende »Gelehrtenfabrik«, wo die Schlacken des eigenen Unterbewußtseins wie in einer Raffinerie verbrannt werden und wo das Heil der Seelen durch eine sorgfältige und spezielle Ausbildung auf dem Gebiet der Lehre und der Predigt, wie sie die Regel des hl. Dominikus vorschreibt, vorbereitet wird.

Was den Prior an dem jungen Mann aus Ferrara aber am meisten beeindrucken muß, ist wohl die gleichzeitige Verbindung von totaler Unterwerfung unter den Willen der Oberen mit einer bestimmten Art, das Evangelium radikal ernst zu nehmen. Seine Religiosität ist eher die eines einfachen Laienmönches als die eines Novizen, der sich auf das Priestertum vorbereitet. Er will buchstäblich ein Armer im Geiste sein, bis zum Verzicht auf jegliches Studium und jedwede Aussicht, zu den priesterlichen Weihen zugelassen zu werden. Er ist bereit, bloß den schlichten Status eines Laienbruders einzunehmen, der die niedrigsten Dienste im Kloster zu verrichten hat.

Aber diese seine atypische Haltung, die durch ein gewisses Desinteresse an einer scholastischen Ausbildung, die man ihm ja angesichts seines bereits absolvierten Universitätsstudiums nicht hätte verwehren können, noch begünstigt wird, ist durch eine geradezu rührende Bereitschaft und Verfügbarkeit charakterisiert. Jeder konnte ihm nach Belieben etwas anschaffen, bis hin zum jüngsten Laienbruder.

Was die Regeln des Ordenslebens betrifft, so tritt er für die strengste Observanz ein. Seine Nachtwachen im Gebet dauern am längsten, seine Entbehrungen und sein Fasten sind überaus streng, obwohl die Regel auch in Bologna schon ziemlich gemildert ist. Und so mag es schon wahr sein, was die älteren Brüder von jenem Sonntag zu berichten wissen, als sie wie üblich unter dem Gesang des »Imple pater« in Prozession zum Grab ihres Ordensstifters zogen und plötzlich eine ganz aufgebrachte Stimme vernahmen: »Ich bin nicht euer Vater, und ihr seid auch nicht meine Söhne!«

Ausgerechnet im Sommer jenes Jahres, während seiner Noviziatszeit, genau im Juli 1475, erläßt Papst Sixtus IV. gegen alle Vorschrift des Gründers des Dominikanerordens ein Dekret, das den dominikanischen Gemeinschaften die Erlaubnis erteilt, Liegenschaften zu besitzen und feste Einkommen zu haben. Schon 1472, als er noch Student in Ferrara gewesen war, hatte der junge Savonarola in seinem Lied, welches das »Verderben der Welt« beklagte, auch auf die Situation der Kirche angespielt:

»In die Hand eines Räubers ist gelangt das Szepter,
gänzlich am Boden liegt nun Sankt Peter.«

Wenn man bedenkt, daß 1472 das erste Jahr des Pontifikates Sixtus' IV. gerade zu Ende geht, kann man sich unschwer vorstellen, wer mit dem »Räuber« des Liedes gemeint ist und warum die Kirche des hl. Petrus so am Boden liegt.

Das Dekret Sixtus' IV. muß ihm wie eine letzte Bestätigung eines solchen Verderbens auch in der Kirche erscheinen. Vielleicht ist es die Tatsache, daß er auf keinen Fall an diesem Niedergang mitbeteiligt sein wollte, die den jungen Mann dazu bewog, den Status eines Laienbruders anzustreben und von allem Anfang an auf die Priesterweihe zu verzichten. Und wenn es in Ferrara »die abgrundtiefe Bosheit der verblendeten Völker Italiens« gewesen war, die ihn in seinem Zimmer vor Verzweiflung laut hatte aufschreien lassen, so ist es jetzt die Vision von einem Rom mit den »breiten Schwingen« eines Raubvogels, die ihn in der Einsamkeit des Klosters zu Bologna quält. Deshalb das Lied »De ruina Ecclesiae« mit seinem erstickten Aufschrei: »Mein Gott, wenn man bloß diese breiten Schwingen zerschmettern könnte!« »Ruina Mundi« und »Ruina Ecclesiae«, das Verderben der Welt und der Kirche, sind nunmehr bittere Realität geworden. Die Kirche zu retten bedeutet gleichzeitig auch die Welt zu retten.

Am Ende des ersten Jahres lautet die Entscheidung derjenigen, denen der junge Mann aus Ferrara »seinen Willen übergeben« hat, dahingehend, daß man sein Talent nicht ungenützt verkommen lassen will. Und er akzeptiert auch diese Entscheidung. Übrigens gehört das, was man nun von ihm verlangt, ja auch zu jener neuen Lebensordnung, die er selbst für sich gewählt hat, als er an die Pforte des Konventes von Bologna pochte: immer tiefer einzudringen in die Geheimnisse des Glaubens, um sich dann durch Lehre und Predigt ganz dem Wirken für das Heil der Seelen hingeben zu können.

# IV.

Zu Beginn des Jahres 1491 dürfte es in Florenz wohl nur wenige Personen geben, die mit dem frischgebackenen Prediger Fra Girolamo aus Ferrara auf so vertrautem Fuße stehen, daß sie freundschaftlich miteinander verkehren. Einer von diesen wenigen ist sicherlich der junge, 28jährige Graf Giovanni Pico della Mirandola.

Das seinerzeitige Wunderkind ist wahrscheinlich auch der einzige, der seinen Freund vor den Gefahren warnen kann, die ihm von seiner neuen Art zu predigen drohen, ohne ihm das Gefühl zu geben, mit gewissen Kreisen in Florenz unter einer Decke zu stecken, die den »Prediger der Verzweifelten«, wie man ihn in der Stadt bereits nennt, nicht besonders schätzen.

Nach seiner letzten Predigt hat er ungefähr folgendes zu ihm gesagt: »Übertreibst du nicht zu sehr? Du predigst ja wie einer, der im Kampf wild um sich schlägt. Außerdem ist es nicht gerade sehr klug von dir, von der Kanzel herab Wort für Wort die Argumente jener, die im privaten Kreis und in deiner Abwesenheit versichern, daß sie mit deinen Ideen überhaupt nicht einverstanden sein können, derart zu zerpflücken.«

Vielleicht hat der Graf dabei rücksichtsvollerweise die Tatsache übergangen, daß manche sogar davon sprechen, er überschreite mit seinen Predigten bereits die Grenzen des guten Geschmacks. Man weiß schließlich ja auch von der Intervention Mirandolas bei seinem Freund Lorenzo de' Medici, um von den Vorgesetzten des Dominikaners in Rom dessen Berufung nach Florenz zu erreichen, nachdem er zuvor zirka drei Jahre in der Provinz zugebracht hatte.

Doch welche seiner Worte, welche seiner Argumente haben denn solchen Anstoß erregt? Er selbst sagt, er wisse es nicht. Und wer hat sich eigentlich so massiv gegen ihn gestellt? Jemand aus dem Kreis der Medici? Oder gar Fra Mariano da Genazzano, der Augustinermönch, dem es mit seinen Predigten gelingt, die Leute aus jenem Kreis in helles Entzücken zu versetzen? Vielleicht Poliziano? Oder Ficino? Die Anhänger Pulcis wegen seiner früheren Angriffe auf dessen Ritterepos »Morgante«? Die Gebrüder Benivieni? Oder etwa gar der Magnifico selbst?

Auf jeden Fall darf man Savonarola Glauben schenken, wenn er sagt, daß er von solchen anstößigen Reden nichts weiß, wenn er beteuert, daß der imaginäre Gesprächspartner, mit dem er sich in den inkriminierten Predigten polemisch auseinandersetzte, überhaupt keinen Bezug zur Wirklichkeit habe, sondern ein reines Phantasieprodukt sei, einfach eine Methode – und dazu nicht einmal eine sehr originelle – seiner Redekunst.

Aber wie lassen sich seine Worte und Argumentationsweisen, die so genau mit den Worten und Argumenten wirklicher Personen aus Fleisch und Blut übereinstimmen, denn anders erklären als durch irgend jemanden, der ihm davon berichtet hat?

Das ist eben das Rätsel dieses Mönchs. Woher hat er die geheimnisvolle Fähigkeit, gewisse Dinge, die in der Luft liegen, aufzuspüren und sie dann sogar bis ins kleinste Detail in Worten auszudrücken?

Es ist durchaus glaubhaft, daß dieser kleine Zwist mit dem befreundeten Mönch den ehemaligen »Wunderknaben« Mirandola in seiner alten Überzeugung bestärkt, es hier mit einem ganz außergewöhnlichen Menschen zu tun zu haben.

Es liegt im Charakter des jungen Grafen Mirandola, auch noch in reiferen Jahren ständig hin und her zu schwanken auf der Suche nach einer eigenen Identität. Und dieses sein Suchen scheint sich immer zwischen Wissen und Glauben, zwischen Fleisch und Geist, zwischen Menschlichem und Göttlichem zu bewegen. Trotz dieser Unsicherheit verliert aber das Lebensmodell, das sein Freund Savonarola verkörpert, in seinen Augen nichts von seiner Attraktivität, ja es wird sogar mit immer neuen Eindrücken noch mehr angereichert.

Es mag schwierig sein zu behaupten, zumal dokumentarische Beweise dafür fehlen, daß die beiden sich zwischen 1477 und 1479 in Bologna zum erstenmal getroffen und kennengelernt hätten, als Fra Girolamo sich dort aufhielt, um seine Studien an der theologischen Fakultät fortzusetzen, während Giovanni gleichzeitig die juridische Fakultät besuchte. Dennoch kann man dieser These zustimmen, auch wenn viele meinen, dies ausschließen zu können. Sie betonen vor allem den Altersunterschied zwischen den beiden: auf der einen Seite ein noch ganz unbekannter Mönch, der bereits über zwanzig ist, auf der anderen fast noch ein Kind. Außerdem handelt es sich bei ihnen um engere Landsleute, der eine ein Enkel des bekannten Hofmedicus von Ferrara, der andere der Sohn eines Vasallen des Herzogs, der ebenfalls in Ferrara ansässig war. Doch es ist durchaus glaubhaft, daß der »Wunderknabe« nie die Gesellschaft anderer Gleichaltriger gesucht hat, weil er voll und ganz mit sich selbst und seinen Träumen beschäftigt war.

Jedenfalls, wenn schon nicht in Bologna, so müßten sich die beiden zumindest in Ferrara begegnet sein. Die berühmte philosophische Disputation zwischen dem jungen Pico della Mirandola und Leonardo Nogarola geht 1479 in Ferrara über die Bühne, und genau im Frühjahr desselben Jahres erfolgt auch die erste Assignation von Fra Girolamo an den Konvent S. Maria degli Angeli in Ferrara. Und es geht aus den Dokumenten eindeutig hervor, daß der junge Mirandola auch noch für den Rest dieses Jahres und noch länger in Ferrara blieb, um dort die Philosophenschule von Battista Guarino zu besuchen.

Wenn man nicht wüßte, daß die »Kapitel« der Dominikaner im 15. Jahrhundert fast so etwas wie moderne philosophische Kongresse darstellten, könnte man die Anwesenheit des Grafen Mirandola beim Kapitel der lombardischen Dominikanerkongregation im Frühjahr 1482 in Reggio Emilia, zu einem für die Zukunft des jungen Dominikaners aus Ferrara, der als Berichterstatter ebenfalls daran teilnahm, so entscheidenden Zeitpunkt, auch anders erklären: Man könnte an ein Treffen zweier Freunde denken.

Diese Kapitel, die jährlich abgehalten wurden, um die internen Probleme der Kongregation zu diskutieren sowie die verschiedenen Ämter und Aufgaben zu verteilen, bieten jedenfalls auch Gelegenheit zu angeregten Diskussionen über Fragen der Moral und der Philosophie, die auch anderen interessierten Personen offenstehen. Am 28. April 1482 müssen im Kapitelsaal des Konventes von Reggio Theologen und an theologischen Fragen Interessierte aus fast ganz Italien versammelt gewesen sein, denn die lombardische Kongregation erstreckt sich zur damaligen Zeit weit über die Lombardei hinaus und umfaßt sogar Konvente in Rom und Florenz.

Es kann also sein, daß Reggio tatsächlich, wie es die Quellen des 16. Jahrhunderts nahelegen, die erste Gelegenheit zu einer Begegnung der beiden zukünftigen Freunde bietet. Jedenfalls kommt der Graf nicht deshalb aus Padua angereist, um einen Freund zu treffen, der – vielleicht zum erstenmal – persönlich an einer derartigen Versammlung teilnimmt, sondern wie gewöhnlich auf der Suche nach Anregungen intellektueller Art.

Als ein Mann mit vielseitigen Interessen und eifriger Briefschreiber kann sich der junge Intellektuelle kein kulturelles Ereignis entgehen lassen. Er steht in engem Kontakt mit zahlreichen gebildeten Menschen verschiedenster Provenienz und unterhält seit den achtziger Jahren auch Beziehungen zu den kulturell interessierten Kreisen in Florenz. Da er über genügend Geldmittel verfügt und allem Neuen sehr aufgeschlossen gegenübersteht, ist er unermüdlich auf Reisen und wird schon in allernächster Zeit bis nach Paris und Rom gelangen. Im Jahre 1482 ist er noch nicht einmal zwanzig Jahre alt. Savonarola hingegen ist bereits dreißig und ein noch völlig unbekannter Mönch, auch wenn seine moralischen Vorzüge und seine umfassende Bildung innerhalb des Ordens bereits Aufmerksamkeit erregen.

Wenn die Begegnung von Reggio ihr erstes Zusammentreffen war, dann trägt die intellektuelle (und moralische) Anregung für Giovanni Pico della Mirandola diesmal den Namen Girolamo Savonarola. Über den genauen Inhalt seiner Interventionen auf dem Kapitel von Reggio ist uns nichts Näheres bekannt. Es wird aber noch die Zeit kommen, da die Worte dieses Mönchs (seine Essays oder Predigten) begierig gedruckt und innerhalb wie außerhalb Italiens große Verbreitung finden werden. Fürsten und Machthaber, Kardinäle und selbst der Papst werden gespannt auf alle seine Äußerungen warten, die deren diplomatische Vertreter wie die Worte eines Staatsmannes sorgfältig registrieren werden. Allenthalben wird man seinen Predigten große Beachtung schenken.

Reggio ist gewissermaßen die erste Sprosse auf dieser Leiter des Erfolges. Die Worte Savonarolas auf dem Kapitel sind wohl auch der Grund für seine Wahl zum Lektor an dem so bedeutenden Konvent von S. Marco in Florenz im Frühjahr 1482.

Florenz ist eine ganz andere Stadt als Ferrara, Bologna, Faenza oder Reggio. Anders ist auch der Konvent von S. Marco, anders als der von S. Domenico oder S. Maria degli Angeli. Anders ist in Florenz auch die Landschaft mit den grünen Hügeln, welche die Stadt umgeben, und dem Fluß, der mitten durch die Stadt fließt. Verschieden auch die Sprache der Menschen, ihr Aussehen, besonders die Form der Nase, was man bei Lorenzo de' Medici, dem 33jährigen Herrscher der Stadt, besonders gut feststellen kann.

Florenz ist auch eine heitere Stadt. Man ist hier viel fröhlicher, es gibt mehr Wohlstand als anderswo, und die Zahl der Leute, die sich Sorgen machen müssen, wie sie überhaupt überleben sollen, ist weitaus geringer als in anderen Städten. Es gibt hier vor allem Handwerker und Händler in großer Zahl.

Auch Lorenzo de' Medici ist anders als Borso oder Ercole d'Este. Die Este verstehen sich vor allem darauf, mit Waffen umzugehen, aber ihre kriegerischen Aktivitäten beschränken sich auf Italien. Die Medici hingegen sind eine gewaltige internationale Finanzmacht, die Handel in großem Stil betreibt.

Es gibt nur ganz wenige reiche und superreiche Familien in Italien, die an die Medici heranreichen, selbst wenn sie in irgendeinem der vielen Stadtstaaten die Macht besitzen. Manche träumen ihr ganzes Leben von einer solchen Machtfülle, die durch eine feierliche Investitur mit sakralem Charakter, die man sich mit viel Gold teuer erkauft hat (inzwischen ist dies beim Papst Mode geworden), auch noch offiziell sanktioniert worden ist. Die Medici aber setzen alles daran, ihre gewaltige Macht zu verschleiern, indem sie sich sehr republikanisch geben, Lorenzo nicht weniger als sein Großvater Cosimo, der Begründer ihrer nunmehrigen glücklichen Lage.

Lorenzo hat rein äußerlich nichts von einem Tyrannen an sich. Er bekleidet keine öffentlichen Ämter auf Lebenszeit außer dem eines Mitglieds des »Rates der Hundert«, und als solches ist er nur einer von vielen in Florenz, die etwas zu sagen haben. Er hat keine eigene Kanzlei, nur ein Büro, das seine internationalen Bankgeschäfte abwickelt und auch die Einlagen und Konten des Heiligen Stuhles verwaltet. Er wohnt auf seinem Familiensitz, einem Palast in der Via Larga, und hütet sich sehr, sich eine amtliche Residenz zuzulegen. Er zieht es lieber vor, die Staatsgeschäfte als mächtiger Drahtzieher im Hintergrund zu leiten und seine Entscheidungen durch zwischengeschaltete Personen ausführen zu lassen.

Er schreibt auch Briefe und verfaßt Empfehlungsschreiben, wie zum Beispiel jenes, das sein Freund Pico von ihm für den Frate aus Ferrara erbeten hat. Es klingt unglaublich, aber er verfaßt solche Schreiben schon seit seinem elften Lebensjahr, um Personen, die ihm nahestehen, zu begünstigen. Es ist noch gar nicht so lange her, da hat er einen solchen Brief an Lucrezia Tornabuoni gerichtet mit dem Ersuchen, zwei Exemplare eines in den Gewässern von Pisa gefangenen seltenen und kostbaren Fisches an den Botschafter des Königs von Neapel zu schicken, der gerade nach Florenz gekommen war, um sein Beglaubigungsschreiben zu überreichen. Er setzt also ganz auf den ersten Eindruck. Bei anderer Gelegenheit wird er dem Sohn des Königs eine Sammlung von Werken toskanischer Dichter und Schriftsteller zukommen lassen, versehen mit einem seiner wohldurchdachten Begleitschreiben.

Lorenzo ist auch selbst ein Dichter und Schriftsteller von Format, der sich seinerseits mit Dichtern, Schriftstellern, aber auch Künstlern und Philosophen von Rang umgibt. Hat es ihm jemand gesagt, oder hat er es selber bemerkt, daß in Florenz die Gilde der großen Bildhauer fast im Aussterben begriffen ist? Doch nun beherbergt er im Garten von S. Marco eine ganze Schule von noch sehr jungen Künstlern, unter denen ein gewisser Michelangelo bereits besonders herausragt.

Unter seinen eigenen Schriften findet sich alles mögliche, von der erotisch-ausgelassenen Novelle bis hin zum religiösen Lobgesang, vom komischen Scherzgedicht im Stile seines Freundes Pulci bis zum hehren Weihespiel: alles aber geprägt von einem starken Realismus. Als Dichter genügt es ihm zum Beispiel nicht, bloß auf möglichst elegante Weise zu sagen, daß der Wind die Zweige der Bäume bewegt, sondern er muß ganz realistisch präzisieren, daß gleichzeitig mit den Zweigen sich auch ihr Schatten auf der Erde bewegt.

Doch er weiß die Stimmen der Bilanzen im Finanzbereich nicht weniger gut zu interpretieren als die Stimmen der Natur. Er vermag ganz genau zu sagen, wieviel seine Familie seit 1434, dem Jahr, in dem sein Großvater Cosimo seine Hand auf die Stadt gelegt hat, allein für wohltätige Zwecke und für die militärische Verteidigung von Florenz ausgegeben hat: eine Summe, die sich im Jahre 1471, ohne die fixen Ausgaben, auf etwa 700.000 Fiorini (ca. 1,3 Mrd. öS oder 185,7 Mio. DM) beläuft. Das ist fast das Dreifache von dem, was sein Vater Piero, der 1465 Cosimo nachgefolgt und schon 1469 ohne Testament gestorben war, insgesamt an Bargeld hinterlassen hatte: nämlich genau 237.989 Fiorini. (Der Fiorino war, wie auch der Dukaten, eine Münze aus reinem Gold und wog ca. 3,5 Gramm. Aber sein Geldwert war damals fast zweieinhalbmal größer als sein gewichtmäßiger Wert. Darauf ist bei der obigen Umrechnung bereits Rücksicht genommen.)

Mit zwanzig Jahren, am 4. Dezember 1469, zwei Tage nach dem Tod seines Vaters, möchte er den Notabeln der Stadt, die zu ihm gekommen waren, um ihn zu bitten, das Heft nun selbst in die Hand zu nehmen, am liebsten absagen. Aber in Florenz »gelingt es einem Reichen nur schwer, sich aus den Regierungsgeschäften der Stadt herauszuhalten«. So seine eigenen Worte, wie er sie in seinen »Erinnerungen« aufgezeichnet hat, um die Entscheidung von 1469 zu rechtfertigen.

Unter den genannten ca. 1,3 Milliarden Schilling befinden sich gewiß auch jene 65 Millionen, die der alte Cosimo zur Verfügung gestellt hat, um das alte und bereits verfallende Gebäude des Klosters von S. Marco zu restaurieren, das hernach den Dominikanern anvertraut werden sollte. Sechs Jahre hat der Architekt seines Vertrauens, der berühmte Michelozzo, an diesem Projekt gearbeitet, und erst als alles fertig war, ließ Cosimo vom selben Architekten den Familienpalast in der Via Larga sowie die Villa von Cafaggiolo erbauen.

So ist auch S. Marco ein Kloster ganz eigener Art. Kaum entstanden, wurde es sogleich zu einem Zentrum der Kultur, der Kunst und der Frömmigkeit mit einer geradezu modern anmutenden Öffentlichkeitsarbeit, offen für alle Menschen aus der Stadt und ihrer Umgebung, ein Ort sozialer Integration.

Als im Jahre 1482 Savonarola zum erstenmal das Kloster betritt, gibt es dort bereits eine großartige Bibliothek, die erste öffentlich zugängliche Bibliothek Europas überhaupt. Sie enthält zahlreiche kostbare Codices, die Niccolò Niccoli aus der ganzen Welt zusammengetragen hatte.

Erst einige Jahre zuvor hatte das Malerwunder Guido di Piero, als Dominikaner Fra Giovanni da Fiesole, genannt Fra Angelico, eine Schar von Künstlern um sich versammelt, mit denen er gemeinsam die Wände von S. Marco mit Fresken bemalte und Gemälde von Florenz und der Toskana schuf, deren Verkaufserlös er dem Konvent zukommen ließ.

Kirchen bemalen ist zu jener Zeit gewissermaßen eine Art von Predigt und Schriftkommentar geworden. In S. Marco hat selbst der Schrank, in dem die heiligen Geräte aufbewahrt werden, der Gruppe um Fra Angelico eine ideale Fläche geboten, um darauf Szenen aus dem Evangelium zu malen. Seit der Zeit des hl. Antonin, des ersten Dominikanerpriors von S. Marco, der seit 1445 auch Erzbischof von Florenz war, findet man überall in S. Marco solche Szenen aus dem Evangelium abgebildet.

Dieser Antonino Pierozzi, ein Sohn des Notars Niccolò Pierozzi, gehörte der Generation von Michele Savonarola an und hatte sich als Mönch sowohl der Aktion wie der Kontemplation verschrieben, er war nicht nur ein geistlicher Schriftsteller, sondern auch ein glänzender Organisator. Er war es, der das Talent von Fra Angelico erkannt hat, er gründete die Bibliothek, er schuf in Florenz die effektivsten Wohltätigkeitseinrichtungen. Während der Pest des Jahres 1448 zog er selbst eigenhändig als Erzbischof einen Karren mit Lebensmitteln und Medikamenten für die Armen und Kranken durch die Straßen von Florenz und Umgebung, und er eilte persönlich zum Palast der Medici, wenn es galt, die Auswirkungen bestimmter ungerechter Gesetze zu mildern. Manchmal hat er in den Auseinandersetzungen mit den Medici auch feste Gegenpositionen bezogen, doch immer war sein Verhalten von großer Toleranz geprägt und hat auch andere zu solcher Einstellung inspiriert.

In einem Milieu, das noch ganz von solchen Persönlichkeiten geprägt ist, ist es nur zu verständlich, wenn der neue Lektor von S. Marco ob seines Glaubens, den er in sich wachsen fühlt, und ob seiner missionarischen Sendung, die er verspürt, zuweilen in Tränen ausbricht. Man versteht, warum Savonarola manchmal zu Tränen gerührt ist, wenn er den Novizen die Bibel auslegt.

In einer solchen Umgebung ist auch das Ausmaß an Zustimmung, ja Bewunderung, die ihm entgegengebracht wird, auf einmal sehr groß. Die hochherzige Bereitschaft und Offenheit dieses Mönchs mit dem starken Akzent der Leute aus der Poebene gefällt den Menschen und begeistert die zahlreichen Besucher von S. Marco. Seine Fähigkeit, längst vergangene Situationen des Alten Testamentes in der Gegenwart wieder lebendig werden zu lassen, fasziniert seine Zuhörer.

Unter diesen Voraussetzungen mag einen die Tatsache wundern, daß seine ersten Erfahrungen als Prediger im Jahre 1482 in Florenz mit einem völligen Desaster enden. Dabei kann man nicht sagen, daß er als Anfänger plötzlich und unvorbereitet sogleich auf die bedeutendsten Kanzeln der Stadt geschickt worden wäre. Man läßt ihn vielmehr ganz unauffällig, fast im geheimen beginnen, im November, zu Beginn des Advents. Bei diesen Adventspredigten dürfte er wohl schon jene Themen aufgegriffen haben, die ihm so besonders am Herzen lagen, nämlich das Schwanken der alttestamentlichen Propheten zwischen Ängsten und Hoffnungen in der Erwartung des Messias. Außerdem hat man für sein erstes Auftreten auch noch einen ganz speziellen Ort ausgesucht: die Kirche der Benediktinerinnen, die wegen der äußerst strengen Klausur, in der die dortigen Nonnen leben, »delle Murate« genannt wird. Hier sowie in der kleinen Kapelle von Orsanmichele soll er auch noch die folgenden Fastenpredigten des Jahres 1483 halten: eine doppelte Verpflichtung also, ein Zeichen, so würde man vermuten, für einen wachsenden Zulauf.

Für die Fastenzeit des Jahres 1484 öffnen sich ihm sogar die Pforten von S. Lorenzo, der Kirche der Medici. Hier befinden sich aber unter seinen Zuhörern nicht nur fromme Leute, sondern zuweilen auch solche, die alles andere sind als das. Hier muß der Prediger mit der Anwesenheit von ganz besonders anspruchsvollen Leuten rechnen, die in der Predigt gleichsam eine Kunst erblicken, die ihre eigenen Regeln und ihre eigene Tradition hat. Und hier kommt auch die Frage der verschiedenen Stile in den Blick: der Stil der Franziskaner, der Dominikaner, der Augustiner usw. Es wird deutlich sichtbar, daß der neue Prediger ganz im Stil der Apostel spricht, so, als ob es noch kein geschichtlich gewordenes Christentum gäbe oder er dieses völlig neu begründen müßte. Und er spricht auch noch mit einem Akzent und einem Tonfall, die in den Ohren dieser feinen Leute ausgesprochen ländlich-provinziell klingen müssen. Keinerlei Harmonie in der Gewichtung der einzelnen Teile seiner Predigt, kein Sinn für Humor, keine geistvolle Anekdote, keine phantasievolle

Erzählung. Die Tradition der Novellenliteratur in Florenz wird von ihm vollkommen ignoriert. Aber welche geistvollen Scharmützel, welche witzigen Bemerkungen kann man schon von einem erwarten, der in seinen Predigten sich über einen Dichter wie Pulci und seinen »Morgante«, ein Hauptwerk der Komödienliteratur, dermaßen mokiert?

Die Leute gehen in die Kirche, um zur Ruhe zu kommen, doch die Predigten dieses Mönchs sind alles andere als ruhefördernd. Die Menschen wollen ihre Sorgen vergessen, besonders jetzt, wo es wieder etwas ruhiger geworden ist nach den unseligen Ereignissen von 1478.

Kurz und gut, gegen Ende der Fastenzeit 1484 vermag Fra Placido Cinozzi, der spätere Biograph Savonarolas, in den mächtigen Kirchenschiffen von S. Lorenzo nicht mehr als 25 Personen zu zählen, die seiner Predigt lauschen. Derselbe Fra Placido Cinozzi berichtet auch, bei dieser Gelegenheit von Savonarola die Andeutung gehört zu haben, er wolle seine Predigttätigkeit in Hinkunft überhaupt einstellen.

# V.

Die Empörung über Savonarola hat verschiedene Epizentren. Das wichtigste liegt in Rom, näherhin im Vatikan.

Sixtus IV. war, bevor er Papst wurde, selbst Mönch gewesen, nämlich Franziskaner. Er stammte gleichfalls aus einer Adelsfamilie, deren Glanz bereits verlöscht war, den Della Rovere aus Ligurien, und hatte in Bologna den Doktorgrad in Philosophie und Theologie erworben. Er war zunächst ein erfolgreicher Prediger gewesen, ehe er in das einflußreiche Amt des Ordensgenerals gewählt wurde. Als solcher war er mit vielen Mächtigen seiner Zeit befreundet.

Dank der Protektion des Herzogs von Mailand und der Manöver der Kardinäle Orsini, Borja und Gonzaga, die selbst auf den Papstthron erpicht waren, ist es ihm gelungen, nach dem Tode Pauls II. 1471 Papst zu werden. Von den zwei Nepoten, die er auf einen Schlag im November 1471 zu Kardinälen erhoben hatte, beginnt als erster Pietro Riario von sich reden zu machen. Der Onkel auf dem Papststuhl ist sein großer Protektor. In Rom haben seine Audienzen bereits mehr Gewicht als jene des Papstes. Er ist auch sehr verschwenderisch. Die Einkünfte als Kardinal von S. Sisto, als Patriarch von Konstantinopel, als Erzbischof von Florenz, als Botschafter des Papstes bei den italienischen Fürstenhöfen genügen ihm nicht, er vergreift sich auch noch an den Rücklagen, die der verstorbene Papst Paul II. mühsam beiseite geschafft hat. Pietro führt ein aufwendiges Leben, er veranstaltet unvergeßliche Feste, deren Echo sich in den Depeschen niederschlägt, die von Rom abgesandt werden.

Man sagt, daß er innerhalb weniger Monate die Summe von 200.000 Fiorini verpraßt und weitere 60.000 Schulden gemacht habe. Das Jahr 1473 stellt den Höhepunkt seines tollen Treibens dar. Nach den grandiosen Festen, die er während des Aufenthaltes von Eleonore von Aragon, die sich auf dem Weg nach Ferrara befand, um dort mit Ercole d'Este verehelicht zu werden, ihr zu Ehren in Rom gegeben hatte, begab er sich im Herbst nach Mailand, um sich am Hofe seines zukünftigen Verwandten, des Herzogs Galeazzo Maria Sforza, eine Zeitlang dem »dolce vita« hinzugeben. Die zehnjährige außereheliche Tochter des Herzogs, Caterina, war nämlich mit Girolamo Riario, dem Bruder Pietros, verlobt.

Das letzte Kapitel im kurzen Leben von Pietro Riario spielt – im Winter desselben Jahres – an der Lagune von Venedig und könnte den Titel »Tod in Venedig« tragen, wenn er nicht tatsächlich in Rom gestorben wäre, und zwar am 5. Januar 1474, gleich nach seiner Rückkehr und, wie es heißt, an den Folgen des strapaziösen Lebenswandels in Venedig.

Während Pietro voll und ganz damit beschäftigt gewesen war, auch noch die letzten verfügbaren Geldquellen anzuzapfen und trockenzulegen, erwies sich Girolamo Riario, der dazu ausersehen war, die Stelle seines Bruders als privilegierter Nutznießer des päpstlichen Nepotismus einzunehmen, als einer, der vor allem die Liegenschaften zu Geld machte. Im Jahre 1473 hatte er die Herrschaft über Imola angetreten. Zu diesem Zweck mußte möglichst rasch die Summe von 40.000 Golddukaten für seinen künftigen Schwiegervater, den Herzog von Mailand, aufgetrieben werden, der bereit war, die Stadt Imola für diese Summe dem Papst zurückzuerstatten, der sie dann als Vikariat an Girolamo weitergab, gleichsam als Hochzeitsgeschenk für ihn und Caterina Sforza, deren Eheschließung ja für 1477 geplant war.

Aber dieses Geschenk hatte bei Lorenzo de' Medici nur wenig Gefallen gefunden, trotz seiner herzlichen Beziehungen sowohl zum Herzog als auch zum Heiligen Vater. Man weiß ja, wie das geht: Es beginnt mit Imola und Faenza, und schon denkt man auch an Pisa oder sogar an Florenz, umsomehr, als sich das Programm Sixtus' IV., besonders sein ausgeprägter Nepotismus, schon ziemlich klar abzuzeichnen begann: nämlich die politische Oberhoheit des Papsttums in Italien wiederherzustellen.

Es versteht sich, daß die Bank der Medici, obwohl sie die Vermögensverwaltung des Heiligen Stuhles innehatte, nicht in der Lage gewesen war, die Vorauszahlung von 40.000 Dukaten zu gewähren, die der Papst für den Abschluß des Übereinkommens mit dem Herzog von Mailand verlangt hatte. Aber in Rom wußte man sich zu helfen, schließlich gab es ja noch andere Bankiers. In Florenz selbst gab es zum Beispiel die Pazzi, die den Medici bereits Konkurrenz machten, und das nicht nur auf finanzieller, sondern auch auf politischer Ebene. Und die Versuchung, der eigenen Bank Ärger zu bereiten, ist keineswegs nur auf die kleinen Sparer beschränkt.

Jedenfalls hatte die päpstliche Finanzkammer von einem Tag auf den anderen sämtliche Konten und Einlagen bei der Bank der Medici aufgelöst und an jene der Pazzi transferiert, die sofort die 40.000 Dukaten vorgestreckt hatte: ein schwerer Schlag für Lorenzo mit absolut negativen Folgen.

Im Oktober 1474 verschlimmerte sich die Lage noch aufgrund eines weiteren Manövers Sixtus' IV.: Er ernannte Francesco Salviati, einen dreisten und ehrgeizigen Florentiner mit guten Verbindungen zu den Pazzi und den Riario, zum Erzbischof von Pisa. Während Florenz ja doch irgendwie ein Rechtsstaat geblieben ist, muß man Pisa als einen reinen Familienbesitz der Medici bezeichnen, ein kostbares Kleinod zwar, aber auch schlüpfrig wie ein Fisch, der ihnen ständig aus der Hand zu gleiten droht unter den zentrifugalen Kräften der alten Sehnsucht der Pisaner nach ihrer früheren Unabhängigkeit als eigenständige Republik. Diese Sehnsucht könnte sich Salviati zunutze machen, um seinen eigenen Ambitionen oder denen der Riario einen Schritt näher zu kommen.

Tatsache ist, daß Lorenzo die Ernennung von Salviati vehement bekämpft und seinen Amtsantritt in Pisa verhindert. Wird es zu einem Krieg kommen? Nicht unbedingt. Wenn die Druckmittel auf ökonomischem Gebiet nicht genügen, kann man es ja immer noch mit einem Staatsstreich in Florenz selbst versuchen, im Namen der republikanischen Freiheiten, die von den Medici unterdrückt werden. Etwas später, kaum daß Sixtus IV. hatte verlauten lassen, wenn es Lorenzo nicht mehr gäbe, dann würde er schon dafür sorgen, daß Florenz wieder tun und lassen könne, »was es selbst wolle«, nimmt die Verschwörung, die von Girolamo Riario ferngelenkt wird, tatsächlich ihren Lauf. Nach einem ersten fehlgeschlagenen Versuch wird der geplante Anschlag nun endgültig für den 26. April 1478 im Dom von Florenz festgesetzt. Das Attentat soll während der feierlichen Messe, und zwar genau zum Zeitpunkt der Kommunion des Zelebranten, erfolgen. Zur Teilnahme an diesem Gottesdienst werden alle bedeutenden Persönlichkeiten der Stadt erwartet. Auch der noch ganz junge Kardinal Raffaele Riario, ein weiterer Nepot Sixtus' IV., der an die Stelle des verstorbenen Pietro getreten war, wird anwesend sein.

Vielleicht um auch dadurch den republikanischen Anschein zu wahren, bewegen sich sowohl Lorenzo wie auch sein Bruder Giuliano gewöhnlich ohne Leibwache. Statt dessen umgibt sich Lorenzo meist nur mit seinen intellektuellen Freunden. Nachdem er dem tödlichen Anschlag, der ganz unvorhergesehen während der Kommunion auf ihn verübt wurde, mit knapper Not entgangen war, wird er unter dem Schutz Polizianos in die Sakristei gebracht, wo man die Tür gerade noch vor den Angreifern verschließen kann. Sein Bruder Giuliano jedoch befindet sich zum Zeitpunkt des Attentats an einer anderen Stelle der Kirche, wo er gerade ganz vertraulich von Franceschino de' Pazzi beim Arm genommen wird, der ihm zusammen mit Bernardo Bandini die tödlichen Dolchstöße versetzt haben muß.

Der in drei Punkten artikulierte Operationsplan der Verschwörung (Ermordung von Lorenzo und Giuliano, bewaffnete Besetzung des Palastes der Signoria mit Hilfe von Francesco Salviati, Volkserhebung unter der Führung von Jacopo de' Pazzi) gelingt, was den ersten Punkt betrifft, nur zur Hälfte, und mißlingt in den beiden anderen Punkten vollständig. Die Mehrzahl der Verschwörer wird von der aufgebrachten Menge getötet, Salviati an einem Fenster des Palastes, den er besetzen sollte, erhängt, während der Kardinal Raffaele Riario, der Bruder Girolamos, der scheinbar mit der ganzen Verschwörung überhaupt nichts zu tun hat, in den Kerker geworfen wird.

Die nun folgende Exkommunikation Lorenzos durch Sixtus IV. und das gegen die Stadt verhängte Interdikt sind sicherlich nicht dazu geeignet, den Verdacht seines stillen Einverständnisses mit den Verschwörern zu zerstreuen. Und schon gar nicht kann diesem Zweck der Krieg dienen, der in der Folge zwischen Ferrante, dem König von Neapel, der in diesem Fall der weltliche Arm des Papstes ist, und Florenz ausbricht.

Die militärische Niederlage der florentinischen Streitkräfte bei Poggibonsi scheint für Lorenzo der Anfang vom Ende zu sein. Es bleibt ihm nichts anderes übrig, als sich an Ludwig XI., den König von Frankreich, zu wenden, einen Freund von Florenz, der glücklicherweise schon seit längerer Zeit entschlossen war, die Legitimität der Herrschaft des Königs von Neapel über dieses Königreich in Frage zu stellen.

Gegen eine Exkommunikation oder ein Interdikt, wie sie Lorenzo und Florenz getroffen haben, ist der wirkungsvollste Gegenschlag die Einberufung eines Konzils, vor dem sich der Papst als Angeklagter zu verantworten hat. Und ein so souveräner Herrscher wie der König von Frankreich hat auch die Autorität und die Mittel, um ein solches Konzil einzuberufen, auf dem man die Absetzung des Papstes zur Diskussion stellen und darüber abstimmen kann; umsomehr, als ja die Wahl Sixtus' IV. sowieso unter dem Verdacht steht, aufgrund von Simonie zustande gekommen zu sein.

Es sind gerade diese keineswegs rosigen Aussichten, die den Papst schließlich zum Einlenken bewegen, zumal außerdem auch noch die Geldströme, die sich ständig aus dem katholischen Frankreich in die apostolischen Kassen ergießen, nunmehr versiegen. Diese und andere ähnliche Manöver erlauben es Lorenzo, nach der Niederlage von Poggibonsi die gefährliche Rolle einer Feindfigur zu übernehmen, welche die ganze Rache allein auf sich zieht.

Tatsächlich lassen sich sein unvorhergesehener Entschluß, sich persönlich dem König Ferrante zu stellen, die überaus freundliche Aufnahme, die er dort findet, und die ausgesprochen fairen Friedensbedingungen ohne diese Druckmittel kaum erklären.

Sixtus IV. muß es genügen, daß eine Delegation aus Florenz unter der Führung irgendeiner zweitrangigen Person nach Rom kommt, um sich zum Zeichen der Aufhebung des Bannfluches symbolisch mit dem Hirtenstab schlagen zu lassen. Natürlich wird Lorenzo selbst dieser Delegation nicht angehören: Er und die Stadt Florenz treten offiziell recht wenig in Erscheinung.

Im Frühjahr 1482, als Girolamo Savonarola zum erstenmal nach Florenz kommt, herrscht dort also eine Periode relativer Ruhe. Das Trauma des Jahres 1478 ist vergessen. Für den Karneval konnte man die längst vergangenen Zeiten wieder zum Leben erwecken, als Lorenzo selbst sich zum Animator diverser Volksbelustigungen machte, indem er die Verse jener Lieder und Gesänge schmiedete, die beim Vorbeimarsch der Rosse und Wagen erklangen.

Im November fällt das Debüt des Dominikaners als Prediger fast genau mit dem Beginn des Krieges um Ferrara zusammen: eine gute Gelegenheit für Lorenzo, sich in der Außenpolitik als großer Vermittler zu profilieren; für den Frate hingegen ein Anlaß, um wieder einmal über die Niederträchtigkeit Roms, der »stolzen, verlogenen Hure«, nachzudenken.

Wieder einmal hat Sixtus IV. seine Hände im Spiel. Sein Neffe Girolamo Riario, in der Zwischenzeit auch noch zum Grafen von Forlì und Generalkapitän der Kirche aufgestiegen, hat den Onkel überredet, das Herzogtum Ferrara dem Hause Este wegzunehmen – als ob es sich dabei wie schon zuvor um ein Bankguthaben handeln würde – und es den Venezianern zu übertragen als Gegenleistung für ihren Beistand in dem neu ausgebrochenen Krieg, diesmal gegen den einstigen Verbündeten in Neapel. Das bedeutet für Ferrara viele Monate der Belagerung, verbunden mit Plünderungen, Hungersnot, Seuchen und anderen Drangsalen, von denen auch die Eltern Savonarolas nicht verschont bleiben. Nach einigen spektakulären Kurswechseln innerhalb der einzelnen Bündnisse kommt es schließlich fast gleichzeitig mit dem Tod Sixtus' IV. neuerlich zum Friedensschluß.

Was die sehnlichsten Wünsche Savonarolas in bezug auf die Wahl des neuen Papstes sind, sagt er in seinem »Gebet für die Kirche«, einem Gedicht, das gerade in jenen Tagen entsteht. Allein schon das Zurückgreifen auf die Ausdrucksform der Poesie nach fast einem Jahrzehnt diesbezüglichen Schweigens offenbart die emotionelle Spannung jener Tage:

»Sei eingedenk jener Haltung der Güte,
die dich einstens bewog,
zu erscheinen in Menschengestalt
und für uns zu sein wie ein Wurm,
der auf der Erde herumkriecht.
Steh deiner heiligen römischen Kirche bei,
die der Teufel so schrecklich erniedrigt!«

Er fürchtet unter anderem auch, daß die Zwietracht der Kardinäle zu einem Schisma führen könnte. Girolamo Riario, noch immer Generalkapitän der Kirche, wütet mit der Waffe in der Hand. Die Nachrichten, die aus Rom eintreffen, besagen unter anderem, daß Kardinal Lorenzo Colonna in der Engelsburg eingekerkert und nach vorausgegangener Folter enthauptet worden sei, und daß die Kardinäle dabei sind, ihre Paläste in wahre Festungen zu verwandeln.

Wenn die Wahl des Kardinals Giovanni Battista Cibo zum Papst in einem Konklave von kaum mehr als 48 Stunden dem poetisch begabten Mönch zunächst auch wie eine göttliche Antwort auf sein »Gebet für die Kirche« erscheinen mag, so ist das Bild, das sich aus den Schilderungen gut informierter Kreise vom Neugewählten gewinnen läßt, durchaus dazu angetan, ihm noch mehr zu mißfallen als das seines Vorgängers.

In der Tat, bei einem ersten Vergleich des toten Sixtus IV. mit dem neuen Papst Innozenz VIII., der sich auf den Beginn ihres jeweiligen Pontifikates beschränkt, läßt sich zu Lasten des ersteren registrieren: eine unter zahllosen Intrigen zustande gekommene Wahl, zwei junge Nepoten, die er sogleich zu Kardinälen erhob, und der Verdacht, daß einer seiner zahlreichen Nepoten in Wirklichkeit sein eigener Sohn ist; und zu Lasten des letzteren: eine als ziemlich sicher geltende simonistische Wahl und eine eindeutig erwiesene, wenn auch unbestimmte Anzahl von eigenen Kindern, von denen er zwei sogar offiziell als solche anerkannt hat: Franceschetto und Teodorina.

Informationen dieser Art dringen natürlich auch bis in die Kreuzgänge von S. Marco, einem Ort der Begegnung für viele Menschen, wohin sich auch der Magnifico selbst an manchen Sonntagen des Morgens hinbegibt, um sich bei einem Spaziergang mit den Leuten zu unterhalten. Schon am Vorabend der Wahl des neuen Papstes wußten die florentinischen Gesandten in Rom den Namen dessen, den man zu wählen beabsichtigte, so daß sie Lorenzo schon im voraus davon unterrichten und ihm eine

Beschreibung des neuen Mannes liefern konnten: »Seine Heiligkeit hat folgende Eigenschaften: Er ist etwas mehr als mittelgroß und nicht gerade sehr gebildet. Außerdem hat er einen unehelichen Sohn, der sich momentan in Neapel aufhält und über 20 Jahre alt ist, sowie einige Töchter, die hier verheiratet sind und bereits selbst wieder Kinder haben.«

Das Besondere an diesem 20jährigen Sohn des Papstes liegt sicher darin, daß sich im Geiste des immer mit irgendwelchen Plänen beschäftigten Lorenzo wahrscheinlich immer mehr der Gedanke festgesetzt hat, daß in nicht allzu ferner Zeit im Vatikan die Hochzeit dieses Franceschetto Cibo mit seiner Tochter Maddalena de' Medici gefeiert werden wird.

Während also an einem Herbsttag jenes Jahres 1484 Fra Girolamo sich in Begleitung seines Freundes Fra Tommaso Strada, der dort eine Nonne besuchen will, zum Kloster von S. Giorgio begibt, weiß man bereits alles über den neuen Papst. Und es ist anzunehmen, daß Girolamo, während er sich in die kleine Kapelle des Klosters zurückzieht, um auf den Freund zu warten, das alte und schmerzliche innere Zwiegespräch über das Verderben der Kirche von neuem wieder aufnimmt. Das ist jener Augenblick der plötzlichen Erleuchtung, die in der Gestalt von drei kategorischen Sätzen eine entscheidende Wende in seiner Predigttätigkeit und in seinem Leben kennzeichnet: »Die Kirche wird in unseren Tagen erneuert. Doch vorher wird Gott eine schwere Züchtigung über ganz Italien verhängen. Beides wird sehr bald geschehen.« Es ist dies der Beginn seiner prophetischen Predigt.

Man muß hier auch auf den chronologischen Zusammenhang dieser Wende mit dem für den jungen Prediger frustrierenden Erlebnis seiner mißglückten Fastenpredigten in S. Lorenzo aufmerksam machen. Und es scheint wohl nicht zu gewagt zu sein, wenn man annimmt, daß bis zu dieser Wende von S. Giorgio der junge Mönch die feste Absicht gehabt hatte, das Predigen überhaupt bleiben zu lassen, zumindest aber im kommenden Advent die Kanzel nicht mehr zu besteigen. Ein Indiz dafür könnte sein, daß es keinerlei Nachrichten gibt, die von einer Predigttätigkeit in dieser Zeit berichten. Man muß vielmehr bis zu den Fastenpredigten des Jahres 1485 in S. Gimignano warten, um eine neuerliche Bestätigung seiner diesbezüglichen Aktivitäten zu erhalten.

Von den Fastenpredigten des Jahres 1486, die er ebenfalls in S. Gimignano gehalten hat, sind seine eigenhändigen lateinischen Aufzeichnungen gefunden worden. Gerade diese Notizen sind es, die uns eine Vorstellung von jener Art Predigt vermitteln, wie sie Savonarola nach dem Erlebnis von S. Giorgio begonnen hat. Von diesem Augenblick an bedeutet für ihn predigen, die heißen Themen der römischen Korruption bzw. der

Kirchenreform aufzugreifen und in prophetischer Weise jene Züchtigungen vorauszusagen, die ihr schon in Bälde vorausgehen werden.

Welches Echo findet nun seine neue, apokalyptische Weise zu predigen in Florenz? Manche wollten hinter seiner plötzlichen Abberufung aus Florenz zu Beginn des Jahres 1487 die Hand von Lorenzo de' Medici erblicken, der damals wegen der destabilisierenden Wirkung seiner Predigten ziemlich besorgt war. Sicher, die Reihe seiner Fastenpredigten in Florenz wird Anfang März 1487 plötzlich unterbrochen, und mit ihrer Fortsetzung werden andere Prediger betraut, so daß man an einen Rückzug auf höheren Befehl denken könnte. Andere jedoch konnten mit handfesten Beweisen zeigen, daß diese plötzliche »Fahnenflucht« mit seiner ehrenvollen Berufung als »magister studiorum« an den Konvent von S. Domenico in Bologna zusammenhängt. Hinterher kann man natürlich immer fragen, ob es sich dabei nicht doch um ein »promoveatur ut amoveatur« gehandelt hat, nämlich um ein klassisches Abschieben durch Beförderung. Aber gegen die Hypothese, daß Lorenzo dabei seine Hand im Spiel gehabt habe, spricht jener berühmte Brief, den dieser im Jahre 1489 auf Ersuchen des Grafen Pico an die höchsten Oberen des Dominikanerordens gerichtet hat und worin er die Rückkehr des Predigers nach Florenz befürwortet.

Es scheint jedoch, daß man die zeitliche Parallelität zwischen jener plötzlichen Versetzung und der neuen proрömischen Politik Lorenzos, die schließlich am 25. Februar 1487 zur Hochzeit seiner Tochter Maddalena mit Franceschetto Cibo, dem Sohn Innozenz' VIII., führte, überhaupt nicht bemerkt hat. Und was die apokalyptischen Angriffe des Predigers betrifft, so dürften sie zur damaligen Zeit (nämlich nach der Wende von S. Giorgio) vor allem gegen die Kirche gerichtet gewesen sein, und wenn überhaupt irgendwer, dann hatten wohl in erster Linie seine Vorgesetzten im Orden, die ohne Zweifel von den skandalumwitterten Fastenpredigten in S. Gimignano bereits unterrichtet worden waren, Anlaß zur Beunruhigung: schon im Hinblick auf den Magnifico, der nunmehr ja mit dem Papst verwandt war; ganz besonders aber, weil in S. Gimignano bereits die Zeit jenes Francesco Mei angebrochen ist, der Savonarola persönlich feindlich gegenübersteht und der als späterer Prokurator des Ordens einer der hauptsächlichsten »Urheber der endgültigen Bestrafung des Fra Ieronimo« in Rom sein wird, wie Mei selbst später wörtlich schreibt, wenn er sich dessen in einem Brief vom 8. Juli 1498 an die Signoria von Florenz brüstet.

Jedenfalls, nachdem die Zeit seiner Tätigkeit in Bologna im Jahre 1488 abgelaufen war, wurde Fra Girolamo weder weiterhin in Bologna assigniert noch nach Florenz zurückberufen, sondern in das Dominikanerkloster S. Maria degli Angeli nach Ferrara versetzt, das nun zu seinem ständigen Wohnsitz wird und ihm bei seinen ausgedehnten Predigtreisen durch alle Regionen Oberitaliens, von Modena bis Piacenza, nach Mantua, Brescia und bis ins ferne Genua immer wieder als Stützpunkt dient. Jede dieser Städte sucht Savonarola natürlich zu Fuß auf, um dann am Schluß seiner Mission wieder nach Ferrara zurückzukehren.

In Ferrara selbst verzichtet er allerdings auf die Predigt: »Nemo propheta in patria« betont er in einem Brief aus Pavia an seine Mutter, die nach dem Tode ihres Mannes und dem vollständigen Zerfall der Familie den Sohn immer in ihrer Nähe haben möchte:

»Meine vielgeliebte Mutter«, schreibt Girolamo, »seid nicht immer so traurig, wenn ich von Euch fortgehe. Daß ich von Stadt zu Stadt ziehe, um zu predigen, zu ermahnen, die Beichte zu hören, zu erklären und zu beraten, davon kann vielleicht das Heil vieler Seelen abhängen. Das ist der einzige Zweck meines ständigen Wanderns von einem Ort zum andern. Das ist auch der Wille meiner Vorgesetzten.

Statt also traurig zu sein, müßtet Ihr Euch vielmehr erleichtert fühlen bei dem Gedanken, daß Gott sich gewürdigt hat, eines Eurer Kinder für eine so wichtige Aufgabe zu erwählen.

Andererseits, wenn ich in Ferrara bleiben und versuchen würde, hier genauso wie in den anderen Städten zu arbeiten, dann weiß ich schon jetzt, was man über mich sagen würde: dasselbe, was seine Landsleute über Jesus gesagt haben, als sie ihn predigen hörten: ›Ist das nicht der Zimmermann, der Sohn der Maria?‹ Und sie dachten gar nicht daran, auf ihn zu hören.

Nicht anders würde man über mich reden: ›Ist das nicht jener Student Girolamo, der dieses und jenes angestellt hat? War er nicht genauso einer wie wir?‹ Und man würde nicht auf meine Worte hören.

Daher erklärt sich auch, warum ich in Ferrara immer wieder Leute treffe, die, wenn sie mich so ständig von irgendwoher ankommen oder irgendwohin abreisen sehen, mir die Frage stellen, ob es denn heutzutage einen solchen Mangel an guten Predigern gäbe. Sie wollen damit wohl sagen: ›Wenn es schon soweit ist, daß sie dich gebrauchen können, der du nicht viel taugst, muß tatsächlich eine große Not an Predigern herrschen.‹

Außerhalb von Ferrara wären jedoch solche Äußerungen undenkbar. Ganz im Gegenteil, wenn der Augenblick kommt, da ich von einer Stadt, in der ich gepredigt habe, Abschied nehmen muß, gibt es immer wieder Menschen, die deshalb in Tränen ausbrechen. Meine Worte haben in ihren Herzen also offenbar eine Spur hinterlassen. Ich schreibe dies nicht, um mich selbst zu loben (das liegt mir fern), sondern um den Sinn meiner ständigen Reisen aufzuzeigen und Euch davon zu überzeugen, daß ich diese Art von Leben gerne auf mich nehme, weil ich weiß, daß ich damit mir selbst und den Menschen, denen ich begegne, nützlich bin ... Pavia, am 28. Januar 1490.«

Zu den genannten Menschen gehören wohl auch jene elf von insgesamt 18 Söldnern, die nur schmutzige Zoten und Flüche auf den Lippen hatten und bis auf sieben alle bekehrt wurden, nachdem sie ihm begegnet waren und seiner spontanen Predigt gelauscht hatten. Schauplatz dieser Episode war ein Boot auf dem Po, auf der Fahrt von Ferrara nach Mantua, wie ein früher Biograph zu berichten weiß.

Von dieser zweijährigen leidenschaftlichen Predigttätigkeit im Norden bleiben seine Adventspredigten im November und Dezember des Jahres 1489 in Brescia besonders in Erinnerung. Das Echo darauf glaubt man gleichsam in jenem Brief aus Pavia an seine Mutter zu vernehmen, in dem er auf die innerliche Rührung anspielt, welche die Leute ergreift, wenn er nach vollbrachter Mission Abschied nimmt, um in die nächste Stadt zu ziehen. Und man versteht auch, warum: Der da aus der Stadt wieder fortzieht, ist nicht irgendein x-beliebiger Mönch, sondern ein Prophet, der – im Falle von Brescia – in seiner Predigt vom 30. November unter den allgemeinen Schrecken sogar das »große Tier« der Apokalypse beschworen hat, als er jene Geißel ankündigte, die als Strafe für ihre Sünden über die Stadt hereinbrechen werde.

Alle Nachrichten über diese beiden Jahre seiner Predigttätigkeit im Norden sind uns im großen und ganzen von den ersten Biographen überliefert worden. Keine Spur davon findet sich hingegen in den Chroniken jener Städte, die Savonarola damals aufgesucht hat. Die Chroniken und damit die Geschichte nehmen sich dieser Persönlichkeit erst wieder an, als sie – zum zweitenmal – die mächtige Bühne von Florenz betritt.

# VI.

Auch die zweite Berührung Savonarolas mit Florenz im Jahre 1490 erfolgt im späten Frühjahr. Aber abgesehen von der Jahreszeit hat man auch sonst den Eindruck, daß sich sein Leben hier so abspielt, wie man es bereits kennt.

Er beginnt von neuem mit den erhebenden Vorträgen an die Novizen. Dann ist die Heilige Schrift an der Reihe, die er im Klostergarten von S. Marco unter freiem Himmel vor einem Kreis von Zuhörern kommentiert, die sich dort unter einem ausladenden Rosenstrauch niedergelassen haben. Mit der Zeit wird der Kreis seiner Zuhörer immer größer: Wohltäter des Klosters, einfache, fromme Leute, Intellektuelle, angesehene Bürger, die an moralischen und kulturellen Fragen interessiert sind und sich mit dem Kloster irgendwie verbunden fühlen.

Vielleicht ist ein Echo der hervorragenden Predigten dieses Frate mittlerweile aus dem Norden bis zu ihnen gedrungen. Auch seine freundschaftlichen Beziehungen zum Grafen Pico della Mirandola, der inzwischen zu einer Persönlichkeit von internationaler Reputation aufgestiegen ist, tragen vielleicht dazu bei, die Neugierde der Leute anzustacheln, die ihn noch nie haben sprechen hören.

So herrscht also jeden Sonntag gegen Abend ein großes Gedränge im Garten von S. Marco. Doch die abendliche Brise verweht die leidenschaftlichen Worte des Predigers, so daß man sich schon bald nach einem geschlossenen Raum umsehen muß. Am Abend des 1. August 1490 ist es dann soweit: Man trifft sich ganz offiziell in der Kirche von S. Marco, wo er die Reihe seiner lehrhaften Predigten, die im Freien begonnen wurde, nun in einem geschlossenen Raum fortsetzt. Doch kaum ist er bei der Auslegung der Apokalypse angelangt, wird der Ton seiner Rede sofort ebenfalls apokalyptisch, der Vortrag wird zur Predigt und die Predigt zur Prophetie, genauso wie damals in den Jahren 1485/86 in S. Gimignano, ehe man ihn nach Bologna abgeschoben hat. Vom Ton dieser Predigten kann man sich aufgrund einiger Fragmente, die uns erhalten geblieben sind, eine ungefähre Vorstellung machen. Hier nur ein kleines Beispiel: »Ich bin der Hagel, der denen die Köpfe einschlägt, die sich nicht in Sicherheit bringen wollen.« Es handelt sich hier offensichtlich um aus der Bibel entlehnte Metaphern, aber man kann sich die Reaktionen leicht vorstellen, die diese deftigen Bilder von drohenden Strafen hervorgerufen haben. Es gibt natürlich auch Leute, die diese Anspielungen gar nicht verstehen, aber auch von denen, die sie verstehen, sind nicht alle bereit, seine Äußerungen ernst zu nehmen, vor allem dann nicht, wenn sie Unruhe in ihr gemächliches Leben zu bringen drohen.

Das Echo auf diese Predigten ist also keineswegs überall voll Enthusiasmus. Offenbar ist das auch der Grund, warum sich eines Tages der Graf della Mirandola veranlaßt sah, seinen Freund zu warnen: »Das wird dir nicht gut bekommen, du bewegst dich auf einem schmalen Grat«, hat er damals zu ihm gesagt, wie wir von Savonarola selbst wissen. Und das heißt in der Praxis: »Mit dir wird es ein böses Ende nehmen. Du treibst ein gefährliches Spiel.« Bei allen sonstigen Hypothesen könnte dies durchaus eine erste »Warnung« von seiten Lorenzos de' Medici gewesen sein, eine Warnung, die zwar sicher nicht in seinem Auftrag erfolgte, aber doch die Vorwegnahme eigener Schritte in dieser Richtung durch einen beiderseitigen Freund darstellt, und zwar mit der Absicht, irgendwelchen künftigen Komplikationen in ihren gegenseitigen Beziehungen vorzubeugen, und eingedenk der Tatsache, daß er selbst ja die treibende Kraft für die Rückkehr dieses unbequemen Mönchs nach Florenz gewesen war.

Jedenfalls besteigt Savonarola, getragen vom Wohlwollen, das ihm allenthalben begegnet, bereits am Aschermittwoch, dem 16. Februar 1491, zum erstenmal die wohl bedeutendste und angesehenste Kanzel von Florenz, nämlich jene von S. Maria del Fiore. Im Dom der Stadt, unter der Kuppel Brunelleschis, prasselt sein Donnerwetter noch gewaltiger und mitleidloser auf die Zuhörer nieder, bis schließlich am Samstag, dem 26. Februar, dem Tag vor seiner sonntäglichen Predigt, das Unwetter auch in seinem eigenen Inneren losbricht.

Es handelt sich um eine unvorhergesehene, wenn auch nicht unvorhersehbare Krise, denn es tritt genau das ein, was seine Gegner sich erhoffen nach dem psychologischen Krieg, den sie in letzter Zeit, schon seit er in S. Marco über die Apokalypse gepredigt hatte, gegen ihn geführt haben.

Vom Palast hat man ihn mehrmals wissen lassen, daß man es nicht gerne sieht, wenn er allzu eindringlich davon spricht, was in der Zukunft geschehen wird. Man wirft ihm keineswegs vor, wie dies andere tun, daß er nicht so kunstvoll und elegant predigt wie etwa Fra Mariano da

Genazzano, der absolute Star unter den Predigern in Florenz. Es geht vielmehr um die Inhalte. Dies und noch vieles andere hat man ihm offen ins Gesicht gesagt, ganz im Ernst und immer wieder. Verschiedene angesehene Bürger, die ihm deutlich zu verstehen gaben, daß sie in höherem Auftrag handeln, haben ihn oft darauf hingewiesen, daß es nicht opportun sei, heute schon in solcher Weise wegen etwas Alarm zu schlagen, was vielleicht erst morgen passieren wird. In Florenz ist das alte Lied von Lorenzo noch in aller Munde: »Wer fröhlich sein will, der soll es sein, denn was morgen ist, ist ungewiß.«

Nun, was die Zukunft des Magnifico selbst betrifft, so sind einige Dinge bereits jetzt gewiß: Gewiß ist zum Beispiel, daß sein noch nicht einmal 15jähriger Sohn Giovanni, der bereits Kardinal der Heiligen Römischen Kirche ist, schon binnen kurzem in Rom feierlich in das Konsistorium aufgenommen werden wird, um sich als Mitglied dieses Gremiums auf das Amt des Papstes vorbereiten zu können, das er eines Tages als Leo X. ausüben wird.

Natürlich haben die sehr höflich auftretenden Herren, die nach der Predigt in höherem Auftrag zu Savonarola kamen, um ihn zu ermahnen und ihm gute Ratschläge zu erteilen, immer wieder versichert, nur im eigenen Namen zu sprechen.

»Ihr behauptet, daß ihr im eigenen Namen sprecht«, hat er ihnen eines Tages geantwortet, »aber ich sage euch, daß es nicht so ist. Geht zurück zu Lorenzo und richtet ihm aus, er soll Buße tun für seine Sünden, denn Gott hat die Absicht, ihn und die Seinen zu strafen!«

Zu dieser Gruppe von Bürgern gehörte auch Francesco Valori, den man sich wird merken müssen, denn er wird später beim dramatischen Finale dieser ganzen Geschichte noch eine bedeutende Rolle spielen.

Savonarola sind all die Zweifel und Vorbehalte, die ihm in guter Absicht auch innerhalb seiner eigenen vier Wände im Kloster von S. Marco vorgetragen wurden, keineswegs gleichgültig: »Padre, Ihr greift viel zu gefährliche Dinge auf«, hat man auch dort zu ihm gesagt. »Ihr seid viel zu radikal in euren Urteilen. Es wird noch so weit kommen, daß man euch aus Florenz vertreibt, wie es Fra Bernardino da Feltre ergangen ist, der gegen den Wucher gepredigt hat.«

Resultat all dieser Bemühungen: Angesichts der bevorstehenden Sonntagspredigt vom 27. Februar 1491 wird der Mönch den ganzen vorhergehenden Tag und die ganze Nacht von einer schweren inneren Krise erfaßt. Soll er der Versuchung nachgeben und bei seiner Predigt ein wenig leiser treten? Soll er den bereits ausgearbeiteten Entwurf für die morgige Predigt einfach wieder zerreißen? Aber wird es ihm überhaupt möglich sein, eine ganz neue Predigt zu entwerfen, die völlig anders ausschaut als jene, die er im Kopf hat?

Nach einer schlaflosen Nacht – wie er selbst später in seinem »Kompendium der Offenbarungen« berichten wird – löst sich jedoch unversehens diese psychologische Sperre, als er eine übernatürliche Stimme vernimmt, die ihn ernstlich mahnt: »Dummkopf, bemerkst du denn nicht, daß diese deine Art zu predigen der Wille Gottes ist?«

Auf einmal ist seine Angst dahin, und er kann am nächsten Tag im Dom seine »terrifica praedicatio« loslassen, die wahrscheinlich in Wirklichkeit noch viel schrecklicher war, als es aus dem lateinischen Entwurf hervorgeht, der uns handschriftlich überliefert ist. Dieser Entwurf ist gleichsam so etwas wie ein Schirm, der noch schützend über uns aufgespannt ist. In ihm haben die vielen aus der Erregung des Augenblicks stammenden spontanen Einfälle und Abweichungen vom vorbereiteten Text natürlich noch keine Berücksichtigung finden können. Nachstehend wird ein Teil dieses Entwurfes der »Schreckenspredigt« in deutscher Übersetzung wiedergegeben:

»Ihr könnt euch nicht vorstellen«, so beginnt er seine Predigt, »wie aufgeregt ich war, bevor ich mich entschlossen habe, das zu sagen, was ich heute sagen will ... Als erstes sage ich euch, daß Gott der Herr dieses Gefäß namens Italien in Stücke hauen wird, und jener Teil Italiens, den es am meisten trifft, wird genau der sein, wo wir uns befinden ... Wenn ihr euch nicht bekehrt ...

Der Herr spricht durch den Mund des Propheten Jeremia: ›Ich bringe Verderben über diesen Ort‹ ...

Die Zeremonien, die man heute in der Kirche feiert, finden nicht mehr zu Ehren Gottes statt, sondern um des Geldes willen. Jeder will Bischof werden ... Alle wollen sie Gott dienen, alle wollen in der Kirche etwas werden wegen der Einkünfte, die damit in Form von Benefizien und Pfründen verbunden sind ... Alle wollen sie von diesem Fleische essen ... Ganze Familien nähren sich vom Erbteil Christi ... Alle können zu kirchlichen Ämtern gelangen ... sogar noch halbe Kinder ... Daher heißt es ja auch im Sprichwort: ›Glücklich ist jenes Haus zu nennen, das einen Kleriker besitzt.‹ Aber es wird die Zeit kommen, da man sagen wird: Wehe ihnen, denn sie werden das scharfe Schwert über sich spüren ... Wenn ihr also eure Kinder wirklich liebt, dann strebt für sie keine kirchliche Karriere an im Hinblick auf materiellen Gewinn ...

Alle bieten sich an, Messen zu lesen und Gebete zu verrichten ... Es wird noch soweit kommen, daß sie die Witwen aufsuchen und mit Fragen wie diesen belästigen: ›Ist es nicht schon an der Zeit, den jährlichen

Totengedenktag zu begehen?‹ ... Sie veranstalten die herrlichsten Zeremonien, um die Leute anzulocken ... Und der Sakristan hat nichts anderes im Kopf, als eine möglichst große Menge Kerzen zu verkaufen. Zum Fest des kleinsten Heiligen lassen sie sämtliche Glocken läuten ... Sie erfinden immer neue Altäre und neue Madonnenbilder ... Rechts und links postieren sie Beichtväter ...

Es gibt also nichts, keine Gabe, keine Gnade des Heiligen Geistes, die man nicht mit Geld erkaufen könnte ...

Nur die Armen, sie werden unterdrückt: ›Wehe euch‹, sagt der Herr zu denen, die reich sind ... Aber wenn es darum geht, die Steuern zu entrichten, was für ein beschämendes Schauspiel bieten da die Superreichen, die ja nur ganz kleine Lasten zu tragen vermögen, während jene, die nichts haben ...

Es gibt Leute mit geringem Einkommen, die jedoch sehr hohe Abgaben entrichten müssen ... Man setzt die Steuern einfach nach Belieben fest, ohne auf irgendwen Rücksicht zu nehmen. Wenn eine arme Witwe unter Tränen daherkommt, ist man kurz angebunden. Und zu dem Armen, der Einspruch erheben will, sagen sie ohne Mitleid: ›Zahl nur, zahl ... !‹ Wieviel Geld wird auf diese Weise angehäuft, und auf der anderen Seite gibt es so viele Bedürftige und Mädchen ohne Mitgift ...

Ihr Armen, hört mir gut zu: Die euch unterdrücken, lachen sich ins Fäustchen, wenn sie mich so reden hören, weil sie wissen, daß ich trotz allem ja doch nichts anderes tun kann, als euch zur Geduld zu mahnen. Und so fühlen sie sich in ihrer Unverschämtheit auch noch ermutigt. Nun gut, ich sage euch wie üblich: Habt Geduld, ertragt euer Schicksal, hofft auf Gott! Aber euch Reichen rufe ich noch einmal die Worte zu, die Gott durch den Mund des Propheten Jeremia gesprochen hat: ›Seht, ich bringe Verderben über diesen Ort.‹ Es wird der Tag kommen, an dem Florenz nicht mehr Florenz heißen wird, sondern ›Blut und Schande‹ oder ›Räuberhöhle‹ genannt wird. Niemand von euch wird mehr glücklich sein in dieser Stadt ...

Um aber Jeremia am Reden zu hindern, wird er lächerlich gemacht, verprügelt und ins Gefängnis geworfen. Aber er kann nicht anders, er muß einfach sprechen.

Siehe, Herr, auch ich habe gesprochen. Du hast mich einfach mitgerissen ... Du warst stärker als ich. Schon früher habe ich im Namen Gottes gegen die Ungerechtigkeiten der Menschen gepredigt: Doch das Wort Gottes war bloß Zielscheibe von Spott und Verfolgung. Da habe ich mir gesagt: Nein, ich werde niemals mehr auf seine Stimme hören, nie mehr in seinem Namen das Wort ergreifen. Doch das Wort Gottes ist über mich gekommen wie ein verzehrendes Feuer und ist mir tief unter die Haut gegangen. Und so habe ich schließlich nachgegeben . . .«

Hier wird seine Predigtskizze immer verworrener. (Diese Notizen sind übrigens, wie schon gesagt, in Latein verfaßt, während die Predigten selbst in der Umgangssprache gehalten wurden.) Es wird aber jedenfalls deutlich, daß die Fortsetzung der »terrifica praedicatio« ein durchaus konstruktives Programm für die Erneuerung von Kirche und Gesellschaft enthält, mit einer langen Liste von Vorschlägen, was getan und was vermieden werden muß. Aber mit welchen Mitteln das erreicht werden soll, ist noch nicht ganz klar.

Hier soll der Hinweis genügen, daß die Predigt – oder besser: der lateinische Entwurf dazu – mit folgenden Worten schließt, wenn man solche Sätze, die mit »et cetera« enden, überhaupt als Abschluß gelten lassen kann:

»Wenn also dies alles verwirklicht sein wird, dann werdet ihr erst verstehen können, was ich sagen will. Jetzt könnt ihr es noch nicht, etc. etc. Jetzt können wir nur eines tun: beten, etc. etc.«

Denkt er vielleicht schon an ein Konzil zur Reform der Kirche? Denkt er etwa gar an die Verwirklichung einer idealen republikanischen Staatsform?

Was die Anspielungen auf Lorenzo de' Medici in der »terrifica praedicatio« betrifft, so sind diese ziemlich eindeutig. Es lassen sich zwei Arten unterscheiden: Die eine richtet sich an den Vater des noch sehr jungen Kardinals Giovanni de' Medici, die andere an den Herrscher von Florenz.

Der kleine Kardinal Giovanni, der bereits mit sieben Jahren die Tonsur empfangen hatte, hält ohne Zweifel einen einsamen Rekord: Ihm ist es mehr als jedem anderen seines Alters gelungen, im Meer der kirchlichen Pfründen ausgiebig zu fischen. Schon seit damals ist so mancher dicke Fisch an seiner Angel hängengeblieben, wie etwa die Abtei Font-Douce in Frankreich oder jene von Montecassino, die er wenig später im Alter von zehn Jahren erhielt; ganz zu schweigen von den jährlichen Apanagen, die ihm bei seiner Ernennung zum Kardinal 1489 zugesprochen wurden, auch wenn seine eigentliche Karriere erst im März 1492 beginnt, in dem Augenblick nämlich, wo er mit allen Ehren in das Konsistorium aufgenommen wird; wie auch schon seine Schwester Maddalena in Rom mit allen Ehren empfangen worden war, als sie im Vatikan Francesco Cibo heiratete, wobei das Hochzeitsgeschenk des Papstes für die Braut ein Juwel im Wert von 10.000 Dukaten war.

Auf wen sonst, wenn nicht auf Giovanni, beziehen sich die Worte der »Schreckenspredigt« von den »noch halben Kindern«?

Aber daneben dürfte auch noch eine andere Passage der Predigt seinem Freund, dem Grafen della Mirandola, einen ordentlichen Schreck eingejagt haben, sollte er, wie es durchaus möglich wäre, an jenem Tag in S. Maria del Fiore dabeigewesen sein. Es ist jene Stelle, wo Savonarola, nachdem er zuvor die Willkür des Steuersystems angeprangert hatte, auf die große Zahl von Mädchen im heiratsfähigen Alter (»Quot puellae!«) in Florenz anspielt und damit wohl auf einen der beschämendsten Übergriffe der Medici öffentlich aufmerksam macht. Es handelt sich dabei um den Skandal, der mit dem »Monte delle Fanciulle« zusammenhängt, einem öffentlichen Fonds, der in Florenz eine lange Tradition hat und dazu dient, mit Hilfe öffentlicher Gelder die Mitgift für jene bedürftigen Mädchen zu finanzieren, die nach und nach in das heiratsfähige Alter kommen.

Es scheint, daß Lorenzo in skrupelloser Weise sich dieses Fonds bedient hat, um mit diesem Geld in Rom den Kardinalshut für seinen Sohn Giovanni zu bezahlen: eine Beschuldigung, die in jenen Tagen mehr denn je die Runde machte und jedenfalls bisher nicht widerlegt werden konnte. Damit ist auch der Sohn Lorenzos, der junge Kardinal, in die ganze Affäre verwickelt, weil die Mitgift der florentinischen Mädchen ja in schändlicher Weise dazu benutzt wurde, um die skandalöse Hochzeit Giovannis mit der Kirche (mit der »Hure Kirche«, wie Savonarola sie etwas später bezeichnen wird) zu ermöglichen.

Die Reaktionen Lorenzos auf die schwerwiegenden und öffentlichen Angriffe Savonarolas scheinen noch immer über angesehene Mittelsmänner zu erfolgen, die dem unbotmäßigen Mönch nun mit ganz konkreten Maßnahmen wie etwa Hausarrest zu drohen beginnen. Die Antwort Savonarolas auf diese Drohungen ist eine weitere Attacke: »Ihr müßt euch fürchten, eingesperrt zu werden, ihr, die ihr eine Familie habt mit Frau und Kindern. Was mich betrifft, so berührt mich diese Art von Angst nicht im geringsten. Auch wenn mir gänzlich verboten würde, in eurer Stadt zu bleiben, sie hat für mich ja doch nur die Größe einer Linse im Vergleich zu den anderen Orten, wohin ich mich begeben könnte. Ich mache mir daher keine Sorgen. Soll er entscheiden, wie er will. Aber eines sollte er wissen: Auch wenn ich ein Fremdling bin und er der erste Bürger von Florenz, so bin doch ich es und nicht er, der letztlich bleiben wird. Er jedoch wird eines Tages verschwinden müssen.«

Die Leute scheuen sich natürlich, solche Äußerungen Lorenzo zu hinterbringen. Seit einiger Zeit kann man freilich auf seinem Antlitz tatsächlich eine gewisse Müdigkeit erkennen, und die Prophezeiung des Mönchs spielt nicht so sehr auf eine Vertreibung des Magnifico aus Florenz an, sondern vielmehr auf seinen nahen Tod.

Warum macht Lorenzo seine Drohung nicht sofort wahr? Francesco Guicciardini, ein Zeitgenosse, glaubt feststellen zu können, daß Lorenzo alles in allem doch eine gewisse Hochachtung für Fra Girolamo empfindet, der ihm von einem, der ihn kennt, als ein »guter« Mensch geschildert wird. Doch auch Fra Bernardino da Feltre ist solch ein »guter« Mensch gewesen, so daß man ihn später sogar seliggesprochen hat. Und doch ist es erst drei Jahre her, daß man ihn wegen einer noch viel geringfügigeren Sache aus Florenz vertrieben hat, nämlich wegen seines Kampfes gegen den Wucher.

Doch es ist wohl so, daß Lorenzo momentan nicht mehr derselbe ist wie vor drei Jahren, und Fra Girolamo hat etwas an sich, was Fra Bernardino fehlte: Zu seiner breiten Popularität und seiner moralischen Integrität gesellt sich auch noch eine unbestrittene Faszination, die er auf viele Intellektuelle im Umkreis Lorenzos ausübt, und er erfreut sich auch der Wertschätzung und Freundschaft des Grafen della Mirandola, der selbst wiederum auf Lorenzo einen maßgebenden Einfluß ausübt.

Savonarola aus Florenz verjagen würde andererseits bedeuten, denselben Fehler nochmals zu begehen, den man schon im Falle von Fra Bernardino gemacht hat, und gerade dieser Fall hat Lorenzo ja einen nicht unbeträchtlichen Popularitätsverlust eingetragen. Es würde aber auch heißen, die Anschuldigungen über eine schlechte Regierung und Mißwirtschaft in Florenz glaubwürdig erscheinen zu lassen. Und schließlich wäre es auch noch blanker Zynismus, denn die gegenwärtige Situation hat er ja selbst heraufbeschworen, als er die Rückkehr des rebellischen Mönchs nach Florenz befürwortete.

Die Pattsituation, die nach den letzten Predigten und den anschließenden Drohungen entstanden war, spiegelt sich deutlich in dem Brief wider, den Savonarola am 10. März, elf Tage nach der »terrifica praedicatio«, an Fra Domenico da Pescia (auch das ein Name, den man sich merken muß, denn er wird in den letzten Szenen des Dramas um Savonarola eine herausragende Rolle spielen) gerichtet hat:

». . . Obwohl es in den höchsten Kreisen noch eine starke Opposition gegen mich gibt, kann der endgültige Bruch doch als vermieden angesehen werden. Die Dinge wenden sich zum Besseren, denn Gott hat auf wunderbare Weise eingegriffen. Über Einzelheiten dieser Opposition gegen mich werde ich Euch bei Eurer Rückkehr nach Florenz berichten. Im Augenblick ist nicht der richtige Zeitpunkt, darüber zu sprechen.

Viele haben gefürchtet und fürchten noch immer, daß auch mir das gleiche zustoßen könnte wie Fra Bernardino. Auch ich selbst glaube, daß ich in dieser Hinsicht ein nicht unbeträchtliches Risiko eingegangen bin, aber ich habe immer auf Gott vertraut, weil ich aus der Heiligen Schrift weiß, daß das Herz des Königs sich in der Hand des Herrn befindet, der es nach seinem Belieben zu drehen und zu wenden pflegt...

In meinen Predigten verkündige ich häufig die Erneuerung der Kirche und drohe die zukünftigen Strafgerichte an: Das sind keine purer Phantasie entspringende Voraussagen, sie gründen sich vielmehr voll und ganz auf die Heilige Schrift, so daß niemand, der guten Willens ist, mir deshalb Vorwürfe machen kann ... Der Graf wandelt noch immer auf dem Weg des Herrn, und er kommt oft zu meinen Predigten.«

Ja, der Graf. Sicher befindet sich der junge Graf della Mirandola in jenen Tagen in einer ziemlich heiklen Lage. Er hat den Frate unbedingt in Florenz haben wollen, hat vielleicht sogar in Eigeninitiative gehandelt, aus durchaus persönlichen Beweggründen. In der Tat hat man den Eindruck, durch sein Eintreten für eine Rückkehr Savonarolas nach Florenz könnte er sich selbst einen sehnlichen Wunsch erfüllt haben, nämlich den, gerade im entscheidendsten Augenblick seiner eigenen Identitätskrise (nach der Verurteilung seiner philosophischen Thesen von seiten der offiziellen Kirche, nach der anschließenden Gefangenschaft in Frankreich, nach den Enttäuschungen seines letzten Liebesabenteuers in Florenz) den Freund, dem allein er sich anvertrauen konnte, ganz nahe bei sich zu haben.

In den Tagen nach der »terrifica praedicatio« gewinnt man den Eindruck eines gewissen »fair play« im Verhalten der Staatsmacht gegenüber Savonarola. Das geht sogar so weit, daß man ausgerechnet ihn einlädt, am Mittwoch nach Ostern vor den Mitgliedern der Signoria im Palast die traditionelle Rede zu halten. (Die Signoria ist, wenigstens formal, das höchste Organ der Stadtregierung, bestehend aus acht Herren, den Signori oder Prioren, plus einem neunten, der als Vorsitzender den Titel eines »Gonfaloniere di Giustizia« führt.)

Wir schreiben den 6. April 1491, und es ist erst kaum mehr als ein Monat seit der »terrifica praedicatio« vergangen. Was will man eigentlich von dem Mönch? Man könnte sogar sagen, daß diese ehrenvolle Berufung nur den hohen Grad seiner ungebrochenen Popularität beweist. Vielleicht will man dadurch auch demonstrieren, daß die Staatsmacht so stark und unabhängig ist, daß sie es sich erlauben kann, liberal zu sein.

Möglicherweise erwarten sich einige, daß Savonarola sich hier im Palast ängstlich und unsicher zeigen und vielleicht sogar eine ganz brave und konformistische Rede halten wird. Manche sind wohl auch von jener für Florenz so typischen Neugierde erfüllt und wollen unbedingt sehen, wie der aufmüpfige Frate schließlich doch noch von seinen Gegnern zur Strecke gebracht wird. In Florenz genügt ja schon ein einziger mißglückter Auftritt, um einem Prediger für immer den Mund zu stopfen. Auch von dieser Predigt im Palast sind uns die Originalnotizen Savonarolas erhalten geblieben.

»Für einen wie mich«, so beginnt er seine Rede, »bedeutet an diesem Ort zu sprechen soviel wie am See von Tiberias zu fischen. Das hier sind Gewässer, wo nur bestimmte Personen zu fischen verstehen. Hier ist es nicht so wie in der Kirche, hier bin nicht ich der Hausherr. Die Pflicht verlangt von mir, einen höflichen Ton anzuschlagen, so wie es Jesus im Hause des Pharisäers getan hat.

Ich möchte einleitend sagen, daß das Wohl und Wehe einer Stadt von ihrem Oberhaupt abhängen. Groß ist die Würde eines Herrschers, aber groß ist auch seine Verantwortung. Wenn er für das Gute eintritt, wird auch die Stadt dasselbe tun, und sie wird dann eine heilige Stadt sein. Selbst eine Unterlassungssünde wird aber, wenn er sie begeht, zu einer schweren Sünde ...

In diesem Gewässer wird man also mit einem sehr feinmaschigen Netz fischen müssen, denn sogar die kleinste Sünde wird hier zu einer großen. Hierher dringt viel zuwenig Licht, als daß diejenigen, die als Tyrannen über die Gesellschaft herrschen, ihre eigenen Fehler sehen und aus eigener Kraft korrigieren könnten: sei es aufgrund ihres Stolzes, sei es aufgrund der Schmeichelei, die sie allenthalben umgibt, vor allem aber, weil sie nicht den Mut haben, das getane Unrecht wiedergutzumachen ...

Hier überläßt man alles einer Bürokratie, die keinerlei Verantwortung zu tragen hat. Eine Verantwortung übernimmt man höchstens, weil man gern umschmeichelt werden will oder um keine Steuern zahlen zu müssen. Auf diese Weise kann das Verbrechertum, weil es keine Angst vor Strafe zu haben braucht, blühen und gedeihen. Die Argumente der Armen werden nicht einmal angehört, und die Prozesse gegen die Reichen versanden oder werden ins Unendliche vertagt. Die Armen und Bauern werden gezwungen, ohne Lohn für die da oben zu arbeiten, ja man erlaubt es sogar ihren Untergebenen, sie ohne Bezahlung für sich arbeiten zu lassen.

Hier manipuliert man die Wahlen auf unehrliche Weise. Wenn ein Prozeß auf ordentlichem Wege rasch zu Ende geführt werden könnte, so rät man der geschädigten Partei dennoch, daß es für sie besser sei, sich mit einem Vergleich abzufinden ...

Hier werden ungerechte Kriege oder umstürzlerische Aktionen in anderen Städten beschlossen. Man vergibt in übler Manier die Konzessionen für die Steuereinhebung oder für andere öffentliche Dienste. Man nimmt korrupte Beamte und Funktionäre auf und bestraft jene nicht, die ihre Pflicht vernachlässigen ... Hier werden Währungsreformen durchgeführt, die nur zum Vorteil einiger weniger sind.

Deshalb ermahne ich euch, bei eurem Tun immer das Wohl des ganzen Volkes im Auge zu behalten; den sozialen Frieden zu bewahren, was soviel bedeutet, wie nach den Kriterien der Gerechtigkeit und Gleichheit zu regieren; Neid, Haß und Zwietracht zu meiden; das Verlangen nach Reichtum zu mäßigen und den Sinn für Ehrlichkeit bei Männern und Frauen zu fördern...«

Das ist also keineswegs eine Rede, die an die besonderen Umstände angepaßt ist, sondern eher eine solche, wie man sie vom Haupt einer Opposition erwarten würde unter einem Regime, das keinerlei Opposition duldet; und wie ein solches Haupt der Opposition wird der Mönch nolens volens auch dereinst die Früchte ernten, wenn in nicht allzu ferner Zeit dieses Regime zusammenbrechen wird.

In dieser Rede ist der Hinweis auf jene, die »nicht den Mut haben, das getane Unrecht wiedergutzumachen«, wohl auch eine Anspielung auf die Verantwortlichen für den Skandal rund um den »Monte delle Fanciulle«; aber diese sind nun scheinbar nicht mehr imstande zu reagieren, außer vielleicht in der Weise, daß sie den Kampf auf die Ebene eines theoretischen Disputs verlagern, wo Lorenzo durchaus wirksame Mittel zum Einschreiten zur Verfügung stehen.

Vor kurzem erst hat der Magnifico außerhalb der Porta S. Gallo ein weiteres Kloster, einen Augustinerkonvent, erbauen lassen. Haben ihn die Dominikaner von S. Marco ziemlich enttäuscht, so pflegen die Augustiner von S. Gallo doch dankbarer zu sein und sich für erwiesene Gunst auch erkenntlich zu zeigen. Ihr Fra Mariano da Genazzano gilt in Florenz als der Star unter den Predigern, obwohl seine Spitzenstellung durch den Aufstieg des neuen Sterns aus Ferrara in Gefahr geraten ist. Er genießt große Wertschätzung am Hofe der Medici, und seine Qualitäten – die typisch humanistische Eleganz seines Stils und die betonte Sachlichkeit, verbunden mit improvisierten Seitenhieben voll Humor im Stile eines Pulci – sind selbst von Poliziano in einem seiner Briefe beschrieben und gepriesen worden, die unter den Literaten halb Italiens die Runde zu machen pflegen und durchaus imstande sind, jemandem Berühmtheit zu verschaffen.

Was Savonarola betrifft, so wissen jedoch alle, worin der schwache Punkt seiner Predigten besteht: Es ist die Neigung, sich von einem Prediger in einen Propheten zu verwandeln. Er weiß es selbst ganz genau, so daß er in seinem jüngsten Brief an Fra Domenico da Pescia die Angst erkennen läßt, er könnte von jemandem wegen seiner Prophezeiungen getadelt werden.

Doch momentan ist es so, als ob ein göttliches Feuer ihn verzehre, ein Feuer, das ständig vom Geist der Propheten des Alten Testamentes genährt wird. Tatsächlich fühlt er sich gedrängt, sich mit diesen zu identifizieren, so daß er beispielsweise in der »terrifica praedicatio« mit der Stimme des Jeremia zu sprechen schien und bei der jüngsten Rede im Palast mit jener Natans.

Auch innerhalb des Klosters von S. Marco gibt es einige, die in diesem Punkt mit ihm nicht einer Meinung sind. So macht ihm zum Beispiel sein alter und heiligmäßiger Freund Fra Tommaso Strada ganz offen den Vorwurf, daß er denjenigen, die ihn auf die beginnende Feindschaft Fra Marianos aufmerksam machten, mit einer hochmütigen Prophezeiung geantwortet habe: »Me oportet crescere, illum autem minui« – »Es steht fest, daß ich wachsen muß, er aber abnehmen.« Doch später ändert er seine Meinung, als Fra Girolamo ihm versichert, nicht aus Hochmut so gesprochen zu haben, sondern weil er tatsächlich wisse, daß dies in Wirklichkeit der Wille Gottes sei.

Auch Fra Silvestro Maruffi, eine weitere Persönlichkeit, die im Finale dieser Geschichte noch in den Vordergrund rücken wird, ist zunächst einmal sehr skeptisch, was die prophetischen Ankündigungen Savonarolas angeht, aber dann läßt er sich doch näher darauf ein und ist am Ende sogar tief davon beeindruckt und betroffen.

Fra Mariano da Genazzano ist der einzige, der das Ansehen und die nötigen Fähigkeiten besitzt, um Fra Girolamo auf dessen eigenem Gebiet zu schlagen. Seine Attacke ist für den 12. Mai, das Fest Christi Himmelfahrt, geplant. Es ist schon im voraus bekannt, welches das Thema der Predigt von Fra Mariano sein wird: »Non est vestrum nosse tempora vel momenta.« Diese Worte der Apostelgeschichte bedeuten im wesentlichen, daß es den Aposteln – und daher auch den Predigern – nicht erlaubt ist, die Zukunft vorherzusagen, aber auf den konkreten Fall angewandt bedeuten sie auch, daß Fra Girolamo ein falscher Apostel ist, der gegen die Gebote Gottes handelt.

Am Fest Christi Himmelfahrt strömt also alles, was in Florenz Rang und Namen hat, nach S. Gallo zur Predigt des Genazzano. Auch Lorenzo mit seinem Schwarm von Intellektuellen, unter ihnen auch Poliziano, Pico und Benivieni, ist unter den Zuhörern. Man weiß zwar über den Inhalt der Predigt nichts Genaues, doch man kennt das Resultat: eine allgemeine Enttäuschung. Fra Mariano muß seinen Auftrag, Savonarola herunterzumachen und am Boden zu zerstören, allzu wörtlich genommen haben. Er hat offenbar geglaubt, auch die alles andere als edlen Gedanken und Gefühle seiner Auftraggeber interpretieren zu müssen, indem er sich zu einer maßlosen persönlichen Attacke gegen Savonarola hinreißen ließ, der von ihm als falscher Prophet, als Urheber von Skandalen und als gewissenloser Aufwiegler bezeichnet wurde: Cicero gegen Catilina. Selbst seine Auftraggeber haben nach dieser Predigt, vielleicht aus Vorsicht oder um nicht selbst in dieses Debakel verwickelt zu werden, in ihren Kommentaren keinen Zweifel daran gelassen, daß sie sich mit diesen Gedanken und Gefühlen nicht identifizieren können.

Man hatte sich einen Genazzano in Hochform erwartet, der brillant, ironisch und ausgewogen argumentiert, statt dessen aber hatte man einen zweiten Savonarola erlebt, nur mit dem Unterschied, daß dieser viel schlechter war als das Original, ohne dessen menschliche Größe und visionäre Kraft. Unter den Auftraggebern und ihren Freunden gibt es übrigens Leute, die noch genügend Anstand und Gewissen besitzen, um auch gegen den eigenen Vorteil die Sache objektiv zu beurteilen. So werden nach diesem Ereignis die Predigten des Genazzano nach und nach von allen gemieden, auch von seinen früheren Gönnern, während jene Savonarolas immer mehr Zulauf finden. Selbst Poliziano beginnt seine Meinung zu ändern und sich dem neuen Stern zuzuwenden, während der Magnifico resignierend feststellen muß, daß das Problem, das er mit List und – wieder einmal – durch eine Mittelsperson lösen wollte, nun noch brisanter geworden ist.

Drei Tage später, bei der Sonntagspredigt am 15. Mai, erfolgt die äußerst ausgewogene und vernünftige Antwort Savonarolas auf die Angriffe des Genazzano. Sie ist in einem Ton gehalten, wie ihn die Leute drei Tage zuvor in S. Gallo erwartet hätten. Vielleicht liegt es an diesem gemäßigten Ton, daß einige Personen, die beiden Mönchen nahestehen, nun versuchen, eine Aussöhnung in der Weise herbeizuführen, daß mit der gegenseitigen Polemik im Geist des Evangeliums Schluß gemacht wird; einem Geist, der in Savonarola immer noch so lebendig ist, daß er die starken alttestamentlichen Züge in ihm aufzuwiegen vermag. Auch eine Messe wird von den beiden zur Erbauung aller gemeinsam zelebriert.

Aber das Spiel ist noch nicht aus. Fra Mariano fühlt sich in Florenz weiterhin diskriminiert. Also auf nach Rom! Dort wird er mächtige Bundesgenossen finden, viel mächtigere, als Lorenzo es ist.

# VII.

Kaum zwei Monate später, im Juli 1491, ist der nun 39jährige Fra Girolamo Savonarola neuer Prior des Dominikanerklosters von S. Marco. Damit ist eine traditionelle Basis der Volksverbundenheit für die Medici verloren. Den alten Cosimo hatte diese Basis eine anfängliche Summe von umgerechnet etwa 65 Mio. öS (9,3 Mio. DM) gekostet, die laufenden Unkosten in Form von Spenden an das Kloster und mehr oder weniger fixen Zuschüssen nicht mitgerechnet. Doch das erste Zeichen, das vom neuen Prior kommt, bestätigt nur seine glatte Ablehnung jeder Art von Komplizenschaft mit den Medici.

Eingedenk einer alten Gepflogenheit, die sich mit der Zeit immer mehr gefestigt hatte, begaben sich die älteren Mönche sofort zum neuen Prior, um ihm die Verpflichtung in Erinnerung zu rufen, ehestens den traditionellen Huldigungs- und Dankbesuch beim Oberhaupt des Hauses der Medici abzustatten. Kein Prior hatte sich je dieser Verpflichtung entzogen.

Die Antwort des neuen Priors ist in eine Frage gekleidet: »Ist meine Wahl ein Werk Gottes gewesen oder Lorenzos?«

»Natürlich ein Werk Gottes«, antworten die Mönche.

»Und deshalb werde ich mich auch nur bei meinem Herrn und Gott bedanken.«

Man versteht auch den bitteren Kommentar Lorenzos zu dieser Brüskierung: »Habt ihr gesehen? Ein Fremdling hat in meinem Hause Wohnung genommen und es nicht einmal der Mühe wert gefunden, mir einen Besuch abzustatten.«

Es ist keineswegs auszuschließen, daß in der Folge in Lorenzo die Neugierde erwacht ist, jene Persönlichkeit genauer kennenzulernen, über die seine intellektuellen Freunde mit solcher Ehrfurcht sprechen. Mit diesen Freunden trifft sich auch der Frate manchmal in der Bibliothek, oder er spaziert mit ihnen diskutierend und parlierend durch die Laubengänge des Konventes.

Vielleicht haben diese Leute Lorenzo auch berichtet, daß Savonarola seine intellektuellen Fähigkeiten außerordentlich schätzt. Und wahrscheinlich ist Lorenzo auch neugierig, jenen Mann kennenzulernen, der einen so beruhigenden Einfluß auf den jungen Pico della Mirandola ausübt, von dem er selbst wiederum sehr beeindruckt ist.

Aber wie kann man ihm näherkommen, ohne ihn zu sich rufen zu müssen? Die einzige Gelegenheit bietet die Messe in S. Marco, wohin sich Lorenzo manchmal an Festtagen begibt, um dann hinterher nach einer alten Gewohnheit der Familie im Garten des Klosters zu verweilen und mit den Mönchen zu plaudern. So war es jedenfalls bei den früheren Prioren gewesen. Aber der neue zieht sich in seine Zelle zurück und läßt sich einfach nicht blicken. Und wenn dann ein nichtsahnender Mönch ganz aufgeregt dahergelaufen kommt, um ihm ganz außer Atem mitzuteilen: »Lorenzo ist da, Lorenzo ist da!«, bleibt er eiskalt in seiner Reaktion:

»Verlangt er nach mir?«

»Nein, das nicht.«

»Dann will ich ihn auch nicht belästigen.«

Lorenzo ist nicht der Graf. Pico ist ein junger Mann, der ständig zwischen den Bedürfnissen des Geistes und des Fleisches hin und her gerissen wird, der sich auch schon hin und wieder an einem Mädchen vergriffen haben mag (im Jahre 1486 stand er beispielsweise hier in Florenz im Mittelpunkt einer peinlichen Entführungsgeschichte), aber er hat sich jedenfalls nicht am »Monte delle Fanciulle« vergriffen, und er hat auch nie die Plünderung von Volterra erlaubt oder die republikanischen Freiheiten in Florenz unterdrückt. Und Fra Girolamo hat sehr genaue Vorstellungen über die Hierarchie der Sünden, wie man ja bei seiner Predigt im Palast deutlich sehen konnte, als er sagte, daß für die dort drinnen auch schon die kleinste Sünde zu einer Todsünde wird.

Zudem ist der Graf auch zu Akten plötzlicher Reue und Wiedergutmachung fähig, wie er erst jüngst gegenüber seinem Neffen Giovan Francesco Pico, dem zukünftigen Biographen seines Onkels und Savonarolas, unter Beweis gestellt hat. Onkel und Neffe befanden sich gerade in der Villa von Corbola in der Nähe von Ferrara: »Eines Tages«, hat er dem Grafen Giovanni anvertraut, »werde ich alles, was mir bleibt, verkaufen und den Erlös an die Armen verteilen. Dann werde ich mich mit einem Kruzifix in der Hand barfuß aufmachen, um in Städten und Kastellen das Wort Christi zu verkünden.« Zumindest einen Teil dieses Vorhabens hat er wirklich in die Tat umgesetzt, indem er einige seiner Besitztümer verkaufte und einen Teil des Erlöses unter den Armen verteilen ließ. Dafür hat er auch die Mithilfe Savonarolas in Anspruch genommen, ja er hat sogar bei ihm interveniert, denn unter den armen Mädchen, denen mit diesem Geld eine Mitgift verschafft werden sollte, befand sich auch eine seiner beiden

Schwestern (die andere ist Nonne geworden), aber er ist bei ihm diesbezüglich auf Ablehnung gestoßen.

Auch von seiten Lorenzos sind in jener Zeit einige Initiativen wohltätiger Art in Form von außertourlichen Schenkungen an das Kloster zu registrieren. Vielleicht ist es das Beispiel des Grafen. Auf solche Annäherungsversuche scheint der Prior von der Kanzel herab mit versteckten Anspielungen zu antworten, wenn er zum Beispiel die Gestalt des idealen Predigers skizziert und ihn dabei mit einem Wachhund vergleicht, der den Fleischknochen, den ihm zwielichtige Leute zuwerfen, liegen läßt und nicht aufhört zu bellen.

Die letzte dieser wohltätigen Initiativen ist uns aus dem Kreis der Mönche überliefert und stellt, wenn man den Quellen glauben darf, einen offenen Bestechungsversuch dar. Eines schönen Morgens begibt sich Piero da Bibbiena, der Kanzler Lorenzos, mit einem ziemlich schweren Geldbeutel zur Kirche von S. Marco: Es sind genau 300 Fiorini in Gold, die er einen nach dem anderen in den Opferkasten fallen läßt. Sie entsprechen heute einer Summe von ca. 650.000 öS oder 93.000 DM. Bei der Öffnung des Opferstocks, die in Anwesenheit des Ökonomen des Klosters vorgenommen wird, verzieht der Prior keine Miene. Er sondert die Goldmünzen aus und läßt sie zum Sitz der Buonomini von S. Martino bringen, um das Geld jenen Armen zukommen zu lassen, die lieber vor Hunger sterben, als sich bei der Verteilung der Almosen in den Vordergrund zu drängen.

Kurze Zeit später meldet sich Bibbiena wie zufällig bei den Mönchen, und so nebenbei erkundigt er sich auch, wie hoch denn an jenem besagten Tag die Einnahmen aus dem Opferstock gewesen seien. Dabei erfährt er, daß der Goldschatz den Buonomini von S. Martino übergeben wurde, und er berichtet davon Lorenzo mit dem Kommentar: »Das ist ein ganz schlauer Fuchs.«

Dieses Urteil des Kanzlers über Savonarola stimmt genau mit dem des jungen Niccolò Machiavelli überein, der ihn in einem Brief ebenfalls als einen äußerst gerissenen Burschen bezeichnet. In der Folge freilich wird dieses »Vorurteil«, das er sich wahrscheinlich im Umkreis der Cancelleria, wo er als Sekretär tätig ist, zu eigen gemacht hat, einer großen Bewunderung weichen, die er auch mehrmals zum Ausdruck gebracht hat: »Von einem Menschen solchen Formats, solcher Kultur, Intelligenz und göttlicher Inspiration kann man nur mit größter Hochachtung sprechen.«

Dies war der letzte Versuch Lorenzos, den Mönch auf seine Seite zu ziehen, ohne ihn »bitten« zu müssen.

Andererseits haben beide im Herbst 1491 und im Winter 1491/92 andere Sorgen. Savonarola widmet sich nun neben der Predigt auch noch einer anderen Art von Apostolat, nämlich einer intensiven publizistischen Tätigkeit, die sich ebenfalls an das einfache Volk wendet. Und es ist bezeichnend, daß sein erstes im Jahre 1491 gedrucktes Werk für die breiten Volksmassen bestimmt ist und daher auch nicht in Latein, sondern in der Umgangssprache abgefaßt ist. Es handelt sich um den »Traktat über das Leben der Witwen«, in dem er den Witwen moralische Ratschläge erteilt.

Auch wenn er für ein breites Publikum schreibt, weicht Savonarola nicht eine Handbreit von seinen Grundsätzen ab. Die Gefahren, denen die armen Witwen ausgesetzt sein können, sind sehr vielfältig, und er zählt sie alle auf samt den geeigneten Gegenmaßnahmen, einschließlich der, noch einmal zu heiraten. Solche Gefahren drohen nach Ansicht des Autors auch aus ganz unerwarteten Richtungen:

»Manche Priester führen nur scheinbar ein strenges Leben. Vor solchen Priestern müßt ihr euch in acht nehmen, besonders wenn sie häufig zu Besuch kommen und euch Bildchen, Rosenkränze und ähnliche Dinge zum Geschenk machen ... Auch vor gewissen Beichtvätern sollt ihr euch hüten, denn viele schlechte Priester machen sich ein Vergnügen daraus, Witwen die Beichte abzunehmen, vor allem solchen, von denen sie irgendwie Nutzen ziehen oder die Befriedigung so mancher ihrer Wünsche erwarten können.«

Die Witwen sollen darüber hinaus auch darauf achten, jeder Berührung, auch einer ganz zufälligen, möglichst aus dem Weg zu gehen, »denn die Lust an der Berührung ist überaus stark, sie entsteht ganz plötzlich und hebt die Vernunft auf«.

Es ist jedoch unmöglich, allem nachzugehen, was Savonarola tut oder schreibt. Es mag der Hinweis genügen, daß seine »Gesammelten Werke« fast 20 Bände umfassen.

Von Fra Mariano da Genazzano findet sich unter den Predigern der denkwürdigen Fastenzeit 1492 keine Spur. Die Kanzel des Domes beherrscht nunmehr mit viel Erfolg ein Franziskaner, nämlich Fra Domenico da Ponzo. Doch dieser, vielleicht gewitzigt durch die bitteren Erfahrungen des Augustiners, hütet sich sehr, in die Rolle eines Gegenspielers des Dominikaners zu schlüpfen. Ganz im Gegenteil, er erweckt den Eindruck, ganz auf der Seite Savonarolas zu stehen. Dieser wiederum hält seine Fastenpredigten diesmal in S. Lorenzo, von derselben Kanzel, von der aus er 1484 mitansehen mußte, wie sich seine Zuhörerschaft nach und nach auf nicht mehr als 25 Personen verringerte. Jetzt allerdings ist er kein gewöhnlicher Prediger mehr, sondern ein Prophet, und sogar der Franziskaner anerkennt ihn als solchen in seinen Predigten von der Kanzel des Domes.

Für Lorenzo de' Medici bestehen seine »anderen Sorgen« vor allem in seinem Gesundheitszustand, der seit dem Winter zunehmend schlechter wird: Übelkeit, Abgespanntheit, Kopfschmerzen, Erschöpfungszustände, Magen-Darm-Störungen, Symptome eines neuerlichen schweren Gichtanfalles. Sein Gesundheitszustand erlaubt es ihm nicht einmal, am 9. März in der Abtei von Fiesole der öffentlichen Zeremonie der Überreichung der Kardinalsinsignien an seinen Sohn Giovanni beizuwohnen, der gerade dabei ist, nach Rom aufzubrechen, wo er am 22. März in das Heilige Kollegium aufgenommen werden soll.

Man könnte sagen, daß in jenen Tagen Lorenzo und Fra Girolamo dieselben Gedanken durch den Kopf gehen. Dieser Eindruck findet auch in der Realität seine Bestätigung. Der berühmte Brief Lorenzos mit guten Ratschlägen an seinen Sohn, der kurz vor der Abreise nach Rom steht, ist mit Sicherheit entweder kurz vor oder kurz nach dem 9. März konzipiert worden.

Nun, die Predigt Savonarolas in S. Lorenzo am 9. März, dem Tag der Überreichung der Kardinalsinsignien an den jungen Giovanni, enthält eine Darstellung des päpstlichen Hofes, die irgendwie das Bild wiederholt oder vorwegnimmt oder – wenn man so will – sich mit ihm deckt, das Lorenzo von diesem Hof in dem Brief an seinen Sohn entwirft, um ihn vor den Gefahren zu warnen, die ihn in Rom erwarten. Beginnen wir mit dem Brief Lorenzos:

»Ich weiß, wenn Ihr jetzt nach Rom in diese Lasterhöhle geht, werdet Ihr es sehr schwer haben ... denn nicht nur das schlechte Beispiel, das Ihr dort seht, kann Euch mitreißen, es wird auch nicht an Leuten fehlen, die Euch direkt aufhetzen und verführen. Wie Ihr ja sehen könnt, hat Eure Erhebung zum Kardinal wegen Eures Alters und aus noch anderen Gründen großen Neid hervorgerufen, und diejenigen, die diesen Euren Aufstieg zu höchsten Würden nicht verhindern konnten, werden nun in spitzfindiger Weise alles daransetzen, um Euch in den Augen der Öffentlichkeit herabzusetzen, sie werden Euer Leben in den Schmutz ziehen und Euch in dieselbe Grube fallen lassen, in die sie selbst gefallen sind, im Vertrauen darauf, daß ihnen dies aufgrund Eures Alters auch gelingen wird. Ihr müßt diesen Versuchungen umsomehr widerstehen, als das derzeitige Kardinalskollegium nicht gerade ein Ausbund der Tugend ist. . .«

Das sind keine überflüssigen Warnungen. Das Heilige Kollegium wird nämlich von einer Figur beherrscht, die alles andere als beispielhaft ist, nämlich vom Vizekanzler Rodrigo Borja, dem ranghöchsten Würdenträger nach dem Papst. In diesem Kollegium wird der junge Kardinal auch mit einigen seiner Kollegen in Berührung kommen, die leidenschaftlich dem Glücksspiel verfallen sind, abgesehen davon, daß viele von ihnen aufgrund ihres ausschweifenden Lebenswandels auch noch von ansteckenden Geschlechtskrankheiten befallen sind. Daher heißt es in dem Brief des besorgten Vaters weiter:

»Ihr seid nicht nur der jüngste Kardinal dieses Kollegiums, sondern überhaupt der jüngste, der je diese Würde erlangt hat. Daher müßt Ihr bei den Zusammenkünften immer besonders eifrig und voll Demut sein, und Ihr dürft die anderen, sei es in der Kapelle oder im Konsistorium, nie auf Euch warten lassen. Ihr werdet sehr bald erkennen, wer seine Amtspflichten ernst nimmt und wer nicht. Mit denen, die dies nicht tun, solltet Ihr Euch auf keine näheren Beziehungen einlassen . . .«

Leider kann die Predigt Savonarolas vom 9. März nicht im Wortlaut wiedergegeben werden, man kann sie nur, wie auch sonst in den meisten Fällen, aus seinen Vorbereitungsskizzen rekonstruieren. Wie immer geht Savonarola von einem biblischen Thema aus. Diesmal ist es die Geschichte vom Propheten Jona und dem Walfisch. In letzterem sieht er den päpstlichen Hof mit seinen höchsten Prälaten verkörpert, wobei er nicht nur auf die ungeheuren Kräfte dieses Tieres Bezug nimmt, sondern auch auf »die Intelligenz, die Bosheit, die Halsstarrigkeit und Heuchelei« der kirchlichen Führer aufmerksam machen will, »alles Eigenschaften, die das logische Resultat der Verbindung von religiöser und politischer Machtausübung darstellen, die sowohl mit geistlichen Waffen als auch mit ganz handfesten Druckmitteln operiert, mit Exkommunikationen und Interdikten, und sich auf Erfahrungen im geistlichen wie im weltlichen Bereich stützen kann«.

Aber am eindrucksvollsten an dieser Predigt ist wohl die Prophezeiung Savonarolas über sein eigenes Schicksal:

»Angesichts dieser enormen Machtfülle kann man sich leicht vorstellen, welchen Repressalien ein seiner Berufung treuer Prediger ausgesetzt sein wird, wenn er einmal in ihre Hand fällt. Wer wird ihm denn noch Glauben schenken, wenn er der Exkommunikation anheimfällt, wenn man ihn mit Gewalt beseitigt und wenn das Volk, das durch List und Betrug hinters Licht geführt wird, ihn im Stiche läßt?«

Auch die Bibelzitate, die er an den Rand seiner Predigtskizze gekritzelt hat, können uns eine ungefähre Vorstellung von dem anklagenden Ton seiner Worte vermitteln: »Polluerunt templum sanctum tuum« – »Sie haben seinen heiligen Tempel geschändet.« Wieder einmal muß also die bevorstehende offizielle »Vernunftehe« zwischen dem Hause der Medici und der Kirche für die biblische Empörung des Mönchs eine auslösende Rolle gespielt haben.

Im Frühjahr 1492 wird Florenz wie von einem Fieber geschüttelt. Es liegt etwas in der Luft, das auf außergewöhnliche Ereignisse schließen läßt. Stürmische Zeiten kündigen sich an. In seiner Predigt vom 24. März macht Savonarola deutliche Anspielungen auf den angeschlagenen Gesundheitszustand von Lorenzo de' Medici: »Möge Gott die Gebete des einfachen Volkes auf eine Weise erhören, daß auch die großen Persönlichkeiten, indem sie vielleicht durch ihre Krankheit dazu gezwungen werden, ihm die Ehre erweisen.« Außer über seine Gesundheit beginnt hier auch etwas über seine religiöse Krise durchzusickern. Sein Sohn Giovanni hat seit kaum zwei Tagen sein Amt als Kardinal in Rom angetreten.

In dieser Zeit scheinen die seherischen Gaben Savonarolas besonders intensiv zu sein. Er gibt seine bisher geübte Zurückhaltung in dieser Hinsicht auf und erklärt ganz offen von der Kanzel herab:

»Ich habe einmal erklärt, mir meiner Voraussagen ziemlich sicher zu sein, dann wiederum, mir dessen ganz sicher zu sein. Jetzt sage ich euch, daß ich überhaupt keinen Zweifel mehr habe, und wenn ich mich letztes Jahr manchmal mit Dingen der Vergangenheit beschäftigt habe, so werde ich jetzt von den zukünftigen Dingen zu euch sprechen, als ob es sich um Erzählungen der Vergangenheit handeln würde.«

Die Nacht zum 5. April ist für viele eine sehr aufregende Nacht. Auch für den Prior von S. Marco ist es eine schlaflose Nacht, in der er sich, wie er selbst später berichtet, verzweifelt damit herumschlägt, hieb- und stichfeste Argumente für die Predigt des folgenden Tages zu suchen. Vom Arno bis zu den Hügeln am Rande der Stadt ist der Himmel über Florenz elektrisch aufgeladen. Ein heraufziehendes Gewitter kündigt sich an. Aber plötzlich entlädt sich die innere Spannung des Mönchs und explodiert förmlich in dem berühmt-berüchtigten Ausruf seiner bevorstehenden Predigt: »Ecce gladius Domini super terram, cito et velociter« – »Seht, blitzartig und verhängnisvoll kommt das Schwert des Herrn über diese Erde!« Etwas von Pech und Schwefel scheint diesen Worten anzuhaften, so als ob bei ihrer ersten Formulierung regelrecht der Blitz eingeschlagen hätte.

Und tatsächlich, in der Nacht zum 5. April schlägt ein gewaltiger Blitz in die Laterne der Kuppel des Domes ein, wodurch einige Marmorplatten auf der Seite des Palazzo Medici herabgeschleudert werden, die das darunterliegende Dach durchschlagen.

Aber war es wirklich ein Blitz? Am darauffolgenden Morgen erklärt sich Fra Domenico da Ponzo, der Franziskaner, der im Dom die Predigten hält, vor dem noch ganz geschockten Volk bereit, jedem das Gegenteil zu beweisen, der diesen Blitz für ein natürliches Ereignis hält, und es läuft den Leuten schaurig-kalt über den Rücken, wenn er ihnen all die Prophezeiungen Savonarolas über die hereinbrechenden Katastrophen lebendig in Erinnerung ruft.

Der Einschlag dieses Blitzes hat auch die Villa von Careggi, drei Kilometer nördlich der Stadt, erzittern lassen, wo Lorenzo de' Medici gerade im Sterben liegt. Angelo Poliziano, der Tag und Nacht an seinem Sterbelager weilte, berichtet in einem berühmten, lateinisch abgefaßten Brief über die letzten Stunden Lorenzos:

»Am Tag vor seinem Tod wurde sich Lorenzo plötzlich seiner Situation bewußt, und mit dem Gefühl für den richtigen Augenblick, der ihn schon immer ausgezeichnet hat, ließ er einen Seelenarzt rufen, um ihm als Christ die Sünden seines ganzen bisherigen Lebens zu beichten... Unter allgemeiner Ergriffenheit hat ihm der Priester dann die Kommunion reichen können...

Als er dann meine Stimme erkannte, hat er sich mit einem fast fröhlichen Gesichtsausdruck mir zugewandt und gesagt: ›Oh, Angelo!‹ Und obwohl er nur mit großer Mühe seine Arme heben konnte, hat er meine Hand ergriffen und sie fest gedrückt... dann hat er sich nach seinem Pico erkundigt. Ich habe ihm geantwortet, daß er aus Angst, ihn durch sein Kommen zu belästigen, in der Stadt geblieben sei: ›Aber ich möchte ihn doch so gerne nochmals sehen und mit ihm sprechen, bevor ich sterbe‹, sagte er. ›Soll ich ihn rufen lassen?‹ – ›Ja, sofort‹, war seine Antwort.

Und so ist es auch geschehen. Der Graf ist gekommen und hat sich neben ihn gesetzt, während ich mich zu seinen Knien niederließ, um seine Worte besser verstehen zu können... Lorenzo bat ihn vor allem um Entschuldigung dafür, daß er ihn so unvorhergesehen hatte rufen lassen, aber zu groß sei eben die Zuneigung, die er für ihn empfinde, und nun, da er einem so teuren Freund nochmals habe ins Auge blicken können, habe auch der Tod für ihn viel von seinem Schrecken verloren.

Dann hat er in seiner betont liebenswürdigen Art mit uns geplaudert, ja sich sogar noch scherzhaft über die Tatsache geäußert, daß ihm der Tod keine Zeit mehr lasse, unsere Bibliothek zu vervollständigen.

Um nicht mehr zu sagen: Sofort nachdem Pico gegangen war, betrat Girolamo da Ferrara das Zimmer, ein wegen seiner Bildung und

Frömmigkeit hochangesehener Mann, ein berühmter Prediger und Lehrer der Gotteswissenschaft, der ihn zunächst zum Glauben ermahnte. Lorenzo antwortete ihm, sein Glaube sei unerschütterlich. Daran schloß er die Mahnung, von nun an nicht mehr zu sündigen. Lorenzo erwiderte, er werde es mit allen seinen Kräften versuchen. Und schließlich forderte er ihn auf, den Tod, wenn es schon sein muß, standhaft auf sich zu nehmen. ›Nichts wird mir willkommener sein‹, gab er zur Antwort, ›wenn das der Wille Gottes ist‹.

Der andere war schon beim Weggehen, als Lorenzo noch zu ihm sagte: ›Oh, ehrwürdiger Vater, gebt uns noch Euren Segen, bevor Ihr uns verläßt!‹ Und mit gesenktem Haupt antwortete er auf die Gebete des Mönchs, ohne sich durch das Weinen der Familienangehörigen beirren zu lassen . . .«

Am 8. April 1492 ist Lorenzo gestorben. Er war am 1. Januar 43 Jahre alt geworden.

»Um nicht mehr zu sagen«: Wenn man dieses »Mehr«, über das Angelo Poliziano nach dem Abschied des Grafen Mirandola nicht weiter sprechen wollte, rekonstruieren könnte, dann würde das vielleicht bedeuten, daß man unter die ganze Polemik, die im 19. Jahrhundert vor allem von Pasquale Villari mit seiner Schilderung von Lorenzos Tod genährt wurde, endlich einen Schlußstrich ziehen könnte. Aufgrund einiger fragwürdiger alter Quellenberichte zeigt uns die Darstellung von Villari einen unversöhnlichen Mönch, der am Schluß dem Sterbenden sogar die Absolution verweigert, weil dieser es ablehnt, die unterdrückten Freiheiten in Florenz wiederherzustellen.

Aber was verschweigt Poliziano? Für den, der an die Version von der verweigerten Absolution nicht glaubt, ist es ziemlich leicht, sich das vorzustellen: Er sagt uns nicht, daß er selbst, vielleicht einem geheimen Wunsch des Freundes entsprechend, zusammen mit dem Grafen della Mirandola auch Fra Girolamo nach Careggi hatte kommen lassen. Er erwähnt nicht, daß der Graf, bevor er Lorenzo verließ, diesem zugeflüstert hat: »Padre Girolamo ist da. Darf ich ihn eintreten lassen?« Er sagt nicht, daß der Kranke sein Einverständnis kundgetan hat. Er sagt auch nicht, daß der Mönch gefragt hat: »Wünscht er mich zu sehen?« Und er läßt unerwähnt, daß der Graf diese Frage bejaht hat. Er sagt nur, daß Girolamo da Ferrara sofort, nachdem der Graf sich verabschiedet hatte, das Zimmer betrat.

Aber zu welchem Zweck? Alles deutet darauf hin, daß er nicht in seiner Eigenschaft als Priester gekommen ist, sondern als ehemaliger Gegner, um eine Geste der Versöhnung zu setzen, die von beiden gewünscht wurde. Seine Worte, die uns Poliziano überliefert, sind für einen Sterbenden unter diesen Umständen durchaus passend. Er tritt nicht vor ihn hin als einer, der »es immer schon gesagt hat«. Vielmehr ermahnt er ihn zum Glauben und dazu, in Hinkunft nicht mehr zu sündigen. Damit aber bringt er ihn auf den Gedanken, daß sein Tod vielleicht noch gar nicht so sicher feststeht. Und in diesem Zusammenhang macht er Anstalten, sich wieder zu entfernen, ohne ihm den Segen zu erteilen oder mit ihm die Sterbegebete zu verrichten, bis der andere ihn schließlich ausdrücklich darum bittet.

Nach dem Tod Lorenzos, in den letzten Tagen jener aufregenden Fastenzeit, scheinen die prophetischen Schreckensvisionen in Savonarolas Predigten ihren Höhepunkt zu erreichen. Überdies dürfte er auf dem Kapitel der lombardischen Kongregation Mitte Mai in Venedig für seinen Konvent S. Marco die Einführung noch strengerer Regeln beantragt haben.

Und doch vermittelt sein Brief vom 22. Mai an Stefano da Codiponte, einen Novizen, der sich in einer seelischen Krise befand, weil er von den Unzulänglichkeiten seiner Mitbrüder im Konvent von Pisa enttäuscht war, ein ganz anderes Bild von Savonarola als das eines düsteren Propheten:

»Zahlreich sind die jungen Männer, die ein ideales Leben führen möchten, sich aber mit der Realität nicht abfinden können. Und so verlangen sie in dieser Welt oft Unmögliches: Sie möchten zum Beispiel am liebsten in einer Gemeinschaft von lauter Heiligen leben, aus der alle bösen oder auch nur weniger guten Menschen ausgeschlossen sind. Wenn sie dann bemerken, daß dies nicht möglich ist, beginnen sie an ihrer Berufung zu zweifeln ... Mein Sohn, ein ideales Leben zu führen bedeutet Gutes zu tun und das Böse zu ertragen, und das bis zum Tod. Wer wäre denn je imstande, inmitten lauter guter Menschen schlecht zu sein, außer absolut perversen Individuen, die der Gnade Gottes völlig entbehren?

Es ist kein großes Verdienst, inmitten von lauter Guten auch gut zu sein. Wenn Du aber andererseits die Bösen ganz und gar meiden willst, mußt Du aus dieser Welt ausziehen. Und in gewisser Weise hast Du sie ja bereits verlassen und geglaubt, damit sofort ins Paradies einzutreten, während Du mit dem Eintritt in das Kloster bloß das Vorzimmer zum Paradies betreten hast. In der Welt hast Du sicherlich unter schlechten Menschen gelebt – im Kloster wirst Du unter vollkommenen, unter nach Vollkommenheit strebenden und unter unvollkommenen Menschen leben müssen, aber nicht unter bösen Menschen ...

Suche also Deinen inneren Frieden und folge ihm. Wandle unter dem

Blick Gottes und beuge Dich demütig unter seine mächtige Hand. Pflücke die Rosen unter den Dornen und halte alle anderen für besser als Dich selbst!«

Es ist verständlich, daß unter einem solchen Prior im Konvent von S. Marco sich einiges tut. Vor allem nimmt die Zahl der Novizen ständig zu. Wie zu Zeiten des hl. Antonin macht der Konvent durch den Geist der Liebe, der ihn beseelt, von sich reden. Der neue Prior hat viel Neues in seinem Programm. Er ist knapp 40 Jahre alt und weiß nun auch selbst, daß man nicht alles, und das auch noch sofort, erreichen kann. Deshalb geht er behutsam und schrittweise vor, während er sein eigenes Apostolat mittels gedruckter Publikationen weiterhin fortsetzt.

In diese Periode fällt das Erscheinen seiner Schrift »Über die Demut«. Diese vergleichende Analyse der Tugend und der ihr entgegengesetzten Laster beweist in aller Deutlichkeit seine große Erfahrung als Experte auf dem Gebiet der menschlichen Seele. Seine Analyse des Ehrgeizes, den er ein »Streben nach Ruhm und Ehre« nennt, verdient besondere Beachtung, weil sie eine Frage berührt, die er selbst später als sein größtes Problem empfinden wird, wenn er persönlich im großen Spiel der Mächtigen eine Rolle spielen wird: »Am Schluß unseres Werkes«, schreibt er, »könnten wir auch entdecken, daß wir das, was wir zur Ehre Gottes zu tun glaubten, in Wirklichkeit nur getan haben, um die Ehre dieser Welt zu erlangen.«

»Das Streben nach Ruhm und Ehre«, erklärt er weiter, »hört nie auf, es begleitet den Menschen bis in sein höchstes Alter. Alle anderen Laster können – wenigstens zeitweise – abgelegt werden, dieses aber nicht. Der Geiz zum Beispiel ergreift nicht mit solcher Ausdauer vom menschlichen Herzen Besitz, denn in der Jugend ist man immer zur Freigebigkeit bereit. Auch die Fleischeslust kann abnehmen, wenn auch vielleicht nur aus Gründen der Scham oder des Alters. Hingegen scheint das Verlangen, die erste Geige zu spielen, immer noch zu wachsen, auch wenn alle anderen Begierden schon längst verschwunden sind. Man kann sagen, daß dieses Verlangen schon im Kindesalter beginnt und uns ständig verfolgt bis zum letzten Augenblick unseres Lebens: Es bringt uns dazu, immerfort nach Gelegenheiten zur Befriedigung unserer Eitelkeit zu suchen, sei es in einem ungezügelten Aktivismus, in Reichtum oder Schönheit, durch elegante Kleidung oder eine gepflegte Sprache, als guter Tänzer, Sänger oder Spieler, oder durch die besondere Hervorhebung der eigenen Tugenden. Und wenn der Mensch glaubt, alle Laster überwunden zu haben, entdeckt er, daß dieses eine durch das Verschwinden der anderen noch mehr gestärkt worden ist.«

In diese Zeit fällt wohl auch jene überlieferte Geschichte, daß der Prior von S. Marco von einigen seiner Mönche dabei beobachtet worden sei, wie er des Nachts allein die Toiletten des Klosters gereinigt habe: des Nachts wohlgemerkt, denn am Tage könnte dies wie eine Demonstration der Demut aufgefaßt werden.

Im Sommer jenes denkwürdigen Jahres 1492 stirbt auch Papst Innozenz VIII., der Schwiegervater von Lorenzos Tochter Maddalena. Um Lorenzo vor dem Tod zu bewahren, hatte man es mit einem Heiltrank aus destillierten Kräutern nach dem Geheimrezept eines längst verstorbenen berühmten Arztes probiert. Um jedoch Innozenz VIII. aus dem Koma der letzten Tage zu erwecken, hatte ein jüdischer Arzt es sogar mit einer Bluttransfusion versucht, die bis dahin nur bei Tieren ausprobiert worden war: ein Versuch, der für die Spender bei der damals angewandten Methode der Direkttransfusion in den Blutkreislauf des Patienten im Falle eines totalen Blutaustausches ein sehr großes Risiko darstellte. So scheint es, daß die drei jungen Blutspender gegen einen Lohn von einem Dukaten ihr Leben gelassen haben, ohne dem Papst dadurch wirklich helfen zu können, der trotz aller Bemühungen starb.

Über die Wahl des Kardinals Rodrigo Borja zum Papst, der den Namen Alexander VI. annahm, soll nun im folgenden ausführlich berichtet werden.

# VIII.

Am 29. Juni 1455, dem Fest der Apostelfürsten Petrus und Paulus, halten zwei junge Männer um die zwanzig, einer schöner und kräftiger als der andere, ihren Einzug in Bologna und werden von den weltlichen und kirchlichen Autoritäten der Stadt mit allen Ehren willkommen geheißen. Einer der beiden ist Luys Juan de Mila, Bischof von Segorbe und mit päpstlichem Dekret vom 13. Juni neuer apostolischer Statthalter von Bologna. Der andere, eine auffallend großgewachsene Erscheinung, ist einer seiner zahlreichen Vettern, Rodrigo de Borja y Doms, der zuvor am 13. Mai zum Notar des Apostolischen Stuhles und am 3. Juni auch noch zum Dekan der Kirche Unserer Lieben Frau von Játiva, seiner Geburtsstadt in der Nähe von Valencia, ernannt worden war.

Der junge Rodrigo ist eigentlich von Rom nach Bologna geschickt worden, um an der dortigen berühmten Universität kanonisches Recht zu studieren, so daß die Nominierung zum Apostolischen Notar für ihn etwas unerwartet kommt. Sein 77jähriger Onkel Alonso Borja, der am 8. April jenes Jahres als Calixtus III. Papst geworden war, scheint seine Entscheidungen in aller Eile zu treffen. Bereits im November desselben Jahres 1455 spricht man von den beiden Vettern als wahrscheinlichen Kardinälen. Und diese Gerüchte sind nicht unbegründet, denn drei Monate später, im Konsistorium vom 20. Februar 1456, erhalten die beiden tatsächlich den roten Kardinalshut. Das diesbezügliche Ernennungsdekret sieht im Falle des Todes des Papstes vor dessen Veröffentlichung die Strafe der Exkommunikation für diejenigen vor, welche die Gültigkeit dieser Ernennung anfechten und die beiden neuen Kardinäle daran hindern wollen, am Konklave zur Wahl eines neuen Papstes teilzunehmen: eine kluge, wenn auch unnütze Vorsichtsmaßnahme, denn Calixtus III. wird noch drei Jahre regieren, so daß Kardinal Rodrigo genügend Zeit bleibt, um sich an der Kurie durchzusetzen und sogar seine Berufung zum Vizekanzler zu erreichen, was mit weiteren Einkünften verbunden ist, die ihn zu einem der reichsten Kurienkardinäle machen.

Rodrigo kennt die römische Atmosphäre sehr genau, denn er lebt bereits seit 1449 in Rom, als man ihn zum Studium dorthin geschickt hatte. Gasparo da Verona, sein Lehrer, beschreibt ihn folgendermaßen: »Er ist ein Jüngling von schönem Aussehen. Wegen seines Humors und seiner überzeugenden und eleganten Art zu sprechen ist er überall sehr beliebt. Die vornehmen Damen sind ganz verrückt nach ihm. Ein kurzer Blick von ihm genügt, und sie sind wie durch ein Wunder in Liebe zu ihm entflammt. Er zieht die Frauen stärker an als ein Magnet das Eisen.«

Um aber eine offizielle Bestätigung dieser seiner Vorzüge zu erhalten, muß er bis zum 11. Juni 1460 warten, als Papst Pius II., der Nachfolger Calixtus' III., einen Brief in Form eines päpstlichen »Breve« an ihn richtet, der in einem äußerst gepflegten Latein verfaßt und dieses humanistisch gebildeten Papstes durchaus würdig ist. Was war geschehen?

Jemand hat dem Papst berichtet, daß der junge Kardinal Borja sich bei einem Tanzfest in den Gärten von Giovanni de Bichis in Siena sehr ungebührlich benommen habe. Der Papst schreibt, daß er darüber äußerst schmerzlich betroffen sei, und er scheint sich große Sorgen zu machen, wie er das den Leuten verständlich machen soll:

»Man wird sagen«, so schreibt er, »daß wir den Reichtum und die Autorität, die uns einzig und allein gegeben worden sind, um ein makelloses Leben zu führen, nur zu unserem Vergnügen gebrauchen. Deshalb schätzen uns die anderen Fürsten auch nicht ... Du, geliebter Sohn, bist Bischof von Valencia, also der erste Bischof von ganz Spanien. Du bist auch Kanzler der Kirche und sitzt mit dem Papst unter jenen Kardinälen, welche die engsten Berater des Heiligen Stuhles sind, was Dein Benehmen noch verwerflicher macht.

Wir überlassen es Deinem eigenen Urteil, ob es der Würde Deines Amtes zuträglich ist, mit jungen Mädchen zu flirten, Obst und Wein derjenigen anzubieten, für die Du in Liebe entbrannt bist, und an nichts anderes zu denken als daran, wie Du Dir den ganzen Tag mit allerlei Vergnügen die Zeit vertreiben kannst ...

Deine Jugend kann keine triftige Entschuldigung sein. Und außerdem bist Du nicht mehr so jung, um nicht zu verstehen, was die Pflichten Deines Amtes sind ... Deine eigene Intelligenz muß Dir also sagen, wo die Grenzen sind, damit Deine Würde gewahrt und Dir der Ruf eines Verführers bei Männern und Frauen erspart bleibt.

Sollten sich ähnliche Dinge wiederholen, dann wären Wir gezwungen, offen klarzustellen, daß all dies gegen Unseren Willen und mit Unserer tiefen Mißbilligung geschieht, und Wir müßten Dich zu Deiner Schande öffentlich tadeln ...

Wir haben Dich immer geliebt und glauben, daß Du aufgrund Deiner Ernsthaftigkeit und Bescheidenheit, die Du in der Vergangenheit an den Tag gelegt hast, Unsere Förderung verdienst. Benimm Dich also so, daß Wir diese Meinung über Dich auch weiterhin aufrechterhalten können. Deine Jugend, die noch der Besserung fähig ist, erlaubt es Uns, Dich väterlich zu ermahnen. Petriolo, 11. Juni 1460.«

Außer diesem Brief scheint sich Pius II. aber nicht weiter bemüht zu haben, den üppigen Lebensstil seines jungen Kardinals etwas einzubremsen. Abgesehen von seiner eigenen stürmischen Jugend, die ihn offensichtlich sehr viel Verständnis für den jungen Rodrigo aufbringen ließ, vielleicht auch eingedenk des großen literarischen Erfolges, den er selbst einst mit seiner Liebesnovelle »Euryalus und Lucrezia« errungen hatte, als er noch nicht einmal im Traum daran zu denken wagte, jemals die päpstliche Tiara zu tragen, blieb Pius II. auch später, nachdem er diesem flotten Leben adieu gesagt und sich zu einem moralisch einwandfreien Lebenswandel durchgerungen hatte, immer noch ein wenig der große Humanist Enea Silvio Piccolomini, der weiterhin Mühe hat, das Heilige vom Profanen zu trennen.

In den Jahren 1459 und 1460 befindet sich auch der junge Kardinal Borja im Gefolge Pius' II., der mit zehn Kardinälen und 60 Bischöfen nach Mantua reitet, um den Kreuzzug gegen die Türken zu proklamieren. Und diese Reise von Rom nach Mantua und wieder retour ist wegen der glänzenden Feste, die auf jeder Etappe gefeiert wurden, im Gedächtnis der Nachwelt haftengeblieben.

In Mantua beschreibt der Chronist Schivenoglia den jungen Kardinal mit Worten, die an Deutlichkeit nichts zu wünschen übriglassen. Mit beißender Schärfe und ohne irgendwelche Rücksichtnahmen bezeichnet er ihn als ein Individuum, »dem man jede Art von Laster zutrauen kann«. Leider hat der Aufenthalt von Rodrigo Borja in Ferrara in den zeitgenössischen Chroniken keinerlei Spuren hinterlassen. Es wäre sehr interessant, das Echo zu kennen, das seine eventuellen Verfehlungen in der Heimatstadt Savonarolas ausgelöst haben. In Ferrara dauern die Festlichkeiten aus Anlaß des Aufenthaltes des Papstes auf der Reise nach Mantua volle acht Tage. Wie lange er bei der Rückreise in der Stadt weilt, ist nicht genau bekannt. Jedenfalls besteigt Borso d'Este sein Prunkschiff und fährt in Begleitung einer Unzahl von kleinen Booten wie ein Doge im Canale Grande den Po aufwärts dem hohen Gast entgegen, während alle anderen Bewohner von Ferrara, die keine Boote besitzen, voll Erwartung die Ufer des Flusses säumen – eine Szene, die einem alten heidnischen Triumphzug gleicht.

Es ist auch bezeugt, daß Kardinal Rodrigo Borja sich 1464 bei der dramatischen Reise Pius' II. nach Ancona in dessen Begleitung befand, wo der bereits schwerkranke Papst versuchte, sich selbst an die Spitze des Kreuzzugs zu stellen, und wo ihn schließlich am 15. August der Tod ereilte.

Daß auch Kardinal Borja sich damals in Ancona aufhielt, beweist zumindest eine Depesche, die den Markgrafen Ludovico Gonzaga davon benachrichtigt, daß auch der junge Kirchenfürst krank darniederliege, daß er an starken Schmerzen in der Leistengegend leide und die Gefahr von Komplikationen nicht auszuschließen sei (diese Nachricht stammt von dem Arzt, der ihn untersucht hat). An dieser Stelle wird die Depesche offenbar chiffriert, denn sie wechselt unvermittelt vom Italienischen ins Lateinische: »quia paulo ante non solus in lecto dormiverat« – »weil er neulich nicht allein in seinem Bett geschlafen hat«.

Wie man sieht, halten sich die Ärzte nicht immer an ihre Schweigepflicht, und so verbreitet sich eben die Kunde von solchen Dingen. Ludovico Gonzaga ist ein Verwandter des Markgrafen von Ferrara, der ebenfalls wieder Verwandte hat, und obwohl in diesen Kreisen eine derartige Information bereits ein Machtinstrument darstellt und daher in den Geheimarchiven (wo sie dann nach Jahrhunderten von den Historikern ausfindig gemacht wird) streng gehütet werden sollte, gibt es doch immer wieder Leute, selbst in den Staatskanzleien, die nicht imstande sind, ein Geheimnis für sich zu behalten.

Bis zur Jahresmitte 1468 ist Rodrigo Borja Subdiakon, dann, im August desselben Jahres, läßt er sich unter dem Pontifikat Pauls II. zum Priester weihen. Dies geschieht, so könnte man sagen, wohl aus Sehnsucht nach einer gewissen Beständigkeit, ein Wunsch, der auch in seinen gefühlsmäßigen Beziehungen ein Gegenstück zu haben scheint, denn gerade gegen Ende jener sechziger Jahre tritt die Römerin Giannozza de' Catanei in sein Leben. Mit ihr unterhält er eine ziemlich dauerhafte Beziehung, und sie schenkt ihm in der Folge auch seine vier bekanntesten Kinder: Juan, Cesare, Jofré und Lucrezia. Auf sie konzentrieren sich nun mehr als auf alle anderen Kinder, die er schon hat oder noch haben wird, seine väterlichen Gefühle und seine ganzen Hoffnungen.

Doch hören wir, was Giacomo da Volterra unter dem Pontifikat Innozenz' VIII. über ihn sagt:

»Er ist ein Mann von wacher Intelligenz und hoher Sensibilität, außerdem ein guter Redner, obwohl seine Bildung über ein Mittelmaß nicht hinausreicht. Er ist auch überaus schlau und außerordentlich pünktlich in der Erledigung der Amtsgeschäfte. Was aber ganz besonders ins Auge sticht, ist sein enormer Reichtum und das hohe Ansehen, das er aufgrund seiner engen Beziehungen bei einem Großteil der Könige und Fürsten genießt.

Auf halbem Weg zwischen der Engelsbrücke und dem Campo dei Fiori hat er sich einen herrlichen Palast mit allem Komfort erbauen lassen. Ungeheuer reich sind die Einkünfte, die ihm aus den zahllosen kirchlichen Pfründen zufließen, aus den vielen Abteien in Italien und Spanien, deren Patron er ist, von den drei Bischofssitzen Valencia, Porto und Cartagena sowie durch das Amt des Kanzlers, das ihm angeblich 8000 Dukaten im Jahr einbringen soll (ca. 13 Mio. öS oder 1,85 Mio. DM). Enorm groß ist auch die Menge an Silbersachen und Juwelen, reich ausgestattet seine Garderobe, die Bibliothek und die Stallungen, unermeßlich die Schätze, die er angesammelt hat.«

Am Ringen um die Tiara, das im August 1492 seinen Anfang nimmt, beteiligt sich Rodrigo Borja unter Einsatz seines ganzen gewaltigen wirtschaftlichen Potentials.

Aber es ist nicht so einfach. Im Rennen sind auch noch zwei andere Rassepferde, die Kardinäle Ascanio Sforza, der Bruder des Herzogs von Mailand, und Giuliano della Rovere, einer der Nepoten des verstorbenen Sixtus IV.: ein Nepot des Papstes gegen einen anderen päpstlichen Nepoten und gegen den Bruder eines Herzogs, alles Leute, die gewohnt sind, mit hohem Einsatz zu spielen, und das keineswegs nur metaphorisch.

Für alle drei geht es darum, im Konklave die Zweidrittelmehrheit zu erreichen, d. h. wenigstens 15 der 23 Stimmen der wahlberechtigten Kardinäle zu erlangen.

Nach Ansicht des wohlinformierten Bischofs von Modena, der dies an Eleonore d'Este schreibt, ist Kardinal Borja unter den »papabili« erst an vierter Stelle gereiht, auch wenn er durch seinen finanziellen Einsatz – wie der Prälat aus Modena weiter meint – das nach der Papierform wahrscheinliche Wahlergebnis durchaus noch zu seinen Gunsten verändern könnte.

Offensichtlich legt der gute Mann den durchaus richtigen Maßstab kirchlicher Verdienste und geistlicher Würde an und vergibt die beiden ersten Plätze in der Reihung an die Kardinäle Ardicino della Porta und Oliviero Carafa. Doch er unterschätzt offenbar die Möglichkeiten des Kardinals della Rovere und zeigt, daß er über die noch unentschlossenen Stimmen nicht auf dem laufenden ist und auch nicht weiß, daß der König von Frankreich, Karl VIII., diesem für den Fall seiner Wahl eine Summe von 200.000 Dukaten (ca. 325 Mio. öS oder 46,5 Mio. DM) zur Verfügung gestellt hat und auch seine ihm treu ergebenen Mitbürger in Genua einen Betrag von 100.000 Dukaten in Aussicht gestellt haben.

In Wirklichkeit ist die Zahl der Kardinäle, die sich selbst Hoffnungen machen, gewählt zu werden, noch viel größer, weil bekannt ist, daß nicht wenige von ihnen bereits damit begonnen haben, ihren Palast festungsartig auszubauen, um im Falle der Wahl einer Plünderung vorzubeugen. Diese Tradition, daß der Palast des zum Papst gewählten Kardinals vom Volk gestürmt und geplündert wird, ist damals noch immer lebendig.

Kaum ist das Konklave zusammengetreten und hat die üblichen Rechenkunststücke angestellt, stellt sich heraus, daß Ascanio Sforza höchstens über 11 Stimmen und Giuliano della Rovere über 9 Stimmen verfügen kann. Wenigstens 15 Stimmen wären aber notwendig. Für Ascanio geht es nun darum, in aller Eile abzuschätzen, ob es vorteilhafter für ihn ist, sofort sehr viel zu gewinnen oder auf der Stelle noch mehr zu investieren. Der Bruder von Ludovico il Moro entschließt sich dazu, sofort viel zu gewinnen.

Das Angebot von Kardinal Borja umfaßt seinen schönen Palast in der Nähe des Campo dei Fiori (den Ascanio ja gut kennt, denn er ist dort seit 1484 immer wieder zu Gast gewesen und hat seine ganze Pracht in einem berühmten Brief nach Mailand ausführlich beschrieben), außerdem das Amt des Vizekanzlers, das Rodrigo ja aufgeben müßte, die Burg von Nepi, den Bischofssitz von Erlau mit einer jährlichen Pfründe von 10.000 Dukaten (mehr als 13 Mio. öS oder 1,85 Mio. DM), viele andere Benefizien dieser Art sowie schließlich auch noch eine sehr ansehnliche Menge Gold. (Die Römer können in den folgenden Tagen sehen, wie diese Schätze auf dem Rücken von Maultieren vom Palazzo Borja, dem heutigen Palazzo Cesarini-Sforza, zur damaligen Residenz von Ascanio transportiert werden.)

Nach erfolgter Wahl profitieren auch die Anhänger Ascanios (darunter auch der Kardinalerzbischof von Florenz, Raffaele Riario), die ihre Stimmen nunmehr Rodrigo gegeben hatten, von dem getroffenen Wahlübereinkommen durch eine wohlausgewogene Aufteilung von Abteien und anderen verfügbaren Benefizien. Auch die Verwandten des 95jährigen und völlig ahnungslosen Kardinals von Venedig, Gherardo, dessen Stimme zugunsten des Borja die Wahl entschieden hat, erhalten eine angemessene Belohnung.

Was den Kardinal Giuliano della Rovere betrifft, so wird er schon sehr bald diese simonistisch zustande gekommene Wahl anfechten und immer mehr die Rolle eines »Schattenpapstes« oder möglichen Gegenpapstes übernehmen.

Zu glauben, wie es zumeist geschehen ist, daß die Reaktion auf diese Wahl Alexanders VI. eine allgemeine Bestürzung gewesen sei, heißt, die Gefühle der Nachwelt in die Vergangenheit zu projizieren, selbst wenn Francesco Guicciardini, dem dann die modernen Geschichtsschreiber folgten, berichtet, wie der König von Neapel, der dafür bekannt war, daß er nicht einmal beim Tode seiner Kinder geweint hatte, bei der Nachricht von dieser Wahl in Tränen ausgebrochen sei.

In Wirklichkeit waren diese Tränen schnell getrocknet, und der König von Neapel beeilte sich, ein herzlich gehaltenes Gratulationsschreiben an den Neugewählten zu richten, wie es auch andere Fürsten und Souveräne taten.

In Florenz wird die Nachricht durch das Geläute aller Glocken verbreitet, und es werden in der Folge grandiose Feierlichkeiten abgehalten. Aus allen Teilen der Welt treffen in Rom Bezeugungen der Zuneigung und Hochachtung für den neuen Papst ein.

Selbst Giovanni Pico della Mirandola stimmt in den allgemeinen Jubel ein, auch wenn er (oder vielleicht gerade deshalb?) in diesem Frühsommer 1492 wieder einmal rückfällig geworden ist und sich eine Konkubine zugelegt hat. Jedenfalls schreibt sogar er einen überschwenglichen Gratulationsbrief, vielleicht auch in der Hoffnung, die sich in der Folge als nicht unbegründet erweisen sollte, daß dieser weitblickende Papst die seinerzeit von der Kirche ausgesprochene Verurteilung seiner philosophischen Thesen wieder aufheben würde.

Der neue Papst erweist sich als äußerst durchschlagskräftige Persönlichkeit. Auch seine Kanzlei leistet ganz hervorragende Arbeit. Dort werden alle Anfragen unverzüglich behandelt. Es besteht kein Zweifel, daß er imstande sein wird, Recht und Frieden auf der ganzen Welt wiederherzustellen, angefangen im eigenen Kirchenstaat, wo die öffentliche Ordnung durch eine weitverbreitete Kriminalität, die zumeist auch noch ungeahndet bleibt, sehr zu wünschen übrigläßt.

Seine Verläßlichkeit, was die Einhaltung von eingegangenen Verpflichtungen betrifft, wird im Konsistorium vom 31. August sofort unter Beweis gestellt, wo schon wenige Tage nach der Wahl unverzüglich die Maßnahmen zugunsten jener Kardinäle in die Wege geleitet werden, die ihm ihre Stimme gegeben hatten. Im selben Konsistorium setzt er auch ein Dekret durch, wonach Cesare Borja, dem 20jährigen Sohn des Papstes, das nach dem verstorbenen Pius II. so wichtige Bistum Valencia zugesprochen wird. Es ist nach der Wahl seines Amtsinhabers zum Papst vakant geworden und wirft tatsächlich einen jährlichen Ertrag von 16.000 Dukaten ab (ca. 26 Mio. öS oder 3,7 Mio. DM). Außerdem gehört ihm bereits das Bistum Pamplona, ein Geschenk Innozenz' VIII. Doch auch für die Nepoten fällt etwas ab: Juan, der bereits Bischof von Monreale ist, wird zum Kardinal ernannt.

# IX.

Paradoxerweise könnte man sagen, daß auch Girolamo Savonarola an der allgemeinen Begeisterung über die Wahl des neuen Papstes Alexanders VI. teilnimmt. Den weniger optimistisch Gesinnten, die ihn mit bissigen Bemerkungen wie diesen konfrontieren: »Das wird ja jetzt eine schöne Reform der Kirche geben, nun sind wir ganz bestimmt auf dem richtigen Weg«, antwortet Savonarola nur immer wieder: »Ja, genau das ist der Weg. Das ist der geeignete Samen für eine solche Art von Früchten. Wir müssen die Wege des Herrn verstehen lernen. Es hat keine Eile. Ich versichere euch, wenn der hl. Petrus heute mit der Idee daherkäme, die Kirche zu reformieren, würde er ein zweites Mal getötet werden.«

Es scheint, daß Savonarola im Dezember dieses Jahres 1492 seine Prophezeiung vom nahe bevorstehenden Erscheinen eines Erobererkönigs, vergleichbar mit dem großen Kyros, vor dem die Festungen fallen werden wie »reife Äpfel«, wieder verstärkt in Umlauf setzt. Kyros hatte das jüdische Volk aus der babylonischen Gefangenschaft befreit. Es ist klar, daß der neue Kyros das christliche Volk von seinen Übeln befreien muß. Und wenn der neue Kyros die Macht hat, die Festungen seiner Feinde wie reife Äpfel fallen zu lassen, wird er auch genügend Autorität haben, um ein Konzil einzuberufen, das imstande ist, die Leiden der Kirche zu heilen.

Auf den ersten Blick könnte man meinen, Savonarola habe dem Grundsatz »Je schlechter es wird, desto besser ist es« gehuldigt. Doch bei näherem Hinsehen wird man feststellen, wie sehr er unermüdlich innerhalb der Institution darauf hingewirkt hat, sie mit allen seinen Kräften zum Besseren zu wandeln. Unter anderem hofft auch er, vom neuen Papst etwas Positives zu erwirken. Er hofft auf die Ausgliederung seines Konventes aus der lombardischen Kongregation, d. h. auf eine volle Autonomie und Entscheidungsfreiheit für sich und seine Mitbrüder, die ebenfalls den Wunsch haben, das Kloster gemäß den streng nach dem Evangelium ausgerichteten Prinzipien der dominikanischen Ordensregel gewissermaßen neu zu begründen.

Ihre immer mehr anwachsende Zahl, ihr großes Ansehen, die wirtschaftliche Autonomie, die sie durch eine ständige Zunahme der Almosen (ein untrügliches Indiz für die Anerkennung in der Öffentlichkeit) erlangt haben, haben ganz neue Perspektiven eröffnet, in denen Unabhängigkeit durchaus auch die Möglichkeit bedeuten kann, in Armut zu leben, wobei das Überflüssige an die Armen abgetreten wird; einen dauerhaften Wohnsitz zu haben, ohne daß die Gefahr von »willkürlichen« Versetzungen besteht; vor allem aber ideale Voraussetzungen vorzufinden, um in einem Akt moralischer und religiöser Befreiung, der sich auf eine einzige, aber große und angesehene Kommunität wie jene von Florenz konzentriert, ein Lebensmodell zu schaffen, das geeignet ist, sich auch auf der allgemeinen Ebene der viel größeren bürgerlichen Gesellschaft und in der ganzen Kirche durchzusetzen.

In der Unabhängigkeit, auch auf ökonomischem Gebiet, sieht Savonarola die erste Möglichkeit, sein Programm erfolgreich in die Tat umzusetzen, und zwar in einer Unabhängigkeit, die natürlich nicht bloß auf Almosen basiert, sondern wie zur Zeit des hl. Antonin auch auf Einkünften durch äußere Aktivitäten, zumal die Novizen nun aus den verschiedensten sozialen Schichten stammen, oft auch schon reiferen Alters sind und beim Eintritt in das Kloster häufig auch künstlerische oder handwerkliche Fähigkeiten mitbringen.

Dieser Wunsch nach Unabhängigkeit ist so lebendig, daß Savonarola unter anderem auch plant, ein ganz neues Kloster zu errichten. Wie ein Architekt zeichnet er sogar selbst einen Plan, wonach dieses Kloster in einem Kastanienwald weit außerhalb der Stadt entstehen soll. Doch das Haupthindernis für eine solche Unabhängigkeit ist die lombardische Kongregation selbst, die sehr auf die eigene Einheit bedacht ist und sich jeder Form von Separatismus widersetzt.

Was die Haltung Savonarolas zum Nachfolger von Lorenzo de' Medici betrifft, so können sein bezeugter Aufenthalt in Norditalien während der ersten Monate des Jahres 1493 sowie die Ereignisse um ihn in Bologna, von denen noch zu sprechen sein wird, zu Fragen wie diesen Anlaß geben: Stehen wir vielleicht inmitten eines neuen Scherbengerichtes, diesmal auf Veranlassung von Piero de' Medici? Das hat als erster von allen Villari vertreten im Zusammenhang mit seiner These von der verweigerten Absolution beim Tod von Lorenzo. Aber diese Meinung scheint nicht zu halten, wenn man bedenkt, daß gerade Piero de' Medici der größte Befürworter einer Ausgliederung von S. Marco aus der lombardischen Kongregation ist, wofür er in Rom auch bei Kardinal Giovanni Unterstützung findet. Es ist sicherlich nicht leicht, sich vorzustellen, daß der eingefleischte Republikaner Savonarola, selbst wenn sich am Totenbett Lorenzos tatsächlich bessere Beziehungen zu den Medici angebahnt haben sollten, eine solche Schirmherrschaft hätte akzeptieren können. Jedenfalls geht er einen Weg, der ihn schließlich weder auf diese noch auf eine andere Fürsprache angewiesen sein läßt.

Unter den Predigern der Fastenzeit 1493 in Bologna befindet sich auch Fra Girolamo da Ferrara, der bei dieser Gelegenheit in jene Stadt zurückkehrt, in der er jahrelang als Student und dann als Lehrer gelebt hatte. Seine Predigten, die keinen außergewöhnlichen Zulauf von Gläubigen zu verzeichnen haben, scheinen in aller Ruhe zu verlaufen, bis eine mysteriöse Begebenheit einige Aufregung verursacht.

Ginevra Sforza Bentivoglio, die Frau des Stadtherrn Giovanni Bentivoglio, ist zweifellos eine fromme Dame, aber sie scheint keinen Sinn für Pünktlichkeit zu besitzen. Bereits mit 14 Jahren hatte sie im Jahre 1454 Sante Bentivoglio geheiratet, um dann genau zehn Jahre später in zweiter Ehe dessen Nepoten und Nachfolger Giovanni, den Magnifico von Bologna, zu ehelichen. Im Februar 1493 hat sie jedenfalls schon die fünfzig überschritten, und als sie sich eines Morgens mit ihrem Gefolge von Hofdamen, Kavalieren, Pagen und Reitknechten zur Messe begeben soll, läßt sie sich wohl allzuviel Zeit. Sie kommt fast immer erst zur Kirche, wenn der Dominikaner mit seiner Predigt bereits begonnen hat, und mit ihrer Unpünktlichkeit gelingt es ihr jedesmal, alle anderen in ihrer Aufmerksamkeit zu stören: den Prediger nicht weniger als seine Zuhörer. Was tun in solchen Fällen? Gewöhnlich erfolgt von der Kanzel herab eine allgemeine Ermahnung, in Zukunft pünktlicher zu sein. Das hat auch Fra Girolamo bereits einmal am Ende seiner Predigt getan. Doch beim nächsten Mal, als sich der Übelstand wiederholt, unterbricht Savonarola abrupt seine Predigt, um die Zuspätkommende persönlich anzusprechen und in höflicher Form zu ermahnen.

Es ist natürlich unvermeidlich, daß bei der nächsten Predigt die Leute in Bologna schon vor der Kirche Schlange stehen, um sich das erwartete Schauspiel nicht entgehen zu lassen. In der Tat steht ein fürchterliches Donnerwetter bevor. Und natürlich kommt Ginevra auch das nächste Mal zu spät.

Auch wenn es sich dabei um eine Provokation handelt, so muß man doch keineswegs alles glauben, was der zeitgenössische Biograph über die weitere Entwicklung dieser Episode berichtet. Nach diesem Bericht explodiert der Mönch förmlich beim Erscheinen der Nachzüglerin mit ihrem ganzen Hofstaat: »Da, seht, der Teufel, er kommt, um die Verkündigung des Wortes Gottes zu stören!« Es besteht kein Zweifel, das ist noch der alte Savonarola der »terrifica praedicatio«, der zu allem fähig ist. Es fällt jedoch schwer zu glauben, daß die Bentivoglio, wie der Biograph berichtet, wegen dieser groben Unhöflichkeit zwei Mann ihrer Leibwache befohlen habe, den Prediger auf der Stelle zu töten, und daß dies nur deshalb nicht geschehen sei, weil diese aus Achtung vor dem heiligen Ort es nicht gewagt hätten, diesen Befehl auszuführen. Noch unglaubwürdiger ist, daß es einen zweiten Versuch gegeben habe, Savonarola im Kloster töten zu lassen, einen Versuch, der aus denselben Gründen gescheitert sei.

Glaubwürdig hingegen ist die Erklärung, die ganz typisch ist für Savonarola und die er in seiner letzten Predigt in Bologna abgegeben haben soll: »Heute abend werde ich mich wieder auf den Weg machen nach Florenz, mit meinem Wanderstab und meiner hölzernen Trinkflasche. In Pianoro werde ich übernachten. Wenn jemand etwas von mir will, weiß er, wo ich zu finden bin, bevor ich das Staatsgebiet von Bologna verlasse. Aber ihr sollt wissen, daß es mir bestimmt ist, anderswo zu sterben.«

Selbstverständlich dürften nicht alle in Bologna die barsche Zurechtweisung toleriert haben, und so werden wohl auch Worte, aber nur Worte, der Drohung und Vergeltung gefallen sein. Und tatsächlich gibt es eine breit dokumentierte Nachricht, daß in Bologna gegen Savonarola ein Ermittlungsverfahren wegen Beleidigung des Papstes in einer Predigt eingeleitet worden sei. Das einzige, was an dieser Information nicht belegt werden kann, bezieht sich auf ihre zeitliche Einordnung. Aber da keine anderen Predigten von ihm in Bologna bekannt sind außer denen in der Fastenzeit 1493, kann diese Nachricht wahrscheinlich mit dem Fall Bentivoglio in Verbindung gebracht werden.

In Florenz wartet auf Savonarola das schwierige Problem der Unabhängigkeit und Selbständigkeit von S. Marco, und es ist nicht ausgeschlossen, daß er die Zeit in Bologna, wie schon vorher einen Aufenthalt in Venedig, dazu benutzt hat, um in persönlichen Sondierungsgesprächen mit den dortigen Dominikanern eine schmerzlose Trennung seines Klosters S. Marco von der lombardischen Kongregation vorzubereiten.

Diese Kontroverse beginnt sich indes in Rom zu einer Staatsaffäre auszuweiten. Von allen Seiten hagelt es Empfehlungen pro und contra. Sie richten sich an die einzelnen Kardinäle, an den Kardinalprotektor des Ordens Oliviero Carafa, der bekanntermaßen für eine Trennung ist;

weiters an den Ordensgeneral Gioachino Torriani selbst sowie an den Kardinal Ascanio Sforza; an diesen letzteren nicht nur in seiner Eigenschaft als Vizekanzler, sondern auch als Bruder des Herzogs von Mailand. Ludovico Sforza ist jedoch strikt gegen eine solche Lostrennung, auch aus Haß gegen Piero de' Medici, an dessen Stelle er lieber jemand anderen auf dem Thron von Florenz sähe.

Um diesen ganzen Problemkreis haben sich schließlich zwei Parteien gebildet, die wild entschlossen sind, sich bis aufs Messer zu bekämpfen. Die eine Seite blickt mit großen Hoffnungen, die andere mit tiefer Besorgnis auf die wahrscheinlichen Folgen einer solchen Separation – wie sie dann auch tatsächlich eintreten werden –, daß sich nämlich um den Konvent von S. Marco eine neue Kongregation von Dominikanern bilden wird, die aus anderen Klöstern Mittelitaliens besteht. Man könnte sagen, daß hier ein Kampf um die Kontrolle jener Instrumente im Gange ist, die man für nützlich hält, um die Konvente der Predigerbrüder, soweit dies im 15. Jahrhundert überhaupt möglich ist, politisch auf seine Seite zu ziehen.

Die Fronten sind jedenfalls klar: die Lombardei gegen die Toskana, Ludovico Sforza gegen Piero de' Medici, die beiden Kardinäle Carafa und Medici gegen den übermächtigen Vizekanzler Sforza, Mailand und Venedig gegen Florenz.

Nach verschiedenen Briefen und Empfehlungsschreiben aller möglichen Instanzen begeben sich schließlich sogar einige Leute persönlich nach Rom, um dort mit aller Eloquenz, mit juristischen Argumenten und weiteren Empfehlungsschreiben neuerlich zu intervenieren. Savonarola selbst befindet sich jedoch nicht unter diesen Leuten. Als Abordnung von S. Marco reisen um den 10. Mai herum lediglich drei seiner Mitbrüder nach Rom, darunter der zuverlässige und unerschrockene Domenico da Pescia, der dazu neigt, komplizierte Streitfragen eher auf übernatürlicher Ebene zu bereinigen. Es heißt sogar (doch das scheint völlig unglaubwürdig zu sein), daß der Vertreter Savonarolas dem Papst angeboten habe, einen Toten wieder zum Leben zu erwecken, als Beweis dafür, daß Gott auf seiten der Brüder von S. Marco stünde.

Als Vertreter der lombardischen Kongregation erscheint hingegen deren Generalvikar samt drei bedeutenden Prioren in Rom, darunter der Prior von S. Gimignano, Francesco Mei, ein Name, den man sich wegen der Rolle, die er im Finale dieser ganzen Geschichte spielt, wird merken müssen.

Entsprechend seiner gegenwärtigen Politik der Freundschaft gegenüber Ludovico Sforza und den Venezianern müßte Alexander VI., dem die letzte Entscheidung in dieser Frage zukommt, sich eigentlich auf die Seite der lombardischen Kongregation stellen. Und tatsächlich, als am 22. Mai der Kardinalprotektor Carafa ihm das bereits vorbereitete Breve zugunsten einer Eigenständigkeit von S. Marco zur Unterschrift vorlegt, antwortet ihm Rodrigo Borja, der gerade von einer wichtigen Versammlung der Kardinäle kommt, ganz unbekümmert, daß er für heute schon genug unterschrieben habe. Trotz dieser Antwort dürfte Kardinal Carafa bereits geahnt haben, daß der Augenblick günstig ist, weil sich der Papst über sein Vorgehen wieder einmal unschlüssig ist. Darüber wird er später ganz im Vertrauen auch mit dem Kanoniker Burkhardt sprechen, dem Zeremonienmeister des Papstes, der davon seinerseits in seinem berühmten Tagebuch ausführlich berichtet. Der Kardinal aus Neapel muß wohl schon bemerkt haben, daß man in solchen Momenten vom Papst alles, aber auch das Gegenteil von allem erreichen kann. Am Schluß der Versammlung wird Papst Alexander mit seinen Gedanken wohl schon bei den angenehmeren Dingen gewesen sein, die nachher auf ihn warteten. Auch die Versammlung selbst dürfte zu seiner vollen Zufriedenheit verlaufen sein, da er sie in ausgesprochen aufgeräumter Stimmung verließ. Ganz besonders dürfte ihm wohl die Abwesenheit des ihm feindselig gesinnten Kardinals Giuliano della Rovere behagt haben, der sich schon seit einiger Zeit auf seine Festung nach Ostia zurückgezogen hat, wobei man nicht genau weiß, ob dies aus Gründen der persönlichen Sicherheit geschehen ist, oder um irgendwelche aufrührerischen Aktionen vorzubereiten. Jedenfalls hat er gut daran getan, seinen römischen Palast zu verlassen, denn wenig später wird der Bischof von Aquila, der im selben Palast wohnt, des Nachts in seinem Zimmer von einer bewaffneten Bande überfallen und in Stücke gehauen, vermutlich weil er einer Verwechslung zum Opfer gefallen ist. Übrigens bewegt sich auch Papst Alexander in Rom nur mit äußerster Vorsicht. Er läßt sich immer von einem Trupp von Lanzenreitern begleiten, als ob er eine Festung stürmen wollte. Die früheren Päpste haben nie eine solche Eskorte benötigt, nicht einmal in Kriegszeiten. Deshalb sind im Vatikan auch nicht alle mit dieser Neueinführung einverstanden. Und so wird sehr bald schon der Kanoniker Burkhardt als Zeremonienmeister dazu veranlaßt, dem Papst klarzumachen, daß es besser sei, auf die ständige Begleitung dieser Lanzenreiter zu verzichten und sie statt dessen jedesmal auf bestimmten Positionen entlang des vorgesehenen Weges zu verteilen.

Die Szene, die der Unterzeichnung des päpstlichen Breve über die Selbständigkeit von S. Marco und dessen Unabhängigkeit von der lombardischen Kongregation vorausgeht, erinnert fast ein wenig an eine amouröse Verführungsszene. Nach anfänglichem Sträuben des Papstes ergreift Kardinal Carafa plötzlich dessen Hand und beginnt wie beiläufig mit dem Siegelring an seinem Finger zu spielen. Dann, als er sicher ist, daß der andere langsam nachgibt, streift er ihm unter ständigem Scherzen den Ring vom Finger und siegelt damit trotz schwacher Proteste des Papstes das Breve.

Wenig später befindet sich die Urkunde mit dem päpstlichen Siegel bereits in den Händen von Fra Domenico da Pescia, der im Vorzimmer schon darauf gewartet hat. Vergeblich eilen die Repräsentanten der lombardischen Kongregation mit einem dringlichen Schreiben des Kardinals Ascanio Sforza zu ihren Gunsten zum Papst. Als dieser sie empfängt, hat Fra Domenico gerade die päpstlichen Gemächer verlassen: »Leider«, sagt der Papst mit einem süffisanten Lächeln, »wenn ihr eine Minute früher gekommen wäret . . .«

Die von Savonarola eingeleitete Reform findet bald zahlreiche Anhänger, und viele Klöster in der Toskana verlangen nun ebenfalls die Trennung von der lombardischen Kongregation und den Anschluß an Florenz, um die neue Ordensdisziplin einführen zu können. So entsteht nach und nach die Kongregation von S. Marco als autonomes Gebilde, zu deren Vikar Fra Girolamo gewählt wird.

Innerhalb der Mauern von S. Marco setzt sich nun eine Lebensweise durch, die »gleichsam von einer göttlichen Ordnung« bestimmt ist, um den Ausdruck eines zeitgenössischen Chronisten zu gebrauchen.

# X.

In Rom herrscht hingegen eine typisch menschliche Ordnung, die mehr als je zuvor auf dem »Streben nach Ruhm und Ehre« beruht. Savonarolas Analyse dieses »Strebens nach Ruhm und Ehre« paßt in gewisser Weise ziemlich genau auf Rodrigo Borja. Vor allem ist auszuschließen, daß dieses Streben bei ihm durch das Abnehmen oder völlige Verschwinden der anderen Leidenschaften überhand nimmt, die ja nach jener Analyse mit zunehmendem Alter schwächer werden, ja oft sogar ganz aufhören. Denn die anderen Leidenschaften scheinen bei ihm trotz seines Alters von über sechzig Jahren weder schwächer zu werden noch ganz zu verschwinden. Ja die besonders gute Laune des Papstes an jenem 22. Mai 1493 bei der Unterzeichnung und Siegelung der Urkunde zugunsten der Selbständigkeit von S. Marco ist auch unter diesem Gesichtspunkt erklärlich. Seine Beziehungen zur schönen Giulia Farnese, der Frau von Orsino Orsini, stehen ausgezeichnet; aber auch die Verbindung mit Giannozza de' Catanei ist ungetrübt, was man an der steilen Karriere ihrer gemeinsamen Kinder ablesen kann.

In genau 20 Tagen, am 12. Juni, wird ihre 14jährige Tochter Lucrezia Giovanni Sforza heiraten, der von einer Seitenlinie der Sforza aus Pesaro stammt. Der durch nichts aus der Ruhe zu bringende Kanoniker Burkhardt denkt bereits eifrig darüber nach, wie das komplizierte Hochzeitszeremoniell im Vatikan ablaufen soll. Gott sei Dank gibt es ja den Präzedenzfall der Hochzeit von Franceschetto Cibo mit Maddalena de' Medici, an dem er sich orientieren kann.

Aber diesmal kann dies alles viel unbefangener inszeniert werden. An der großen Hochzeitstafel sitzt jeder der zwölf anwesenden Kardinäle neben einer Dame. Selbstverständlich befindet sich unter diesen Damen auch die jüngste Eroberung Rodrigos, die schöne und junge Giulia Farnese. Hingegen ist von einer Anwesenheit Giannozzas nirgends die Rede, was aber auch auf die Vergeßlichkeit jenes Diplomaten zurückgeführt werden kann, der uns von dieser Hochzeit berichtet. Jedenfalls hat sich damals Giannozza, wie es scheint, noch ihren ganzen Liebreiz bewahrt.

Nach dem Bericht des Gesandten von Ferrara über dieses Fest springen die Damen gegen Schluß nach einer musikalischen Darbietung auf und beginnen fröhlich das Tanzbein zu schwingen, ja sie vergnügen sich die ganze Nacht über in Anwesenheit des Papstes mit ausgelassenen Tänzen.

Doch auch auf der politischen Ebene laufen die Dinge in Rom weiterhin gut, sowohl in der Innen- wie in der Außenpolitik. Im Sommer kommt es sogar zur Aussöhnung des Papstes mit Kardinal Giuliano und mit Virginio Orsini, die mit einem offiziellen Gastmahl im Vatikan besiegelt wird.

Virginio bringt aus dem Süden die schöne Summe von 35.000 Dukaten mit, um den Gastgeber für die Abtretung der Lehen von Cervetri und Anguillara durch Franceschetto Cibo zu entschädigen, die anfangs wegen der Souveränitätsrechte der Kirche auf das entschiedene Nein Alexanders VI. gestoßen war. Nunmehr erweist sich diese Transaktion als äußerst vorteilhaft, um auch die Aussöhnung mit dem König von Neapel voranzutreiben, da einer Hochzeit von dessen Nichte Sancia mit Jofré, einem Sohn Giannozzas, nun nichts mehr im Wege steht. Weitere positive Rückwirkungen sind auch in Florenz bei Piero de' Medici zu verzeichnen, der nun die strittige Frage des Verkaufs der beiden Lehen durch seinen Schwager Franceschetto, der sich nach dem Tod seines Vaters Innozenz VIII. mit seiner Frau Maddalena nach Florenz zurückgezogen hat, glücklich gelöst sieht. Piero selbst und dem König von Neapel verspricht Alexander VI. seine entschiedene Ablehnung jedweder eventuellen Aggression gegen Florenz und Neapel von seiten irgendeiner italienischen oder fremden Macht: In der Praxis ist das eine Warnung an Karl VIII., den jungen König von Frankreich, sich nicht wie sein Vater Ludwig XI. zu sehr in die italienischen Angelegenheiten einzumischen.

Natürlich passen alle diese Dinge Ludovico Sforza, dem Herzog von Mailand, gar nicht ins Konzept. Er steht nämlich gerade in einer heftigen Auseinandersetzung mit dem König von Neapel. Daher auch die Abkühlung der Beziehungen zwischen dem Staatssekretär, Kardinal Ascanio Sforza, und dem Papst. Bezeichnend dafür ist der Kommentar eines Mailänder Gesandten in Rom in einem Brief an Ludovico il Moro: »Man sagt«, schreibt der Diplomat, »daß der Papst, seit er dieses Amt innehat, den Sinn für Geschäfte verloren habe. Mir scheint, daß er ihn mehr denn je besitzt. Er hat es verstanden, seine Kinder zu verheiraten und dabei für sie schöne Gewinne herauszuschlagen, vor allem aber ist es ihm gelungen, Virginio 35.000 Dukaten abzuknöpfen.«

Doch gegen Ende des Sommers stellt der Papst auch mit Ascanio wieder ein gutes Verhältnis her. Das große Konsistorium vom 20. September steht vor der Tür, ein unnachahmliches Beispiel exzessiver Verteilung von Ämtern und Pfründen: Jede Stadt und jede Nation von einiger Bedeutung erhält ihren Kardinal, von Mailand bis Ferrara, von Frankreich bis England. Auch die Stadt Rom erhält einen, Alessandro Farnese, den Bruder von Giulia. Auch für Cesare Borja ist es ein Glückstag, denn er wird im selben Aufwaschen ebenfalls zum Kardinal ernannt.

Sicher kann man nicht alle zufriedenstellen. Der König von Neapel ist zum Beispiel enttäuscht, und Kardinal Giuliano della Rovere ist neuerlich wütend.

Wie immer man auch zu dem alten, genau austarierten System stehen mag, mit Hilfe dessen Lorenzo de' Medici eine Politik des Gleichgewichts betrieben und so fast ein Jahrzehnt lang den Frieden in Italien gesichert hatte, so kann man doch nicht umhin festzustellen, daß nach seinem Tod ein Sturm des »Infantilismus«, eines politischen Abenteurertums loszubrechen scheint, das in gefährlicher Weise die bestehenden Machtverhältnisse aus dem Gleichgewicht zu bringen droht.

»Ich habe drei Söhne«, hat Lorenzo einmal gesagt, »einen intelligenten, einen rechtschaffenen und einen verrückten.« Mit dem verrückten meinte er Piero, seinen rechtmäßigen Nachfolger auf dem Thron von Florenz. Piero sieht nur die isolierten Einzelheiten, eine nach der anderen. Ludovico il Moro in Mailand dagegen sieht sie alle als Einheit, und er versteht es, sie perfekt zu analysieren. Aber was ihn schließlich doch zu falschen Schlußfolgerungen verleitet, ist eine Art von infantiler Angst, die vielleicht mit seinem schlechten Gewissen zu tun hat. Ludovico hat nämlich die Macht widerrechtlich an sich gerissen. Sie hätte eigentlich seinem Nepoten Gian Galeazzo gebührt, dessen junge Frau, eine Nichte des Königs von Neapel, die mit ihrem Mann und dem kleinen Söhnchen nach Pavia verbannt wurde, nicht aufhört, für die auf brutale Weise verletzten Rechte ihres Mannes einzutreten.

Der »Herzog von Bari«, wie der König von Neapel den Moro verächtlich zu nennen pflegt, dem er jeden Titel im Zusammenhang mit dem Herzogtum Mailand abspricht, fühlt sich unsicher und sucht immer mächtigere Verbündete und Schutzmächte. Gegenwärtig stützt er sich auf Karl VIII., den König von Frankreich, sowie auf Kaiser Maximilian von Österreich, wobei er ganz besonders vom französischen König angetan ist, der gerade selbst als Erbe des Hauses Anjou in eine heftige Kontroverse mit dem König von Neapel verwickelt ist. Auf das Geschlecht der Anjou war nämlich in Neapel ein Jahrhundert zuvor das gegenwärtig regierende Haus Aragon gefolgt, jedoch unter Begleitumständen, die der König von Frankreich nicht als legitim anzuerkennen bereit ist. Kurz und gut, er will das Königreich Neapel wieder zurückhaben.

Die Republik Venedig hat zwar andere Sorgen, ist aber auf alle Fälle bereit, eventuell Flüchtlinge oder Verbannte aufzunehmen. Genua wiederum, das mit dem Moro verbündet ist, ist gerade dabei, dem König von Frankreich zu ziemlich günstigen Bedingungen jene 200.000 Dukaten vorzustrecken, die dieser benötigt, um das geplante Unternehmen gegen den König von Neapel in die Wege zu leiten.

Was Savonarola betrifft, so setzt er seine Predigten fort, die sich immer wieder an den Propheten und Dichtern inspirieren, und er verkündet unermüdlich, daß schon demnächst ein Gesandter Gottes in Italien auftreten werde, um das Strafgericht zu vollziehen und die Reform einzuleiten. Eine Welle des Unheils werde die Regionen Italiens heimsuchen. Das Gefäß namens Italien werde zerschlagen werden, wie er es schon vor drei Jahren angekündigt habe. Er selbst aber ist seit damals damit beschäftigt, wie einst Noah in Florenz eine Art Arche zu bauen, in die alle Guten sich flüchten und vor dem Untergang retten können.

Das sind also zu Beginn des Jahres 1494 im wesentlichen die Themen seiner prophetischen Fastenpredigten, während Karl VIII., der Gesandte Gottes, unter vielen Schwierigkeiten die Vorbereitungen für seine Strafexpedition nach Italien trifft.

Und man kann diese Schwierigkeiten verstehen. Ihm wird ja sogar in seinem eigenen Land infantiles politisches Abenteurertum vorgeworfen. Die Mehrzahl der Adeligen stellt sich gegen seine Vorhaben in Italien. Auch seine Schwester Anna ist dagegen, die noch bis vor kurzem selbst die Amtsgeschäfte geführt hat, da ihr Bruder beim plötzlichen Tod des Vaters erst 13 Jahre alt war. Man könnte sagen, daß Karl jetzt, wo er alt genug ist und nicht mehr bevormundet zu werden braucht, es geradezu genießt, durch die Vorbereitung dieser Expedition gegen den allgemeinen Strom zu schwimmen. Der Weg wird ihm vor allem von seinen beiden Vertrauten, de Vesc und Brixonnet, freigemacht, denen es schließlich gelingt, alle Hindernisse zu überwinden. Ja sie schaffen es sogar, dem Unternehmen eine derart idealistische Note zu verleihen, daß alle, einschließlich des Königs, davon begeistert sind: Das Königreich Neapel soll nämlich, wenn es einmal erobert ist, als Stützpunkt für den Heiligen Krieg gegen die Türken dienen, die nach dem Fall von Byzanz ein großes Problem für die Christenheit geworden sind.

Abgesehen davon stellt der Kriegszug in das reiche Italien auch eine Investition dar, die sich auf längere Sicht durchaus bezahlt machen könnte. Sicherlich, die Kosten sind zunächst einmal ziemlich hoch: Für die Vorbereitung des Unternehmens muß man sogar die Kronjuwelen und den Schmuck zahlreicher Hofdamen verpfänden; außerdem ist man gezwungen, wertvolle Ländereien an die benachbarten Herrscher in Spanien und Deutschland abzutreten sowie Zugeständnisse verschiedenster Art gegenüber England zu machen, damit von ihrer Seite keine Hindernisse in den Weg gelegt werden. Aber am Ende dürften doch die Vorteile überwiegen, entweder aufgrund des Kriegsruhmes, den er sich da erwerben kann, oder wegen des materiellen Gewinnes, der zu erwarten ist, ganz zu schweigen von dem Vergnügen, das ihm ein so waghalsiges Abenteuer bereitet.

Nach alldem scheint es zumindest am Anfang ausgeschlossen, daß Karls italienische Expedition etwa auch zu einem Unternehmen »all'italiana« werden könnte. Hinter Karl steht nämlich ein kompaktes und erprobtes Heer, das sich speziell auf die Brandschatzung und Plünderung von Städten versteht. Und vor ihm leistet eine ebenfalls äußerst wirksame Diplomatie, welche die Situation im »schönen Garten Europas« genauestens unter die Lupe genommen hat, ganze Arbeit. In Frankreich ist man ganz genau im Bilde darüber, was sich in Italien abspielt, daß man in Florenz beispielsweise gespannt auf die Ankunft des Gesandten Gottes wartet. Und Florenz mit seinen Befestigungsanlagen, die den Weg nach Rom und Neapel versperren, ist der strategische Schlüssel für die ganze Operation. Die französischen Pläne beinhalten auch Überlegungen, in den besetzten Gebieten Marionettenregierungen einzusetzen, um auf diese Weise der jeweils gegebenen Situation mit einer ganzen Skala von Lösungsmöglichkeiten begegnen zu können.

Für Florenz könnte im Falle einer oligarchisch-republikanischen Entwicklung Pier Capponi der geeignete Mann sein, der bereits seit der Zeit, als er Botschafter der Medici in Frankreich war, zur Opposition gegen die Medici zählt. Aber im Falle einer Entwicklung, die auf eine Restauration der Medici hinausläuft, stünden auch die beiden abtrünnigen Vettern Pieros zur Verfügung, die erst jüngst vom Tyrannen in die Verbannung geschickt wurden und nach Frankreich geflohen sind.

Für Rom hat man sogar einen Schattenpapst zur Hand, der sich mit Hilfe eines Konzils leicht in einen Gegenpapst verwandeln läßt: Es ist der Kardinal della Rovere, der vor kurzem erst als Mönch verkleidet aus seiner Festung in Ostia fliehen mußte, die inzwischen auf Geheiß Alexanders VI. gestürmt worden ist. Nun befindet er sich am Hofe Karls VIII. und treibt ihn an, das geplante Unternehmen möglichst rasch zu beginnen.

Florenz wird nun zur wichtigsten Stellung, von wo aus der Vormarsch des französischen Heeres von Genua nach Neapel über Florenz und Rom rasch vorangetrieben wird. Das Unternehmen nimmt am 22. August seinen Anfang. Wir schreiben das Jahr 1494.

Die Nachricht vom Einmarsch des französischen Königs in Genua erreicht Florenz am 21. September, wenige Stunden bevor Savonarola nach der Sommerpause wieder auf der Kanzel des Domes erscheint. Das Volk ist erschüttert und verängstigt. Es ist eine Atmosphäre wie beim Jüngsten Gericht. Ganz Florenz versammelt sich im Dom. Es herrscht absolute Stille, und in diese Stille hinein erfolgen die Attacken seiner Predigt wie Trompetenstöße und Paukenschläge: »Ecce ego adducam aquas diluvii super terram« – »Seht, ich will eine große Flut über die Erde bringen.« Dieser Vers aus der Genesis, der die Sintflut ankündigt, ist genau die erste einer Reihe von Schriftstellen, die Savonarola im Frühjahr bei seinen Predigten über die Arche Noahs noch nicht verwendet hatte. Offenbar wußte der Prediger schon damals, was im Herbst passieren würde: daß nämlich die große Flut in der Gestalt dieses Heeres hereinbrechen und ganz Italien überschwemmen wird.

Auf diese Ankündigung hin bricht in der Kirche ein großes Weinen und Wehklagen aus. Graf Pico della Mirandola, der sich ebenfalls im Dom befindet, wird später berichten, daß ihm bei diesen Worten ein kalter Schauer über den Rücken gelaufen sei und sich ihm die Haare gesträubt hätten. Unter den anwesenden Künstlern und Intellektuellen sieht man auch den 19jährigen Michelangelo, der ebenfalls ganz ergriffen ist vom Charisma dieses Predigers. Vielleicht ist auch Poliziano da, wenn der tödliche Virus, der ihn eine Woche später dahinraffen wird, ihn noch nicht niedergeworfen hat. Jedenfalls ist seine Anwesenheit förmlich zu »spüren«, auch wenn sie nicht nachweisbar ist, so wie auch seine Freunde anwesend sein werden, wenn sein Leichnam eine Woche später, mit dem weißen Habit der Dominikaner angetan, in S. Marco zu Grabe getragen wird. Diesen Habit zu tragen, lebend oder tot, ist momentan ein sehr weitverbreiteter Wunsch in Florenz.

In Wirklichkeit ist die Nachricht vom Einmarsch in Genua leicht verfrüht. Karl VIII. hat keine Eile. Er befindet sich in jenen Tagen gerade in Piemont, wo er als echter Nachfahre der alten Paladine anstelle der heldenhaften Abenteuer bei der Verteidigung der Religion sich eher galanten Abenteuern hingibt. Doch die Überanstrengung, die er sich dabei zumutet, wirft ihn schließlich in Asti aufs Krankenlager. Fast einen Monat lang sitzen alle wegen des Königs wie auf glühenden Kohlen. Ludovico il

Moro und seine Gattin Beatrice d'Este kommen sofort nach Asti geeilt, und zwar in Begleitung ihres Schwiegervaters bzw. Vaters Ercole d'Este, dessen eigener Schwiegervater wiederum auf der anderen Seite der Front steht, nämlich in Neapel, wo die Flut des Krieges in der Folge noch viel größere Verheerungen anrichten wird. Doch während man im Norden dem Eindringling wie einem willkommenen Gast huldigt, können weiter im Süden die anderen Fürsten und Souveräne nicht anders, als eine gemeinsame Verteidigungslinie von der Romagna bis in die nördliche Toskana ins Auge zu fassen.

Dies könnte wohl auch eine große Zeit für Söldnerführer und Feldherren sein; doch wer Geld hat, ist keineswegs erpicht darauf, es für weitere Söldner auszugeben, schon gar nicht in Florenz, wo die Bürger sich vom neuen Stadtherrn Piero de' Medici nicht besonders gut vertreten fühlen. Außerdem gibt es die Tatsache, daß die florentinischen Kaufleute in Frankreich Gefahr laufen, Repressalien ausgesetzt zu sein, während andererseits die französischen Märkte für die florentinische Wirtschaft lebenswichtig bleiben. Nach allem sind die Franzosen traditionellerweise eher Freunde als Feinde von Florenz, auch wenn die Aussicht, sie nun im eigenen Hause aufnehmen zu müssen, nicht gerade zu Begeisterung Anlaß gibt. Auf jeden Fall hat Piero de' Medici gute Trümpfe in der Hand, sowohl im Falle eines Frontalzusammenstoßes als auch eines eventuellen Kompromisses: Es sind dies die fünf Festungen von Livorno, Pisa, Sarzanello, Sarzana und Pietrasanta, die praktisch als uneinnehmbar gelten. Mit ihnen wird das französische Heer rechnen müssen, wenn es seinen Vormarsch fortsetzen will.

Wie wir schon sahen, ist in Florenz mittlerweile wieder jener Sender in Funktion getreten, der mit der Stimme von Fra Girolamo von der Kanzel des Domes herab seine Botschaft ausstrahlt. Von hier aus kommentiert der Prediger nicht nur die Heilige Schrift, sondern nimmt auch zu der krisenhaften Entwicklung der Lage in Italien Stellung, wobei er Florenz wie eine Person direkt anspricht: »Du weißt«, sagt er, »daß erst kaum zwei Jahre vergangen sind, seit ich dir gesagt habe: ›Ecce gladius Domini super terram, cito et velociter.‹ Nicht ich, sondern Gott wollte dich damit im voraus warnen. Und nun ist das Schwert gekommen, es ist da.«

Aber auch an Italien und an Rom richtet der Prediger seine Worte:

»O Italien . . ., o ihr Städte Italiens, die Zeit ist gekommen, da ihr für eure Sünden bestraft werdet . . . O Tonsur, Tonsur, Tonsur . . . Du bist die Hauptursache dieser Übel . . . Wehe, wehe dem, sage ich, der auf seinem Haupte eine Tonsur trägt!«

Und in der Tat, am 1. November, als Savonarola diese Worte ausspricht, ist das Schwert nur mehr wenige Meilen von Florenz entfernt. In der Stadt machen bereits die französischen Quartiermacher die Runde und kennzeichnen mit Listen in der Hand die Portale jener Paläste mit Kreide, die beschlagnahmt werden sollen. Schon spricht man auch hier von einer möglichen Plünderung der Stadt durch die Invasoren, wie es schon weiter im Norden geschehen ist, in Rapallo und Fivizzano. Die Frauen und Mädchen werden unterdessen in den verschiedenen Klöstern in Sicherheit gebracht. Aber wie konnte das alles überhaupt geschehen?

Im September, während Karl sich noch in Asti aufhielt, traf eine Delegation der Franzosen in Florenz ein mit der Forderung, den Weg nach Rom und Neapel freizugeben. Die Antwort der turnusmäßig Verantwortlichen im Palast klingt geradezu unglaublich: Die Mitglieder der verschiedenen Organe der Bürgerschaft sowie die Bürger selbst, die in Beratungen über das Begehren des Königs entscheiden müßten, befänden sich noch zerstreut in ihren Villen auf dem Lande. Es würde zuviel Zeit beanspruchen, sie alle zu verständigen. Mit anderen Worten: Kommt am Ende der Ferien wieder!

Nachdem der König sich von seinen Beschwerden wieder erholt hat, übernimmt er empört darüber neuerlich das Kommando über das Heer und zieht in Richtung Süden mit der festen Absicht, Florenz der Plünderung preiszugeben. Und er pflegt nicht zu scherzen, denn die erst jüngst erfolgte Plünderung von Fivizzano scheint ja so etwas wie eine Generalprobe gewesen zu sein.

Aber da kommt Piero eine gute Idee. Sie ist zwar nicht gerade originell, hat aber bereits einmal, im Jahre 1479, Florenz und seinen Vater gerettet. Sie heißt: sich dem König ergeben. Die Situation ist zwar, um die Wahrheit zu sagen, jetzt ein wenig anders als einst, ja geradezu umgekehrt: Damals war der König von Neapel der Gegner, und Lorenzo hatte hinter sich als Schutzmacht den König von Frankreich, den Vater Karls VIII. Piero hingegen hat momentan niemanden hinter sich außer jenes halbe Dutzend florentinischer Abgesandter, die ihm von der amtsführenden Signoria im letzten Moment noch auf den Hals geschickt wurden, um zu verhindern, daß der noch sehr junge Machthaber aus eigener Initiative handelt und womöglich unüberlegte Entscheidungen trifft. Doch mittlerweile hat Piero seine Entscheidung längst getroffen.

Ohne irgend jemanden zu konsultieren, ohne auch nur die geringste Gegenleistung zu erhalten und als das Unvermögen der Franzosen schon offenkundig war, die fünf berühmten Festungen einzunehmen, hat er sie allesamt den Feinden übergeben, womit er ihnen natürlich auch den Weg nach Florenz frei gemacht hat: eine bedingungslose Kapitulation, fünf reife Äpfel vor der Nase des neuen Kyros, genauso, wie es der Prophet von S. Marco vorausgesagt hatte. Aber das ist noch nicht alles: Er hat sich auch noch verpflichtet, dem König eine Summe von 200.000 Fiorini zu zahlen. Eine bedingungslose Kapitulation also, obwohl man aus einer Position der Stärke hätte verhandeln können.

Daher weht nun in Florenz ein rauher republikanischer Wind. Pier Capponi ist einer der ersten, der in einer dringlich einberufenen dramatischen Sitzung des »Rates der Siebzig« am 4. November es ganz klar ausspricht: »Es ist höchste Zeit, endlich mit dieser Kinderherrschaft Schluß zu machen.«

In den letzten siebzig Jahren sind die staatlichen Ratsgremien immer mehr zu bloßen Erfüllungsorganen der Geschäftspolitik der Medici degeneriert. Nun besinnen sie sich wieder auf ihre eigentliche Aufgabe. Doch wie wird das Volk auf diese Veränderungen, die da in Vorbereitung sind, reagieren? Wer kann nach siebzig Jahren paternalistischer Herrschaft diesen Institutionen wieder neues Profil verleihen?

Das einfache Volk, aber auch viele einflußreiche Bürger, die zuvor vor den Karren der Medici gespannt waren, scheinen nun an den Lippen des Predigers von S. Marco zu hängen. Pier Capponi selbst bezeichnet ihn in jener denkwürdigen Sitzung des »Rates der Siebzig« vom 4. November als »einen heiligmäßigen Mann, der sehr mutig ist, großen Unternehmungsgeist besitzt und auch noch mit anderen hervorragenden Eigenschaften ausgestattet ist, so daß er überall größtes Ansehen genießt«. Tatsache ist, daß man nunmehr ganz auf Savonarola baut, und das nicht nur, um die Kontrolle über die innere Situation nicht zu verlieren. Sein Ruf als Charismatiker ist mittlerweile auch bis zu den Franzosen gedrungen, ja hat sogar ihren König persönlich erreicht, der ganz ohne sein Zutun als Instrument des göttlichen Willens in den Mittelpunkt der Prophezeiungen Savonarolas gerückt war.

Savonarola ist auch der »Prediger der Verzweifelten«, der Mann der »terrifica praedicatio«, der sich immer an das Volk gewandt und sich dabei nie ein Blatt vor den Mund genommen hat, auch dann nicht, wenn er sich dadurch selbst in Gefahr brachte.

Daher wird in der schon erwähnten Sitzung vom 4. November auf Vorschlag Capponis beschlossen, im Namen der Signoria eine Delegation namhafter Bürger, der auch Pier Capponi angehört, unter der Führung Savonarolas zum König zu entsenden. Im Gefolge des Königs, der sich gegenwärtig in der Gegend von Lucca aufhält, befindet sich auch Piero de'

Medici. Doch der Auftrag der Delegation lautet, seine Anwesenheit zu ignorieren und im Namen der Stadt neuerlich über alles zu verhandeln.

Savonarola lehnt zwar nicht ab, macht aber sein Mitwirken vom Einverständnis der anderen Mönche von S. Marco abhängig. Nachdem er deren Zustimmung erhalten hat, macht er sich am Abend des 5. November zu Fuß und ganz allein auf den Weg nach Lucca. Die Signoria ist darüber erbost. Noch nie ist ein florentinischer Abgesandter zu Fuß und ohne Begleitschutz unterwegs gewesen. Daher eilt man ihm nach, damit er seinen Weg mit jener Prunkentfaltung fortsetze, wie sie einem Gesandten von Florenz gebührt.

Doch als die übrigen Mitglieder der Delegation ihn in Librafatta einholen, um nun gemeinsam mit ihm den Weg nach Lucca fortzusetzen, läßt sie Savonarola allein weitergehen, macht sie jedoch darauf aufmerksam, daß der König sie nicht in Lucca, sondern in Pisa erwarten werde. Die Intuition Savonarolas ist auch hier wieder einmal bewundernswert. Es ist dieselbe Intuition, die ihn zuvor schon bewogen hat, von der Kanzel des Domes herab auf seine unvergleichliche Weise allen eindringlich einzuschärfen, daß man seinen Feinden verzeihen müsse. Offenbar sieht er einen politischen Umsturz voraus und befürchtet im Zusammenhang damit ein entsetzliches Blutbad.

Als Piero de' Medici die Abgesandten, die sich ihm gegenüber verhalten, als ob sie ihn noch nie gesehen hätten, in Lucca ankommen sieht, weiß er sofort, welcher Wind momentan in Florenz weht, doch statt nun erst recht an der Seite des Königs auszuharren, von dem schließlich sein weiteres Schicksal abhängig ist, eilt er unter dem Vorwand nach Hause, er müsse die versprochenen 200.000 Fiorini holen und werde gleich wieder hier sein. In Wirklichkeit aber erteilt er seinem Armeekommandanten Paolo Orsini den Befehl, ihn sogleich nach Florenz zu bringen und dort eine möglichst große Zahl von Soldaten zusammenzutrommeln.

Als er am Abend des 8. November in seinem Palast in der Via Larga ankommt, läßt er sofort die Vorratskammern öffnen und Wein sowie verschiedene Backwaren an das Volk verteilen, als ob es gemeinsam einen großen Sieg zu feiern gelte.

Doch als er am nächsten Tag zum Palast der Signoria kommt, öffnet man ihm bloß eine kleine Seitentür, bei der man, um überhaupt eintreten zu können, den Kopf einziehen und den Fuß heben mußte, um nicht an der hölzernen Schwelle anzustoßen. Nach diesem frostigen Empfang kehrt er sofort nach Hause zurück und gibt seinem Befehlshaber Paolo Orsini, der inzwischen mit weiteren Verstärkungen in der Stadt eingetroffen ist, die

Anweisung, unverzüglich die Porta S. Gallo zu besetzen. Er selbst begibt sich dann bewaffnet und mit einer Eskorte von ebenfalls bewaffneten Leuten neuerlich zum Palast. Diesmal gibt man ihm beim Eingangstor zu verstehen, daß er nur unbewaffnet und ohne Begleitung den Palast betreten dürfe. Nach längeren, sehr heftig geführten Diskussionen, in deren Verlauf es sogar zu Handgreiflichkeiten kommt, steht Piero schließlich mit gezücktem Schwert vor der eingeschlagenen Tür, während die Leute drinnen eine drohende Haltung einzunehmen beginnen. Und während Piero mit den Seinen den Rückzug antritt, nimmt eine große Menschenmenge, an ihrer Spitze vor allem junge Leute, die ihn auspfeifen und mit Steinwürfen eindecken, bereits seine Verfolgung auf.

Zwischen die beiden feindseligen Gruppen stellt sich nun zwar der Polizeihauptmann mit seinen Leuten, doch diese lassen sich ohne allzu große Gegenwehr von der Menge entwaffnen. In dem Moment beginnt die große Glocke des Palastes zu läuten, um das ganze Volk von Florenz auf der Piazza zusammenzurufen.

Gerade zu diesem Zeitpunkt kommt Francesco Valori aus Lucca zurück. Er gehörte zu jener ersten Gesandtschaft, die man Piero auf den Hals geschickt hatte. Er weiß also genau, wie die ganze Sache gelaufen ist. Als ein Mann, der sich ganz auf seinen Instinkt und sein Improvisationstalcnt verläßt, der sich hauptsächlich von Gefühlen und Ressentiments leiten läßt, schickt er sich sofort an, zur versammelten Menge zu reden. Und er bringt mit seinen Worten die Volksmassen so in Weißglut, daß sie entschlossen sind, auf der Stelle den Palast der Medici zu stürmen.

Piero, der sich zu Hause mit dem Gedanken trägt, Orsini und seine Söldner von der Porta S. Gallo abzuziehen und den Palast der Signoria anzugreifen, erfährt indessen von einem Beschluß eben dieser Signoria, ihn und seinen Bruder Giovanni zu Rebellen zu erklären. Der Kardinal, der sich momentan ebenfalls in Florenz aufhält, ist seinerseits jedoch bemüht, das Schlimmste zu verhüten. Er tut dies sogar mit mehr Nachdruck als sein Bruder. Zu diesem Zweck begibt er sich schnurstracks auf die Straße, um dort zu versuchen, das Volk auf seine Seite zu ziehen, doch im selben Moment marschiert sein Bruder Piero an der Spitze seiner Leute zum Palazzo dei Signori. Er hat sein Domizil gerade noch rechtzeitig verlassen, denn von ferne kann er schon die aufgebrachten Volksmassen sehen, die unter der Führung Valoris zu seinem Palast unterwegs sind.

Zu Hause muß der Kardinal dann feststellen, daß sein Bruder spurlos verschwunden ist. Piero hatte seine Idee, den Palast der Signoria anzugreifen, inzwischen wieder fallengelassen und sich zur Porta S. Gallo begeben, um dort – allerdings vergeblich – zu versuchen, dieses Stadtviertel, das immer treu zu den Medici gehalten hatte, für sich zu gewinnen. Von der Porta S. Gallo war es dann ein leichtes, die Straße zu erreichen, die über Bologna nach Venedig führt.

Den Medici und ihren treuesten Anhängern ist die Flucht aus Florenz gelungen. Auf den Kopf der Brüder Piero, Giovanni und Giuliano de' Medici ist bereits eine Prämie ausgesetzt. Die Paläste des Kardinals und der anderen Herren sowie der Garten der Medici im Kloster von S. Marco werden vom Pöbel geplündert.

Am Abend des 9. November, fast zur gleichen Stunde, als in Florenz der Aufstand gegen die Medici losbricht, wird der Prior von S. Marco zusammen mit vier anderen florentinischen Abgesandten in Pisa vom französischen König empfangen. Doch auch in Pisa kam es am selben Tag zu einer Revolte, nicht nur gegen die Medici, sondern auch und vor allem gegen Florenz. Die Pisaner haben bei der Ankunft der Franzosen eine regelrechte Treibjagd auf die florentinischen Beamten veranstaltet, natürlich mit Zustimmung Karls VIII., der sich in der Rolle eines Befreiers sichtlich wohl fühlte.

Diese erste Begegnung des Propheten und florentinischen Abgesandten Savonarola mit dem Gesandten Gottes droht allerdings mit einer großen Enttäuschung zu enden. Was er vorbringt, scheint jedenfalls nicht an die Überzeugungskraft seiner besten Predigten heranzukommen. Auch wenn er im Ton eines Propheten spricht, gibt er im Grunde nur abgedroschenes Zeug von sich, fast wie ein Berufsdiplomat. So zum Beispiel, wenn er sich auf seine eigenen Prophezeiungen über den Einmarsch des Königs in Italien beruft. Typisch Savonarola ist hingegen seine Mahnung an Karl, die Stadt Florenz als Freund zu behandeln, wenn er sich nicht die Strafe Gottes zuziehen wolle.

Doch unmittelbar anschließend an diese offizielle Audienz kommt es noch zu einem Gespräch unter vier Augen. Von dieser Unterredung sickert aber kaum etwas durch. Logischerweise muß man annehmen, daß Savonarola dabei versucht hat, die Sprache auf Rom zu bringen und auf die eventuelle Einberufung eines ökumenischen Konzils durch den König zum Zweck einer Reform der Kirche. Angenommen also, daß ein derartiges Gespräch zwischen den beiden stattgefunden hat, so kann man sich nur schwer vorstellen, daß von seiten des Königs nichts anderes dazu geäußert worden wäre als das, was er bereits vorher offiziell den florentinischen Gesandten im Hinblick auf das Schicksal von Florenz kundgetan hatte: »Es wird sich schon alles regeln, wenn wir erst einmal in die ›große Villa‹ eingezogen sind.«

In der Tat scheint eine Politik des Hinausschiebens von Entscheidungen in diesen Tagen für den König und seine Berater die einzige Konsequenz zu sein. Aus den Äußerungen, die in Pisa gefallen sind, kann man ganz gut erkennen, was man mit Florenz vorhat, auch daß man im stillen sogar mit dem Gedanken spielt, die Medici wieder auf den Schild zu heben. Was Rom angeht, so verhält sich der Vatikan noch sehr zurückhaltend, um sich erst einmal einen genaueren Überblick zu verschaffen, auch wenn der abtrünnige Kardinal della Rovere dem König ständig in den Ohren liegt, um ihn zu überreden, auf die Absetzung Alexanders VI. aufgrund simonistisch zustande gekommener Wahl hinzuarbeiten.

Jedenfalls kann es für den charismatischen Mönch aus Florenz, der wegen seines heiligmäßigen Lebens und seiner prophetischen Gaben weitum bekannt ist, nur gut sein, wenn die Leute auch wissen, daß er vom König in ein vertrauliches Gespräch gezogen wurde, was immer dabei auch herausgekommen sein mag.

Zwei oder drei Tage danach steht Savonarola neuerlich auf der Kanzel des Domes, um seine Rolle als einer, der um das öffentliche Wohl der Stadt und das private Wohl ihrer Bürger besorgt ist, wieder aufzunehmen: »Glaub mir, o Florenz, diese deine Revolution hätte in einem großen Blutbad geendet, aber dank deiner Gebete und deines Fastens hat es Gott gefallen, das Ausmaß der Strafe, die auf dich wartete, zu mildern und dich statt dessen von einer süßen Speise kosten zu lassen.« Offensichtlich will der Prediger die Situation entdramatisieren, um einen allgemeinen Frieden zu erreichen. Und er erhebt ganz konkrete Forderungen, indem er alle einlädt, gegenüber den Anhängern des abgesetzten Regimes dieselbe Milde walten zu lassen, die Gott ihnen erwiesen hat, damit sie nichts zu bereuen hätten, wenn demnächst die Soldateska des französischen Heeres in der Stadt erscheinen wird.

Auf dem politisch-militärischen Sektor hält Pier Capponi in dieser schwierigen Ausnahmesituation die Zügel in der Hand. Er kennt diese »Gäste« aus der Nähe und soll auch einmal wörtlich gesagt haben: »Wenn die Italiener diese Franzosen erst einmal richtig beschnuppert haben, werden sie sofort aufhören, vor ihnen Angst zu haben.« Indessen ist der König Gast Capponis in dessen komfortabler Villa auf dem Land und wartet auf den Abschluß der Vorbereitungen für seinen triumphalen Einzug in Florenz.

Inzwischen wird auf Geheiß Capponis bei diesen Vorbereitungen auch die Möglichkeit eines Guerillakampfes gegen die Franzosen in Erwägung gezogen, und es werden insgeheim Waffen an das Volk ausgegeben.

Vielleicht ist Capponi auch ein Meister der psychologischen Kriegführung, wenn jene Art von Generalprobe eines bewaffneten Volksaufstandes am 15. November seine Idee war, als zwei Tage vor dem offiziellen Einzug der Franzosen das Volk beim Ertönen der Glocken bewaffnet in den Straßen der Stadt zusammenströmte, weil (absichtlich?) das falsche Gerücht in Umlauf gesetzt worden war, Piero de' Medici stehe vor den Toren der Stadt. Ob das nun ausdrücklich ein Signal an die Franzosen war oder nicht, sie können es jedenfalls nicht übersehen haben.

Das Heer, das am 17. November durch die Straßen von Florenz marschiert, ist eigentlich eine grauenhafte Kriegsmaschinerie, auch wenn die ganze Szene bei dieser Gelegenheit eher einem bunten Schauspiel gleicht. Mit der Lanze in der Hand, als Eroberer, in schwarzen Samt gekleidet, darüber ein goldbestickter Mantel aus weißem Brokat, so reitet der König hoch zu Roß einher, so daß seine sonst eher jämmerliche Gestalt in diesem Fall sogar den Kardinal della Rovere überragt, der zusammen mit dem politischen und ökonomischen Ratgeber des Königs, Brixonnet, an seiner Seite reitet.

Beifall, Festlichkeiten, Willkommensgrüße, eine religiöse Feier im Dom, Weihrauch, Trompeten, Glocken, Feuerwerk und Festbeleuchtung die ganze Nacht hindurch. Der König und sein Gefolge nehmen im Palazzo Medici in der Via Larga Quartier.

Die weniger angenehmen Seiten der ganzen Situation zeigen sich dann in den folgenden Tagen am Verhandlungstisch. Man spricht nicht nur davon, die Medici wieder nach Florenz zurückzuholen, sondern auch von einer eingeschränkten Souveränität in Zukunft, von gesalzenen Summen, die zu bezahlen sind, und schließlich sogar von einer bevorstehenden Plünderung der Stadt, worauf die Verhandlungen abrupt abgebrochen werden.

Zu diesem Zeitpunkt hat die Delegation, die von den Bürgern der Stadt mit der Verhandlungsführung beauftragt ist und aus den vier im Augenblick angesehensten Männern besteht, darunter Pier Capponi selbst sowie Francesco Valori, keinerlei Trümpfe mehr in der Hand. Der einzige Trumpf, der noch sticht – das ist jedenfalls die Meinung der Signoria –, heißt Savonarola.

Und wieder steht der Frate vor Karl VIII., diesmal im Hause der Medici und mit einem Messingkruzifix in der Hand, das er dem König vor Augen hält. Er fleht ihn an, aber er droht ihm auch im Namen Gottes. Mit einem solchen Mann muß selbst ein König zu einem Übereinkommen gelangen. Und diese Vereinbarung läßt sich der Mönch dreimal laut wiederholen, und damit ja keine Zweifel aufkommen können, auf italienisch und französisch: Keine Rückkehr von Piero nach Florenz und beachtliche Abstriche hinsichtlich der anderen Auflagen. Natürlich nichts Schriftliches, das Wort allein muß genügen.

Offenbar muß der König in den Augen seiner Berater zu nachgiebig gewesen sein, oder seine Konzessionen müssen den Florentinern als ungenügend erscheinen, denn sie glauben, ein inzwischen erfolgter antifranzösischer Tumult im Borgo Ognissanti hätte ihrem Standpunkt viel mehr Gewicht verleihen müssen. Tatsache ist jedenfalls, daß bei der Ratifizierung des Übereinkommens am 25. November zunächst harte Worte auf beiden Seiten fallen. Während der König mit den berühmten Trompetenstößen droht, schleudert ihm Capponi die Niederschrift der getroffenen Vereinbarung ins Gesicht und droht seinerseits mit dem Läuten der Glocken.

Nachdem die erste Erregung abgeklungen ist, gelangt man am selben Tag schließlich doch noch zur endgültigen Formulierung der Vereinbarung und zu ihrer feierlichen Beschwörung im Dom: Alles in allem ist es doch ein Pakt der Freundschaft und des gegenseitigen Beistandes geworden. Die Zumutung einer eingeschränkten Souveränität konnte auf den Titel eines »Erneuerers und Beschützers der Freiheit von Florenz« reduziert werden, der dem König von Frankreich zugestanden wird.

In ökonomischer Hinsicht ergibt ein Blick auf die Zahlen für den König ein Verlustgeschäft von 80.000 Fiorini, weil Piero ihm 200.000 versprochen hatte, die neue Republik ihm aber nur 120.000 zu zahlen gewillt ist, und das auch noch in drei Raten. Die Festungen, die Piero an die Franzosen abgetreten hat, werden wohl kaum vor dem Abschluß des Feldzuges gegen Neapel, auf jeden Fall aber frühestens erst in zwei Jahren zurückgegeben. Keine Vergeltungsaktionen seitens der Stadt Florenz an den Pisanern, wenn diese ihre Sezession beenden. Aufhebung des Kopfgeldes, das auf die Brüder de' Medici ausgesetzt ist, und Bestätigung ihrer Verbannung aus der Stadt. Die Konfiszierung ihrer Güter wird rückgängig gemacht, wenn Piero sich verpflichtet, seine Schulden gegenüber der Stadt zu begleichen.

Aber die Rolle eines Retters des Vaterlandes, die von Savonarola übernommen wurde, ist damit noch nicht erschöpft. Trotz der feierlich beschworenen Vereinbarung treffen die Franzosen keinerlei Anstalten, das Feld zu räumen. Und so steht der Mönch am folgenden Tag zum dritten Mal vor dem König von Frankreich, um ihn zum Abzug zu bewegen. Das ist zumindest nach allen uns zugänglichen Quellen der Grund seines neuerlichen Besuches.

Jedenfalls erfolgt der Abzug dann schleunigst am Nachmittag des 28. November. Ein Lokalaugenschein im Palazzo Medici wirft ein bezeichnendes Licht auf die »Gäste«. Der König selbst hat unter anderen Wertsachen auch eine Nippfigur als Souvenir mitgehen lassen, die Philippe de Commynes in seinen berühmten Memoiren auf einen Wert von 7000 Dukaten schätzt.

Auch Commynes selbst hat ein Auge auf ein für ihn noch viel begehrenswerteres Souvenir geworfen; doch als Skrupulant, der er ist, möchte er ganz legal in seinen Besitz gelangen, wohl auch deshalb, weil es sich dabei nicht bloß um eine Nippfigur handelt, die man leicht in die Tasche stecken kann, sondern gleich um die ganze Bibliothek der Medici, die sich im Augenblick in einem Depot im Keller des Klosters von S. Marco befindet. Eine Klausel im Vertrag, die sich auf die Besitztümer der Medici bezieht, öffnet ihm diesbezüglich mehr als nur einen Hoffnungsschimmer. Es wird genügen, in nächster Zeit einmal ein Lebenszeichen in Florenz von sich zu geben, da die Stadt ja nunmehr aufgrund der Ereignisse und ihrer Folgen nicht weniger verschuldet ist als Piero de' Medici selbst.

Einer, der die berühmte Bibliothek der Medici nie mehr wird benützen können, ist der Graf Pico della Mirandola. Am 17. November, dem Tag des französischen Einmarsches in Florenz, hat auch er kurz nach seinem Freund Poliziano das Zeitliche gesegnet, und auch er wurde mit dem weißen Dominikanerhabit in S. Marco beigesetzt. Frühreif in allem, ist er auch vorzeitig im Alter von nur 32 Jahren gestorben. Der König, der von seiner Krankheit informiert wurde, hat zwar sofort zwei seiner Leibärzte zu ihm geschickt, aber es war bereits zu spät.

Einen oder zwei Tage zuvor war in Ferrara auch Elena Savonarola verstorben. Sie wird nun nie mehr mit ihrem Sohn über die schmerzlichen Wunden, die der Familie geschlagen worden sind, debattieren können.

# XI.

Sich selbst regieren ist viel schwieriger als sich regieren zu lassen, vor allem nach sechzig Jahren der Gewöhnung an ein paternalistisches Regime. Zum Glück funktionieren in Florenz die alten Regierungsmechanismen noch und haben sich ihr republikanisches Ursprungszeichen bewahrt. Die Medici haben diese Strukturen nämlich nie ganz außer Kraft gesetzt, sondern sich darauf beschränkt, das System der Machtübertragung fest unter ihre Kontrolle zu bringen.

Nachdem man also die Franzosen bei ihrem Abmarsch nach Siena und weiter in Richtung Rom und Neapel freundlich verabschiedet hat, versammelt sich das Volk von Florenz am 2. Dezember 1494 beim Ertönen der Glocke des Palastes auf der Piazza, um nach einigen Änderungen und Anpassungen die alte Verfassung wieder neu zu bestätigen und zu beleben; und weil das undemokratische Verhalten der Medici vor allem in der strengen Kontrolle der Kandidatenlisten für die verschiedenen Ämter bestand, wird auf der Stelle eine Kommission von zwanzig Bürgern gewählt, die sogenannten »Accoppiatori«, welche die Aufgabe haben, innerhalb maximal eines Jahres die neuen Listen vorzubereiten. Bis dahin wird diesen »Accoppiatori« selbst die Befugnis erteilt, direkt die erste Signoria des freien Florenz zu wählen.

Ohne Zweifel repräsentieren diese zwanzig Leute die unterschiedlichsten Interessen der Bürger. Das zeigt sich daran, daß es ihnen bei der Wahl der neuen Signoria nicht gelingt, mehr als drei Stimmen auf ein und denselben Namen zu vereinigen, so daß sie schließlich auf die Wahl durch das Los zurückgreifen müssen. Daher ist es verständlich, wenn der so gewählten Signoria der innere Zusammenhalt fehlt und eine Lähmung der Regierungsarbeit droht.

Nach dem Abzug der Franzosen scheinen die führenden Schichten von Angst, Haß und Feindseligkeit wie gelähmt zu sein, wobei selbst die Exponenten der Revolution gegen die Medici wie Capponi und Valori nicht ungeschoren bleiben, da auch sie noch irgendwie mit dem alten Regime verbunden waren.

In den beiden gegensätzlichen Gruppen, die sich nun abzuzeichnen beginnen, einer radikalen (die Weißen) und einer gemäßigten mit heimlichen Sympathien für die Medici (die Grauen), gibt es weit und breit niemanden, der der Situation gewachsen wäre. In sechzig Jahren politischer Abstinenz sind auch die traditionellen Reservoire des öffentlichen Lebens, nämlich die Zünfte, nach und nach völlig ausgetrocknet.

Die Wege zur Macht sind unendlich vielfältig, auch wenn sie alle mit dem »Streben nach Ruhm und Ehre« beginnen. Savonarolas Aufstieg zur Macht ist die Folge jenes politischen Vakuums, das in Florenz nach den jüngsten Ereignissen entstanden ist. In den Augen des Volkes und einiger einflußreicher Bürger besitzt der Frate alle Voraussetzungen, um an der Regierung der Stadt wirksam teilnehmen zu können. Er ist offen gegen die Medici aufgetreten, zu einem Zeitpunkt, als dies noch ziemlich gefährlich war. Und jetzt stellt er sich ebenso offen schützend vor die verfolgten Anhänger der Medici. Als noch niemand solches gewagt hätte, ist er in einer Rede im Palast mit den Methoden der Medici hart ins Gericht gegangen und hat damit bewiesen, daß er über alle Vorgänge genauestens im Bilde ist und auch weiß, wie man es besser machen könnte. In der schwierigen Lage der letzten Wochen hat er es schließlich verstanden, einerseits das Verhalten der Stadt gegenüber der Besatzungsmacht als zu weich und nachgiebig hinzustellen, andererseits aber den Abzug der Truppen durch ebenso konziliantes Verhalten zu beschleunigen. Aber vor allem steht ihm mit seiner mitreißenden Rednergabe ein Instrument zur Verfügung, mit dem er täglich eine Masse von fast 15.000 Menschen – manchmal sind es sogar bis zu 20.000 – auf die Beine zu bringen vermag. Und das ist für eine Stadt mit 90.000 Bewohnern eine außergewöhnlich große Zahl.

Seine jüngsten Predigten enthalten bereits Hinweise auf die neue Art des Regierens, die nun einsetzen müsse. Er setzt sich für die unverzügliche Neuankurbelung des wirtschaftlichen Lebens durch die Wiederbelebung von Produktion und Handel ein, die aufgrund der Ereignisse zum Erliegen gekommen waren. Er organisiert eine eigene Spendensammlung, eine Art Winterhilfswerk für die Armen, und lenkt dabei die Aufmerksamkeit auch auf das Gold und Silber in den Kirchen, wobei er meint, daß kein kanonisches Gesetz die Kirche daran hindern könne, ihre Schätze für die Linderung der großen Not der Bevölkerung zur Verfügung zu stellen. Und er schlägt vor, daß diesem Solidaritätsfonds auch jene Mittel zugeführt werden sollen, die eigentlich für die Universität von Pisa bestimmt sind, die jedoch wegen der Rebellion der Stadt noch immer geschlossen ist.

Zu den Empfehlungen und Anregungen gesellen sich aber auch Vorwürfe und die Androhung göttlicher Strafen für das Blutvergießen, das man trotz allem offenbar noch beabsichtigt. Antonio di Bernardo, ein mächtiger Mann unter den Medici, der sich nicht aus dem Staub gemacht hatte, ist bereits hingerichtet worden. Aber den nächsten, der an der Reihe wäre, Giovanni delle Riformagioni, wird Savonarola vor dem Tod bewahren können: »Friede, sage ich, Friede, Florenz! Wenn du Frieden machst, ist dir die Freundschaft Gottes gewiß.«

Am Morgen des 14. Dezember finden sich sieben der neun Mitglieder der Signoria auf Einladung Savonarolas im Dom zu einer Predigt ein, die nur für Männer gedacht ist und sich mit einem durch und durch politischen Thema beschäftigt, nämlich der Reform der Staatsverfassung. Im Palast ist lediglich der Gonfaloniere mit dem diensthabenden Prior zurückgeblieben:

»Ich glaube, daß die beste Regierungsform« – so im wesentlichen die These Savonarolas – »jene von Venedig ist. Sie müßtet ihr euch meiner Meinung nach zum Vorbild nehmen, natürlich ohne jene Bestimmungen, die für Florenz ungeeignet sind, weil dem Florentiner jede Art von Tyrannei zutiefst zuwider ist . . . Und es scheint keine Schande zu sein, von anderen zu lernen, denn seit ihr Regierungssystem in Kraft ist, ist es dort noch nie zu inneren Auseinandersetzungen gekommen . . . Meiner Ansicht nach sollten die höchsten Organe des Staates durch Wahl, die unteren Ränge durch das Los bestimmt werden.«

Diese Ideen wird man später in seinem »Traktat über die Regierung und Verwaltung der Stadt Florenz« wiederfinden: ein ganzer Komplex von Gedanken, die auch von Paolo Antonio Soderini, dem einflußreichen florentinischen Politiker und Botschafter seines Landes in Venedig, geteilt werden, der sie später in den Debatten, die der endgültigen Entscheidung über die Reform des Staatswesens vorausgehen, mit aller Vehemenz vertreten wird.

In derselben Predigt wird auch zu besonderer Eile geraten, selbst auf die Gefahr hin, daß die Vorschläge jener alten autoritären Gruppen die Oberhand gewinnen, die durch ihre Wortführer Guidantonio Vespucci und Pier Capponi darauf dringen, daß die gewählten Mandatare in ihren Entscheidungen noch an ein kleineres Gremium gebunden werden. Dies steht aber im Gegensatz zur These Savonarolas, der im Gegenteil einen »Großen Rat« vorschlägt, der hinsichtlich der Zahl seiner Mitglieder dem

»Maggior Consiglio« von Venedig vergleichbar wäre (damit erschöpft sich aber auch schon praktisch die Analogie zu Venedig).

Der Vorschlag Savonarolas lautet, so schnell wie möglich alle Bürger zusammenzurufen, getrennt nach den traditionellen 16 Ständen, denen jeweils ein Gonfaloniere vorsteht (nicht zu verwechseln mit dem »Gonfaloniere di Giustizia«, der an der Spitze des Staates steht). Jeder dieser Stände müßte dann seinen Vorschlag vorbringen, wie die Regierungsform aussehen solle. Die Gonfalonieri ihrerseits müßten dann vier davon in die engere Auswahl nehmen und der Signoria zur endgültigen Abstimmung vorlegen.

Der Zeitraum, innerhalb dessen die Reform durchgezogen werden soll, wird von Savonarola in seinen täglichen Predigten deutlich artikuliert: »Wenigstens vor Weihnachten noch«, lautet seine Empfehlung. Und tatsächlich, am 24. Dezember ist es soweit: Innerhalb einer Frist von nur zehn Tagen entsteht die Republik Florenz, gestützt auf einen Großen Rat von maximal 1500 Mitgliedern, die alle 18 Monate ausgewechselt werden: nur zehn Tage also für eine Verfassung, die dann fast vierzig Jahre gültig bleiben sollte.

Es ist wohl unausbleiblich, daß Savonarola nun, da er selbst in den Dunstkreis der Macht getreten ist, auch irgendwie als deren Werkzeug in Erscheinung tritt, aber auch seinerseits die gewonnene Machtposition im Sinne seines alten Vorhabens nützt. Und dieses Vorhaben hält er nicht einmal sehr geheim: »O Florenz«, ruft er in jenen Tagen von der Kanzel, »ich kann dir gar nicht sagen, was ich in mir fühle, denn du würdest es nicht ertragen. Aber wenn ich ganz offen sein könnte, dann würdest du sehen, daß ich wie ein neues, fest verschlossenes Mostfaß bin, in dem der Inhalt bei jeder Drehung zwar aufschäumt, aber nicht ausfließen kann ... Doch höre, was ich dir sage, höre, was Gott mir eingegeben hat: Von dir wird die Reform ganz Italiens ihren Ausgang nehmen.«

Schon Mitte Dezember ist seine Autorität so unangefochten, daß er es sich leisten kann, von der Kanzel herab sofort einige Forderungen zu erheben:

»Es ist notwendig«, betont er, »daß die Signoria anordnet, daß alles, was dem Dienste Gottes widerspricht, aus der Stadt entfernt wird. In erster Linie ist dem Klerus beizubringen, daß er ein ordentliches Leben zu führen hat, denn die Priester müssen der Spiegel für das Volk sein, in den jeder hineinschauen und lernen kann, wie man rechtschaffen lebt. Deshalb müssen die schlechten Priester und die unwürdigen Ordensleute von ihren Ämtern entfernt werden. Ich sage nicht, daß ihr sie ihres Einkommens berauben sollt, sondern nur, daß ihr vom Papst die Aufsicht über den Klerus erwirken sollt, damit die Kleriker und Ordensleute eurer Stadt ein anständiges Leben führen. Ihr müßt ihnen die Möglichkeit nehmen, eine Unmenge von materiellen Gütern und überflüssigen Dingen anzuhäufen, die man statt dessen viel besser an die Armen verteilen sollte.«

Eine weitere Forderung, deren Erfüllung er noch vor Ende des Jahres verlangt, betrifft ein Dekret gegen die Homosexualität.

Aber wie wir schon gesehen haben, ist Girolamo Savonarola eher ein Zweifler als ein Mann, der Sicherheit ausstrahlt. Diesmal beziehen sich seine Zweifel auf die Rechtmäßigkeit jener Rolle, die er nunmehr in Florenz bekleidet, und er bekennt sich in seiner Predigt vom 21. Dezember ganz offen zu dieser inneren Zerrissenheit:

»Zwei Dinge habe ich über alles geliebt: die Freiheit und den Frieden. Im Alter von 23 Jahren habe ich, um ein freies Leben führen zu können, auf eine Frau verzichtet, und um in Frieden leben zu können, habe ich mich in den Hafen des Ordens geflüchtet ... Dann setzte mich der Herr in ein großes Boot und führte mich auf das offene Meer hinaus, um dort zu fischen, und so bin ich mit der Zeit hierher gekommen, wie ihr seht. Und nun erblicke ich weit und breit keinen Hafen mehr, in den ich einlaufen und wo ich Frieden finden könnte ...

O Herr, wohin hast du mich geführt? Ich muß mit Jeremia sagen: ›Seduxisti me, Domine, et seductus sum‹ – ›Du hast mich irregeführt, o Herr, und ich ließ mich irreführen.‹ Weil ich diese Fische für dich fangen und dir überreichen wollte, befinde ich mich nun mitten auf diesem weiten Meer und kann keinen Hafen erblicken, in den ich einlaufen könnte.

›Vae mihi, mater mea. Quare me genuisti virum rixae et virum discordiae in universa terra?‹ – ›Weh mir, Mutter, daß du mich geboren hast, einen Mann, der mit aller Welt in Zank und Streit liegt.‹

Ich war ein freier Mann und lebte in Frieden. Jetzt bin ich der Knecht aller geworden und sehe von allen Seiten Krieg und Zwietracht über mich hereinbrechen ...

In dieser Nacht hörte ich, wie der Herr mich aufforderte, trotz allem noch weiter hinauszufahren. Da sagte ich: ›... Wenn ich noch weiter hinausfahren soll in dieses Meer der Welt, um für dich zu fischen, warum dann ausgerechnet hier und nicht anderswo? Was kümmert mich Florenz? Ich bin doch in Ferrara geboren und aufgewachsen, nicht in Florenz.‹

Doch der Herr hat geantwortet: ›Hast du noch nie etwas von jenem Mann gehört, der von Jerusalem nach Jericho zog und unterwegs von Räubern überfallen wurde, die ihn verwundet mitten auf dem Weg liegen ließen? Landsleute kamen vorüber, doch keiner kümmerte sich um ihn. Da kam ein Samariter des Weges, ein verachteter Fremdling, er half ihm und heilte seine Wunden.‹

›Herr‹, habe ich in aller Ehrfurcht gesagt, ›nicht daß ich es müde wäre, hier in Florenz oder anderswo, wo immer du es willst, das Laster zu geißeln und die Tugend zu fördern. Aber was geht mich das florentinische Staatswesen an?‹

›Wenn die Stadt gut sein soll, muß man ihr eine staatliche Ordnung geben, die auf das Gute bedacht ist.‹

›Und was wird der Lohn sein für diese meine Arbeit?‹

›Der Knecht steht nicht über seinem Herrn. Du hast doch gelesen, daß ich wegen meiner Worte an das jüdische Volk gekreuzigt worden bin. So und nicht anders wird es auch dir ergehen.‹

›O Herr‹, habe ich darauf gesagt, ›da mihi hoc martyrium‹ – ›Gib, daß ich für dich sterbe, so wie du für mich gestorben bist.‹«

Die Motivation für die letzte Begegnung Savonarolas mit dem König von Frankreich, wie sie in den alten Quellen dargestellt und allgemein akzeptiert wurde, ist jedoch wenig überzeugend. Wie wir gesehen haben, schickt die Signoria, besorgt wegen des noch immer nicht erfolgten Abzugs der Franzosen, am 26. November den Propheten neuerlich in die Via Larga, um die Sache voranzutreiben. Doch war es wirklich ein absichtliches Hinauszögern? Die feierliche Beschwörung der Vereinbarung hatte ja erst am Tag zuvor stattgefunden. Eher ist wohl daran zu denken, daß das Drängen auf ein nochmaliges Gespräch mit dem König von Savonarola selbst ausgegangen ist und von der Angst diktiert war, dieser könnte die Stadt verlassen, ohne daß er die Gelegenheit gehabt hätte, ihm noch seine Sorgen über eine andere ganz konkrete Sache zu unterbreiten, nämlich über jenes programmatische Manifest, das der König gerade in jenen Tagen öffentlich in Florenz hatte verkünden lassen. Und das ist beileibe keine Unterstellung. Es existiert nämlich ein Brief Savonarolas an den König aus dem Jahr darauf, in dem es wörtlich heißt: »Wenn Eure Majestät das getan hätten, was ich ihnen zwei oder drei Tage vor Ihrer Abreise aus Florenz gesagt habe, dann hätten Sie heute ganz Italien auf Ihrer Seite.« Aber was war es, das der König damals nicht getan hat? Es ist ganz klar, er hat nichts unternommen, um die Einberufung eines Konzils zur Reform der Kirche zu ermöglichen.

In dem programmatischen Manifest, das der König am 22. November an die ganze Christenheit gerichtet hat, kommt das Thema eines Konzils einerseits zwar zur Sprache, andererseits aber auch wieder nicht. Und doch müßte dieses Thema, zusammen mit dem des Kampfes gegen die Muselmanen, eigentlich einen wichtigen Bestandteil jenes großen ideologischen Überbaus darstellen, auf das sich das Unternehmen des allerchristlichsten Königs stützt.

Doch im Manifest von Florenz ist das einzige, was als feststehend und sicher bestätigt wird, der Krieg gegen die Türken, also etwas, das doch ziemlich abseits liegt, während die Einberufung eines Konzils bloß als vielleicht möglich in Aussicht genommen wird. Brixonnet hat hier wirklich ganze Arbeit geleistet.

Dieses Manifest, das in Latein und Französisch veröffentlicht, dann sofort ins Deutsche übersetzt und am 22. November in Druck gegeben wurde, hat Savonarola sicherlich noch vor dem 26. des Monats zu Gesicht bekommen. Deshalb wohl führte ihn sein Weg eiligst in die Via Larga.

Hier nun in geraffter Form die einzelnen Punkte dieses Manifestes: Der König beabsichtigt keine Hegemonie über Italien als Folge seines Einmarsches; einziger Zweck der ganzen Unternehmung ist es, die türkische Herrschaft zu brechen, um das Heilige Land zu befreien; Besitzergreifung vom Königreich Neapel nur, um es als Basis für den Feldzug gegen die Türken zu benützen; keinerlei Forderungen an den Papst außer der Genehmigung, den Kirchenstaat passieren und das Heer dort mit dem Nötigsten versorgen zu dürfen: im Falle der Verweigerung dieses Ersuchens aber unverzügliche Anwendung von Gewalt sowie ein feierlicher Protest vor der gesamten Kirche und den christlichen Fürsten; schließlich die mögliche Einberufung dieser letzteren zu einer gemeinsamen Aktion gegen die Türken.

Die Aussicht auf ein Konzil erscheint bloß als eine versteckte Drohung.

Die klassische Erwiderung auf die Drohung mit einem Konzil ist die Exkommunikation; aber wer mit einem Konzil droht, glaubt zu wissen, daß der Gegner gar nicht imstande ist, die Exkommunikation auch durchzusetzen, und umgekehrt. Es sind dies sehr heikle Waffen, sie dienen vor allem der psychologischen Kriegführung. Und Alexander VI. führt seine Kriege immer mit großer Bedachtsamkeit.

Trotz des französischen Vormarsches ist das Drängen des Königs von Neapel bei seinem Verbündeten, dem Papst, er möge doch sogleich gegen Karl die Waffe der Exkommunikation einsetzen, umsonst. Kann man denn einen allerchristlichsten König deshalb exkommunizieren, nur weil er sagt, er wolle das Heilige Grab befreien?

So überlegt Alexander VI. angesichts der Drohung alle möglichen

Auswege und bereitet sich auf die verschiedensten, sogar gegensätzlichen Alternativen vor, was zur großen Verwirrung der beim Vatikan akkreditierten Diplomaten beiträgt, die bei ihren Depeschen in die Heimat Gefahr laufen, sich ständig zu widersprechen. So weiß man unter anderem von Sondierungen des Papstes bei der Republik Venedig wegen einer eventuellen Übersiedlung des Heiligen Stuhles in die Lagunenstadt. Was Karl betrifft, so hat er schon vor einiger Zeit erklärt, er habe das Gelübde getan, zu Weihnachten die heiligen Stätten Roms zu besuchen.

Jetzt beeilt sich der Papst, den Prinzen Dschem, den Bruder des großen Sultans Bayezid II., in der Engelsburg in Sicherheit zu bringen. Dieser Prinz Dschem ist eine Geisel ganz besonderer Art. Auf den ersten Blick würde man sagen: eine Waffe gegen die Ungläubigen in den Händen der Christenheit. In Wirklichkeit hält Alexander VI. ihn aber im Auftrag von Bayezid II. selbst wie in einem goldenen Käfig gefangen. Bayezid und Dschem, beide Söhne des Eroberers von Byzanz, konnten sich über die Nachfolge nicht einig werden, und so mußte der jüngere Dschem mit Bayezid in einem grausam geführten Krieg um den Thron kämpfen.

Später floh er nach Rhodos zum Großmeister des Johanniterordens, der ihn an Papst Innozenz VIII. auslieferte. In den Händen seines Nachfolgers ist er dann für diesen zu einem glänzenden Geschäft geworden, das ihm jährlich als fixe Einnahme die Summe von 40.000 Dukaten (ca. 65 Mio. öS oder 9,3 Mio. DM) einbringt: Das ist die jährliche Gebühr, die Bayezid II. ihm dafür zahlt, daß er den unbequemen Bruder in sicherem Gewahrsam hält. Bayezid II. ist nun ausgerechnet jener große Sultan, gegen den Karl VIII. im Namen der Christenheit zu Felde ziehen soll: Seinen Bruder in der Hand zu haben wäre sicher ein bedeutender Trumpf im Spiel gegen den Sultan und böte die sichere Gewähr, seiner Macht ein Ende bereiten zu können.

Inzwischen ist es den Franzosen, die nur darauf warten, die Geisel befreien zu können, jedoch gelungen, die jüngste Zahlung des Sultans für die Inhaftierung seines Bruders samt einigen seiner Briefe an den Papst abzufangen: alles Material, das eines Tages dazu dienen könnte, ein Zusammenspiel des Oberhauptes der Kirche mit dem Oberhaupt der Ungläubigen zu beweisen.

Am 2. November, als Karl VIII. sich noch nördlich von Florenz aufhielt, hat Kardinal Ascanio Sforza, der sich inzwischen ebenfalls vom Papst losgesagt hatte und im Kielwasser seines Bruders Ludovico il Moro frankophil geworden war, als Wortführer der Franzosen mit dem Papst Kontakt aufgenommen und den Versuch gemacht, die Neutralität der Kirche und den Austritt Alexanders VI. aus der Allianz mit Neapel zu erreichen. Auch der Gesandte des Herzogs Ercole d'Este, Pandolfo Collenuccio, ist beim Papst vorstellig geworden, er möge sich doch von Neapel trennen. Aber noch Ende November scheint der Papst fest auf seiner Position zu verharren. Unter anderem hat ihm der König von Neapel große materielle Hilfen gewährt und noch weitere zugesagt.

Am 24. November wird der Botschafter des Kaisers Maximilian von Österreich in den Vatikan gerufen und ersucht, den Herrscher auf die Gefahr aufmerksam zu machen, daß Karl VIII. ihm die Kaiserkrone streitig machen wolle, so daß es notwendig sei, gegen ihn vorzugehen. Ein Appell zu einer militärischen Aktion ergeht gleichzeitig auch an die Venezianer.

Doch unterdessen hat Karl VIII. Florenz verlassen und befindet sich nun in Siena, wohin der Papst den Kardinal Peraud entsendet, um dem König mitzuteilen, daß er bereit sei, mit ihm auf halbem Weg zusammenzutreffen, um über einen gemeinsamen Kreuzzug gegen die Türken zu verhandeln; schließlich weiß er ja, daß dies das eigentliche Ziel des Königs ist. Dieser läßt ihm jedoch ausrichten, daß er gar nicht daran denke, sondern ihm lieber im Vatikan seine Aufwartung machen wolle. Danach geht der Vormarsch sehr rasch weiter: Viterbo, das sich sofort ergibt, fällt wie eine reife Frucht dem König in den Schoß. Und dann gibt es da auch noch eine Meldung, die lautet: Giulia Farnese überraschend von französischen Vorposten festgenommen und auf Intervention des Papstes sofort wieder freigelassen.

Am 2. Dezember taucht Kardinal Ascanio in Begleitung von Hauptmann Prospero Colonna in Rom auf, um einen letzten Versuch zu unternehmen, durch Verhandlungen etwas zu erreichen. Doch als diese Verhandlungen schon erfolgreich abgeschlossen scheinen und Ascanio bereits auf dem Sprung ist, um dem König von Frankreich in Viterbo davon zu berichten, läßt ihn der Papst zusammen mit Colonna und der ganzen Delegation plötzlich verhaften und gibt dem König zu verstehen, daß er ihm den Durchmarsch nach Neapel nicht gestatten werde. Es handelt sich keineswegs um einen Bluff. Vielmehr wird bekannt, daß aus Neapel gewaltige Verstärkungen unter dem Kommando des Herzogs von Kalabrien eingetroffen sind. Und schon am 10. Dezember ist der Herzog in der Lage, seine Streitkräfte zur Verteidigung Roms in Stellung zu bringen. Jetzt, nachdem die Stadt uneinnehmbar geworden ist, hofft Alexander, daß das französische Heer in der Campagna durch einen aufreibenden Guerillakampf mit der dortigen Bevölkerung aufgehalten werden wird.

Andere Nachrichten sind jedoch weniger erfreulich. Am 17. Dezember wird Civitavecchia erobert. Jetzt gewinnt die Möglichkeit einer Flucht des Papstes immer mehr an Wahrscheinlichkeit: »Sie packen schon alles zusammen im Palast, bis zur Sakristei«, berichtet der Gesandte von Ludovico Sforza in Rom in einer Depesche nach Mailand. Die Flucht wird auf den 19. Dezember festgelegt. Aber gerade an diesem Tag erlebt der Papst die unangenehme Überraschung, daß er vom Fenster des Apostolischen Palastes aus bereits die französische Vorhut auf dem Gelände rund um die Engelsburg daherreiten sieht.

Jetzt kann eine Flucht nur mehr in Richtung Neapel unternommen werden. Und darauf dringt auch der Herzog von Kalabrien, der dem Papst im Namen von König Ferrante eine jährliche Summe von 50.000 Dukaten garantiert und ihm die uneinnehmbare Festung Gaeta als Residenz anbietet. Das diesbezügliche Abkommen ist bereits unterschriftsreif. Doch da platzt plötzlich die Meldung herein, daß der Papst den Befehl gegeben habe, Ascanio sofort freizulassen und mit den Bevollmächtigten Frankreichs neuerlich zu verhandeln.

Die Voraussetzungen für eine Übereinkunft mit Karl VIII. sind natürlich nicht die besten. Das, wo es sich am meisten spießt, ist scheinbar die Forderung der Franzosen nach einer sofortigen Auslieferung des Prinzen Dschem. Andererseits verlangt der Papst vom König eine Erklärung, daß er nichts unternehmen werde, was der Kirche irgendwie schaden könnte, weder auf politischer noch auf spiritueller Ebene (konziliaristische Gesetze oder Absetzung des Papstes). Wie üblich bedient sich Karl auch jetzt wieder der Taktik des Hinauszögerns nach dem Motto: »Es wird sich schon alles regeln, später dann, in der ›großen Villa‹.«

Und dann wiederholt sich im großen und ganzen das gleiche wie schon zuvor in Florenz: Karl VIII. hält seinen triumphalen Einzug in die »große Villa«, der Aufmarsch des Heeres, der diesmal mehr als sechs Stunden dauert, führt vom Ponte Milvio zur Porta del Popolo und dann entlang des Corso bis zum Palazzo Venezia, wo der König seine Residenz aufschlagen wird. Natürlich darf auch der Kardinal della Rovere dabei nicht fehlen, der hoffnungsvoll an seiner Seite reitet, während sein Rivale Rodrigo Borja sich samt seiner Leibwache, die sich auf den Borgo Pio konzentriert, im Vatikan einschließt. Wir schreiben den 31. Dezember 1494.

Nach den Festlichkeiten kommt aber sofort die übliche kalte Dusche: Zu den unverzichtbaren Bedingungen der Franzosen gehören die Übergabe der zu einer Festung ausgebauten Engelsburg, die Auslieferung der Geisel Dschem sowie des jungen Kardinals Cesare Borja, ebenfalls als Geisel.

Am 5. Januar wird der Papst während des Konsistoriums, in dem über die Annahme oder Ablehnung dieser Bedingungen entschieden werden soll, plötzlich von Übelkeit befallen. Am nächsten Tag läßt er die Franzosen wissen, daß er alle Forderungen ablehne, und zum Widerstand entschlossen zieht er sich mit den Seinen über den Verbindungsgang, der den päpstlichen Palast mit der Engelsburg verbindet, dorthin zurück.

Es ist nun für alle der Augenblick gekommen, die Situation einer tiefgehenderen Analyse zu unterziehen. Der Ruf nach einem Konzil und der Absetzung des Papstes ist unüberhörbar. Aus dieser Zeit stammt auch ein Brief von Brixonnet, dem wohl einflußreichsten persönlichen Berater des Königs, an die Königin von Frankreich. Auch die Königin scheint diesem Brief entnommen zu haben, daß es solche Überlegungen über ein Konzil und die Absetzung Alexanders VI. gibt, und sie hat ihrer Besorgnis darüber deutlich Ausdruck verliehen. Doch Brixonnet, der bestens informiert ist, versichert ihr, daß »der König zwar die Reform der Kirche wünscht, aber keinesfalls die Absetzung Alexanders«.

Der Zeitpunkt scheint momentan auch nicht geeignet, um der Einberufung eines Konzils zustimmen zu können. Die Großmächte würden dabei sicherlich nicht mitmachen. Denn von allen Seiten beginnt man mit Besorgnis die Erfolge Karls in Italien zu registrieren. Sogar in Frankreich selbst würde sich wohl heftiger Widerstand regen. Und Commynes schreibt in seinen Memoiren, Karl sei viel zu jung, und die Leute rund um ihn seien allesamt korrupt. Offenbar kennt der französische Diplomat, der selbst zur »équipe« gehört, die Situation sehr genau.

Jedenfalls dauert die Klausur Alexanders in der Engelsburg nicht einmal eine Woche. Auch er hat die Lage genau abgewogen. Er weiß, daß er ein ausgezeichneter Verhandler und ein Meister des Kompromisses ist. Und der Kompromiß, der schließlich am 15. Januar auch zustande kommt, schaut nicht einmal so schlecht für ihn aus: Die Absicht der Franzosen, seinen Sohn Cesare mitzunehmen, konnte sich zwar durchsetzen, aber der junge Kardinal wird offiziell den Rang eines päpstlichen Gesandten im Gefolge Karls VIII. bekleiden und darf nicht länger als vier Monate zurückgehalten werden. Auch Dschem wird an die Franzosen ausgeliefert werden, aber nicht sofort, und der Papst wird daher weiterhin die Gebühr für seinen Gewahrsam einstreifen können. Ostia wird samt allen anderen Benefizien und Privilegien an den Kardinal Giuliano della Rovere zurückgegeben. Auch die anderen abtrünnigen Kardinäle werden wieder in ihre Rechte eingesetzt. Selbstverständlich wird das französische Heer das Gebiet des Kirchenstaates frei passieren dürfen, außerdem wird ihm

Civitavecchia als Stützpunkt zur Verfügung gestellt. Hingegen wird seitens der Franzosen jeder Anspruch auf die Engelsburg fallengelassen.

Am folgenden Tag, dem 16. Januar, treffen der König und der Papst an der Mündung des Verbindungsganges zwischen der Engelsburg und dem Vatikan zusammen. Nach den üblichen Höflichkeitsfloskeln verlangt Karl als erstes die Erhebung seines Ratgebers Brixonnet zum Kardinal, was ihm auch gewährt wird. Und der hat es sich auch verdient, denn schließlich ist er es gewesen, der dem König trotz massiven Drängens von mindestens 18 abtrünnigen Kardinälen von der Einberufung eines Konzils zur Reform der Kirche abgeraten hat.

# XII.

In Florenz wird in den ersten Tagen des neuen Jahres 1495 aufgrund von unter Anwendung der Folter erpreßten Aussagen eines Mannes, der als Anhänger des abgesetzten Regimes der Medici gilt, im Kloster von S. Marco die Summe von 1500 Fiorini (ca. 2,5 Mio. öS oder 357.000 DM) beschlagnahmt. Es handelt sich um das Geld, das seinerzeit von Giovanni delle Riformagioni aus Angst vor einer Plünderung durch die Franzosen dorthin zur Aufbewahrung gebracht worden war. Giovanni, ein Vertrauter und gewissermaßen die rechte Hand von Piero de' Medici, war erst jüngst zum Tode verurteilt, aber dann auf eine persönliche Intervention Savonarolas hin begnadigt worden.

Obwohl es durchaus normal ist, daß ein angesehenes Kloster sich in solchen Notzeiten gewissermaßen in einen sicheren Panzerschrank verwandelt, der jedem zur Verfügung steht, hat dennoch aufgrund dieses Ereignisses eine Diffamierungskampagne gegen den Prior eingesetzt. Man unterstellt ihm, daß diese 1500 Fiorini die Gegenleistung für seine Intervention gewesen wären.

Der Angriff wird konzentrisch vorgetragen und auch noch auf andere Beschuldigungen als die der Geldgier ausgedehnt. Man setzt gefälschte Briefe in Umlauf, aus denen sein angebliches Doppelspiel hervorzugehen scheint, das sich die Rückkehr von Piero de' Medici nach Florenz zum Ziel gesetzt haben soll, was unweigerlich zu neuerlichen Racheakten und Verfolgungen führen müßte. Doch das Besondere daran ist, daß an dieser »Hinrichtung« scheinbar auch der Gonfaloniere Filippo Corbizzi beteiligt ist, der für die beiden Monate Januar/Februar 1495 an der Spitze der neuen Signoria steht, die nun schon zum zweitenmal von jenen »Accoppiatori« gewählt wurde, denen überdies auch noch die Aufgabe zukommt, den »Großen Rat« zu wählen, der zwar bereits eingerichtet ist, sich aber noch in der Phase des Aufbaues befindet.

Diese und noch andere Gerüchte schwirren also durch die Stadt, als Savonarola am 6. Januar wieder die Kanzel des Domes besteigt, um mit einem neuen Predigtzyklus über die Psalmen zu beginnen. Diesmal aber werden seine Predigten Wort für Wort mitgeschrieben, gesammelt und verbreitet. Der Verdacht fällt unter anderen auf den Notar Lorenzo Violi. Wenig später wird man die Worte Savonarolas sogar mittels gedruckter Flugschriften verbreiten. In der Predigt vom 11. Januar findet sich ein deutlicher Hinweis auf die im Umlauf befindlichen Gerüchte um seine Person:

»In diesen schwierigen Zeiten kannst du verstehen, wie vergänglich alle diese irdischen Dinge sind und wie der Glanz dieser Welt im Nu vergeht. Schau mich an zum Beispiel: Noch vor wenigen Tagen hat man mich den Retter des Vaterlandes und einen Propheten genannt, und jetzt schimpft man mich einen Gauner ... O undankbares Florenz, o undankbares Volk! Ich habe für dich getan, was ich nicht einmal für meine Brüder tun wollte: Ich bin als Bittsteller zu einem weltlichen Fürsten gegangen. Und dafür habe ich mir den Zorn so vieler Menschen, Laien wie Klerikern, zugezogen.«

Doch der Zorn gewisser Leute rührt nicht nur von der Unbeständigkeit alles Menschlichen her. In diesen Tagen setzt sich Savonarola zum Beispiel energisch für die Schaffung eines Gesetzes ein, das einen Appellationsgerichtshof gegen alle gefällten Urteile vorsieht; und da die in erster Instanz verhängten Todesurteile normalerweise noch am selben Tag vollstreckt werden, an dem das »Tribunal der Acht« oder – in schweren Fällen der Staatsgefährdung – die Signoria selbst das Urteil verkündet hat, droht sein diesbezüglicher Einsatz das kaum erst begonnene Schauspiel von Hinrichtungen, die im Vergleich zum alten Regime mit noch größerem Eifer inszeniert werden, zum Leidwesen der größten Fanatiker schon wieder zu beenden. Außerdem erleichtert er damit das Spiel derer, die den Frate als einen Sympathisanten der Medici hinstellen wollen.

In der Predigt vom 13. Januar, die man später als die Predigt der »Erneuerung« bezeichnen wird, explodiert dann förmlich die Spannung, die sich in den letzten Tagen aufgestaut hat, in einer heftigen Attacke gegen die Stadt und die Kirche, wobei er letztere besonders zur Erneuerung aufruft. Doch um seine heftige Reaktion zu verstehen, muß man auch den Zeitpunkt berücksichtigen und das, was rundherum alles passiert.

Wieviel kann Savonarola an diesem 13. Januar von jenen Ereignissen wissen, die sich zuletzt in Rom abgespielt haben? Mit Sicherheit alles. Denn seit der Zeit, als er die florentinische Gesandtschaft zum König von Frankreich anführte, sind seine Beziehungen zu den »Zehn für Freiheit und Frieden« (dem Organ, das in Florenz die Außenpolitik gestaltet) äußerst freundschaftlich geblieben. Und dieses Gremium hat die täglichen Depeschen aus Rom binnen 48 Stunden in Händen. Savonarola weiß also mit Sicherheit, daß es zu diesem Zeitpunkt zwischen dem französischen König und dem Papst bereits zum Bruch gekommen ist, er weiß von dessen Belagerung in der Engelsburg, und er ist auch über den Abfall von rund 18 Kardinälen und ihr heftiges Drängen auf ein Konzil informiert.

Nach dieser Predigt, am 18. Januar, erhält Savonarola vom Gonfaloniere di Giustizia Filippo Corbizzi eine Einladung in den Palast. Dort soll er an einer seltsamen Debatte teilnehmen, einer Art Round-Table-Gespräch von Experten, unter denen sich auch der Theologe Fra Tommaso da Rieti und ein alter Bekannter, nämlich Fra Domenico da Ponzo, befinden. Das Thema der Disputation ist das Pauluswort: »Nemo militans Deo implicat se negotiis saecularibus« – »Keiner, der auf der Seite Gottes kämpft, soll sich in Alltagsgeschäfte verwickeln lassen.« Es ist sofort klar, daß es sich hier um keine akademische Disputation handelt, sondern um einen regelrechten Prozeß gegen die Ideen und Aktivitäten Savonarolas. Der Vorwurf des Theologen richtet sich hauptsächlich – wie das schon bei Genazzano der Fall war – gegen seine prophetische Predigt: »Non est vestrum nosse tempora vel momenta.«

Wie wir es in solchen Fällen von ihm gewohnt sind, läßt sich Savonarola auf die Provokationen erst gar nicht ein. Seine Antwort ist kurz, ernst und allgemein gehalten. Und übrigens, wenn man seine Ansicht zu diesen Fragen erfahren wolle, könne man sich ja seine nächste Predigt im Dom anhören, dort werde er genau auf alles eingehen. Und dort sind immer zehn- bis zwanzigtausend Menschen versammelt.

»Du weißt, daß nicht immer die intelligentesten Leute zu diesem Amt gelangen«: Mit dieser Anspielung auf die Intelligenz des Gonfaloniere Corbizzi beginnt er in seiner Predigt zwei Tage darauf die Darlegung seiner Gedanken über die Beziehung zwischen Religion und öffentlicher Verantwortung. Es ist praktisch eine historische Parade jener »Gottesmänner«, die schon vor ihm derartige Aufgaben übernommen haben, angefangen vom hl. Dominikus bis zum hl. Antonin, dem ersten Prior von S. Marco.

Was den Gonfaloniere Corbizzi betrifft, der bloß als Galionsfigur im Spiel seiner Gegner gedient hat, so spielt Savonarola auf allseits bekannte Dinge an. In der Stadt erzählt man sich, daß die zwanzig »Accoppiatori«, also jene Kommission, die eigentlich aufgelöst werden sollte, sobald der Große Rat seine Arbeit aufgenommen hätte, ihn gerade wegen seiner erwiesenen Unfähigkeit für das höchste Amt nominiert hätten, um so ihre Oligarchie wenigstens noch für weitere zwei Monate aufrechterhalten zu können.

Aber wessen Spiel haben Corbizzi, Fra Tommaso da Rieti und Fra Domenico da Ponzo da wirklich betrieben?

Domenico da Ponzo wurde seinerzeit als unerwünschte Person aus Florenz ausgewiesen, weil eine von ihm verkündete aufsehenerregende Prophezeiung sich ganz offensichtlich als falsch herausgestellt hatte. Er hat dann bei Ludovico il Moro in Mailand Unterschlupf gefunden. Doch nach der Vertreibung von Piero de' Medici ist der Franziskaner sogleich wieder in Florenz aufgetaucht, aber nun als ein ganz anderer, als er vorher war. Jetzt enthalten seine Predigten, die er von der Kanzel in S. Croce herab hält, häufige Angriffe auf Savonarola und dessen Prophezeiungen, und auch er selbst will offenbar beweisen, daß er alle Brücken zu seiner früheren prophetischen Predigtweise abgebrochen hat.

Was den Herzog von Mailand betrifft, so hat er sein Augenmerk schon seit einiger Zeit auf Florenz gerichtet. Nach der Vertreibung seines persönlichen Feindes Piero scheint er besondere Absichten mit der Stadt zu haben. Bei ihm fällt es schwer, nicht hinter allem, was er tut, irgend etwas ganz Bestimmtes zu vermuten, denn er ist ein ausgesprochener Intrigant und versucht jede kritische Situation schamlos für sich auszunutzen und überall, wo es nur geht, Öl ins Feuer zu gießen. Auch seine diplomatischen Vertreter betätigen sich nach guter, alter Tradition als Provokateure und Spione. Und er hat sie überall sitzen. In Florenz ist es Paolo Somenzi, ein sehr dynamischer Mann aus Cremona mit viel Phantasie, der zum Beispiel am 25. Januar, wenige Tage nach jener seltsamen Debatte im Palast, dem Herzog berichtet, daß Savonarola weiterhin »an seiner überaus verwerflichen Einstellung und Tätigkeit« festhalte. »Deshalb«, so fährt Somenzi fort, »werde ich etwas unternehmen, um einen Keil zwischen ihn und die Bevölkerung zu treiben.« Und am 8. Februar kann er schließlich seinem Herrn versichern, daß »das Vorgehen gegen den Frate bis jetzt recht erfolgreich verläuft«. »Und ich hoffe«, fügt der Diplomat hinzu, »daß es nach Ihrem Wunsch auch zu einem guten Ende gebracht werden kann.«

Auch wenn diese Nachrichten nichts Konkretes enthalten (ganz konkrete Dinge teilte man sich auch damals schon im allgemeinen nur verschlüsselt mit), ist es doch nicht allzu schwer, sich vorzustellen, wer wohl »hinter« jenen gefälschten Briefen gestanden sein mag, die eine geheime Zusammenarbeit Savonarolas mit Piero de' Medici enthüllten.

Zu dieser Zeit beginnen sich jene »Fanatiker«, von denen schon im Zusammenhang mit den Todesurteilen und Hinrichtungen die Rede war und die den äußersten Rand des laizistisch-radikalen Flügels in Florenz darstellen, zu einer Art politischer Partei (den sogenannten »Arrabbiati«)

zu formieren, die sich mehr oder minder bewußt der neuen Politik des Herzogs von Mailand Ludovico Sforza, genannt »il Moro«, anschließt, der sich anschickt, in wenigen Wochen das Bündnis mit Karl VIII., dem König von Frankreich, aufzukündigen.

Er beabsichtigt nämlich, eine große Liga von Staaten zustande zu bringen, die mit entsprechenden militärischen Kräften dem König den Rückweg nach Frankreich abschneiden soll. Florenz mit seiner politisch-strategischen Lage spielt dabei für das Gelingen seines Planes eine äußerst wichtige Rolle.

Die Anhänger Savonarolas sowie er selbst und mit ihm ein großer Teil der Bevölkerung von Florenz wollen jedoch ganz im Gegenteil am Bündnis mit Frankreich festhalten. Schließlich gilt Karl VIII. ja als der Gesandte Gottes. So entsteht in Florenz neben und im Gegensatz zu den »Arrabbiati« eine zweite Gruppierung, nämlich die »Frateschi«, die franzosenfreundlich eingestellt sind und eine demokratische Politik befürworten. Diese Bezeichnung wird aber nach und nach durch den eher abschätzigen Ausdruck »Piagnoni« (die »Heuler«) ersetzt, womit ihr moralischer Extremismus unterstrichen werden soll.

Selbstverständlich hat es jetzt keinen Sinn mehr, von den »Weißen« (den Republikanern) und den »Grauen« (den heimlichen Anhängern der Medici) zu sprechen. Vielmehr gibt es nun eine große Menge von Sympathisanten, die sich aus beiden Lagern rekrutieren und dazu neigen, je nach Bedarf zwischen den »Frateschi« und den »Arrabbiati« hin und her zu schwanken.

Diese letzteren steuern nunmehr einen offenen Konfrontationskurs gegenüber Savonarola, der für sein Projekt einer moralischen Reform ganz Italiens unbedingt einen Sieg Karls VIII. benötigt. Die »Arrabbiati« sind jedoch eher für ein lockeres Leben und lehnen die Einmischung eines Mönchs in die Angelegenheiten des Staates auf das entschiedenste ab. Dabei finden sie bei jenen Unterstützung, die Savonarola selbst in seinen Predigten als »die Lauen« bezeichnet, nämlich bei den Klerikern und Ordensleuten, deren Glaube schwach und deren Lebensstil mehr als zweifelhaft ist.

Aber in der Predigt vom 25. Januar kommt es dann zu einem Knalleffekt:

»Ich habe beschlossen, wieder ganz Mönch zu sein«, so lautet die Mitteilung des Predigers an seine Gläubigen. »Ich verzichte darauf, mich weiterhin in den Angelegenheiten des Staates zu engagieren, ja ich will mich nicht einmal mehr in der Frage des Appellationsrechtes einschalten. Ich kehre in meine Klosterzelle zurück. Und laßt mich ja nicht wieder von dort holen! Selbst wenn der König von Frankreich oder sogar der Kaiser kämen, würde ich ihnen nicht Folge leisten. Ihr sollt vielmehr in all eurem Tun so entscheiden, wie Gott es euch eingibt. Ihr braucht euch nicht mehr an meine Vorschläge gebunden zu fühlen: Es ist die Zeit gekommen, jeden Anlaß zur Zwietracht zu vermeiden.

Was mich betrifft, so habe ich die Absicht, mich nach Lucca zu begeben und dann vielleicht noch weiter weg. Betet zu Gott, daß er mir die Gnade gebe, zu den Ungläubigen gehen zu können, um ihnen das Evangelium zu predigen, denn danach sehne ich mich am meisten.«

Doch man soll nicht glauben, daß dieser Hinweis auf eine eventuelle missionarische Tätigkeit in der Zukunft bloß dazu dient, den Abschied von seinen Getreuen möglichst romantisch zu verbrämen. Es ist dies auch keineswegs nur eine gerade in Mode stehende exotische Alibihandlung. Ein Beweis dafür ist die Tatsache, daß in S. Marco schon seit einiger Zeit Sprachkurse, speziell für orientalische Sprachen, zu diesem Zweck abgehalten werden.

Sicherlich nicht das plumpe Theater, das Corbizzi da inszeniert hat, sondern etwas viel Wichtigeres (besonders wohl auch sein ernster Wunsch, zur allgemeinen Befriedung beizutragen) muß Savonarola bewogen haben, sich vom politischen Kampf in die Privatsphäre zurückzuziehen. Aber was?

Tatsache ist, daß etwa zehn Tage vorher, am 16. Januar, im Vatikan ein Übereinkommen zwischen dem Papst und dem König von Frankreich unterzeichnet worden ist. Also kann man die Hoffnung auf ein Konzil wohl abschreiben. Aller Einsatz war demnach umsonst, und das einzige, was dabei herausgeschaut hat, ist noch ein Kardinal mehr: Brixonnet.

Über seine beabsichtigte Reise nach Lucca würde es sicher zu endlosen Debatten kommen. Deshalb ist es notwendig, diese Absicht, wenn auch nur ganz kurz, durchblicken zu lassen, und es ist auch nötig, einen kleinen Schritt zurück zu tun.

Im Dezember, kurz nach dem Abzug der Franzosen aus Florenz, trifft in S. Marco ein Breve des Papstes ein, in welchem dem Prior Savonarola zur Kenntnis gebracht wird, daß er in der kommenden Fastenzeit 1495 in Lucca predigen soll. Das bedeutet, daß er jedenfalls in Florenz nicht wird predigen können.

Eine solche Nachricht muß einen natürlich sofort in Alarmzustand versetzen. Das ist ein Manöver seiner Feinde, so beginnt man zu argwöhnen, das ist das erste Glied in der langen Kette von Verschwörungen zwischen Florenz, Rom und Mailand, um Savonarola, der nach der Lostrennung des Klosters S. Marco von der lombardischen Kongregation, die dank des Eingreifens des Papstes selbst erfolgt war, ja nicht mehr anderswohin versetzt werden kann, dennoch loszuwerden. Zunächst schickt man ihn einfach einmal nach Lucca, dann wird man ja weitersehen. Andererseits machen so manche Feinde Savonarolas, wie etwa Fra Mariano da Genazzano (und in Kürze auch Francesco Mei), beim neuen Papst in Rom gerade eine glänzende Karriere. Der Verdacht, daß alles ein raffiniert abgekartetes Spiel ist, scheint nicht ganz unbegründet zu sein.

Es ist zwar anhand von Dokumenten bewiesen, daß es schon lange vor diesem päpstlichen Breve, zu einer noch ganz unverdächtigen Zeit also, eine offizielle Einladung seitens der Stadt Lucca gegeben hat, deren einziger und edler Zweck es war, auch dort dem Wort dieses berühmten Predigers lauschen zu können. Aber trotzdem ist die Tatsache verdächtig, daß dieser Einladung nach Lucca erst so spät und gerade jetzt Folge geleistet wird, nachdem sie so lange Zeit unbeachtet geblieben war.

Jedenfalls geht Savonarola nicht nach Lucca und auch nicht »noch weiter weg«, denn die Signoria, die in den letzten beiden Monaten November und Dezember im Amt war, hatte von Rom die Zurücknahme des Breve verlangt und auch erreicht, weil sie auf ihren berühmten Prediger stolz war und ihn nicht ziehen lassen wollte. Also bloß eine Episode mit lokalpatriotischem Anstrich – oder ein Komplott allergrößten Ausmaßes? Doch es hat noch etwas Zeit mit den Komplotten, sie werden noch früh genug kommen.

# XIII.

Am 25. Januar 1495, als Savonarola sich in seine Klosterzelle zurückzieht wie einst Achilles in sein Zelt, ist er also über die Vorgänge im Vatikan, nämlich die Vereinbarung vom 16. Januar zwischen Karl VIII. und dem Papst, bereits informiert. Und selbst wenn dies unwahrscheinlicherweise nicht der Fall sein sollte, so weiß er doch zumindest von jenem Konsistorium am 19. Januar, das so großes Aufsehen erregt hat, weil dort der König von Frankreich feierlich erschienen ist, um in einem Akt der Unterwerfung den Fuß und die Hand des Papstes zu küssen, wobei er die obligate Formel zu sprechen hatte: »Heiliger Vater, ich bin gekommen, um Eurer Heiligkeit Gehorsam zu geloben und Ehrerbietung zu bezeigen, wie es meine Vorgänger getan haben.« Anschließend haben sich die beiden dann inniglich umarmt.

Was Savonarola aber nicht wissen kann, weil es sich eben erst am selben 25. Januar abgespielt hat, ist dies, daß an diesem Tag ein langer Zug mit dem Papst und dem König an der Spitze, gefolgt von allen Kardinälen und dem gesamten in Rom akkreditierten diplomatischen Corps, von St. Peter zur Kirche St. Paul vor den Mauern zieht, um dort vor den Augen der ganzen Welt die wiedergewonnene Eintracht festlich zu begehen.

Diese schroffe Kehrtwendung Roms zerrt auch in Neapel an den ohnedies schwachen Nerven von König Alfons II., der erst vor kurzem auf den verstorbenen König Ferrante gefolgt war, und bringt ihn schließlich dazu, zugunsten seines Sohnes Ferrandino, des Herzogs von Kalabrien, der inzwischen eiligst aus Rom zurückgekehrt war, abzudanken.

Als Karl VIII. am 28. Januar Rom verläßt, um in Richtung Süden weiterzuziehen, befindet sich in seinem Troß auch der junge Kardinal Cesare Borja, offiziell zwar als Kardinal-Legat, in Wirklichkeit jedoch als eine Art prominenter Geisel, um den Franzosen eine Garantie zu bieten gegen die politische Unzuverlässigkeit seines Vaters, des Papstes.

Während der ganzen Reise und auch noch danach herrscht wunderschönes Wetter. Die Chroniken aus der damaligen Zeit berichten von einem geradezu frühlinghaften Winter mit grünen Wiesen und blumenübersäten Feldern.

Nur auf dem Feld der Diplomatie sind einige dunkle Wolken zu verzeichnen. In Velletri werden nämlich die Gesandten des Königs von Spanien, Ferdinand des Katholischen, vorstellig, der mit dem Königshaus von Neapel verwandt ist. Sie verlangen viel: den sofortigen Stopp des Vormarsches, die Rückgabe von Ostia an die Kirche und die Freilassung von Cesare Borja; letzteres eine ziemlich überflüssige Forderung, denn der junge Kardinal, bekannt für seinen Unternehmungsgeist, kann ganz gut allein zurechtkommen, wie er unverzüglich unter Beweis stellt, indem er ausgerechnet während des Aufenthaltes in Velletri plötzlich unauffindbar ist. Jedenfalls geht sonst alles gut bis Neapel, wo der König am 22. Februar den triumphalen Einzug von Rom wiederholen kann. Und diesmal gibt es keine aufreibenden Verhandlungen mehr, denn die Herrschaft des Hauses Aragon wird restlos liquidiert.

Nun dürfte den siegreichen König eigentlich nichts mehr vom Feldzug gegen die Türken abhalten. Auch Prinz Dschem ist wie vereinbart pünktlich ausgeliefert worden. Doch leider ist die französische Expedition mit dem König an der Spitze auf einem ganz gefährlichen Gebiet, nämlich dem der sexuellen Ausschweifung, überaus erfolgreich tätig geworden: Der eine trieb es in Capua, der andere in Neapel, einmal vergnügte man sich auf Capri, dann wieder in Posillipo, an der Küste von Amalfi oder in der Provinz Molise. Und nach dem Beispiel des Königs sind schließlich alle nur noch mit einem zermürbenden Feldzug in erotischen Gefilden beschäftigt. Die Syphilis, die zuvor in Italien eine äußerst seltene Krankheit war, breitet sich nun wie eine Epidemie geradezu explosionsartig aus.

Am 25. Februar stirbt in Capua ganz unerwartet der Prinz Dschem. Eines natürlichen Todes? Durch Vergiftung? Die Version, die sofort in Umlauf gesetzt wird, lautet, daß er schon vergiftet an die Franzosen ausgeliefert worden sei. Aber gleichzeitig gibt es auch noch eine andere Version, welche die Schuld an seinem Tod dem allzu üppigen »dolce vita« des Prinzen in die Schuhe schiebt.

Die erste Version findet eine dokumentarische Bestätigung in einem Brief des Sultans an Alexander VI., der im »Tagebuch« des Kanonikers Burkhardt sowie in dem Werk »Die Expedition Karls VIII.« von Sanudo wiedergegeben wird, wo sie folgendermaßen klingt:

»Es wäre gut, wenn Sie den Tod unseres Bruders Dschem, der sowieso dem Tode geweiht ist und der aus Euren Händen entrissen zu werden droht, beschleunigen würden; ein solcher Tod wäre für ihn Leben, für Euch nützlich und beruhigend, für mich aber Anlaß zu großer Zufriedenheit ... Wenn Ihr diesen meinen Wunsch erfüllt und seinen Leichnam an irgendeinen Ort an unserer Küste schickt, verspreche ich, der Sultan Bayezid Khan, Euch 300.000 Golddukaten an einem von Euch zu bestimmenden Ort auszuhändigen, womit Ihr für Eure Kinder einige mächtige Besitztümer kaufen könnt ...«

Während man sich also im Süden dem Amüsement hingibt, bleiben im Norden die Mailänder und Venezianer nicht untätig. Innerhalb eines Monats gelingt es ihnen, eine Liga von Staaten zustande zu bringen, der auch der König von Spanien, Kaiser Maximilian von Österreich und der Papst beitreten: Es ist dies die »Heilige Liga«, die sich auf einen politisch-militärischen Pakt gründet, der 25 Jahre Geltung haben soll.

Diese Liga setzt sich zum erklärten Ziel (deshalb nennt sie sich »Heilige« Liga), die Christenheit gegen die Angriffe der Türken zu verteidigen, sie tritt also diesbezüglich in einen edlen Wettstreit mit dem König von Frankreich. Aber selbst für den, der die Geheimklauseln nicht kennt, ist der eigentliche Zweck dieses Bündnisses klar auf der Hand, nämlich die französischen Streitkräfte in Italien einzukesseln.

Von Neapel aus fordert Karl VIII. weiterhin hartnäckig vom Papst – vielleicht um dessen wahre Absichten zu prüfen – die Anerkennung und offizielle Investitur als König von Neapel. Aber die Signale, die aus Rom eintreffen, weisen keineswegs in diese Richtung. Denn was offizielle Anerkennungen und Auszeichnungen betrifft, so scheint Alexander VI. diesbezüglich den Dogen von Venedig zu bevorzugen, weil er ihm gerade in diesen Tagen in einer eindrucksvollen Zeremonie die Goldene Rose verleiht.

Doch eines Tages macht sich der König von Frankreich keinerlei Illusionen mehr, und siehe da, er droht nun neuerdings mit einem Konzil. Was aber die Exkommunikation als Antwort und Vergeltungswaffe betrifft, so hat sie Alexander der Liga bereits angeboten und sich in einer Klausel des Vertrages verpflichtet, sie auf Verlangen seiner Partner auch anzuwenden. Vielleicht ist ihm deshalb in einer weiteren Klausel die Reduktion seiner Beiträge an die Liga zur Bestreitung ihrer militärischen Ausgaben um 50 Prozent gewährt worden.

Am 31. März wird der Pakt unterzeichnet und am Palmsonntag, dem 12. April, »urbi et orbi« verkündet, wobei gleichzeitig die Aufforderung von seiten des Papstes ergeht, dieses Ereignis überall in feierlicher Form zu begehen.

In diesen Tagen zwischen Ende März und Anfang April wird auch in Florenz eine Art Liga gebildet. Das gibt Fra Girolamo Savonarola am

4. April von der Kanzel des Domes herab bekannt, wo er in diesem Jahr 1495 die Fastenpredigten hält. »Heute morgen«, verkündet er, »habe ich euch eine brandneue Nachricht zu geben: Irgendwo in dieser Stadt hat man ein ›Konzil‹ abgehalten und dabei festgelegt, wie man nicht nur hier in Florenz, sondern auch anderswo gegen mich vorgehen will.«

Das Wort »Konzil« scheint sehr subtil den Charakter dieses Unternehmens zu kennzeichnen, in dem Laien und Kleriker zusammenspielen, wobei offenkundig ist, daß das klerikale Element überwiegt. Das ist in der Tat jene Verschwörung der »Lauen«, wie sie Savonarola selbst später nennen wird, nämlich der Kleriker und Ordensleute, deren Glaube verkümmert ist, jener Abkömmlinge der Pharisäer, für die nichts anderes existiert als nur der Buchstabe des Gesetzes.

Doch was hat der unbequeme Mönch in seinen letzten Predigten denn eigentlich so Skandalöses gesagt?

Gestützt auf das Buch Hiob und daher im Zeichen der Geduld konzipiert, halten sich diese seine Predigten, zumindest am Anfang, durchaus an das Versprechen, sich nicht mehr in die Angelegenheiten des Staates einzumischen. Nur als Fra Domenico da Ponzo von der Kanzel in S. Croce herab gegen das Projekt eines Gesetzes über Appellationsmöglichkeiten zu wettern beginnt, da wirft der Dominikaner das ganze Gewicht seiner Autorität in die Waagschale, um diesem Gesetz zum Durchbruch zu verhelfen. Und am 19. März wird das Gesetz tatsächlich approbiert, wenn auch in einer etwas geänderten Form, die nicht ganz das Gefallen Savonarolas findet.

Abgesehen davon haben sich jedoch seine jüngsten Interventionen, was den öffentlichen Sektor betrifft, auf die üblichen Empfehlungen beschränkt, die wirtschaftlichen Aktivitäten anzukurbeln und die Wohltätigkeitseinrichtungen zu unterstützen, ja er geht sogar so weit, das Einschmelzen der Gold- und Silberschätze der Kirchen vorzuschlagen.

Sehr interessant muß für die Initiatoren des gegen Savonarola gerichteten »Konzils« die Predigt vom 1. April gewesen sein, kurz vor ihrer ersten Zusammenkunft, eine Predigt, die sich mit einer imaginären Gesandtschaft Savonarolas bei der Madonna befaßt. Es ist offensichtlich, daß es sich dabei bloß um eine Allegorie handelt, um die Phantasie des Volkes anzuregen und den Geist zu moralischen Überlegungen zu mobilisieren; eine allegorische Darstellungsweise, die schon in der Vergangenheit in Florenz und auch anderswo illustre Parallelen hat. Buchstäblich genommen bedeutet die Sache jedoch, daß der Mönch schlicht behauptet, selbst im Paradies gewesen zu sein.

Es ist unmöglich, die Teilnehmer an diesem einzigartigen »Konzil« genau mit vollem Namen anzugeben. Es handelt sich jedenfalls um »Priester, Mönche und Laien«, wie Savonarola von der Kanzel bekanntgibt: »Ich will sie nicht namentlich nennen«, fügt er hinzu, »ich will nur, daß wir für sie beten.« Doch es ist nicht allzu schwer, sich zumindest Ponzo unter den »Mönchen« und Somenzi unter den »Laien« vorzustellen. Warum Somenzi? Weil der Spitzel des Herzogs von Mailand die außenpolitische Dimension des ganzen Komplotts repräsentiert. Es geht im wesentlichen darum, die Teilnahme von Florenz an der Heiligen Liga zu erreichen, das aber wird so lange nicht möglich sein, als Savonarola irgendeinen Einfluß auf die Politik dieser Stadt ausübt. Dieser Einfluß hat aber seit Anfang März, seit dem Ende der Amtszeit der Signoria mit Corbizzi an der Spitze, eher noch zugenommen.

Seit dem 9. April ist in Florenz allmählich die Nachricht durchgesickert, daß Karl VIII. von der Signoria verlangt habe, ihm das Gebiet von Oltrarno zu überlassen, um dort auf dem Rückmarsch das Heer einquartieren zu können. Das bedeutet aber, daß Florenz eine zweite Welle der großen Flut bevorsteht. So wie nie zuvor scharen sich jetzt die Leute um Savonarola, um in die Arche, die Rettung verspricht, einziehen zu können. Und so wie nie zuvor versucht er nun, in der Stadt das größtmögliche Maß an moralischer Erneuerung durchzusetzen, indem er seinen Plan konkretisiert, aus Florenz eine »Stadt Gottes« zu machen.

So beginnt er am 1. Mai im Dom einen neuen Predigtzyklus, der die Glücksspieler, die Metzger, die Homosexuellen und überhaupt alle, die in irgendeiner Weise in seine Aktion der moralischen Aufrüstung involviert sein könnten, in große Schwierigkeiten bringt. Was die Metzger betrifft, so wird ihre Nennung in diesem Zusammenhang sofort verständlich, wenn man an die strengen Fastenübungen und die Abstinenz denkt, die in diesen Predigten empfohlen und dann auf breitester Front von Tausenden von Gläubigen auch praktiziert werden.

Es bleibt noch zu registrieren, daß in den ersten Apriltagen Philippe de Commynes Savonarola einen Besuch abgestattet hat. Der französische Diplomat befindet sich nach einer Mission in Venedig gerade auf der Rückreise nach Neapel. Seinem Besuch ist schon im Februar jener von Brixonnet vorangegangen, dem politischen und ökonomischen Ratgeber Karls VIII. und Bischof von Saint-Malo, der nun, nachdem er in Rom die Einberufung eines Konzils zur Reform der Kirche mit Erfolg vereitelt hatte, sogar Kardinal geworden ist. Von seiner Unterredung mit Savonarola im Februar weiß man nur wenig, aber dieses Wenige genügt, um sich ein Bild von seiner Person machen zu können. Er besitzt nämlich die Unverfrorenheit, Savonarola wörtlich zu fragen: »Scheint es Ihnen nicht auch, daß die Kirche einer Reform bedarf?« Die Reform ist sicher das Thema dieser Unterredung, aber was ist der eigentliche Zweck des Besuches von Brixonnet? Zweifellos der, dem Mönch nach den Enttäuschungen vom Januar neuerlich Hoffnung zu machen.

Einen ganz anderen Charakter hat der Besuch von Commynes, der sich Savonarola wie einem echten Propheten nähert. Er kommt, wie gesagt, aus Venedig und ist nun in höchster Eile mit den allerneuesten und besorgniserregenden Nachrichten über die Heilige Liga, die soeben am 31. März in Venedig besiegelt worden ist, unterwegs nach Neapel.

»Ich fragte ihn auch«, schreibt er später in seinen Memoiren, »ob der König sich ohne Gefahr einen Weg nach Frankreich hätte bahnen und den Truppen der Liga hätte entkommen können (über die Liga wußte er offenbar mehr als ich, der ich direkt aus Venedig kam). Er gab mir zur Antwort, daß der König sich zum Kampf hätte stellen sollen, was seiner Würde keinerlei Abbruch getan hätte, daß aber dann, im Augenblick der Gefahr, wohl nicht mehr als hundert Leute bei ihm ausgeharrt hätten. Dann fügte er noch hinzu, daß Gott, der ihm beim Vormarsch beigestanden sei, ihm sicher auch auf dem Rückweg geholfen hätte. Doch weil er der Verpflichtung, sich um die Reform der Kirche zu bemühen, nicht nachgekommen sei und weil er es zugelassen habe, daß seine Soldaten sogar jene Städte plünderten, die sie als Befreier willkommen geheißen hatten, hätte Gott bereits ein Urteil gegen den König gefällt und ihn mit der Zuchtrute schwerstens bestraft.«

Am 20. Mai zieht der König von Frankreich wieder in Richtung Norden. In Florenz schlägt die Nachricht vom neuerlich drohenden Hereinbrechen der Flut wie eine Bombe ein und führt zu einer fast unerträglichen Spannung. Unter anderem bereiten sich die Pisaner auf einen aktiven Guerillakrieg vor, nachdem sie erst vor sechs Monaten das Joch der florentinischen Herrschaft abgeschüttelt und sich mit den Franzosen arrangiert hatten. Außerdem ist es ziemlich sicher, daß Piero de' Medici die Entwicklung aus nächster Nähe ganz genau verfolgt, um sie zu seinem Vorteil zu nutzen.

»Macht euch keine Sorgen wegen Pisa«, versichert Savonarola in seiner Predigt am Sonntag, dem 24. Mai, »denn Pisa wird zurückerobert werden. Tut vielmehr Buße ... Und wenn ihr schon eine Liga eingehen müßt, dann tut es mit Christus und mit sonst niemand!« Ganz klar ist seine

Aufforderung, dem Druck jener nicht nachzugeben, die Florenz zum Eintritt in die Liga zwingen und den französischen König in eine Falle locken wollen.

Wenige Minuten nach dem Ende dieser Predigt wird ein Attentat auf das Leben Savonarolas verübt: Er ist gerade auf der Via del Cocomero unterwegs zurück nach S. Marco, als er von einem bewaffneten Mann angegriffen wird. Zum Glück gelingt es ihm, den Hieben auszuweichen. Ist es bloß die Tat eines einzelnen Fanatikers? Oder steht ein wohlorganisiertes Komplott dahinter? Eine Antwort auf diese Fragen ist unmöglich, weil der zeitgenössische Chronist, der davon berichtet, lediglich das Ereignis registriert, ohne auf nähere Einzelheiten einzugehen.

Zwei Tage später, am 26. Mai, schreibt Savonarola einen langen Brief an Karl VIII. Er enthält eine Analyse der Situation mit häufigen prophetischen Einschüben über die göttlichen Strafen, die den König treffen werden, wenn er den Auftrag, den Gott ihm anvertraut hat, nicht erfüllt und wenn er das, was er mit Florenz vereinbart hat, nicht einhält.

Es ist sinnlos, hier darüber zu debattieren, ob es die Freunde oder die Feinde Savonarolas gewesen sind, die den Text dieses Briefes sofort drucken und verbreiten ließen. Man kann jedenfalls annehmen, daß dieses Dokument sehr bald schon nach Rom gelangt sein wird, ebenso wie wenig später auch das berühmte »Kompendium der Offenbarungen«, ein Werk, das er gerade in jenen Tagen verfaßt und das bei seinem ersten Erscheinen im Sommer gleich zu einem ganz großen Erfolg wird: Fünf Auflagen erreicht es noch im selben Jahr, die sich im folgenden Jahr sogar auf neun erhöhen, darunter eine in Paris und eine in Ulm.

Es handelt sich dabei um eine Sammlung seiner prophetischen Offenbarungen, denen unter anderem auch noch der vollständige Wortlaut der jüngsten Predigt über seine imaginäre Gesandtschaft ins Paradies angeschlossen ist.

Das ist der Moment, wo Savonarola nun tatsächlich zu glauben beginnt, er sei ein von Gott inspirierter Prophet, und wo auch viele andere kundtun, daß sie derselben Meinung sind. Und er versucht dies der Welt mit seinem neuen Buch zu beweisen.

Auch dieser öffentlichen Erörterung eines so explosiven Themas dürfte jedoch die Hoffnung nicht ganz fremd sein, daß das Erscheinen seines Buches doch noch mit der Eröffnung des großen Konzils einhergehen könnte, denn Ende Mai, als Karl VIII. sich auf den Weg zurück nach Rom macht, hätte er allen Grund, auf dem Rückweg das zu tun, was er auf dem Hinweg versäumt hat: »Du wirst Rom in großer Verwirrung sehen«, hat Savonarola gerade erst in seiner Predigt vom 25. Mai prophezeit.

# XIV.

Die Beziehungen des Königs zum Papst haben sich seit der Flucht von Cesare Borja aus dem Feldlager von Velletri zunehmend verschlechtert: »Was ist das doch für ein Gesindel, diese Lombarden«, soll der König ausgerufen haben, wobei er mit den Lombarden nach damaliger Sitte alle Italiener gemeint hat, jedoch ohne zu bedenken, daß in dem speziellen Fall das spanische Element überwog. Dazu kam noch die Ablehnung seiner Investitur zum König von Neapel seitens des Papstes, trotz des Angebotes einer einmaligen Zahlung von 100.000 Dukaten plus einer jährlichen Rente von 50.000. Und schließlich war da auch noch die Sache mit der Heiligen Liga. Im Augenblick hat jedenfalls die Erbitterung des Königs beinahe schon wieder infantile Züge angenommen. Nur so kann man sich nämlich jene groteske Zeremonie einer Selbstinvestitur nach Art Napoleons erklären, die am 12. Mai, eine Woche vor seinem Abzug aus der Stadt, in der Kathedrale von Neapel über die Bühne geht.

Auf die Nachricht von seinem unmittelbar bevorstehenden Eintreffen in Rom hin verläßt Alexander VI. mit etwa 20 Kardinälen die Stadt in Richtung Norden, gegen Orvieto und Perugia, um dann, wenn es nötig sein sollte, nach Ancona weiterzuziehen, von wo aus jederzeit die Möglichkeit besteht, auf dem Seeweg nach Venedig zu gelangen. Dies wird aber nicht notwendig sein. Am 1. Juni steht Karl VIII., wie immer begleitet vom »Schattenpapst« Giuliano della Rovere, zwar vor den Toren Roms, aber sein Aufenthalt dort dauert nur zwei Tage. Was wird da eigentlich gespielt?

Die Liga steht mit allen ihren Land- und Seestreitkräften Gewehr bei Fuß. Während die spanische Flotte im westlichen Mittelmeer Aufstellung nimmt, werden die Landstreitkräfte in der Gegend von Parma zusammengezogen, um den Franzosen den Rückweg zu versperren. Es ist also keine Zeit mehr für lange Aufenthalte. Man muß jetzt rasch gegen die Alpen vorrücken. Die Revanche ist nur aufgeschoben. Der König ist noch sehr jung und kann warten. Auch mit dem Konzil hat es noch Zeit.

Am 13. Juni ist Karl VIII. bereits in Siena. In Florenz fragen sich mittlerweile alle: Wird er kommen? Wird er nicht kommen? Den florentinischen Abgesandten, diesen Schlaumeiern, die eine genaue Antwort wissen wollen und ihn deshalb ehrerbietig fragen, wo er denn haben wolle, daß man die Vorräte für sein Heer bereitstelle, antwortet der König trocken: »Überall.« Man kann ruhig sagen, daß er sich über seine florentinischen Freunde ärgert, zumal ihm auch hinsichtlich seiner Feinde keinerlei Genugtuung vergönnt war. In seinem Gefolge befindet sich offenbar auch Piero de' Medici, der nunmehr seine Stunde der Rache gekommen sieht.

Nach einigem Hin und Her haben sich die Florentiner schließlich entschlossen, dem König eine Warnung zukommen zu lassen. Und so macht sich der Prior von S. Marco, Fra Girolamo Savonarola, am 15. Juni von Florenz nach Siena auf den Weg. Er trägt den offiziellen Titel eines »Prokurators und Anwalts des florentinischen Volkes« und wird von einer 50 Mann starken bewaffneten Eskorte begleitet.

Sein Auftrag lautet vor allem, den unerwünschten Verbündeten von der Stadt fernzuhalten und sich gleichzeitig der drohenden Gefahr einer Restauration der Medici zu widersetzen. Aber es geht auch darum, auf die Einhaltung der im vergangenen November beschworenen Abmachungen zu pochen, welche die Rückgabe der florentinischen Festungen vorsehen, die damals den Franzosen überlassen wurden und noch immer von ihnen besetzt gehalten werden. Und schließlich soll er auch noch – eine fast unmöglich zu lösende Aufgabe – die Übergabe der aufsässigen Stadt Pisa erreichen.

In Poggibonsi empfängt ihn der König mit den üblichen Zeichen höchster Ehrerbietung, obwohl der »Prokurator und Anwalt« zu einem Zeitpunkt erscheint, da alle gerade zu Tische sitzen. Der König selbst erhebt sich, um ihn am oberen Ende der Treppe zu begrüßen, und dann hört er sich alles wohlwollend an, was der andere in höflicher Form vorbringt: lauter Dinge, die übrigens schon in dem Brief enthalten sind, den Savonarola wenige Wochen zuvor an ihn geschrieben hatte. Die einzige konkrete Antwort Karls besteht vor allem in einer präzisen Auskunft über das weitere Schicksal von Piero de' Medici, der nach seinem Willen wohl als Privatmann, nicht aber als Tyrann nach Florenz zurückkehren soll.

Tatsache bleibt, daß nach dieser Gesandtschaft weder Karl noch Piero sich in Florenz blicken lassen, während Savonarola eiligst dorthin zurückkehrt und am 20. Juni neuerlich als Retter des Vaterlandes von der Stadt feierlich empfangen wird.

Der Einladung der Franzosen, mit ihnen bis nach Pisa zu ziehen, wollte er deshalb nicht Folge leisten, weil für ihn die Aussicht auf eine Rückgabe der rebellischen Stadt nicht mehr als eine Fata Morgana war. Er hat nie daran geglaubt und damit recht behalten. Pisa ist nämlich ein heißes Pflaster.

Für Karl VIII. indes ist die ganze Toskana ein heißes Pflaster, da auf der anderen Seite des Apennins die Truppen der Liga schon auf ihn warten. Was die Festungen betrifft, so hat der König verlauten lassen, daß er sie zurückgeben werde, sobald er die Alpen erreicht habe.

Am 6. Juli riskiert Karl VIII. in Fornovo bei Parma persönlich die Gefangennahme bei dem mit Müh und Not gelungenen Versuch, die feindliche Front zu durchbrechen. Drei Tage zuvor hatte König Ferdinand II. von Aragon Neapel vom Meer her wieder zurückerobern können. Die französischen Garnisonen, die in Italien geblieben sind, haben sich unterdessen an strategisch wichtigen Punkten verschanzt. Wenn also der König von Frankreich seine Stellungen in Italien halten will, wird er wieder ganz von vorne anfangen müssen.

Abgesehen von Pisa und den Festungen, die weiterhin in den Händen der französischen Besatzungstruppen verbleiben, war die Mission Savonarolas durchaus erfolgreich: Piero de' Medici hat nichts ausrichten können, und das französische Heer machte einen weiten Bogen um die Stadt. Nach diesem Erfolg ist er von den Florentinern auch reichlich belohnt worden: Sie verzichten auf das traditionelle Wettrennen von S. Giovanni am 24. Juni und stellen das dafür gesammelte Geld den Armen zur Verfügung. Auf politischer Ebene hat er den vorzeitigen Rücktritt der zwanzig »Accoppiatori« erreicht, die sich trotz der jüngst erfolgten Installierung des Großen Rates in nicht ungefährlicher Weise bereits an die Macht gewöhnt hatten.

An den folgenden Tagen kann Savonarola wegen einer schweren Darmgrippe, die ihn ziemlich schwächt, die Kanzel nicht besteigen. Aber am 5. Juli nimmt er, obwohl noch immer nicht ganz genesen und gegen den Rat seiner Ärzte, die Predigttätigkeit im Dom wieder auf. Und es gibt triftige Gründe dafür. Es sind die Tage vor der Schlacht von Fornovo, und seine Gegner, die von seinem erzwungenen Schweigen profitieren, drängen auf einen endgültigen Bruch mit den Franzosen und darauf, den Truppen der Liga das Passieren florentinischen Gebietes zu gestatten. Sie machen sich dabei das weitverbreitete Gefühl der Enttäuschung wegen der nicht erfolgten Rückgabe von Pisa und der anderen Festungen zunutze. Man erwartet in Florenz sogar jeden Tag die Ankunft eines Abgesandten des Papstes mit der offiziellen Einladung, der Liga beizutreten.

Es ist sonnenklar, daß Savonarola unter diesen Umständen die Kanzel nur besteigt, um von den Verantwortlichen ein klares Nein zu diesem Angebot zu erwirken. Er braucht dazu nur wenige Worte, ja es genügt eine einfache Anspielung, denn das Volk und mit ihm auch die politische Führung liegen ganz auf seiner Linie. Dennoch ist er sich der Gefahr bewußt, die da droht, und er führt sie ihnen auch klar vor Augen: »Frate, o Frate«, ruft er aus und wendet sich dabei an sich selbst, »du bist drauf und dran, einem anderen Übel anheimzufallen, von dem der Arzt dich nicht heilen kann!« Und er steuert schließlich direkt auf sein Ziel zu: »Ich habe dir schon gesagt, Florenz, daß du einzig und allein mit Christus ein Bündnis eingehen darfst.«

Als einige Tage später der Abgesandte des Papstes, Alberto da Orvieto, ein Rechtsgelehrter, in Begleitung von Bischof Soderini im Palast erscheint, um offiziell das Ersuchen des Papstes zu überbringen, trifft er trotz seiner Beredsamkeit auf eine kompakte Mauer der Ablehnung. Die Leute stellen sich einfach taub gegenüber sämtlichen Argumenten, so daß der Gesandte schließlich das eisige Schweigen bricht und öffentlich beklagt, daß die angesehene Republik Florenz so tief gesunken sei, daß sie sich nun offenbar von einem Mönch regieren lasse.

Und das ist die Therapie, die der Gesandte in seinem Bericht an den Papst nach einer wahrscheinlich erfolgten Konsultation mit den Exponenten der »Arrabbiati« diesem empfiehlt: Savonarola solle umgehend nach Rom beordert werden, denn es sei nunmehr sonnenklar, daß niemand Florenz dazu bringen könnte, den Bündnispartner zu wechseln, solange diese Person dort ansässig sei. Und so erreicht den Prior von S. Marco als Folge dieses Berichtes schließlich ein Brief des Papstes in der Form eines »Breve«, der mit 21. Juli 1495 datiert ist:

»Geliebter Sohn! Mit Unseren Grüßen verbinden Wir auch Unseren Apostolischen Segen.

Von verschiedenen Seiten haben Wir erfahren, daß unter allen Arbeitern im Weinberg des Herrn Du eine besonders schwere Aufgabe übernommen hast, etwas, worüber Wir aufs höchste erfreut sind und weshalb Wir dem allmächtigen Herrn Dank sagen. Wir zweifeln nicht daran, daß Du mit Hilfe der Gnade das Wort Gottes unter das christliche Volk so auszusäen vermagst, daß es hundertfältige Frucht bringen kann.

In den vergangenen Tagen hast Du selbst Uns in einem Brief erklärt, daß der einzige Zweck Deiner Predigten darin besteht, das Volk auf jene Dinge hinzuweisen, die man nach Deiner Meinung tun muß, um Gott zu dienen. Doch jüngst sind Uns gewisse öffentliche Erklärungen von Dir zu Ohren gekommen, wonach Deine Prophezeiungen eine Frucht göttlicher

Offenbarung seien und nicht von Dir selbst stammten und auch nicht auf besonderen Gaben der menschlichen Natur beruhten.

Im Hinblick darauf und in Ausübung Unseres Hirtenamtes wünschen Wir, mit Dir zu sprechen und Dich persönlich anzuhören, um Unser Vorgehen mit dem göttlichen Willen in höchste Übereinstimmung zu bringen und um diesen aufgrund Deiner Offenbarungen besser erkennen zu können.

Deshalb befehlen Wir Dir kraft des heiligen Gehorsams, Dich auf schnellstem Wege zu Uns zu begeben. Wir werden Dich mit der Liebe und Herzlichkeit eines Vaters empfangen.«

Diese schmackhafte Einladung ist mit einer jener fabelhaften Torten verglichen worden, die es im Hause Borja stets zu verkosten gab. Daß Savonarola genau verstanden hat, worum es geht, erhellt schon aus den ersten Sätzen seiner Antwort. Gewöhnlich überfliegt man diese einleitenden Sätze, als ob sie bloß eine überflüssige Verbrämung und ein eitler Ausfluß kirchlicher Gelehrsamkeit wären. Savonarola zitiert in dieser Präambel eine Stelle aus einem Brief Papst Alexanders III. an den Bischof von Ravenna, in dem es um eine Situation geht, die mit der seinen durchaus vergleichbar ist. Es lohnt sich, diese Stelle näher in Augenschein zu nehmen:

»Sieh her, was Du zu tun hast«, schreibt der damalige Papst: »Denk zunächst einmal gut über das Wesen jener Forderung nach, die in Unserem Breve enthalten ist. Dann sollst Du entweder unverzüglich Unserem Befehl gehorchen oder Uns brieflich jene vernünftigen Gründe mitteilen, weswegen Du ihm nicht Folge leisten kannst. Was Uns betrifft, so werden Wir Deine eventuelle Entscheidung, einem Befehl nicht zu gehorchen, von dem sich herausstellt, daß er Uns von Leuten nahegelegt worden ist, die nicht unbedingt von edlen Absichten beseelt sind, in aller Ruhe zur Kenntnis nehmen.«

Gestützt also auf diesen Rat des damaligen Papstes an den ehemaligen Bischof von Ravenna, bringt der Prior von S. Marco in seiner Antwort in aller Demut jene Gründe vor, die ihn im Augenblick daran hindern, dem Befehl, in Rom zu erscheinen, Folge zu leisten, obwohl er es gerne tun würde. Aber er begnügt sich nicht damit, die augenblickliche ernsthafte Erkrankung als Verhinderungsgrund anzugeben. Das wäre nämlich nicht die ganze Wahrheit. Deshalb fügt er hinzu, daß ein Verlassen der Stadt zum gegenwärtigen Zeitpunkt für ihn wohl das Todesurteil bedeuten würde. Und das ist im wesentlichen die Begründung: Als Arbeiter im Weinberg des Herrn hätte es sich nicht vermeiden lassen, daß er bei vielen überempfindlichen Personen innerhalb und außerhalb von Florenz Anstoß erregt habe. Diese Personen hätten bereits versucht, ihn durch Gift oder mit dem Schwert zu beseitigen. Sie würden in seiner Reise nur eine neuerliche gute Gelegenheit erblicken, um es noch einmal – diesmal vielleicht mit Erfolg – zu probieren.

Und was die Gelegenheit betreffe, den Inhalt seiner Prophezeiungen genauer kennenzulernen, so werde in Kürze ein Buch von ihm über dieses Thema erscheinen, das »Kompendium der Offenbarungen«, in dem alles enthalten sein werde, nicht mehr und nicht weniger, als er mündlich zu sagen in der Lage wäre. Er werde dafür sorgen, daß dieses Buch Seiner Heiligkeit ehestens zugeschickt werde. Sobald jedenfalls die Gründe, die seiner Reise momentan noch im Wege stünden, weggefallen seien, werde er sofort in Rom erscheinen.

Sicherlich kann man dem Papst nicht direkt auf den Kopf zusagen, daß es gerade jene überempfindlichen Personen waren, die ihn wohl auf den Gedanken gebracht haben mußten, den Frate nach Rom vorzuladen. Und daher läßt Savonarola es ihn in seiner Antwort indirekt durch den Mund seines verstorbenen Kollegen und Vorgängers Alexanders III. wissen. Denn der Frate ist keineswegs so ahnungslos, wie auch schon ein vorangegangener Brief von ihm beweist, in dem er sich vorsichtshalber zu rechtfertigen versucht und von dessen Existenz wir nur zufällig aus dem Breve vom 21. Juli selbst erfahren.

Am 28. Juli, drei Tage bevor er seine Antwort an den Papst abschickt, verabschiedet sich Savonarola vom Volk in einer Predigt, der auch die gesamte Signoria beiwohnt. In manchen Passagen scheint seine Predigt fast den Charakter eines Memorandums für ein politisch-administratives Programm anzunehmen, das während seiner Abwesenheit von der öffentlichen Szene realisiert werden soll, denn auf ihn wartet nun eine längere Zeit der Rekonvaleszenz in einem ruhigen Kloster in den Bergen.

So verlangt er zum Beispiel eine sofortige Vorkehrung gegen die Gefahr einer Restauration der Herrschaft der Medici, und er schlägt zu diesem Zweck ein Dekret gegen die Einberufung der sogenannten »Parlamente« vor, jener spontanen Volksversammlungen, die beim Ertönen der Glocke des Palastes fast blitzartig zustande kommen und die in Florenz jederzeit den Beginn eines gewaltsamen Umsturzes bedeuten oder den Rahmen für demagogische Aufrufe autoritären Charakters abgeben können. Das wäre vielleicht das einzige Mittel, um einen Restaurationsversuch der Medici im Keim zu ersticken.

Das Leben der Republik hängt nach Savonarola von der Funktionsfähigkeit des Großen Rates ab. Deshalb regt er den Bau eines großen Saales an, der alle Mitglieder bis zu ihrer Höchstzahl von 1500 Personen zu fassen vermag. (Wenn die Zahl der zur Teilnahme Berechtigten höher ist, werden einfach drei Gruppen gebildet, und auch die Amtszeit von 18 Monaten wird dann durch drei geteilt. Praktisch kann das also zu drei aufeinanderfolgenden Räten führen, von denen jeder aus ca. 500 Personen besteht und sechs Monate im Amt ist.) Er macht diesen Vorschlag auch auf die Gefahr hin, daß wegen dieses Baues die Arbeiter vom Dom abgezogen werden müssen, was Gott sogar wohlgefälliger sei, wie er in derselben Predigt noch hinzufügt.

Er schlägt auch eine Steuerermäßigung für die handwerklichen Betriebe in der Leinen- und Seidenherstellung vor und empfiehlt vorbeugende Maßnahmen gegen die Pest, die seiner Meinung nach schon bald ausbrechen werde.

Immer, vor allem aber wenn er aus irgendeinem Grund nicht predigen kann, ist Girolamo Savonarola ein unermüdlicher Briefschreiber und Verfasser verschiedenster Schriften. Im August dieses Jahres 1495, während Rom keinerlei Reaktion auf seinen Rechtfertigungsbrief erkennen läßt, ist er damit beschäftigt, sein »Kompendium der Offenbarungen« noch druckfrisch denen zukommen zu lassen, denen er es versprochen hat und die ihn darum ersuchen. Unter den Adressaten kann natürlich Alexander VI. nicht fehlen, dem er das Buch ja in seinem Brief versprochen hat, und wohl auch der König von Frankreich wird es erhalten haben, der ja in jenen Offenbarungen selbst eine bedeutende Rolle spielt. Sicherlich fehlt unter den Empfängern auch nicht der Herzog Ercole d'Este (das ist ausführlich belegt), der seinerseits im Begriff steht, ein glühender Anhänger Savonarolas zu werden. Der Herzog hatte ihn eindringlich um ein Exemplar gebeten, er wollte den Inhalt sogar noch vor dem Erscheinen des gedruckten Buches kennenlernen und war daher bereit, auf eigene Kosten ein Manuskript herstellen zu lassen.

In der Folge kommt es zu einer fast regelmäßigen Korrespondenz zwischen den beiden, wobei der inzwischen berühmt gewordene ehemalige Untertan und in der eigenen Heimatstadt verkannte Prophet nunmehr die Rolle eines Ratgebers in moralischen und manchmal auch politischen Fragen übernimmt. »Ich rate Eurer Exzellenz«, schreibt er in einem Brief an den Herzog, »sich um die göttlichen Dinge zu kümmern, denn wir haben keine andere Zuflucht als Gott. Vor allem aber empfehle ich Ihnen, die Stadt von allen korrupten Leuten zu säubern und die öffentlichen Ämter anständigen Menschen anzuvertrauen. Denn diese niederträchtigen Schurken sind es, die den mächtigen Zorn Gottes herausfordern.«

Doch der Hauptadressat seiner Briefe bleibt doch Karl VIII., auch wenn dieser gewöhnlich nicht darauf antwortet. Der König ist noch nicht in Frankreich eingetroffen, sondern befindet sich augenblicklich in Asti, wobei niemand weiß, was er eigentlich vorhat. Ständig ermahnt ihn der Frate aufs neue, doch seiner Pflicht nachzukommen, damit er nicht von Gott einen Denkzettel verpaßt bekommt. Unter anderem erinnert er ihn auch an sein Versprechen, die florentinischen Festungsanlagen wieder zurückzugeben. Was diesen letzten Punkt betrifft, so gibt es vom König am 27. August zumindest eine indirekte Antwort, als er sich nämlich in Turin gegenüber den florentinischen Gesandten neuerlich verpflichtet, diese Festungen an Florenz zurückzugeben, wobei mit Livorno der Anfang gemacht werden soll.

# XV.

Anfang September scheint sich die neue Politik der Liga gegenüber Florenz langsam genauer abzuzeichnen: Man besteht darauf, daß Florenz sein Bündnis mit Frankreich aufgibt; sollte in dieser Hinsicht jedoch weiterhin Widerstand geleistet werden, dann droht man offen damit, Piero de' Medici wieder zur Macht zu verhelfen, der dann seinerseits die Verpflichtung eingehen müßte, mit den Franzosen zu brechen. Für diese letztere Lösung treten Venedig und der Papst ein, der Herzog von Mailand ist jedoch schon weniger davon begeistert, aber vielleicht tut er nur so. Auf jeden Fall aber steht Savonarola einer solchen Lösung im Wege. Was soll man also in dieser Angelegenheit tun?

Jedenfalls ergeht am 8. September 1495 abermals ein päpstliches Schreiben an Savonarola. In diesem zweiten Breve wird man die Anrede »Geliebter Sohn«, wie sie noch vor wenigen Wochen gebraucht wurde, vergeblich suchen. Auch ist nicht mehr davon die Rede, daß er sich mehr als alle anderen im Weinberg des Herrn abrackere. Aus dem »geliebten Sohn« ist »ein gewisser Fra Girolamo Savonarola« geworden, von dem man wie in einem Strafurteil nur in der dritten Person spricht. Der geliebte Sohn ist nun, nach den jüngsten Informationen, nichts weiter mehr als der Propagandist einer falschen Lehre, der »durch seine umstürzlerische Tätigkeit das Chaos, das in Italien als Folge der jüngsten Umwälzungen entstanden ist, nur noch mehr vergrößert und der sich in seinen ungesunden Ideen sogar so weit verstiegen hat, dem Volk einzureden, er selbst sei von Gott gesandt worden und stünde unentwegt im Gespräch mit ihm, ohne daß er dafür auch nur den geringsten Beweis erbringt, weder durch Wunder noch durch eindeutige Bestätigungen der Heiligen Schrift, wie es die kanonischen Gesetze erfordern würden«.

Der Papst nimmt auch die Gelegenheit wahr, um ihm zu sagen: »Wir haben das ›Kompendium der Offenbarungen‹ erhalten und aufmerksam gelesen. Es war jedoch ein großer Fehler, das alles schriftlich niederzulegen. Es wäre besser gewesen, es so wie die anderen zu machen, die zwar auch die prophetische Predigt pflegen, aber nichts davon zu Papier bringen.«

Und weiter fährt das päpstliche Breve fort, immer noch in der dritten Person: »Wir haben ihm gegenüber lange Zeit große Geduld bewiesen, immer in der Hoffnung, daß er seine Fehler einsieht. Aber es war alles vergebens, denn er ist auf Unsere Aufforderung hin nicht bei Uns erschienen und wollte sich nicht unterwerfen. Auch mit jener skandalösen Separation von der lombardischen Kongregation, die einige aufsässige Mönche auf betrügerische Weise durchgesetzt haben, wollte er nicht Schluß machen.« Das heißt also: »Es war ein schlaues Manöver, sich durch die Lostrennung des Klosters S. Marco von der lombardischen Kongregation unabhängig zu machen, aber das haben Wir jetzt durchschaut, und Wir sind dabei, für Abhilfe zu sorgen, wie man bei weiterer Lektüre dieses Schreibens noch feststellen wird.«

Und tatsächlich geht aus dem päpstlichen Breve in der Folge hervor, daß der ganze Fall zwecks disziplinärer Maßnahmen dem Generalvikar der lombardischen Kongregation, Fra Sebastiano Maggi, übertragen und von Savonarola verlangt wird, dessen höhere Autorität anzuerkennen, sich an einen von diesem bestimmten Ort zu begeben und sich jeder Art von Predigttätigkeit, öffentlicher wie privater, zu enthalten. Was das Kloster von S. Marco betrifft, so wird seine Wiedereingliederung in die lombardische Kongregation verfügt und den Mönchen Fra Domenico da Pescia, Fra Silvestro Maruffi und Fra Tommaso Busini (praktisch also dem gesamten Leitungsgremium von S. Marco) befohlen, sich innerhalb von neun Tagen nach Bologna zu begeben: alles das unter Strafe der Exkommunikation.

Offenbar ist Rom dazu veranlaßt worden, jene Klausel der Heiligen Liga, die den Papst verpflichtet, die Exkommunikation als Druckmittel gegen die Feinde der Liga zu gebrauchen, geradezu mechanisch anzuwenden. Und in der Tat, wenn man genauer hinsieht, gibt es gleich drei solcher Drohungen mit der Exkommunikation, nicht bloß eine, und alle werden sie von Rom am selben Tag, dem 8. September, ausgesprochen: eine gegen Savonarola und seine Mitbrüder aus den schon genannten Gründen, eine weitere gegenüber den Florentinern, wenn sie ihre Hilfe an die Franzosen nicht einstellen, und eine dritte gegenüber dem König von Frankreich selbst, wenn er nicht unverzüglich Italien verläßt und sich anschließend nach Rom begibt, um seine endgültige Unterwerfung in einem feierlichen Akt kundzutun.

Und dennoch, wenn es nicht so zahlreiche Gegenbeweise gäbe, könnte man versucht sein, überhaupt an keinen politischen Hintergrund dieses päpstlichen Schreibens vom 8. September zu glauben, sondern es als eine Reaktion auf die Meinung von Einzelpersonen oder Gruppen anzusehen, die das »Kompendium« ebenfalls erhalten und gelesen hatten und ungefähr so argumentiert haben mußten: Wenn das der Mann ist, über den man soviel spricht, wenn das der göttliche Prophet ist, wenn er wirklich so ist, wie er da erscheint, dann haben wir uns ganz umsonst Sorgen gemacht und sogar noch viel zuviel Geduld an den Tag gelegt. Tatsächlich findet sich im Breve vom 8. September eine klare Bezugnahme auf das »Kompendium«, wenn Savonarola beschuldigt wird, er habe »sich erdreistet, den Gläubigen gewisse Dinge so vor Augen zu führen, daß sie es lesen können, während man sich in früheren Zeiten darauf beschränkt hat, sie ihnen bloß zu Gehör zu bringen«.

Doch auch die Art und Weise, wie das Breve dem Prior von S. Marco zugestellt wird, weist auf einen politischen Hintergrund hin. Auf dem Umschlag steht nämlich die Adresse: An den Prior von S. Croce in Florenz. Wenn man daran denkt, daß das Franziskanerkloster von S. Croce gleichsam ein Zentrum der gegen Savonarola gerichteten Aktivitäten ist, wo gewöhnlich Fra Domenico da Ponzo seine aggressiven Predigten hält, dann versteht man erst, welche Freudsche Fehlleistung diese falsche Adressierung eigentlich darstellt, falls es sich nicht überhaupt um einen absichtlichen Irrtum handelt, um so auf schnellstem Wege und in allen Einzelheiten die aufsehenerregende Nachricht von der Absetzung Savonarolas zu verbreiten, was sich wenig später als die richtige Version herausstellen sollte. Unterdessen verbringt Savonarola noch immer seinen Genesungsurlaub in einem Kloster im Gebirge.

Als Savonarola gegen Ende September das päpstliche Schreiben schließlich offiziell ausgehändigt wird, kennen bereits alle einschließlich ihm selbst bereits seit Tagen dessen Inhalt. Aber die falsche Zustellung hat ihm sicherlich mehr genützt als denen, die sich vielleicht davon etwas erhofft hatten. Dank der Verspätung hat man nämlich genug Zeit gehabt, entsprechende Briefe an die geeigneten Adressen verschicken zu lassen, Briefe von Leuten, die ein gesundes Urteilsvermögen besaßen und die Irrtümer des päpstlichen Breve zu widerlegen vermochten. Savonarola seinerseits hat sich beeilt, diese Irrtümer genau nachzuzählen, und ist dabei auf ganze 18 gekommen.

Von diesem Breve sind übrigens in sehr unsympathischer Weise auch jene Kardinäle und Oberen des Dominikanerordens betroffen, die erst unlängst im Zuge der eingeleiteten Voruntersuchungen die Eigenständigkeit von S. Marco und die Trennung von der lombardischen Kongregation unterstützt hatten. Es gibt ihnen nämlich deutlich zu verstehen, daß sie in den Augen des Papstes fast so etwas wie Betrüger oder zumindest Betrogene seien.

Der Beschuldigte selbst schreibt am 29. September an den Papst einen Brief, in dem er in aller Ehrerbietung die Anklagen gegen sich zurückweist. Diesmal folgt er in allen Punkten den Empfehlungen des verstorbenen Papstes Alexanders III. und besteht darauf, daß die Anschuldigungen auf unrichtigen oder tendenziösen Informationen beruhen, mit denen man den Papst offenbar bewußt irreführen wollte. Außerdem unterzieht er die gegen ihn getroffenen Maßnahmen einer scharfen Kritik und bezeichnet vor allem eine davon als jedem Grundsatz der Gerechtigkeit widersprechend: daß man nämlich die gegnerische Partei in der Person des Vikars der lombardischen Kongregation zu seinem Richter bestellt habe.

Dann versucht er die Anklagen, die sich auf seine prophetischen Offenbarungen beziehen, zu entkräften, indem er aufzeigt, daß einige seiner Prophezeiungen sich ja bereits bewahrheitet hätten, und was die übrigen angehe, so brauche man nur zu warten, bis auch sie in Erfüllung gingen (er ist aber auch taktvoll genug, den Papst nicht an den Nutzen zu erinnern, den er selbst sich in dem ersten Breve nach eigenen Worten davon versprochen habe, falls er rechtzeitig darüber informiert worden wäre).

Aber dieses zweite Breve ist auch noch einem 19. Irrtum verfallen: Es hat die Qualitäten der handelnden Personen, angefangen von Fra Sebastiano Maggi selbst, dem zum Inquisitor bestellten Vikar der lombardischen Kongregation, sichtlich unterschätzt. Wir kennen zwar den Inhalt seines offiziellen Berichtes nach Rom nicht, aber wir wissen von einer vertraulichen Äußerung, die er über den Charakter und den hohen moralischen Standard des Angeklagten gemacht hat, dem er nach eigenen Angaben früher oft die Beichte abgenommen habe und bei dem er nie auch nur die kleinste Sünde habe entdecken können.

Es ist daher durchaus glaubhaft, daß in dem Augenblick, als die Antwort Savonarolas in Rom eintrifft, die Waffe der Exkommunikation in den Händen seiner Gegner bereits wirkungslos geworden ist. Tatsächlich ergeht am 16. Oktober vom Vatikan ein weiteres Breve mit dem Versprechen, die im vorhergehenden Schreiben vorgesehenen Maßnahmen wieder zurückzunehmen. Diese Geste des Entgegenkommens beruht wohl darauf, daß man – wenn auch nur zähneknirschend – zur Erkenntnis gelangen mußte, daß der Frate immer guten Glaubens gehandelt hat. Außerdem sind mittlerweile auch positive Informationen über ihn seitens einiger Kardinäle in Rom eingelangt. Aber es gibt eine unausweichliche Bedingung: Savonarola muß bis auf weiteres auf jede Art von Predigttätigkeit verzichten. Doch dem Frate das Wort zu verbieten ist im Grunde gleichbedeutend wie ihn aus Florenz zu entfernen.

Predigen bedeutet für Savonarola also nunmehr unweigerlich die Exkommunikation. Doch als er am 11. Oktober nach mehr als zweimonatiger Abwesenheit wieder die Kanzel des Domes besteigt, hofft er, daß die drohende Exkommunikation vorläufig nicht verhängt wird. Er hat dem Volk von Florenz so viel zu sagen und zu berichten, zum Beispiel wie seiner Ansicht nach die ganze Sache mit den päpstlichen Breven sich abgespielt haben muß:

»Sie haben sich wie die Pharisäer verhalten: Wir werden diesen Fuchs schon packen. Wir werden dem Heiligen Vater soviel Schlechtes über diesen Mann erzählen, daß es uns gelingen wird, ihn von diesem Posten zu verjagen. Und wenn er nicht gehen will, werden wir ihn des Ungehorsams beschuldigen; so haben wir ihn auf alle Fälle in der Hand. Glaubt ja nicht, daß diesen Leuten viel daran gelegen ist, daß ich nach Rom gehe. Sie möchten mich nur weg haben, weg von Florenz. Und sie sagen sich: Wenn er gehorcht, haben wir den Fuchs unschädlich gemacht. Wenn er aber nicht gehorcht, werden wir mit der Exkommunikation gegen ihn vorgehen. Das Volk wird sich davon beeindrucken lassen, und er selbst wird jede Glaubwürdigkeit verlieren. Aber du weißt ganz genau, daß wir dem Heiligen Vater gehorchen werden, denn ich und meine anderen Mitbrüder wollen lieber sterben, als eine Sünde begehen.«

In Florenz predigen heißt aber auch leiten und regieren, den Staat nicht weniger als die Seelen der Menschen. Und irgendwie enthalten die drei letzten Predigten im Oktober – vor seinem langen Schweigen – auch so etwas wie ein politisch-administratives Programm, gleichsam ein Memorandum des Predigers über einige Dinge, die nach seinem Rückzug ins Privatleben realisiert werden müßten. Wiederholt fordert er dazu auf, den Bau des Saales für den Großen Rat zu vollenden. In diesem Bauwerk soll in einen Stein die Mahnung eingemeißelt werden: »Wer ein Parlament einrichten will – will dem Volk die Herrschaft entreißen«, wobei das Wort »Parlament« in dem schon genannten Sinn zu verstehen ist. Und in bezug darauf fordert er strengste Strafen gegen diejenigen, welche die Sicherheit des neuen republikanischen Staatswesens bedrohen, vergleichbar etwa jenen, die in anderen Staaten für Majestätsbeleidigung vorgesehen sind.

Alles in allem scheint jedoch die Verfolgung, die gegen ihn inszeniert wurde, auch wenn sie ihn innerlich schwer getroffen haben mag, sein Ansehen und seine Autorität in Florenz wie auch außerhalb eher noch vermehrt zu haben. Sein Wort führt zu Aktivitäten in den verschiedensten

Bereichen. Stellvertretend für alle sei nur der Fall von Ludovico il Moro genannt, der gerade in diesen Tagen Leonardo da Vinci den Auftrag erteilt, das militärische Verteidigungssystem der Republik Florenz genau zu studieren, weil er überzeugt ist, daß es von Savonarola inspiriert ist: Er ist also, so könnte man sagen, ein Opfer seiner eigenen Propaganda geworden.

Indessen ist es weiterhin an der Tagesordnung, daß hochgestellte und mächtige Persönlichkeiten den Mönch in seiner Klosterzelle von S. Marco aufsuchen. Darunter auch Pandolfo Collenuccio, der bekannte Humanist und Diplomat aus Pesaro, der ihm in diesen Oktobertagen einen Besuch abstattet und mit ihm einen langen Gedankenaustausch über die gegenwärtige politische Entwicklung in Europa pflegt. Davon berichtet er später mit enthusiastischen Worten Ercole d'Este und nennt Fra Girolamo einen »wahrhaft göttlichen Menschen, noch größer, wenn man ihm persönlich begegnet, als wenn man ihn bloß durch seine Schriften kennt«.

Nachdem Ende Oktober ein Arrangement in der Weise zustande gekommen war, daß Savonarola sich zum Schweigen verpflichtete und Rom die Exkommunikationsdrohung aufhob, zieht sich Fra Girolamo zurück, um nun in aller Stille im Weinberg des Herrn zu arbeiten. Es ist fast ein Jahr vergangen, seit er – übrigens am selben Tag, als Piero aus Florenz verjagt wurde – zum erstenmal in Pisa als Gesandter des florentinischen Volkes mit dem König von Frankreich zusammengetroffen war: ein Jahr voll verschiedenartigster und aufregender Aktivitäten. Und es ist auch in vieler Hinsicht bezeichnend, daß sein Rückzug aus dem öffentlichen Leben zeitlich mit dem Rückzug des französischen Königs aus Italien zusammenfällt, wobei auch dem König vorher von seiten Roms mit der Exkommunikation gedroht worden war.

# XVI.

Ein Predigtverbot bedeutet noch lange kein Schreibverbot, und Schreiben kann ja auch eine Art zu predigen sein. Und so schaut für den verhinderten Prediger von S. Marco die Sache momentan so aus, daß die Nachfrage nach seinen Schriften, vor allem nach der Veröffentlichung des »Kompendiums«, mächtig angewachsen ist und eine Auflage auf die andere folgt, in Latein sowohl wie in der Umgangssprache.

In dieser Zeit hat er auch den ersten Entwurf seines Essays »Die Einfachheit des christlichen Lebens« verfaßt, im wesentlichen eine einwandfreie Bestätigung seiner katholischen Rechtgläubigkeit. Aus derselben Zeit stammt auch sein imaginärer »Brief an einen Freund«, der sofort gedruckt und verbreitet wird und in dem er die Anschuldigung, er sei ein Häretiker und Aufrührer, der nur Zwietracht schürt, energisch zurückweist. Seine Gegner beginnen ihrerseits nun ebenfalls Flugschriften zu verbreiten, um ihre Anklagen wirksamer unter das Volk bringen zu können.

Auch die Bemühungen um eine moralische Erneuerung der Stadt werden weiter fortgesetzt, vor allem von Fra Domenico da Pescia, seiner rechten Hand, der ihn auch als Prediger im Dom vertritt. Der organisatorischen Dynamik von Fra Domenico da Pescia verdankt man in diesem Herbst 1495 auch die sogenannte »Kinderreform«.

Um sich davon ein Bild zu machen, muß man sich vorstellen, daß die Kinder und Jugendlichen damals größtenteils total verwahrlost waren. Man könnte sie als »Halbstarke« bezeichnen mit einem Hang zur Gewalttätigkeit und zu sonst noch allen möglichen Lastern. Es ist nun gelungen, diesen wilden Haufen von Rowdys innerhalb von nur wenigen Monaten fast in eine Art »Heilsarmee« zu verwandeln. Etwa zehntausend junge Leute ziehen an den Festtagen, nach Stadtbezirken getrennt, hinter ihren jeweiligen Bannern durch die Stadt und singen lauthals Loblieder zu Gott, dem Herrn, die eigens für sie von Dichtern aus dem Kreis um Savonarola oder sogar von diesem selbst geschrieben wurden.

Diese Reform, die im Dezember praktisch abgeschlossen ist, scheint sich hinsichtlich ihrer Erziehungskriterien auch an den staatlichen Vorgängen der letzten Zeit zu inspirieren, denn sie führt bei den solchermaßen organisierten Jugendlichen Formen der Selbstverwaltung durch Wahlen ein, ähnlich wie bei der jüngsten Reform des Staates. Kurz und gut, der Plan, aus Florenz eine »Stadt Gottes« zu machen, ist nicht rein auf dem Papier geblieben, sondern man versucht auch, ihn in die Realität umzusetzen.

In diese Periode fällt auch der Eintritt des jungen Miniaturenmalers Bettuccio Luschino in den Dominikanerorden, der unter dem Namen Fra Benedetto nicht nur im Finale dieser Geschichte noch eine bedeutende Rolle spielen wird, sondern darüber hinaus auch die wichtigste Nachrichtenquelle über die ganzen Ereignisse und ihre Bewertung darstellen wird. Als einer, der im Kreis der »Arrabbiati« verkehrte, der ein Genie und zügelloser Chaotiker in einem war, hat er sich eines Tages im Dom dazu hinreißen lassen, sich an eine schöne Dame heranzumachen, die mit Savonarola sympathisierte, und wurde von ihren Worten wie vom Blitz getroffen.

So nimmt also die Schar der Konvertiten im Kloster von S. Marco immer mehr zu. Schwankte die Zahl der Ordensbrüder zuerst nur um die fünfzig, so hat sie sich mittlerweile verfünffacht und beträgt nun ungefähr zweihundertfünfzig. Unter ihnen befinden sich Leute aus den besten Familien von Florenz. Einzigartig ist wohl der Fall von Pandolfo Rucellai, einem sehr angesehenen älteren Herrn, der gleichzeitig mit seiner Frau beschließt, das Ordenskleid der Dominikaner zu nehmen, während sie sich dem weiblichen Zweig des Ordens anschließt. Und es ist sehr erfreulich zu sehen, wie die Ordensoberen in dieser Zeit Savonarola in seiner pastoralen Tätigkeit tatkräftig unterstützen.

Weniger erfreulich ist hingegen für alle die Situation in Florenz, die durch die Tatsache gekennzeichnet ist, daß es diesem hervorragenden Seelenhirten weiterhin verboten ist, sich mittels des Wortes der Predigt an sein Volk zu wenden. Ganz besonders besorgt darüber sind die Verantwortlichen in der Regierung selbst, die genau wissen, daß sie diesem Wort Savonarolas zum großen Teil die Rückendeckung durch das Volk zu verdanken haben, der sie sich erfreuen können. Und sie wissen auch, daß sie, nachdem sie nun einmal den Tiger bestiegen haben, um auf ihm zu reiten, nicht ganz ohne Gefahr einfach wieder absteigen können. Wenigstens zwei Drittel des Volkes stehen nämlich nur deshalb hinter ihnen, weil sie hinter Savonarola stehen.

Die Situation droht sich noch zu verschärfen, als am 2. Januar des neuen Jahres 1496 in Florenz die Nachricht eintrifft, daß der französische Gouverneur von Pisa die Festung gegen eine ansehnliche Summe den Pisanern übergeben habe, und das trotz der gegenteiligen Versprechungen des Königs und der Beteuerungen Savonarolas sowie seiner Drohungen mit göttlichen Strafen. Seine Glaubwürdigkeit steht jetzt auf dem Spiel.

Nunmehr beginnt die Opposition der »Arrabbiati« immer schärfere Formen anzunehmen, ja man scheut nicht einmal davor zurück, selbst die extremsten Fanatiker vor den eigenen Karren zu spannen. Es ist dies die Zeit der nächtlichen Krawalle vor den Toren von S. Marco mit ordinärsten Beschimpfungen, Beleidigungen und Drohungen, ja man geht sogar so weit, die Pforte des Klosters in Brand zu stecken.

Aber schon nach wenigen Tagen sind die Aktien Savonarolas und der Volkspartei wieder im Steigen.

In Florenz ist nämlich inzwischen eine weitere Nachricht eingetroffen. Sie betrifft den König von Frankreich persönlich. Am 16. Dezember ist in der königlichen Residenz von Amboise der Dauphin von Frankreich, der erstgeborene Sohn und Erbe Karls VIII., im Alter von drei Jahren und drei Monaten gestorben. Darin sehen nun alle die von Savonarola angekündigte Strafe Gottes. Selbst Commynes schreibt in seinen Memoiren, er habe sogleich an diese Art von Strafe gedacht, als der Frate eine solche im vergangenen April vorausgesagt hatte.

Es ist dies eine Nachricht, welche die Leute erschaudern läßt. Wenn man bedenkt, daß seit dem vergangenen Sommer das »Kompendium der Offenbarungen« in den gebildeten Kreisen halb Italiens, ja Europas die Runde macht, kann man sich gut vorstellen, welchen Eindruck es auf alle machen muß, wenn sie feststellen müssen, daß die Offenbarungen Savonarolas trotz der Exkommunikationsdrohungen gegen ihn den Nagel genau auf den Kopf treffen.

Und doch wird diese Nachricht, ein möglicher psychologischer Anlaß für eine Aufhebung des Predigtverbotes, im allgemeinen ziemlich ignoriert. Im Vordergrund stehen vielmehr die immer nachdrücklicheren Bemühungen von seiten der Florentiner Regierung bei Kardinal Carafa und anderen Kardinälen, um eine baldige Rückkehr Savonarolas auf die Kanzel zu erreichen.

Eines Tages verliert jedoch die Signoria angesichts des römischen Zögerns die Geduld, und so faßt sie selbst unter dem wachsenden Druck des Volkes zu Beginn der Fastenzeit, am 11. Februar, den einstimmigen Beschluß, Savonarola aufzufordern, seine Predigttätigkeit sofort wieder aufzunehmen, andernfalls er mit schwerwiegenden Sanktionen zu rechnen hätte. Doch sowohl dieser Beschluß als auch die angedrohten Sanktionen sind vollkommen überflüssig, denn Savonarola hat sowieso nichts anderes im Sinn, und außerdem trifft gleich darauf auch die erwartete Genehmigung aus Rom ein.

Kurze Zeit später läßt der Papst selbst gegenüber dem florentinischen Botschafter etwas über die Hintergründe der ganzen Angelegenheit durchblicken: »Es war die Liga, die nicht wollte, daß man Fra Girolamo die Erlaubnis zur Predigt erteilt.« Deshalb wird die Aufhebung des Predigtverbotes auch nur mündlich mitgeteilt, gemäß der Formel »vivae vocis oraculo«, einer Formel, die außerordentlich bequem ist, denn sie erlaubt es, das einmal gegebene Wort ruhigen Gewissens wieder zurückzunehmen und zu behaupten, es überhaupt nie gegeben zu haben.

Daß der Erfolg Savonarolas auch ein »succès de scandale« ist, dürfte wohl nicht zu leugnen sein, auch wenn es sich um einen Skandal handelt, der von anderen provoziert wurde. Der 17. Februar, der Tag seiner vom Volk erzwungenen Rückkehr auf die Kanzel, nimmt den Charakter einer Massenkundgebung an, wobei die Leute jedes Interesse an anderen Dingen, die nicht mit diesem Ereignis zu tun haben, völlig verloren zu haben scheinen.

Verschiedenste Emotionen kommen nun zum Ausdruck. Warnende Stimmen erheben sich. Man spricht davon, daß Ludovico il Moro gedungene Mörder ausgeschickt habe, um Savonarola töten zu lassen. Man bezweifelt, daß der Papst das Verbot wirklich aufgehoben habe, und es heißt, daß auch diejenigen automatisch exkommuniziert seien, die der Predigt beiwohnten.

Im Inneren des Domes sind in aller Eile Holztribünen errichtet worden, um das Fassungsvermögen zu vergrößern und um die große Masse von Jugendlichen unterbringen zu können, die sich wie musizierende Engelscharen benehmen und mehrstimmig ihre Lieder vortragen. Während es also im Inneren des Domes fast wie im Himmel zugeht, hat man draußen größte Mühe, die öffentliche Ordnung einigermaßen aufrechtzuerhalten. Es braut sich offenbar etwas zusammen, und die »Arrabbiati« tun alles, um noch mehr Öl ins Feuer zu gießen. Man befürchtet einen Tumult oder vielleicht die isolierte Tat eines einzelnen, der die Gelegenheit benützen könnte, um einen Anschlag auf das Leben des Predigers zu verüben.

Die Atmosphäre in der Stadt ist zum Zerreißen gespannt, auch wenn tags zuvor etwa zehntausend Jugendliche unter der Führung von Fra Domenico da Pescia zur Erbauung der Anhänger Savonarolas friedlich durch die Straßen gezogen sind, mit Olivenzweigen in den Händen und Friedensgesängen auf den Lippen.

Die Gläubigen, die Savonarola auf dem Weg von S. Marco zum Dom begleiten, tragen ohne sein Wissen Waffen unter ihren Kleidern versteckt, um ihn im Falle eines Angriffs zu verteidigen.

Und er eröffnet seine denkwürdige Predigt auch gleich mit einigen aggressiven, wenn auch lustig und fast scherzhaft vorgebrachten Ausführungen über sein durch Hinterlist und Tücke gefährdetes Leben:

»Was soll das heißen, Frate, daß du dir so lange Ruhe gegönnt hast und nicht auf dem Schlachtfeld erschienen bist, um deinen Soldaten beizustehen?

Meine Kinder, ich habe mich nicht ausgeruht, ich habe vielmehr eine Festung verteidigt, deren Fall wahrscheinlich auch für euch eine Katastrophe gewesen wäre ...

Sag die Wahrheit, Frate, hast du nicht vielleicht Angst gehabt, getötet zu werden?

Nein, sicherlich nicht, meine Kinder, denn wenn ich das befürchtet hätte, dann stünde ich jetzt nicht hier, denn hier bin ich viel größeren Gefahren ausgesetzt.

Sagen wir kurz: Du hast Bedenken gehabt, hier zu predigen.

Ich nicht.

Aber nein? Wir haben doch von deiner Exkommunikation gehört und daß dir verboten worden ist zu predigen.

Hast du diese Exkommunikation schwarz auf weiß gesehen? Doch nehmen wir einmal an, das sei der Fall. Erinnerst du dich nicht, daß ich dir schon einmal gesagt habe, daß eine solche Exkommunikation, auch wenn sie verhängt würde, nichts zu bedeuten hätte? ...

Sag mir, wenn du ein Geschäft in Brügge hättest, das von einem deiner Leute vortrefflichst geführt würde, und deine Konkurrenten würden ihn aus Neid bei dir verleumden, und du schriebst ihm, du hättest Böses von ihm gehört, und riefst ihn zurück, und er käme tatsächlich heim und ließe das Geschäft in Brügge zugrunde gehen – würdest du dann nicht zornig über ihn sein und sagen: Du Narr, hast du denn nicht darüber nachgedacht, wer meinen Brief veranlaßt haben könnte? Du hättest es wissen müssen und mir auf keinen Fall gehorchen und hierherkommen dürfen ...«

Es ist offensichtlich, daß Savonarola noch immer an der These eines nur ungenügend oder bewußt falsch informierten Papstes festhält, und die Predigt ist demgemäß in einem durchaus gemäßigten Ton gehalten.

Aber Fastenzeit, das bedeutet etwa fünfzig Tage lang hintereinander täglich eine mehr als zweistündige Predigt: insgesamt also mehr als hundert

Stunden, in denen die eigenen Gedanken und Gefühle an eine riesige Menge herangetragen werden. Und jeden Tag gibt es eine neue Nachricht, und jede Nachricht findet ihr Echo in der Predigt, besonders wenn es sich um Karnevalsgeschichten handelt, die ausgerechnet in der Fastenzeit die Runde machen. Und die Nachrichten, die über den römischen Karneval und ganz besonders über jenen im Vatikan nach Florenz gelangen, sind alles andere als erbaulich, zumal es Tatsache ist, daß neun Monate später sich für den Papst die Folgen des lustigen Treibens in der Gestalt eines Neugeborenen und eines Toten einstellen, wie wir später noch sehen werden.

Ein Echo auf diese Vorgänge ist schon in der Predigt vom 24. Februar zu bemerken:

»Sie wollen keine Prophezeiungen ... Aber es sind ja eure Sünden, die euch Böses prophezeien. Nicht ich, sondern Himmel und Erde sagen euch Schlimmes voraus. Wir ermahnen die Männer zu einem einfachen Leben und die Frauen zur Anständigkeit ... Ihr hingegen habt die Männer zur Ausschweifung verführt, die Frauen zu einem liederlichen Lebenswandel und die Jugendlichen zu homosexuellen Praktiken und anderen Schweinereien ...«

Es ist klar, daß es zu einer Konfrontation zwischen Florenz, wo die Reform schon weit fortgeschritten ist, und Rom, wo sie noch nicht einmal in Angriff genommen wurde, kommen muß, zumal ja immer skandalösere Nachrichten von dort bekannt werden. Ein Skandal provoziert den anderen, und so sind wir am 28. Februar im Dom gleich Zeuge des nächsten Skandals. Es ist die sogenannte Predigt von den »Dirnen Roms«, die von den biblischen Baschankühen (Am 4,1) inspiriert ist:

»Gibt es nicht einige dieser Kühe auch in Italien und in Rom? Tausend sind noch zuwenig in Rom, auch zehntausend sind nicht genug, ja selbst vierzehntausend reichen nicht aus: Nicht nur die Frauen werden dort zu Huren, sondern auch die Männer ... Kommt doch her, ihr Würdenträger, kommt, ihr Priester, ihr Mönche, ihr Laien ... Des Nachts geht ihr mit der Geliebten ins Bett und am nächsten Morgen auch noch zur Kommunion.«

Sicher, Savonarola ist kein Kurienkardinal. Wenn er einer wäre, würde er sich vielleicht auch so ausdrücken wie Kardinal Peraud, der sich über diese Mißstände nicht so vulgär, aber doch auch deutlich genug im privaten Kreis geäußert hat: »Wenn ich an die Lebensweise des Papstes denke, dann schäme ich mich zutiefst wegen meiner Zugehörigkeit zur Kurie. Ich möchte am liebsten gar nichts mehr damit zu tun haben, wenn Gott nicht bald seine Kirche reformiert.« (Kardinal Peraud ist übrigens einer von denen, die erst jüngst Savonarola in Florenz besucht haben.)

Nach und nach spitzt sich die Lage in dieser Fastenzeit immer mehr zu. Das einzige Wort, das aber weiterhin ein unausgesprochenes Tabu bleibt und die ganze Konfrontation zu einer persönlichen Auseinandersetzung zwischen Savonarola und dem Borja-Papst machen würde, ist das Wort »Konzil«. Aber ein Passus seiner Predigt vom 8. März läßt auch in dieser Hinsicht an Deutlichkeit nichts zu wünschen übrig:

»Ich bin durch Christus verpflichtet, diese Wahrheit zu verteidigen und hier zu stehen, solange ich lebe ... Geh nur, schreib nach Rom und berichte: Dieser Frate behauptet, daß du tun kannst, was du willst, Rom, du wirst dieses Feuer nicht auslöschen. Denn ich sage dir, dieses Feuer brennt schon in vielen Bischöfen, Prälaten und Kardinälen, es ist in verschiedenen Teilen Italiens angezündet und in wichtigen Vertretern der Laienwelt, und zum geeigneten Zeitpunkt wird die Wahrheit sich durchsetzen. Ich selbst bekomme in diesem Sinne andauernd Briefe von bedeutenden Persönlichkeiten, deren Namen ich aber im Augenblick nicht nennen will.«

Nach dieser Predigt nimmt es nicht wunder, daß Alexander VI. sich langsam auch persönlich in den Fall des Frate von Florenz hineingezogen sieht. Solange nur die Außenpolitik auf dem Spiel stand, die übrigens äußerst unbeständig und voll überraschender Kehrtwendungen ist, konnte man das alles noch einigermaßen tolerieren. Doch jetzt greift dieser Mönch seine Stellung als Papst selbst an, und wenn er sagt, daß er nicht der einzige ist, so kann man ihm dies sicher ohne weiteres glauben. Seine häufige Korrespondenz mit Fürsten und anderen hochgestellten Persönlichkeiten ist allgemein bekannt. Wie es scheint, hat auch Kardinal Giuliano della Rovere Kontakt zu ihm gesucht. Und Kardinal Peraud, einer von denen, die für den Lebensstil des Papstes wenig Verständnis aufbringen, war erst im vergangenen Sommer in Florenz und hat mit dem Frate eine längere Unterredung gehabt. Und unlängst haben sich sogar Kardinal Carafa und einige andere dafür eingesetzt, daß ihm die Predigterlaubnis wieder erteilt wird. Es gibt also genügend Anhaltspunkte, die auf eine organisierte Verschwörung schließen lassen.

Erst jetzt dürfte Rodrigo Borja zum erstenmal auf den Fall Savonarola bewußt aufmerksam geworden sein und beschlossen haben, sich persönlich damit zu befassen, um die Fehler vom vergangenen September, die auf falschen Informationen beruhten, diesmal zu vermeiden.

Hat man erst einmal alle Informationen eingeholt und koordiniert, dann wird es sicherlich möglich sein, bei der Entscheidung über diesen Fall aus einer breiten Skala von möglichen Lösungen die jeweils günstigste zu wählen. Das kann dann sowohl die Exkommunikation Savonarolas sein als auch seine Ernennung zum Kardinal, es kann das Interdikt über Florenz bedeuten, wenn die Stadt sich nicht von ihm lossagen will, oder schließlich sogar die physische Vernichtung des Frate.

Und da der Papst aufgrund der letzten Predigten Savonarolas schon einmal Verdacht geschöpft hat, erinnert man sich in Rom auch sofort wieder an jenen alten Prozeß, der damals in Bologna gegen den Frate wegen angeblicher Beleidigung des Papstes angestrengt worden war, um ihn eventuell neu aufzurollen. Aber man kramt nicht nur in der Vergangenheit: Eine Kommission aus zwei Kardinälen, dem Ordensgeneral und einigen Theologen (insgesamt 14 Personen) wird eingesetzt und vom Papst beauftragt, den ganzen Fall zu prüfen.

In Florenz, wo mittlerweile die Nachricht von den Reaktionen Roms bekanntgeworden ist, spricht man bereits von einer unmittelbar bevorstehenden Exkommunikation Savonarolas und der Verhängung des Interdiktes gegen die ganze Stadt. »Geht schleunigst noch einmal zur Kommunion«, so lautet die Parole, die von den »Arrabbiati« ausgegeben wird, »denn wenn demnächst das Interdikt verhängt wird, werdet ihr keine Möglichkeit mehr dazu haben.« Ein Interdikt bedeutet nämlich, wie die Exkommunikation, gleichsam eine Ächtung dessen, der davon betroffen wird, in diesem Fall einer ganzen Stadt, was den Zusammenbruch des gesamten Handelsverkehrs zur Folge hat, vergleichbar etwa einem modernen Handelsembargo, das die Ausfuhren und Einfuhren lahmlegt: Es bedeutet also den wirtschaftlichen Tod eines Gemeinwesens.

Die Angst vor einem solchen Interdikt geht auch im Palast der Signoria um und hinterläßt deutliche Spuren in den Worten von Pier Capponi während einer gemeinsamen Versammlung (einer sogenannten »Pratica«) der höchsten Organe der Republik und der wichtigsten Repräsentanten der Bürger am 10. März. Hier ein kurzer Auszug seiner Rede aus dem diesbezüglichen Protokoll:

»Angesichts der großen Erfolge, die Fra Girolamo in unserer Stadt erreicht hat und immer noch erzielt, müßte man alles daransetzen, um ihm die Predigt zu ermöglichen, wenn es kein diesbezügliches Verbot seitens des Papstes gibt. Wenn es aber ein solches Verbot gibt, wäre es gut, einige Juristen und mit der Materie vertraute Bürger zu beauftragen, sich mit Fra Girolamo selbst zusammenzusetzen, um miteinander zu beraten, wie man die vitalen Interessen der Stadt am besten wahren kann, wobei eine Vorgangsweise gegen den ausdrücklichen Willen des Papstes unbedingt vermieden werden muß. Es ist ja nicht das erstemal, daß die Zensuren eines Papstes großes Unglück über die Stadt und besonders über unsere Wirtschaftstreibenden gebracht haben.«

Daß eine gegen Savonarola gerichtete Offensive im Gange ist, zeigt sich auch in dem psychologischen Kleinkrieg, den die anderen Fastenprediger gegen ihn entfesseln. Und da diese Art von Kleinkrieg ja überall ein offenes Geheimnis ist, findet sich ein Niederschlag davon auch in Privatbriefen, die in diesen Tagen mit den letzten Neuigkeiten aus Florenz abgeschickt werden:

»Stell Dir vor, was gestern früh passiert ist«, heißt es in einem dieser Briefe vom 12. März 1496. »Der Prediger von S. Spirito hat behauptet, daß wir Florentiner Opfer der Machenschaften von Fra Girolamo seien, und wenn dieser gesagt habe, er wolle 20 Minuten lang im Feuer stehen, so sei er bereit, eine halbe Stunde lang auszuhalten. Außerdem hat er die Anwesenden aufgefordert, niederzuknien und zu beten, daß ihn auf der Stelle der Schlag treffen und töten solle, wenn auch nur eine einzige Behauptung Savonarolas wahr wäre.«

Aber in Florenz haben die »Pratiche«, nämlich die Versammlungen, von denen wir gesprochen haben, im allgemeinen nur beratende Funktion, und die neun Mitglieder der Signoria (die für zwei Monate die oberste Regierungsspitze bilden), die »Dieci di pace e libertà« (die sich um die Außenpolitik kümmern) sowie die »Otto di guardia e balìa« (die für die Innenpolitik zuständig sind) können im Anschluß daran durchaus autonome Entscheidungen treffen, die sich allerdings fast immer an den in diesen Versammlungen vorherrschenden Tendenzen orientieren.

Doch das Verhalten der Acht scheint sich keineswegs an den Ratschlägen Pier Capponis auszurichten. Das läßt sich zumindest aus dem Brief ablesen, den der Spitzel im Diplomatengewand Paolo Somenzi am 18. März an den Herzog von Mailand richtet: »Diese acht Herren haben den Kurier des Papstes daran gehindert, dem Frate die Mitteilung über das neuerliche Predigtverbot auszuhändigen, und wie man hört, sollen sie ihn unter Geleitschutz wieder über die Grenze abgeschoben haben.«

Jedenfalls haben die Spitzen der Behörden in Florenz, zumindest aber die Acht, gegenüber Rom einen harten Kurs eingeschlagen. Ganz zum Unterschied vom Betroffenen selbst, der in seiner Predigt vom 14. März berichtet, daß er einen Brief an den Papst geschrieben habe. Den Inhalt dieses Briefes, der leider verlorengegangen ist, kennen wir zwar nicht, doch es weist alles darauf hin, daß es sich um ein Rechtfertigungsschreiben handelt, zumal auch die Zehn, die gewöhnlich die Forderungen Savonarolas mit großem Eifer aufgreifen, zur selben Zeit den direkten Kontakt mit dem Pontifex suchen, indem sie den Bischof von Pistoia, Niccolò Pandolfini, als außerordentlichen Gesandten nach Rom schicken, um die prekäre Lage zu sondieren. Doch als am 23. März diese Verbindung hergestellt wird, sprühen die Funken von seiten des Borja-Papstes: »Ach was, es ist besser, im Augenblick gar nicht über Fra Girolamo zu reden«, so die Reaktion Alexanders VI. »Es wird schon noch der Zeitpunkt kommen, wo Wir sehr gründlich über ihn werden reden müssen.«

Am Tag darauf beginnt in Florenz aber schon Fra Girolamo damit, gründlich über den Papst zu reden: »Gott wird uns einen heiligen Papst senden: entweder diesen oder einen anderen, denn er kann auch diesen noch heilig machen, wenn er will ... So spricht der Herr: Ich habe euch mitten unter schlechte Prälaten, Fürsten, Priester und Bürger gestellt. Hütet euch vor ihren Lastern, sucht vielmehr alle miteinander eure Zuflucht in der Liebe ... Hütet euch vor Rom, denn das ist die Heimat aller Laster.«

Aber am 19. März, dem Palmsonntag, hat sich die Atmosphäre schon wieder weitgehend beruhigt. Savonarola hält eine Predigt für die Jugend, und nach einem Umzug der Jugendlichen durch die Straßen der Stadt und einer gut organisierten Almosensammlung nimmt er die feierliche Eröffnung eines Pfandhauses vor und setzt die frisch nominierten Verwalter dieses Instituts in ihr neues Amt ein.

Schlagartig scheint sich auch die Atmosphäre in Rom aufgeheitert zu haben. Der ganze Wirbel um jene alte, aufgebauschte Geschichte von Bologna, die durch die Wiederaufnahme der Ermittlungen neuerlich aufgewärmt worden war, ist nun wieder abgeflaut. Die berühmte Theologenkommission ist zusammengetreten, ohne daß die beiden ihr angehörenden Kardinäle daran teilgenommen hätten, und sie ist ohne jegliches Ergebnis wieder auseinandergegangen. Diese Nachricht wird vom florentinischen Gesandten am 5. April nach Florenz übermittelt.

Ein unmittelbares Echo auf diesen Sieg findet sich am 10. April in der letzten Predigt des gesamten Zyklus, und zwar in einem kleinen lateinischen Vers, der voll ironischer Anspielungen ist: »Scrutati sunt iniquitates, defecerunt scrutantes scrutinio« – »Sie haben Bosheit im Sinn, doch halten sie ihre Pläne geheim.«

Aber eine entschlossene und klare Reaktion liegt in jenen anderen Worten dieser Predigt:

»Ich sage, daß die Schlüsselgewalt, aufgrund derer die Kirche löst und bindet, das Recht hat, jedem zu befehlen ... und ich bin immer bereit, der Römischen Kirche Gehorsam zu leisten. Der Papst kann mir aber nichts befehlen, was gegen Gott oder gegen die Liebe verstößt. Und ich glaube auch nicht, daß er das zu tun beabsichtigt. Sollte er es hingegen in der Tat beabsichtigen, so würde ich ihm offen entgegnen: Du bist jetzt nicht mehr die Römische Kirche, du bist bloß ein Mensch und kein Hirt mehr ... Du irrst! ...

Dem Papst sagen wir nun: Es ist Seiner Heiligkeit gesagt und geschrieben worden, daß ich Schlechtes über ihn gesagt hätte. Das ist nicht wahr. In der Heiligen Schrift steht geschrieben: Du sollst nichts Böses sagen über den Herrscher deines Volkes. Das habe ich auch nie getan: Ich habe nie einen Namen genannt.«

Nach dieser spontanen Erklärung kommt aus Rom umgehend ein Friedenssignal. Es schreibt nämlich der florentinische Gesandte am 23. April: »Der Papst zeigt große Genugtuung darüber, wie die ganze Sache mit Fra Girolamo gelaufen ist.«

# XVII.

Wenn man auch glauben kann, daß der Freispruch von den gegen ihn erhobenen Anklagen als Folge der blamablen Vorstellung des über ihn zu Gericht sitzenden Richterkollegiums für die Gehorsams- und Treuebekundungen Savonarolas maßgeblich war, so fällt es einem andererseits schwer zu glauben, daß diese Erklärungen der einzige Grund für eine so deutliche Kehrtwendung Roms gewesen sein könnten.

Viele Leute beginnen nun in den ersten Apriltagen sich gegenüber Savonarola äußerst rücksichtsvoll und zuvorkommend zu verhalten, auch solche, die früher ganz anders eingestellt waren. Nehmen wir nur den Fall von Paolo Somenzi, der im Auftrag von Ludovico Sforza in Florenz als sein diplomatischer Vertreter (aber auch als Spitzel und Provokateur) fungiert. Nun, auf Anraten Somenzis geruht der Herzog von Mailand am 20. April auf einen jener Briefe ausgesprochen höflich zu antworten, die Fra Girolamo nach und nach an die italienischen Fürsten schreibt, um sie zu einem anständigen Verhalten zu ermahnen.

In diesem Fall handelte es sich sogar um eine Aufforderung, angesichts einer drohenden Strafe Gottes Buße zu tun, und das nahm Savonarola auch zum Anlaß, darauf hinzuweisen, daß die feindselige Haltung des Herzogs ihm gegenüber völlig ungerechtfertigt sei, zumal ja die Vorwürfe an die italienischen Fürsten in seinen Predigten nicht an einzelne Personen gerichtet gewesen wären, sondern ganz allgemein an alle.

Der Brief Savonarolas schloß mit der Feststellung: »Ich habe Euch das alles nicht aus menschlicher Furcht geschrieben, noch um auf diese Weise materielle Vorteile herauszuschlagen, denn weder von Euch noch von anderen Fürsten begehre ich Gold oder Silber, Gunsterweise, Ruhm oder andere vergängliche Dinge noch irgendeinen Lohn; ganz im Gegenteil, ich habe mir von meinen Worten nie etwas anderes erwartet, und ich tue es auch jetzt nicht, als Schmach und Verleumdung, Verfolgung und zuletzt sogar den Tod.«

Es dürfte wohl für jedermann eine peinliche Angelegenheit sein, auf einen in diesem Ton gehaltenen Brief zu antworten, vor allem aber für einen, der im Verdacht steht, daß er jenen Tod, den der Absender letztlich erwartet, schon einige Male beschleunigt herbeizuführen versucht hat.

Nun, der Herzog von Mailand antwortet am 20. April umgehend auf den Brief, den der andere ihm am 11. April geschrieben hat:

»Wir haben«, schreibt der Moro, »den Brief, den Ihr eigenhändig an Uns gerichtet habt, gelesen. Wir nehmen ihn entgegen in der Überzeugung, daß er von einem guten Ordensmann stammt. Und auch seine Offenheit gefällt Uns. Wir verhehlen nicht, daß Wir seinerzeit die Tatsache mißbilligt haben, daß Ihr in Euren Predigten (soweit Uns darüber berichtet wurde) sagtet, daß man Seiner Heiligkeit nicht gehorchen dürfe. Uns schien vielmehr, daß es sich für einen jeden, vor allem aber für Leute Euren Ranges ziemt, gegenüber demjenigen Ehrfurcht zu zeigen, welcher der Stellvertreter Christi auf Erden ist, und das nicht nur im Grundsätzlichen, sondern auch der Form nach.

Wir können auch nicht leugnen, mit Worten der Mißbilligung die Zeichen Eurer Abweichung vom rechten katholischen Glauben kommentiert zu haben. Von Unserer Seite hat es jedoch sonst nie etwas anderes gegeben, was Wir auszusetzen gehabt hätten ... Wenn Wir dennoch in irgendeiner Weise Euch beleidigt haben, so tut Uns das sehr leid, und von nun an werden Wir besser darauf achten.«

In seiner ersten Fassung, die uns ebenfalls bekannt ist, hat dieser Brief des Herzogs einen noch viel herzlicheren und geradezu anbiedernden Schluß, der dann aber gestrichen und durch einen anderen ersetzt wurde, wahrscheinlich weil er doch in einem zu krassen Gegensatz zum allgemeinen Ton des Briefes stand. Doch hat dieser später eliminierte Schlußteil im wesentlichen in das Begleitschreiben an Somenzi Eingang gefunden, der den Brief Savonarola überbringen sollte: »Du sollst«, heißt es da, »ihm mit freundlichen Worten gegenübertreten und ihm versichern, daß Wir ihm wohlgesinnt sind und dankbar wären, wenn er Uns wieder einmal schreiben würde. Auf diese Weise wird es Dir ohne Zweifel gelingen, ihn milde zu stimmen.«

Den Schlüssel für eine richtige Interpretation dieses Briefes stellt sein Datum dar, der 20. April. Denn gerade um den 20. April herum bestätigt sich die Nachricht, die bereits seit Beginn des Monats in Italien die Runde macht, wonach Karl VIII. sich bereitmache, von neuem die Alpen zu überschreiten. Und die Liga befindet sich gerade in einer schweren Krise und ist von der Auflösung bedroht. Jedes Mitglied mißtraut dem anderen, und außer bei den Venezianern ist die Versuchung überall ziemlich groß, sich in die Arme des Königs von Frankreich zu werfen, sowohl in Rom als auch in Mailand. In dieser Hinsicht könnte der Frate eine nicht zu unterschätzende Hilfe und Stütze sein, um die plötzliche Kehrtwendung schneller und leichter bewerkstelligen zu können.

Demnach könnte der Brief des Moro auf folgende Weise interpretiert werden: »Wir leugnen nicht, dem Papst (durch Unseren Bruder, den Kardinal und Vizekanzler Ascanio) Eure Auflehnung gegen seine Anordnungen nachdrücklich vor Augen geführt zu haben, und stellen auch nicht in Abrede, versucht zu haben, Euch als einen Häretiker zu denunzieren. Doch da vor kurzem die Nachricht von der unmittelbar bevorstehenden Rückkehr Eures Freundes, des Königs von Frankreich, nach Italien eingetroffen ist, ergreifen Wir die Gelegenheit, um mit Euch ins Gespräch zu kommen. Ein solcher Dialog könnte auch für Euch vorteilhaft sein und Euch größere Sicherheit verschaffen, sei es durch das Wirken Unseres Bruders Ascanio, sei es durch Uns direkt, denn Wir glauben nicht, daß Ihr für gewisse Dinge gänzlich unzugänglich seid . . .«

In diesen Tagen der allgemeinen Besorgnis und Unsicherheit ist die Ernte im Weinberg des Herrn reichlicher als sonst. Denkwürdig ist ein zehntägiges Auftreten Savonarolas in Prato, wo er in der Kirche von S. Domenico vor einer riesigen Menschenmenge predigt, die zum Teil auch aus Florenz und aus der Umgebung gekommen war. Prato ist erst vor kurzem zum Sitz einer Universität geworden, weil nämlich die zuvor in Pisa bestehende Universität dorthin verlegt worden war. Denkwürdig auch seine Predigt über das Thema des Glaubens vor den Studenten und Professoren, die schließlich zahlreiche Bekehrungen zur Folge hat.

Am Abend des 25. April wird Savonarola gebeten, dringend von Prato nach Florenz zurückzukehren, um am darauffolgenden Tag mit einer Predigt im Saal des Großen Rates die Wahlen für die Signoria der beiden Monate Mai/Juni festlich einzuleiten. Wenngleich man Somenzi auch nicht unbedingt ganz glauben darf, wenn er etwa dem Moro schreibt, daß in Florenz praktisch der Frate die Ämter verleiht, wie es ihm gefällt, so ist es dennoch durchaus glaubhaft, daß die Exponenten der an der Macht befindlichen Partei sein Wort nicht entbehren können und es zumeist wohl auch beherzigen.

Aber vielleicht geht es bei dieser Gelegenheit um etwas ganz anderes. Vielleicht wünscht man seine Anwesenheit in einem für die Republik äußerst kritischen Augenblick. Übrigens hält vor der Abstimmung gar nicht Savonarola die offizielle Ansprache, sondern sein Vertreter Fra Domenico da Pescia. Man spricht vom Versuch eines Staatsstreiches, von Machenschaften während der Abstimmung. Die ganze Sache ist jedenfalls ziemlich mysteriös, und die Begleitumstände sind höchst ungeklärt. Auch der ehemalige Gonfaloniere Filippo Corbizzi soll in die Angelegenheit verwickelt sein. Unsicherheit besteht auch über die getroffenen Gegenmaßnahmen: Nach einigen Quellen sollen die Rädelsführer der Verschwörung, unter ihnen Corbizzi, zu lebenslänglicher Haft verurteilt worden sein, nach anderen wiederum nur zu zehn Jahren Gefängnis.

Am 8. Mai, dem Tag, an dem man im Großen Rat über die Berufung der Verurteilten diskutiert, nimmt Savonarola seine Predigten im Dom wieder auf. Predigen bedeutet für ihn auch, in der Politik mitzumischen und zu Regierungsfragen Stellung zu nehmen; und das wiederum heißt: die Republik unter allen Umständen verteidigen. Daher kann die Devise in diesem Fall für ihn nur lauten: Verurteilung. Und tatsächlich geht seine allgemeine Empfehlung, Gerechtigkeit zu üben, schließlich über in eine strikte Ablehnung der eingelegten Berufung für alle, die der Verschwörung beschuldigt werden.

Predigen heißt also, auch auf politischer Ebene Einfluß ausüben, doch das gelingt nur bis zu einem gewissen Grad, denn es ist erwiesen, daß die Regierungsorgane bei ihrer Tätigkeit nur jene Anregungen von seiner Seite berücksichtigen, die ihren eigenen Bedürfnissen entgegenkommen, und daß sie keineswegs immer bereit sind, alle seine Empfehlungen zu akzeptieren, die zumeist eine moralische Erneuerung zum Inhalt haben.

Im Juni registriert man in der Tat die ersten Unstimmigkeiten in diesem Punkt, als der Große Rat das Gesetz über die »Reform der Frauen« mit zahlreichen Abänderungen der ursprünglichen Fassung verabschiedet, eine Art Normvorschrift über die Kleidung der Frauen, für die der Frate lange gekämpft hat und die er nun im endgültigen Gesetzestext inhaltlich ziemlich entleert sieht. Aber trotz seiner scharfen Worte und Proteste finden wir ihn am 1. Juli schon wieder auf der Kanzel, um diesmal ein öffentliches Darlehen zugunsten der Stadtkasse zu fordern, nachdem die Stadt aufgrund der militärischen Ausgaben für den Krieg gegen Pisa knapp vor dem Bankrott steht.

Daß die Predigten Savonarolas eng mit der Stadtpolitik verknüpft sind, haben mittlerweile viele begriffen, nicht nur in Florenz selbst, sondern überall: sogar der große Sultan, der sich seine Predigten ins Türkische übersetzen läßt. Und nicht nur die Bürger von Florenz stehen vor den Toren von S. Marco Schlange, um den Prior, wenn er nicht gerade predigt, in ihren Problemen um Rat zu fragen. Es kommen auch Leute von auswärts, hochgestellte Persönlichkeiten, und bitten um Gehör, Gesandte vor ihrer Abreise und nach ihrer Ankunft.

Seit dem Frühjahr 1496 ist es sogar Mode geworden, daß auch seine alten Gegner den Frate um Rat fragen. Paolo Somenzi ist ständig unterwegs nach S. Marco. Auch von Rom aus beginnt man den Mönch langsam mit anderen Augen zu sehen.

Und siehe da, im Mai bekommt Savonarola, nach dem zuverlässigen Zeugnis des Chronisten Parenti, plötzlich einen ganz vertraulichen Besuch. Es handelt sich um einen nicht näher genannten Sohn des Papstes. Es dürfte entweder Juan, der erstgeborene Herzog von Gandia, oder Kardinal Cesare gewesen sein. Die Rolle eines Abgesandten würde eher zu Cesare passen, und deshalb wird in diesem Fall allgemein auf ihn getippt. Der eigentliche Zweck dieses Besuches unter dem Vorwand, einen Rat einholen zu wollen, wie es so viele andere auch tun, ist wohl der, bei Savonarola nach seiner eventuellen Bereitschaft zu sondieren, beim König von Frankreich zugunsten des Papstes zu intervenieren, um zu vermeiden, daß jener, wie es bei Parenti wörtlich heißt, »gegen ihn vorgeht«, und um ihm so »den Apostolischen Stuhl zu erhalten«. Selbstverständlich sind diese Sondierungen von »äußerst großzügigen Angeboten« begleitet, die jedoch von Parenti, der Savonarola besonders feindlich gesinnt ist, nicht näher spezifiziert werden. Wenn man sich jedoch die Predigten nach diesem Besuch anschaut, kann man wohl nicht sagen, daß er nennenswerte Ergebnisse gezeitigt hätte. Andererseits wird aber auch die weiche Welle, die der Papst zuletzt eingeschlagen hat, nicht aufgegeben, nicht einmal angesichts der Nachrichten, die neuerdings aus Frankreich einlangen, wonach der König, der ganz im Banne eines neuen Thronfolgers steht, dessen Geburt für den Herbst erwartet wird, seine Rückkehr nach Italien auf einen späteren Zeitpunkt verschoben habe.

Die schwankenden Mitglieder der Liga haben so die Möglichkeit, wieder etwas aufzuatmen; doch zumindest von seiten Roms werden die Annäherungsversuche weiter fortgesetzt.

Mitte August trifft in Florenz Fra Ludovico da Ferrara ein, der Prokurator des Dominikanerordens. Er verlangt, daß nun endgültig mit der antirömischen Polemik Schluß gemacht werde, und er bietet Savonarola im Namen des Papstes sogar eine ganz bestimmte Gegenleistung an: den Kardinalspurpur.

Die Antwort des Frate fällt sehr bescheiden aus und läßt alles in der Schwebe, wie immer bei ihm, wenn es um wichtige Entscheidungen geht: Obwohl er auf solche Ehren nie besonderen Wert gelegt habe, so im wesentlichen seine Antwort, werde er dennoch den Herrn im Gebet bitten, er möge ihm noch in der Nacht die richtige Entscheidung eingeben. Und wenn Fra Ludovico am nächsten Tag, am Dienstag, dem 20. August, seiner

Predigt im Palast beiwohnen wolle, werde er dort seine Antwort zu hören bekommen.

Diese Predigt erfolgt auf eigenes Ersuchen der Signoria und findet im Saal des Großen Rates vor den höchsten Repräsentanten des Staates statt. Auf einmal werden die Worte des Predigers leidenschaftlich erregt. Fra Ludovico beginnt die Ohren zu spitzen, um ja kein Wort zu überhören:

»Es ist unberechtigt«, so der Frate, »daß sich der Klerus über mich beklagt. Wenn ich gegen die Laster gepredigt habe, so habe ich immer Angriffe auf bestimmte Personen vermieden. Aber noch ungerechter verhalten sich jene Bürger, die sich lauthals über meine angeblichen Einmischungen in die Angelegenheiten des Staates entrüsten. Ich habe mich nie in eure Angelegenheiten eingemischt: Ich habe es öffentlich und auch privat immer wieder gesagt und wiederhole es hier noch einmal, daß dies nicht meine Aufgabe ist, und selbst wenn ich mich da einmischen wollte, bräuchte mir ja niemand Gehör zu schenken. Und wenn ich einige gute Gesetze zum Wohl und für die Freiheit des Volkes angeregt habe, wenn ich Zwietracht verhindert und die Menschen zum Frieden veranlaßt habe, so ist das alles zur Ehre Gottes geschehen. Doch nun möchten sie mich deswegen am liebsten steinigen. Sie ziehen umher mit der Parole: Der Frate ist nur aufs Geld aus, der Frate ist ein Drahtzieher geheimer Machenschaften, der Frate will sich zum Tyrannen erheben, der Frate will den Kardinalshut. Und ich sage euch: Wenn es so wäre, dann würde ich jetzt nicht diesen zerschlissenen Mantel tragen.

Ich will mich nicht rühmen, außer in dir, o Herr. Ich brauche keine Hüte, weder große noch kleine, ich will nichts anderes als das, was du deinen Heiligen gegeben hast: den Tod. Einen roten, blutgetränkten Hut, das wünsche ich mir.«

Unter den Honoratioren in der ersten Reihe, so stellt man es sich gerne vor, macht sich der schon etwas betagte Fra Ludovico keine Illusionen mehr (er wird übrigens schon bald sterben, und sein Amtsnachfolger als Prokurator wird der Florentiner Fra Francesco Mei werden, ein erklärter Gegner von Fra Girolamo schon aus früheren Tagen).

Auch Alexander VI. macht sich keine Illusionen mehr, wie man aus seiner spontanen Reaktion klar ersehen kann, die der zeitgenössische Biograph ihm zuschreibt: »Daß ja keiner mehr kommt und mir etwas von diesem Frate erzählt, weder im Guten noch im Schlechten!«

# XVIII.

Ludovico Sforza ist kein Mann, der lange auf ein und dieselbe Karte setzt. Nachdem die Angst vor einer französischen Rache gewichen ist, verhärtet sich seine weiche Linie gegenüber Savonarola sofort wieder bei den ersten wirklichen oder vermeintlichen Anzeichen eines gewissen Abbröckelns seines Charismas: ein Charisma, das in einer Stadt wie Florenz, wo es ein Rotationssystem gibt, wonach die Männer an der Spitze der Macht alle zwei Monate abgelöst werden, unweigerlich den Schwankungen der Politik ausgesetzt ist; ein Charisma, das sich je nach dem Inhalt der neuesten Meldungen entweder verstärken oder abschwächen kann.

Die Manipulation und Verfälschung von Nachrichten, ja sogar deren freie Erfindung sind bekanntermaßen eine Spezialität des Herzogs von Mailand. Auch wenn im Jahre 1496 die Praxis einer Pressekonferenz noch völlig unbekannt ist, so kommt die von ihm am 23. August am Hofe einberufene Versammlung der diplomatischen Vertreter von Florenz und Ferrara sowie des gesamten diplomatischen Corps doch mehr oder weniger einer solchen gleich.

Der Herzog will in ihrer Gegenwart gewisse Briefe verlesen lassen, die auf dem Weg von Florenz nach Frankreich von seinen Leuten abgefangen wurden. Es handelt sich um zwei solcher Briefe: Der eine, der an den König von Frankreich persönlich gerichtet ist, enthält Aufforderungen, den Krieg in Italien wieder aufzunehmen; der andere, an einen nicht näher genannten Herrn Niccolò adressiert, läßt Zweifel an der Loyalität des französischen Botschafters in Florenz, des Erzbischofs von Aix, gegenüber dem König aufkommen. Natürlich werden beide Briefe Fra Girolamo Savonarola zugeschrieben, gegen den sich der massive Protest des Herzogs richtet.

Dieser gekünstelte Protest muß in den Ohren der versammelten Diplomaten aber irgendwie zwiespältig klingen, weil er einerseits im Ton höchster Empörung vorgebracht wird, andererseits in spöttischer Manier den Eindruck zu erwecken versucht, einen angeblich so friedfertigen Mann dabei ertappt zu haben, wie er hinterrücks sogar unter den eigenen Freunden Zwietracht zu säen versucht. Natürlich macht er seiner Empörung nicht nur im eigenen Namen Luft, sondern auch im Namen der Liga und ganz Italiens, die durch diese Manöver eines heuchlerischen und verantwortungslosen Mönchs von neuem in die Tragödie eines Krieges verstrickt zu werden drohen. Kopien dieser beiden Briefe werden an die Regierungen sämtlicher italienischer Staaten versandt und von entsprechenden Kommentaren über die zweifelhafte Persönlichkeit dieses Mönchs aus Ferrara begleitet.

Es ist offensichtlich, daß diese ganzen Machenschaften mit den typischen Merkmalen eines psychologischen Krieges der augenblicklichen politischen Entwicklung Rechnung tragen. Karl VIII. hat, wenigstens bis auf weiteres, auf alle militärischen Abenteuer in Italien verzichtet. In Florenz beginnt das Bündnis mit Frankreich, auch wenn es im großen und ganzen gesehen die republikanische Freiheit und Unabhängigkeit sichergestellt hat, von vielen als eine Aufeinanderfolge von Enttäuschungen empfunden zu werden: vor allem als die Ursache einer allgemeinen Verarmung, des Verlustes von Pisa und des daran anschließenden Kleinkrieges, der die Stadtkasse ständig mit Unsummen belastet.

Außerdem ist in Florenz die kalte Verachtung des Frate für den Erzbischof von Aix allgemein bekannt, der sich mehr wie ein geldgieriger Steuereintreiber denn als ein Botschafter und Erzbischof gebärdet: eine Antipathie, die auch auf der Gegenseite so stark ist, daß es schwerfällt, die Position des Erzbischofs von Aix von jener der »Arrabbiati« zu unterscheiden.

Es sind schließlich auch noch die auf Initiative des Herzogs von Mailand in Gang befindlichen Verhandlungen mit Kaiser Maximilian von Österreich in Rechnung zu stellen, die das Ziel verfolgen, diesem im Auftrag der Liga ausreichend militärische Kräfte zur Verfügung zu stellen, um in Italien den Spieß umzudrehen, nämlich den als Besatzungsmacht zurückgebliebenen Franzosen den Todesstoß zu versetzen und den Widerstand von Florenz zu brechen. Maximilian ist überdies ein Verwandter des Herzogs von Mailand, da er erst vor kurzem dessen Nichte Bianca Maria geheiratet hat.

In Florenz stellt Savonarola alles kühl in Abrede, indem er verlauten läßt, daß es nicht zu seinen Gewohnheiten gehöre, insgeheim Briefe an den König von Frankreich zu schreiben, denn wann immer er ihm schreiben wollte, habe er dies ganz offen getan.

Für den Erzbischof und Botschafter scheint die Affäre aber genau das Richtige zu sein, um endlich einen konkreten Grund zu haben, sich auf den

Frate zu stürzen. Jede diplomatische Vorsicht außer acht lassend, begibt er sich in den Palast, um Protest zu erheben, ja er droht sogar damit, selbst auf die Kanzel zu steigen, um öffentlich die Heuchelei seines Gegners zu entlarven. Doch die Signoria rät ihm, dies lieber nicht zu tun, denn sie könne angesichts der voraussehbaren Reaktion des Volkes keine Garantie für seine Sicherheit übernehmen.

In Rom erfolgt überhaupt keine Reaktion auf dieses Ereignis, trotz der Erwartungen des Herzogs, der in einem Schreiben an den Papst sogar erklärt, daß der Frate sein Verhalten früher oder später noch werde bereuen müssen. Traut etwa Alexander VI. der Achse Lombardei–Venedig–Österreich nicht, die im Begriff steht, militärisch gegen Florenz vorzugehen? Oder bleibt er nur seinem Vorsatz treu, nichts mehr von diesem Frate hören zu wollen, weder im Guten noch im Schlechten? Oder hat auch er sich, wie der König von Frankreich, ganz und gar ins Privatleben zurückgezogen und erwartet vielleicht ebenfalls die Geburt eines Sohnes?

Tatsächlich finden sich in den zeitgenössischen Chroniken im Oktober 1496 deutliche Hinweise auf einen solchen Rückzug ins Privatleben.

Es wurde schon auf das Echo hingewiesen, das der verrückte römische Karneval des Jahres 1496 in Florenz gefunden hat. Im Oktober zeigen sich dann die Folgen. In der offenen Sprache eines Abbreviators der »Annalen« von Malipiero aus dem 16. Jahrhundert stellen sie sich so dar:

»Dem Papst wurde von einer jungen, verheirateten Dame, die er mit Hilfe ihres eigenen Vaters verführt hatte, ein Sohn geboren. Doch der Ehemann hat davon Wind bekommen und daraufhin seinen Schwiegervater unter einem Vorwand in seinen Weinberg gelockt, wo er ihn tötete. Er schnitt ihm dann den Kopf ab und steckte ihn auf einen Holzpfahl, den er mit einer Inschrift in großen Lettern versah, die lautete: ›Das ist der Kopf meines Schwiegervaters, der seine Tochter mit dem Papst verkuppelt hat.‹ Wegen dieser Sache hat der Papst ihn mit dem Bann belegt und auf seinen Kopf eine Prämie ausgesetzt.«

Die Episode findet übrigens in den Dokumenten ihre Bestätigung. Es ist die Zeitschrift »Civiltà cattolica« gewesen, die durch die Veröffentlichung eines diesbezüglichen päpstlichen Breve die näheren Umstände der Geburt dieses Sohnes von Rodrigo Borja genauer dargelegt hat.

Doch im Oktober 1496 muß das Abenteuer mit der »jungen, verheirateten Dame« bereits Schnee von gestern gewesen sein, so daß der Chronist Marin Sanudo, der ebenfalls davon berichtet, die Bemerkung hinzufügt, daß Rodrigo Borja sich in diesen Tagen schon wieder »mit seiner spanischen Mätresse« amüsiert.

Seit Mitte September und fast den ganzen Oktober hindurch scheint auch das politische Engagement Savonarolas nachzulassen. Andere Prediger treten nun an seine Stelle, vielleicht irgendwie ein Zeichen dafür, daß er über die Art, wie man die ganze Sache zuletzt aufgebauscht und zum Skandal hochstilisiert hat, ziemlich verbittert ist.

Im Oktober 1496 ist Kaiser Maximilian von Österreich bereit, mit Hilfe der Streitkräfte der Liga die Republik Florenz vom Meer wie vom Festland aus direkt anzugreifen. Livorno wird mit Unterstützung der Flottenverbände von Venedig und Genua belagert. Ist Livorno erst einmal gefallen, der einzige Ort, über den Verstärkungen und Nachschub aus Frankreich herangeschafft werden können, dann ist auch die Republik erledigt.

Die Moral der Florentiner liegt völlig am Boden. Ende September ist Pier Capponi, einer der führenden Männer von Florenz, vor Pisa im Kampf gefallen, und in der Folge war man in diesem Frontabschnitt zum Nachgeben gezwungen worden. Es zeichnen sich dramatische Tage ab, Tage voll Blut und Chaos, mit Plünderungen, Elend und Hunger.

So schlägt wieder einmal die Stunde des Propheten, und er besteigt am 28. Oktober auf ausdrücklichen Wunsch der Signoria tatsächlich erneut die Kanzel des Domes:

»Bist du dir jetzt endlich im klaren darüber, daß der Frate sich getäuscht hat? ... Ja, lach nur, lach, Frate!

Ich lache, weil ich gute Nachrichten vom Himmel habe ...

Bist du sicher?

Ja, ich bin völlig sicher.

Und wessen bist du dir sicher?

Ich bin sicher, daß Gott im Begriff steht, Italien um den Verstand zu bringen. Viele werden sich täuschen lassen. Sag mir: Ist es dir noch nie passiert, daß du auf den Markt gegangen bist, um ein bestimmtes Geschäft zu tätigen, und dann hast du ein ganz anderes abgeschlossen? ... Laßt euch nicht erschüttern, denn wenn die große Drangsal kommt, ›transferentur montes in cor maris‹ (›dann werden die Berge in die Tiefe des Meeres stürzen‹).«

Um die Moral des Volkes wieder zu heben, hat sich die Signoria nicht nur darauf beschränkt, den Propheten neuerlich auf die Kanzel zu schicken, sie hat auch das wundertätige Gnadenbild von S. Maria dell'Impruneta in einer Prozession, an der Tausende Menschen teilnahmen, in die Stadt bringen lassen. Und zwei Tage nach der vorhin zitierten Predigt Savonarolas, während diese Prozession gerade den Arno entlangzieht, kommt plötzlich ein berittener Bote durch das Stadttor von S. Frediano mit einer sensationellen Nachricht: Die aus Marsiglia sehnlichst erwarteten Schiffe mit Soldaten und Proviant an Bord, den florentinische Kaufleute in Frankreich gesammelt hatten, sind aufgrund eines starken Südwestwindes in Livorno gelandet, wobei sie der Blockade durch die Schiffe der Liga entgehen konnten, die ihrerseits von diesem Südwestwind gezwungen wurden, hinter den Klippen von Meloria Schutz zu suchen.

Doch die endgültige Bestätigung der prophetischen Gaben des Frate erhält man 14 Tage später, als dieselben Winde ihr Werk vervollständigen, indem sie die Schiffe der Liga gegen die felsige Küste schleudern. Diejenigen, die nicht sofort sinken, sind völlig gefechtsuntauglich und werden so eine leichte Beute für die Belagerten. Darüber hinaus gibt es eine unglaublich hohe Zahl von Gefangenen, die wie Fische am Angelhaken von den havarierten Schiffen in die Festung hinaufgehievt werden.

Dem Schiffbruch treibt auch das Admiralsschiff mit Maximilian selbst an Bord entgegen, dem es mit letzter Mühe gerade noch gelingt, zu entkommen. Das ist das Ende der ganzen Operation. Und während er Italien unter tausend Klagen verläßt, beteuert der Kaiser, daß es eben unmöglich sei, gleichzeitig »gegen Gott und gegen die Menschen« zu kämpfen.

Offenbar muß auch er während des schrecklichen Sturms den Eindruck gehabt haben, daß es die Berge waren, die ihm ins Meer entgegenstürzten, und nicht umgekehrt. Jedenfalls stimmt die ganze Art und Weise dieser Katastrophe ziemlich gut mit der drastisch vorgebrachten Voraussage überein, die Savonarola etwa 14 Tage vorher gemacht hatte. Seine Glaubwürdigkeit als Prophet scheint nunmehr außer Frage zu stehen.

Doch schon eine Woche vor der Katastrophe von Livorno geriet die diplomatische Front in Bewegung. Mit 7. November ist ein Brief des Mailänder Gesandten in Florenz, Paolo Somenzi, an den Herzog von Mailand datiert, in dem folgendes berichtet wird: »Um dem Wunsch Eurer Exzellenz nachzukommen, habe ich heute ein langes Gespräch mit Fra Girolamo geführt.« Der Zweck der Unterredung war im wesentlichen der: auf direktem Wege, also über Savonarola selbst, den Übertritt von Florenz auf die Seite der Liga zu erreichen.

Etwas von dem Honig, den Somenzi seinem Gesprächspartner um den Mund geschmiert haben muß, um ihn seinen Plänen gefügig zu machen, ist auch noch an seinem Brief klebengeblieben, in dem der »Frate« zum erstenmal als »Seine Reverenz« bezeichnet wird, in vollkommener Symmetrie zu »Seiner Exzellenz«, dem Herzog. Aber es gibt da noch etwas:

»Von seiten Eurer Exzellenz habe ich Seiner Reverenz äußerst verlockende Angebote gemacht und ihm gleichzeitig die wärmsten

Zeichen der Liebe und Wertschätzung übermittelt. Ich habe ihm auch versichert, daß Eure Exzellenz gerne irgend etwas unternehmen würden, das nicht nur für das Volk von Florenz, sondern auch für ihn persönlich von Vorteil wäre, und daß er, wenn er dies in Anspruch nehmen wolle, durchaus Taten sehen werde, die den Worten in vollster Weise entsprechen... Weiters habe ich ihm gesagt, daß Eure Exzellenz bereits einen Empfehlungsbrief zu seinen Gunsten an den hochwürdigsten Vizekanzler, Ihren Bruder, geschrieben und ihn über die große Liebe und Hochachtung informiert haben, die Eure Exzellenz ihm entgegenbringen.«

Die Antwort Savonarolas, soweit sie aus dem Brief Somenzis erkennbar ist, klingt eher zweideutig: Er »bedauert, kein geeignetes Instrument sein zu können, um die Sache zum erwünschten Erfolg zu führen, aber er wird alles tun, um das Ziel zu erreichen«. Aber kann man Somenzi Vertrauen schenken? Ist diese Versicherung am Schluß nicht vielleicht eher eine Hinzufügung von seiner Seite, um das vollständige Scheitern seiner Bemühungen zu verschleiern?

Das alles aber mag in den Hintergrund treten angesichts der Fragen, die sich aufgrund der vollkommenen Gleichzeitigkeit dieser Unterredung zwischen Somenzi und Savonarola am 7. November und einem neuerlichen päpstlichen Breve aufdrängen, das, ohne den Namen Savonarolas auch nur im geringsten zu erwähnen, unter dem Vorwand, ihm ein Denkmal setzen zu wollen, in Wirklichkeit wie eine gefährliche Bombe unter seinen Füßen ist.

Schon allein der Titel, den dieses Breve im »Codex Riccardiano« trägt, interpretiert seinen Inhalt in einem ganz und gar triumphalistischen Sinn: »Breve Alexanders VI., durch das es vielen anderen Konventen erlaubt wird, sich der Kongregation von S. Marco anzuschließen.«

Aber kommen wir zum Wesentlichen. Es handelt sich um jene Dominikanerkonvente Mittelitaliens, wie etwa den von S. Gimignano, die noch bei der lombardischen Kongregation geblieben sind, weil sie sich von ihr nicht trennen wollten. Mit diesem Breve werden sie nun endgültig von ihr losgelöst und verselbständigt, wie es schon immer der Wunsch des Priors von S. Marco gewesen war. So wird sich die von ihm eingeleitete eindrucksvolle Reform noch weiter ausbreiten können und schließlich sogar Rom selbst erreichen mit den Konventen von S. Sabina und S. Maria sopra Minerva, die ebenfalls von den Maßnahmen betroffen sind.

Liest man jedoch das Breve aufmerksam bis zum Schluß durch, so entdeckt man, daß es sich hier nicht bloß um einen einfachen Anschluß dieser Konvente an die Kongregation von S. Marco handelt, sondern vielmehr um eine generelle Umorganisation, daß hier also sämtliche

Karten gewissermaßen neu gemischt werden. Tatsächlich wird die neue Struktur, die sich da herauszubilden beginnt, bereits innerhalb von zwei Jahren den Namen »Römisch-Toskanische Kongregation« annehmen müssen. Außerdem werden während dieser beiden Jahre außergewöhnliche Durchführungsbestimmungen in Kraft treten mit der Abschaffung sämtlicher Ämter außer dem eines neuen Vikars, der von oben nominiert wird. Erst nach weiteren zwei Jahren wird man die von der Regel vorgesehenen Wahlen wieder einführen, aber mit dem Verbot der Wiederwahl in das Amt eines Vikars für den, der es in den vorhergehenden zwei Jahren innegehabt hat. Wer auf irgendeine Weise die Durchführung dieser Anordnungen hintertreibt, wird automatisch exkommuniziert.

Bald schon erfolgt die Nominierung des neuen Vikars in der Person eines Mönchs aus Sizilien, der höchstes Ansehen genießt und außerdem dem scheidenden Prior und Vikar Savonarola außerordentliche Wertschätzung entgegenbringt. Das Breve ist ein Meisterwerk von Francesco Mei, dem neuen Generalprokurator der Dominikaner und ehemaligen Prior von S. Gimignano, einem alten und ihm nicht gerade freundlich gesinnten Bekannten von Fra Girolamo aus den Tagen des Kampfes für die von ihm abgelehnte Separation von der lombardischen Kongregation. Dem neuen Prokurator und Nachfolger des jüngst verstorbenen Ludovico da Ferrara ist es gelungen, auch den Kardinalprotektor Carafa und den Ordensgeneral Torriani auf seine Seite zu ziehen. Es liegt auf der Hand, wenn schon der Papst inzwischen auf den Frate aus Florenz ein wenig vergessen haben mag, so doch auf keinen Fall seine anderen Gegner in Rom, und vielleicht hat sich der Papst selbst diesmal wirklich nur darauf beschränkt, sein Siegel auf das Breve zu drücken. Hingegen ist zu vermuten, daß sein Substitut, der Kardinal Ascanio, sich der Sache eingehender angenommen hat. Wie sonst sollte man die plötzliche Kehrtwendung seines Bruders Ludovico in Mailand in den ersten Novembertagen erklären?

Und so mag vielleicht ihr verabredetes Manöver ausgesehen haben: Von Rom aus wird das Breve auf den Weg geschickt, und zwar so, daß man bei seinem Eintreffen in S. Marco dort gleichzeitig auch schon weiß, daß es in Rom jemanden gibt, der es wieder rückgängig machen kann, vorausgesetzt allerdings, daß man in S. Marco ab jetzt eine ganz bestimmte Sache fördert, nämlich den Beitritt von Florenz zur Liga. Wenn sich S. Marco in dem gewünschten Sinn entscheidet, ausgezeichnet, dann wird das Breve annulliert. Andernfalls tun sich zwei gleichermaßen interessante Möglichkeiten auf: Im Falle des Ungehorsams gegenüber dem Breve erfolgt die Exkommunikation mit allen ihren Konsequenzen; im Falle des Gehorsams aber wird Savonarola ebenfalls sein ganzes Prestige verlieren.

Die einzigen, die unverzüglich in einem gemeinsamen Brief an den Papst gegen das Breve Einspruch erheben, sind die etwa 250 Mönche von S. Marco, welche die Legitimität und Opportunität der Maßnahmen anzweifeln. Dasselbe tut etwas später auch ihr Prior mit einer »Verteidigung der Kongregation von S. Marco«, um mit dieser Schrift den Fall der Öffentlichkeit darzulegen.

Kommt es also nun zur Exkommunikation? Wider Erwarten rührt sich in Rom überhaupt nichts, es gibt keine Exkommunikation, kein weiteres Breve, ja nicht einmal einen simplen Brief in dieser Angelegenheit. Auch werden – was nur natürlich wäre – keinerlei besondere Vorschriften zur Durchführung der angedrohten Maßnahmen erlassen.

Jedenfalls ist momentan nicht die Zeit für Exkommunikationen. Um den 15. November herum, gerade in den Tagen des Bekanntwerdens des päpstlichen Breve, ist über die Liga die Katastrophe von Livorno hereingebrochen, die von Savonarola in Worten vorausgesagt worden war, die an seiner prophetischen Begabung keinen Zweifel mehr zu lassen scheinen. Eine Exkommunikation wäre höchst unpopulär, und das nicht nur in Florenz, vor allem zu einem Zeitpunkt, da der zu Exkommunizierende den Gipfelpunkt seiner Glaubwürdigkeit erklommen hat.

# XIX.

Die acht Predigten im Advent 1496 lassen erkennen, daß Savonarola nunmehr ein solches Höchstmaß an Ansehen in Florenz genießt, wie es noch nie zuvor der Fall gewesen war. Wenn man sie liest, kann man sich auch des Eindrucks nicht ganz erwehren, daß er der Versuchung zu autoritärem Gehabe nicht ganz widerstehen kann. Aber in seiner Predigt vom 13. Dezember im Dom, die in Gegenwart und auf Verlangen der Signoria stattfindet, wird das Prinzip der Freiheit nach wie vor in gewohnter Schärfe bekräftigt.

»In der Vergangenheit«, so liest man an einer bestimmten Stelle, »mußte man sich nach dem Willen eines einzigen ausrichten, jetzt nicht mehr . . . Dir wurde gesagt: Verheirate deine Tochter an diesen oder jenen! Und man mußte es tun . . . Gib her dein Geld! Und man mußte es hergeben. Dieses Volk erhielt immer nur Hiebe, und man mußte alles geduldig über sich ergehen lassen.«

Wogegen der Prediger jetzt zu Felde zieht, ist vor allem die starre Unbeweglichkeit der führenden Köpfe. Er tritt für die sofortige Änderung alles dessen ein, was in der Staatsmaschinerie nicht funktioniert, selbst wenn man dazu die Zusammensetzung des Großen Rates in Frage stellen müßte:

»Meine Herrn, ich sage euch, es ist notwendig, über diesen Rat neu nachzudenken, an ihm zu feilen und ihn effektiver zu machen, ja zu sehen, ob es denn gut ist, daß so manche Mitglieder dieses Rates dort Sitz und Stimme haben. Sicher ist es nicht angebracht, die Zahl der Ratsmitglieder zu reduzieren; es ist aber notwendig, die Feinde des Vaterlandes hinauszuwerfen. Ich bin jedoch nicht einverstanden mit jenen, die in Erwartung einer solchen Revision seine Funktion als Wahlkörper abschaffen möchten, und schon gar nicht gehe ich konform mit jenen, die das Lossystem wieder einführen wollen. Das nämlich, sage ich euch, ist gegen die Freiheit . . . Das sind diejenigen, die zusammen mit Priestern und Mönchen gegen die Stadt konspirieren, die jene üppigen Gelage veranstalten und deren Gespräche sich immer nur um eines drehen: um den Frate; dort verspeist man zu Brot, Fleisch und Wein immer auch den Frate.«

Die Anspielung auf die sogenannten »Compagnacci« ist hier ganz offensichtlich, jene Vereinigung von jungen Lebemännern und auch schon etwas älteren Leuten aus gehobenen Schichten, die sich in der letzten Zeit in Florenz gebildet hat und in Opposition steht zu den strengen moralischen Vorschriften, die unter dem Einfluß Savonarolas von den Behörden erlassen worden sind.

Ihr anerkannter Chef ist Doffo Spini. Es sind lauter Leute, die sich während des Karnevals, aber auch vorher und nachher, wie in alten Zeiten vergnügen wollen. Es macht ihnen Spaß, die Vorschriften zu mißachten, und sie machen vor nichts halt. Diese Leute, denen nichts heilig ist, ziehen bewaffnet durch die Straßen und ereifern sich wegen jeder Kleinigkeit. Einige von ihnen sehnen sich wohl auch nach dem alten Regime der Medici zurück, andere wiederum stehen eher den »Arrabbiati« nahe: Kurz und gut, die gegensätzlichsten Gruppierungen sind hier in einer Art Massenorganisation vereint, die sich von einem, der sich ihrer zu bedienen weiß, leicht lenken läßt.

Und es sind noch einmal diese Leute, auf die Savonarola sich bezieht, wenn er sich in derselben Predigt neuerlich an die Herren der Signoria wendet und sie auffordert, mit harter Hand durchzugreifen:

»Die Gerechtigkeit kommt nicht aus ohne das Schwert. Haltet also fortan das Schwert bereit und zögert nicht, der Gerechtigkeit zum Durchbruch zu verhelfen. Stellt eine bewaffnete Truppe von zwei- bis dreihundert Mann auf, und wenn ihr bemerkt, daß es irgendwo Leute gibt, die dem Gesetz zuwiderhandeln, laßt sie sofort verhaften! Und wenn dreihundert Mann nicht reichen, dann nehmt noch Leute aus dem Volk dazu. Lehrt sie das Fürchten und bahnt der Gerechtigkeit den Weg!«

Jedenfalls marschiert man mit Riesenschritten auf eine gefährliche Radikalisierung des politischen Klimas zu.

Die jüngste Attacke des Predigers wirkt sich unmittelbar bei den Wahlen für die Signoria der Amtsperiode Januar/Februar 1497 aus. Zu Beginn des neuen Jahres befinden sich im Sitzungssaal nur noch Freunde Savonarolas, es ist also eine reine Einparteienregierung der »Frateschi«, die darüber hinaus auch noch von einer ihrer autoritärsten Gestalten in der Funktion des Gonfaloniere di Giustizia angeführt wird. Jetzt können die »Heuler« endlich ihr Programm ungehindert durchziehen, nicht nur in der Fastenzeit, sondern auch während des Karnevals.

Der neue Gonfaloniere heißt Francesco Valori, der sich als Anführer der Volkserhebung gegen die Medici bereits im November 1494 hervorgetan hat. Ein mutiger und entschlossener Mann, persönlich integer, aber außerordentlich autoritär, ist er nicht gerade von solchem Zuschnitt, um die Sympathien des Volkes gewinnen zu können. Seine erste Berührung mit Savonarola im Jahre 1491 hat sich unter eher unsympathischen Umständen zugetragen: Er war einer von jenen fünf Bürgern gewesen, die von Lorenzo zu ihm geschickt worden waren, um ihm die drohende Gefahr einer Verbannung in Aussicht zu stellen; doch später ist er unter dem Eindruck von Savonarolas Charisma, wie übrigens auch noch andere aus dieser Gruppe, zu einem seiner glühendsten Anhänger geworden, ohne jedoch seinen eigenen Charakter auch nur im geringsten zu ändern. Savonarola hätte lieber einen anderen seiner Parteigänger an der Spitze gesehen, etwa Giovanbattista Ridolfi, wenn da nicht dessen allzu enge Beziehungen zum Hause der Medici gewesen wären. Unter Valori wird es für ihn immer schwieriger werden, das eigene Image einer ausgleichenden und auf Mäßigung bedachten Persönlichkeit, die über den Parteien steht, aufrechtzuerhalten.

Schon etwa zwei Wochen nach seinem Amtsantritt beginnt sich ein Klima der Repression bemerkbar zu machen. Genau am 16. Januar 1497 wird vom Tribunal der Acht ein Urteil gegen Girolamo Muzi verhängt, einen Dichter aus der Provinz, der für schuldig erkannt worden war, einen gewissen Giovanni da Dicomano beauftragt zu haben, eines seiner satirischen Gedichte in vier Exemplaren nach Florenz zu schmuggeln, dabei eines Savonarola in die Hände zu spielen und die anderen an solchen Orten anzuschlagen, wo eine möglichst weite Verbreitung gewährleistet ist, etwa an den Eingangstoren des Domes und des Palastes. Und man kann es wohl nicht als eine Verurteilung wegen Übertretung eines Plakatierverbotes bezeichnen, wenn Giovanni da Dicomano nicht nur zu zwei Stunden am Pranger, sondern auch noch zu zwei Monaten Gefängnis verurteilt wird, während gegen Muzi nach einer bestimmten Zeit der Untersuchungshaft eine Geldstrafe von 60.000 Fiorini sowie eine bedingte Freiheitsstrafe von fünf Jahren verhängt wird.

Hier eine kleine Kostprobe aus dem beanstandeten Werk:

> »O undankbares Volk,
> du hältst dich an Gesetze
> und folgst einer Führung,
> die aus lauter Heuchlern besteht;
> wenn deine Phantasie
> nicht von Gott angeregt wird,
> bleibst du für immer betrogen.«

Ausgesprochen poetischen Charakter trägt eine Satire, die ebenfalls im Januar 1497 von Francesco Cei verfaßt wird und dem Autor die Verbannung aus der Stadt als Aufrührer einbringen wird. Sein Angriff richtet sich gegen die Führer der Volkspartei, die er ganz offen beschuldigt, den religiösen Aberglauben der Leute für den Ausbau der eigenen Machtstellung zu mißbrauchen:

»O Gott, wegen welcher Sünde
läßt du zu, daß Florenz zugrunde geht
auf Betreiben von ein paar Bürgern,
die von Ehrgeiz und Machtrausch gepackt
einen ausgeklügelten Götzendienst aufgezogen haben,
nur um dieses Vaterland an sich zu reißen?«

Man kann jedoch über die Tatsache nicht hinwegsehen, daß diese repressiven Maßnahmen sicherlich die Antwort auf die von Savonarola in den vorausgegangenen Predigten immer wieder von neuem aufgestellten Forderungen nach »Gerechtigkeit« darstellen. Er selbst hüllt sich den ganzen Monat Januar hindurch in Schweigen, zumal er gerade mit der Abfassung seines bedeutendsten Werkes, dem »Triumph des Kreuzes«, beschäftigt ist. Auch von Rom ist nichts zu hören: absolutes Schweigen hinsichtlich der vorgebrachten Einwände gegen die Errichtung der neuen »Römisch-Toskanischen Kongregation«. Inzwischen hat überall der Karneval begonnen, auch in Florenz, aber hier werden die wichtigsten Feste jetzt von den Piagnoni unter der Patronanz der Signoria veranstaltet. Es ist die Stunde des Fra Domenico da Pescia, des »Laufburschen«, wie ihn die »Arrabbiati« despektierlich zu nennen pflegen, und der reformbegeisterten jungen Leute, die den lustigen Symbolen des Karnevals die neue puritanische Moral einzuimpfen versuchen, ohne den äußeren Ablauf des ausgelassenen Festes anzutasten.

In den Tagen des Karnevals ziehen sie von Haus zu Haus, und statt Geld für das traditionelle Feuerwerk zu sammeln, lassen sie sich alle Gegenstände aushändigen, die irgendwie mit einem lasterhaften Leben zu tun haben könnten: unzüchtige Bilder, Toilettentischchen, Spielkarten, Würfelspiele, Kleider, Karnevalsmasken usw.: zum größten Teil lauter Tand für den Flohmarkt und sicher keine, wie eine im aufklärerischen Stil entstellte Darstellung uns gerne weismachen will, kostbaren Dinge für das Antiquariat oder die Kunsthandlung, und schon gar nicht für das Museum, auch wenn man immer noch von einem venezianischen Kaufmann phantasiert, der angeblich bereit gewesen sein soll, das Ganze für eine hohe Summe aufzukaufen. Das ganze Zeug ist jedenfalls für den

Scheiterhaufen bestimmt, der auf der Piazza della Signoria errichtet wird. Es ist eine gewaltige achteckige Pyramide aus Holz, an der Spitze abgeflacht und ringsherum mit sieben Abstufungen versehen (nach den sieben Todsünden). Auf diesem Scheiterhaufen landet also nun das nach und nach zusammengetragene Material.

Am 7. Februar, dem letzten Tag des Karnevals, wird die große Pyramide unter dem Jubel des Volkes, dem Gesang der Kinder, unter Trompetenstößen und Glockengeläut in Brand gesteckt.

Ein Triumph der Barbarei und des Fanatismus? Ein blindwütiger Anschlag auf die Kultur? Wer das immer noch glaubt, hat nicht bemerkt, daß es hier um eine Symbolhandlung geht unter der Aufsicht derselben Mönche, die sich in Schulden gestürzt haben, um für ihr Kloster die ehemalige Bibliothek der Medici zu erwerben mit ihren alten, wertvollen Handschriften, »im Bewußtsein«, wie Fra Roberto degli Ubaldini, der Verfasser der Chronik von S. Marco, schreibt, »welches Ansehen der Predigerorden dadurch gewinnen wird«. (Es sind übrigens dieselben Bücher, die Commynes von der Stadt käuflich erwerben wollte, als gerade noch rechtzeitig der Konvent sich einschaltete und die Bibliothek für sich erwarb.)

Am 8. Februar, dem ersten Tag der Fastenzeit, wird in einem durch die Initiativen des Gonfaloniere Francesco Valori aufgeheizten Klima sozusagen die neue Predigtsaison eröffnet.

Der Gonfaloniere ist ein sehr empfindlicher und gereizter Mensch, er duldet keinen Widerspruch und scheut jetzt, da er an der Macht ist, auch vor Einschüchterungen nicht zurück. Und so ruft er am Beginn der Fastenzeit die Prediger der verschiedenen Kirchen zu sich in den Palast, um sie dringend zu ermahnen, Savonarola nur ja nicht mit grober Polemik zu belästigen.

Es ist nämlich tatsächlich zur Gewohnheit geworden, daß einige von ihnen sofort mit einer Flut von dummen Witzen und persönlichen Angriffen gegen Savonarola loslegen. Diesmal wird es der Gonfaloniere Valori jedem strengstens verbieten. Doch da seine vorbeugenden Ermahnungen offenbar nicht genügen, um alle im Zaum zu halten, muß er schon in den ersten Tagen einen von ihnen von jeder weiteren Predigttätigkeit suspendieren.

Man möchte gern irgendein Zeichen entdecken, daß Savonarola sich in diesen Fällen einer solch rigorosen Vorgangsweise widersetzt hätte, doch man findet keines. Man gewinnt vielmehr den Eindruck, daß er systematisch bestrebt ist, sich in die Exzesse seiner Anhänger nicht einzumischen. Übrigens wagt er mit seinen Fastenpredigten des Jahres 1497 einen sehr hohen Einsatz, wenn er sofort und in extremer Weise das zweifache Thema der kirchlichen Korruption und der Reform aufgreift und entwickelt:

»Die Welt ist voller Wunden, aus denen Blut sickert, doch niemand heilt sie; ja die Priester, die es eigentlich tun müßten, sind gerade diejenigen, die im Herzen ihren Nächsten töten. Sie haben Gott verlassen, und ihre einzige Religion besteht darin, die Nächte mit ihren Gespielinnen zu verbringen und tagsüber in den Kirchen zu tratschen, während der Altar zu ihrem Geschäft geworden ist . . .

Komm her, du verkommene Kirche, sagt der Herr, ich habe dich mit wunderschönen Schmuckstücken ausgestattet, doch du hast sie in Götzenbilder verwandelt, du hast sie nur zum Anlaß genommen für deine Arroganz. Du hast mit den Sakramenten Handel getrieben . . .

Früher einmal, du Hure Kirche, hast du dich deiner Überheblichkeit und Wollust wenigstens noch geschämt, heutzutage nicht mehr. Früher einmal nannten die Priester ihre Söhne Nepoten; heute nicht mehr, nein, nicht mehr Nepoten, sondern Söhne, Söhne in jeder Hinsicht.«

Man wird diesen berühmten Zornesausbruch wohl mit der zahlreichen Kinderschar Alexanders VI. in Verbindung bringen müssen, die schon in aller Munde ist, mit dem neugeborenen Giovannino etwa oder dem erstgeborenen Herzog von Gandia, der die schon bekannten Laster der Familie noch um die Leidenschaft für das Glücksspiel bereichert, oder es ist vielleicht an die noch ganz junge Lucrezia zu denken, deren Ehe nach der erst jüngst stattgefundenen Hochzeit mit Giovanni Sforza aus unerfindlichen Gründen in Brüche zu gehen droht.

Zwischen Februar und März, mitten in der Fastenzeit, trifft in Italien die Nachricht von einem Waffenstillstand zwischen Karl VIII. und dem König von Spanien ein, der ihn auch im Namen aller anderen Mitglieder der Liga abgeschlossen hat. Ein Waffenstillstand bedeutet noch keineswegs Frieden, aber für die Florentiner könnte dies eine gute Gelegenheit sein, sich vom Bündnis mit Frankreich loszusagen, während die Sicherheit, daß der König sich nun für einige Zeit von Italien fernhalten wird, viele Dinge neuerlich zur Diskussion stellt, vor allem in Florenz und in Rom, wo die Gegner Savonarolas sich sofort wieder in Angriffsstellung begeben.

Das Echo von all diesen Ereignissen läßt sich deutlich im weiteren Verlauf seiner Fastenpredigten vernehmen. In dieser Situation läuft er Gefahr, isoliert zu bleiben: isoliert angesichts einer eventuell bevorstehenden Exkommunikation, isoliert gegenüber den »Arrabbiati«, gegenüber den »Grauen«, aber auch im Hinblick auf die Reform der Kirche und das geplante Konzil. Im folgenden einige bezeichnende Stellen aus seinen damaligen Fastenpredigten:

»O Vater, du stehst doch jetzt völlig allein da!

Allein? Ich sage euch, es gibt in allen Städten, auf allen Kastellen und auf dem Lande, in allen Ordensgemeinschaften Menschen, die dieses Feuer verborgen in sich tragen. Sie vertrauen mir heimlich ihre Gefühle an, und ich sage dazu nur: Bleib so lange verborgen, bis es heißen wird: ›Lazarus, komm heraus!‹ ... Betet, denn mir scheint, daß eines Tages das böse Ende kommen wird. Dann werde ich meine Stimme erheben, und die gesamte Christenheit wird sie vernehmen ...

O du, der du in Frankreich oder in Deutschland lebst, und ihr alle, die ihr in diesen Ländern Freunde habt, schreibt überallhin, schreibt ihnen, daß sie mit jenen Leuten Kontakt aufnehmen und ihnen sagen sollen: Der Frate läßt euch im Namen Gottes sagen, daß ihr alle zum Herrn gehen und beten sollt, denn der Herr will kommen. Auf, schickt Boten zu Pferd in alle Richtungen, denn diesen Toten kann man auf keine andere Weise auferwecken ...

Viele von euch sagen, daß Exkommunikationen bevorstehen, und du weißt ja nicht, ob man mit mir nicht eben genau das vorhat. Jedenfalls bete ich zu Gott, daß diese Exkommunikation bald kommen möge.

Hast du denn keine Angst?

Ich nicht, denn ich weiß, daß ich nichts Böses tue. Im Gegenteil, bringt sie nur herbei, diese Exkommunikation, öffnet ihr die Tore ...«

Die Reaktion Alexanders VI. auf die Predigt über die Priesterkinder (vom 4. März) erfolgt am 13. März im Verlauf einer Unterredung mit Alessandro Bracci, dem Sekretär der Zehn von Florenz, der in besonderer Mission in Rom weilt. Es handelt sich um diplomatische Kontakte auf Anregung des Papstes selbst, um über den Eintritt von Florenz in die Liga im Austausch gegen die Rückgabe von Pisa zu verhandeln: ein ziemlich verlockendes Angebot für die Florentiner.

Nach dem Waffenstillstand zwischen Frankreich und Spanien ist die diplomatische Front von neuem in Bewegung geraten. In Florenz selbst ist ein neues Faktum hinzugekommen: Die Wahl der Signoria für die Periode März/April hat – vielleicht als Reaktion auf die autoritäre Führung von Valori – einen alten Exponenten der »Grauen«, Bernardo del Nero, als neuen Gonfaloniere an die Macht gebracht, der in Kreisen, die auf eine Rückkehr der Medici hoffen, Unterstützung und Sympathien genießt.

Ein neuer Gonfaloniere anstelle von Valori kann wohl die Innenpolitik entscheidend prägen, sein Einfluß auf die Außenpolitik ist aber nicht ohne weiteres ebenso gegeben. Diese wird weiterhin von den Zehn bestimmt, unter denen die Freunde des Frate noch immer großen Einfluß haben. Der französische Verbündete mag zwar ein unbequemer Partner sein, aber er ist weit vom Schuß, und selbst aus der Ferne ist er immer noch ein gutes Abschreckungsmittel gegenüber jenen Kreisen in nächster Nähe, die nur allzugern die Herrschaft über Florenz an sich reißen möchten. Was die Rückgabe von Pisa angeht, die vom Papst im Namen der Liga in Aussicht gestellt wird, so ist es allen klar, daß Venedig, das dort neuerdings eine eigene Flottenbasis errichtet hat, dem niemals zustimmen wird.

Unter diesen Voraussetzungen ist es unvermeidlich, daß die Verhandlungen von Alessandro Bracci im Vatikan, die in einem völlig korrekten diplomatischen Stil begonnen hatten, mit einem wohl nicht ganz dem Protokoll entsprechenden Wortschwall des Papstes abrupt abgebrochen werden, wie man dem Bericht entnehmen kann, den Bracci selbst nach Florenz weiterleitet:

»Verehrter Sekretär, Ihr seid zwar ebenso dick wie Wir, aber, verzeiht, Ihr seid mit einer sehr mageren Antwort gekommen, und wenn Ihr nichts anderes zu sagen habt, könnt Ihr auch ruhig wieder gehen. Es ist ja offensichtlich, daß Ihre Regierung weiterhin nur die üblichen schönen Sprüche klopft und die schon gewohnten Entschuldigungen vorbringt...

Doch Wir wissen genau, was der wahre Grund für Eure Hartnäckigkeit ist: Es ist das Vertrauen in die Prophezeiungen jenes Scharlatans in Eurer Stadt. Doch wenn Wir persönlich zu Eurem Volk sprechen könnten, wären Wir sicher, es überzeugen zu können, seine wahren Interessen wahrzunehmen und sich von der selbstmörderischen Politik loszusagen, zu welcher der Frate Euch gezwungen hat.

Doch das, was Uns am meisten schmerzt und zum Protest veranlaßt, ist die Tatsache, daß Eure Regierung es weiterhin duldet, daß Wir von ihm geschmäht und verunglimpft, bedroht und beleidigt werden ohne Rücksicht darauf, daß Wir – wenn auch unverdient – auf diesem Heiligen Stuhl sitzen.«

# XX.

Nunmehr kann man wohl sagen, daß persönliche Animositäten für das Verhalten Alexanders VI. gegenüber Savonarola zumindest in gleichem Maße bestimmend zu werden beginnen wie politische Überlegungen. Aus den Erklärungen gegenüber Bracci kann man entnehmen, daß der Papst für einen Augenblick sogar die paradoxe Möglichkeit ins Auge faßt, gegen Savonarola unter Waffengleichheit in die Schranken zu treten, also von Redner zu Redner, um den Prediger auf seinem ureigensten Gebiet vor dem ganzen florentinischen Volk zu schlagen.

Diese neue psychologische Situation zwischen den beiden Kontrahenten wird natürlich von den römischen Feinden des Frate sofort registriert, von Ponzo, von Mei und vor allem vom ältesten unter ihnen, Fra Mariano da Genazzano, der zur Zeit von Lorenzo de' Medici und vor dem kometenhaften Aufstieg Savonarolas ein glänzender und erfolgreicher Prediger in Florenz gewesen war.

Von diesem Fra Mariano nun weiß man, daß er sich gerade damals in einer Predigt vor dem Konsistorium in Gegenwart des Papstes an diesen mit der präzisen Forderung gewandt hat, die »Geschwulst« Savonarola zu exkommunizieren: »Abscinde, abscinde hoc monstrum ab ecclesia Dei, Beatissime Pater« – »Zögere nicht, diese Geschwulst von der Kirche Gottes zu entfernen, ehrwürdigster Vater!« Eine Forderung, die wie ein Trommelfeuer erhoben wird und fast einem Hexameter von Vergil gleicht, wenn etwas ganz Unumgängliches zum Ausdruck gebracht werden soll, ein Bravourstück des humanistisch gebildeten Predigers gegen den Mönch mit der Bibel in der Hand.

Auch der Botschafter Riccardo Becchi berichtet über die Stimmung in Rom nach Florenz: »Überall wächst in Rom die Empörung über Fra Girolamo, so daß es nicht mehr länger möglich zu sein scheint, seine Position zu verteidigen. Man muß auch die Manöver von Piero de' Medici genau im Auge behalten, der von der günstigen Situation profitieren könnte.«

Dieser Riccardo Becchi ist ein viel zu erfahrener Mann, um genauer zu präzisieren, warum die aktuelle Situation für Piero so günstig ist. Auch er weiß, daß der neue Gonfaloniere aus den Reihen der »Grauen« stammt und ein Gefolgsmann der Medici gewesen ist. Alle sind sich klar darüber, daß dies der ideale Zeitpunkt für einen Restaurationsversuch der Medici wäre. Insgeheim unterstützt von Venedig und vom Papst, so sagt man, würde ein solcher Versuch im Falle des Gelingens alle Probleme der Liga mit Florenz mit einem Schlage lösen. Übrigens hat der Papst in seiner bekannten Unterredung mit Bracci etwas Ähnliches ja auch angedeutet, als er sagte, daß die Florentiner schließlich gezwungenermaßen das tun würden, was sie freiwillig zu tun nicht bereit seien.

Piero de' Medici seinerseits ist von der fixen Idee besessen, an denen blutige Rache zu üben, die ihn aus Florenz vertrieben hatten, und er trägt bereits fertige Listen mit den Namen jener Bürger bei sich, die zum Tode verurteilt und deren Vermögen beschlagnahmt werden soll. Der jetzige Zeitpunkt erscheint ihm überaus günstig, nicht nur wegen der politischen Lage, sondern auch aufgrund der wirtschaftlichen Situation.

Tatsächlich ist die florentinische Wirtschaft schwer zerrüttet, viele Menschen sterben an Hunger, ihre Leichen liegen auf den Straßen herum, und jederzeit muß mit der Möglichkeit gerechnet werden, daß der Versuch unternommen wird, die Institutionen der Republik in einem gewaltsamen Umsturz zu beseitigen. Während einiger spontaner Unruhen wegen der Hungersnot konnte man die Leute schon schreien hören: »Palle, palle!« – das ist der traditionelle Ruf der Anhänger der Medici (eine Anspielung auf die sechs Kugeln im Wappen der Familie Medici).

In dieser Situation nun bekommen die heimlichen Befürworter einer Rückkehr der Medici nach und nach immer mehr Zulauf, ja ihre Sympathisanten sitzen sogar in der Signoria selbst. Für die Verschwörer geht es vor allem darum, noch vor dem 30. April, dem Tag, an dem das Mandat des Gonfaloniere Bernardo del Nero abläuft, losschlagen zu können. Und siehe da, auf einmal befindet sich auch Fra Mariano da Genazzano in Florenz. Aus der Stadt erhält Piero überaus freundliche und aufmunternde Briefe. Mitte April herum scheint es jedoch so, daß der Gonfaloniere Bernardo del Nero (dessen stilles Einverständnis mit den Verschwörern nie gänzlich bewiesen werden konnte) eher dazu rät, das ganze Unternehmen abzublasen.

Aber die Maschinerie der Verschwörung ist bereits im Laufen. Um den 20. April macht sich Piero auf den Weg nach Siena, wo sich ein Sammellager von Söldnern befindet. Und von Siena aus läßt er am 27. April an der Spitze von ca. 1300 Mann das Unternehmen starten.

Das gleichzeitige Agieren der Verschwörer in der Stadt und der Angreifer von außen ist eine grundlegende Voraussetzung für das Gelingen des ganzen Planes. Dieser sieht das Eintreffen der Angreifer im Morgengrauen des 28. April vor; aber plötzlich einsetzende heftige Regenfälle werfen jeden Zeitplan über den Haufen. Das Überraschungsmanöver mißlingt, die Verteidiger der Republik können sich formieren, und so geht der Anschlag daneben, bevor er noch so recht begonnen hat.

Hauptsächliche politische Nutznießer dieser mißglückten Operation sind die »Arrabbiati« mit ihrem gegen die Medici gerichteten Radikalismus, die noch am selben Tag, dem 28. April, bei den ordnungsgemäß stattfindenden Wahlen für die neue Signoria einen unverhofften Erfolg landen können und sowohl die »Grauen« als auch die »Frateschi« überholen. Als neuen Gonfaloniere stellen sie einen der Ihren an die Spitze, Piero degli Alberti.

Bei dieser Gelegenheit muß Savonarola unter anderem für sein Eintreten zugunsten einer allgemeinen Befriedung nach dem mißglückten Putschversuch der Medici büßen, weil man nämlich auch ihn aufgrund des Fehlschlags eines Unternehmens, gegen das er immer gewesen ist und dessen Ausgang er einige Tage vorher regelrecht vorausgesehen hat, zu den Geschlagenen zählt: »Piero wird bis zum Stadttor gelangen, doch dann wird er sich wieder zurückziehen, und alles wird genauso bleiben, wie es ist.«

In Wirklichkeit stehen die Dinge in Florenz nicht mehr so wie früher. Mit dem Zauber ist es aus. Jetzt sind die »Arrabbiati« an die Macht gelangt, auch wenn sie in der Signoria noch nicht über eine gesicherte Mehrheit verfügen. Doch ihr extremster Flügel hat sich mittlerweile einen legalen Spielraum erkämpft und zögert nicht, ihn auch sofort zu nutzen. Tatsächlich ist das erste, was diese Leute fordern, eine Maßnahme »ad personam«, die Savonarola, und nur ihn, daran hindern soll, weiterhin zu predigen.

Doch nicht einmal eine Signoria wie diese bringt den Mut auf, ein solches Dekret gegen den einstigen »Vater des Vaterlandes« zu erlassen, der unter anderem noch immer eine ganze Menge von Gefolgsleuten hinter sich hat, die imstande wären, entsprechend zu reagieren.

So glaubt die von Piero degli Alberti geführte Signoria das Hindernis umgehen zu können, indem sie am 3. Mai den Beschluß faßt, mit Wirkung vom 5. Mai überhaupt allen jedwede Art von Predigttätigkeit zu untersagen. Man führt dafür prophylaktische Gründe im Hinblick auf eine eventuell mögliche Ausbreitung der Cholera-Epidemie ins Treffen. Der

5. Mai – das bedeutet aber, daß am 4. Mai, dem Fest Christi Himmelfahrt, noch gepredigt werden darf. Auch von Savonarola. Doch gerade das ist es, was der intransigente Flügel der »Arrabbiati« unbedingt verhindern will, und das tut man im Palast auch unmißverständlich kund. Da nun erläßt die Signoria, um der Forderung dieser radikalen Gruppe, die auch schon die Straße mobilisiert hat, irgendwie entgegenzukommen, eine Verordnung, in welcher der Abbau jener Holztribünen verfügt wird, die »in einigen Kirchen« errichtet worden sind, um das Fassungsvermögen während der Predigten zu vergrößern. Die ganz bestimmte Zielrichtung dieser Maßnahme wird zwar durch den Gebrauch des unbestimmten Plurals »einige Kirchen« zu verschleiern versucht, doch richtet sie sich natürlich gegen ein ganz bestimmtes Gotteshaus, nämlich die Kirche S. Maria del Fiore, den Dom, die einzige Kirche, wo solche Tribünen wegen des ungeheuren Zulaufs zu den Predigten Savonarolas aufgestellt worden sind. Doch der Mob von der Straße läßt nicht locker, und vor allem die größten Fanatiker drohen mit Unruhen und Gewaltakten, falls das Predigtverbot nicht unverzüglich in Kraft gesetzt wird.

Am Vortag des Festes Christi Himmelfahrt befindet sich die ganze Stadt in Erregung. Sowohl den »Frateschi« wie den »Arrabbiati« sind die Hände gebunden. Da übernehmen auf einmal die »Compagnacci« die Initiative, deren verbrecherische Devise lautet, auf alle Fälle einen Frontalzusammenstoß zu suchen. Man beginnt damit, den Leuten Wetten gegen Bargeld oder Pfand anzubieten, welche die augenblicklich brisanteste Frage zum Inhalt haben: Wird der Frate morgen predigen oder nicht? Für Savonarola, der gegen die Glücksspieler immer wieder strenge Strafen gefordert und auch durchgesetzt hat, muß diese Initiative den Anstrich einer zynischen Provokation haben.

Die Signoria, die auf jeden Fall für die Einhaltung der Gesetze zu sorgen hat, sieht sich dadurch gezwungen, neuerlich zusammenzutreten, um in aller Eile einen Beschluß zu fassen, dessen wesentliche Punkte hier wiedergegeben werden sollen:

»Da uns die Nachricht zu Ohren gekommen ist, daß in unserer Stadt und auf unserem Territorium von nicht wenigen Personen zahlreiche Wetten angeboten worden sind, ob die Predigten am morgigen Tag nun stattfinden werden oder nicht, und das nicht ohne Verletzung der bestehenden Gesetze und der guten Sitten, wird hiermit allen zur Kenntnis gebracht, daß diese Wetten keinerlei Gültigkeit haben und die dafür vorgesehenen Strafen nach wie vor aufrecht bleiben.

Gleichzeitig ordnen die obengenannten Signori an, daß niemand es wagen oder sich das Recht anmaßen soll, in irgendeiner Kirche dieser Stadt einen Prediger an der Ausübung seines Dienstes zu hindern bzw. Sitze, Bänke oder Schemel verschwinden zu lassen . . .«

Auch diesmal bleibt die Signoria standhaft bei ihrer lobenswerten Überzeugung, daß ein öffentliches Verbot es unbedingt vermeiden muß, sich an eine einzelne und bestimmte Person zu richten, aber gleichzeitig ersucht sie auf inoffiziellem Wege einige Freunde Savonarolas, ihn zu überreden, zum Wohle aller am nächsten Tag auf die Predigt zu verzichten: »An einem Tag wie Christi Himmelfahrt«, so lautet die Antwort des Frate, »an dem Christus zu den Aposteln gesagt hat, sie sollten hinausziehen und predigen, werde ich das Volk nicht enttäuschen, indem ich ihm das Wort Gottes vorenthalte.«

Doch die jungen Leute von Doffo Spini haben bereits beschlossen, daß am Fest Christi Himmelfahrt keine Predigt im Dom stattfinden darf. In der Nacht vor dem Fest machen sie sich im Inneren der Kathedrale an die Arbeit. Jeder von ihnen trägt ein Tuch über Mund und Nase, nicht so sehr, um eine eventuelle Identifizierung zu erschweren, sondern vielmehr wegen des scheußlichen Gestanks, der von der blutigen Haut und den Eingeweiden eines schon seit Tagen toten Esels ausgeht, mit denen sie die Kanzel dekorieren, die Savonarola in wenigen Stunden besteigen wird. Und als ob das noch nicht genügte, beschmieren sie die Haut des Esels, die sie wie einen Teppich ausgelegt haben, auch noch mit Exkrementen, während andere auf der Brüstung der Kanzel Nägel einschlagen, weil sie wissen, daß der Prediger bei den wichtigsten Passagen seiner Predigt mit den Fäusten auf die Kanzelbrüstung zu trommeln pflegt.

Es scheint, daß die ursprüngliche Idee, die dann später wieder aufgegriffen wurde, darin bestand, an der Kanzel mit Hilfe eines Feuerwerkers einen großen Knallkörper anzubringen, der während der Predigt explodieren sollte. Sicherlich kann ein solcher Knallkörper bis zum Augenblick der Explosion unentdeckt bleiben. Hingegen verbreiten die Innereien eines toten Esels schon nach kurzer Zeit einen solchen Gestank, daß jeder darauf aufmerksam wird. Und so wird am Morgen des Himmelfahrtstages das stinkende Zeug auch sofort entdeckt und noch rechtzeitig vor der Predigt weggeschafft und alles wieder in Ordnung gebracht.

Gegen Mittag, zur Stunde der Predigt, ist der Dom mit Gläubigen überfüllt. In einem seitlichen Sektor hat auch eine größere Gruppe der Protestler Platz genommen, an ihrer Spitze eine zahlreiche Abordnung der »Compagnacci«; auch Angehörige von Leuten sind darunter, die Opfer jener strengen Gesetze geworden sind, die einst von den »Frateschi« durchgesetzt worden waren, als diese noch die Signoria beherrschten. Der

Ordnerdienst wird von bewaffneten Wächtern versehen, die unter der direkten Aufsicht einiger ebenfalls bewaffneter Mitglieder der Acht vom Sicherheitskomitee stehen.

Auch die Predigt kann die explosive Situation, die da herrscht, natürlich nicht ganz außer acht lassen:

»Wir stehen«, beginnt Savonarola, »in einer Stunde der Gefahr, in der man tatsächlich sieht, wer auf der Seite Gottes steht. Heute waren die Bösen überzeugt, diese Predigt verhindern zu können. Sie wissen offenbar nicht, daß ich noch nie aus Furcht vor den Menschen meine Pflicht vernachlässigt habe. Sie sollen aber wissen, daß es auf dieser Erde keinen Menschen gibt, weder groß noch klein, der sich rühmen könnte, mich daran gehindert zu haben, meine Pflicht zu erfüllen. Ich bin bereit, auch mein Leben aufs Spiel zu setzen ...«

Wie wir gesehen haben, sind neben den Guten diesmal auch die Bösen in Scharen gekommen, um seine Predigt zu hören: auf der einen Seite die Gerechten, auf der anderen die Verdammten, wie auf einem Gemälde vom Jüngsten Gericht. Warum also nicht die Gelegenheit ergreifen, um sich mit geeigneten Worten an die einen wie die anderen zu wenden?

»Ihr macht allzu leicht das Falsche«, sagt er zu den Guten gewandt. »Ihr seid oft traurig, wo ihr eigentlich froh sein solltet. Nun kommt die erwartete Drangsal immer näher. Es wird Krieg geben, einen Krieg, in dem mit Schwertern, Exkommunikationen und Geißeln gekämpft wird. Die schwersten Prüfungen stehen uns nun unmittelbar bevor. Gebe Gott, daß ich der erste bin, der sie zu bestehen hat. Ich habe schon kundgetan, daß mir eine große Ungerechtigkeit widerfahren wird und daß die Lauen mit mir umspringen werden wie einst die Brüder Josefs, die ihn an ägyptische Kaufleute verschachert haben. Sie werfen mir vor, ich sei kein Prophet, doch dann ist ihr ganzes Verhalten so, daß meine Prophezeiungen sich erfüllen. Ich sage hier noch einmal: Italien wird wegen seiner Verderbtheit von wilden Völkern verwüstet werden, und wenn diese sich zusammentun, wird dies den totalen Untergang bedeuten. Ihr Guten aber, betet zum Herrn, dann werdet ihr seine Hilfe erfahren.

Und nun zu euch Bösen: Herr, zürne ihnen nicht! Verzeih ihnen, gib, daß sie sich bekehren, denn sie wissen nicht, was sie tun. Ihr Bösen glaubt wohl, gegen den Frate zu kämpfen, und bemerkt dabei gar nicht, daß ihr in Wirklichkeit gegen Christus zu Felde zieht. Nur die Liebe zu Gott und nicht Haßgefühle gegen euch veranlassen mich, euch zu bekämpfen. Wenn ihr aber wollt, daß zwischen uns Frieden herrscht, dann braucht ihr nur euren Sinn für ein moralisch einwandfreies Leben wieder zu erwecken. ›Frate, du hast ja gar kein Recht, heute zu predigen, die Signoria hat es dir doch verboten.‹ Das ist nicht wahr. Und andererseits würde ich mich davon auch nicht abhalten lassen, weder aus Furcht noch deshalb, weil irgendwer es so will. Ich werde nur dann schweigen, wenn ich befürchten muß, daß meine Worte jemandem schaden könnten, wenn ich Angst habe, daß daraus Unruhe und Zwietracht entstehen könnten . . .«

Auf diese Worte hin entsteht in der Kirche plötzlich ein riesiger Lärm, als ob ein großer Kronleuchter zu Boden gefallen wäre, so daß die Menge der Gläubigen in Panik gerät. Einer von den »Compagnacci« hatte nämlich die Almosenkasse samt ihrem Inhalt in die Luft geschleudert – das vereinbarte Zeichen für den Beginn der Protestaktionen.

Alle Berichte über diesen Vorfall, auch der, der noch am gleichen Tag von Somenzi für den Herzog von Mailand verfaßt wird, lassen eine Dynamik der Ereignisse erkennen, die geeignet ist, den gegensätzlichsten Interpretationen Nahrung zu geben.

Nach dem ersten Radau folgt ein weiterer Tumult, der diesmal von anderen Leuten der Gruppe hervorgerufen wird, die damit beginnen, rhythmisch auf die Bänke zu klopfen, während andere wieder fluchtartig zu den Ausgängen stürzen, um zu erreichen, daß auch die Gläubigen Hals über Kopf die Flucht ergreifen. Will man den Frate in der Kirche einkesseln, um ihn eliminieren zu können? Die Mißverständnisse und Ungereimtheiten, die bei dem ganzen Geschehen zutage treten, weisen deutlich auf dessen Zweideutigkeit hin. Man beachte zum Beispiel nur die Rolle, die Bartolomeo Giugni in dieser Episode spielt. Er zählt zu den neugewählten Mitgliedern des Sicherheitsausschusses der Acht, gehört der Partei der »Arrabbiati« an und spielt hier so eine Art Polizeipräsident. Die Tatsache, daß er unverzüglich unterhalb der Kanzel Stellung bezieht, um von dort aus die Lage unter Kontrolle halten zu können, wird sofort von einigen der mutigsten Anhänger Savonarolas, die herbeigeeilt waren, um einen Ring rund um die Kanzel zu bilden, als ein bewaffneter Angriff auf den Prediger interpretiert. Einer von ihnen verabreicht dem Repräsentanten der Acht sogar eine kräftige Ohrfeige und bricht so mit einer geheiligten Tradition, wonach man den Acht, die sogar die Vollmacht besitzen, Todesurteile zu verhängen, nur mit allergrößter Ehrfurcht und eher angsterfüllt gegenübertritt.

Savonarola selbst versucht sofort, mit donnernder Stimme der Situation Herr zu werden, wenn auch die Art seiner Reaktion darauf aus zu sein scheint, die Situation zu entspannen: »Seht doch, die Bösen wollen ihren Teil offenbar nicht hören.« Doch nach einigen weiteren vergeblichen Aufforderungen zur Ruhe bleibt ihm nichts anderes mehr übrig, als niederzuknien und zu beten.

Unter der Kanzel haben sich mittlerweile noch weitere seiner treuen Anhänger versammelt, nach Somenzi etwa zweihundert an der Zahl. Und als Savonarola sich erhebt und sein Kruzifix in die Höhe hält, heben auch sie ihre Kreuzchen, die sie wie ein Erkennungszeichen bei sich tragen, in die Höhe mit dem Ruf: »Jesus!«

Inzwischen haben sich diejenigen von seinen Getreuen, die um sein Leben bangten, mit Waffen versorgt, und als Savonarola vom Dom wieder nach S. Marco zurückkehrt, tut er dies bereits mit einer bewaffneten Eskorte.

# XXI.

Die erste Reaktion auf den Tumult vom Himmelfahrtstag erfolgt nicht in Florenz, sondern in Rom.

Während in Florenz die »Arrabbiati« eine intensive Kampagne gegen Fra Girolamo in die Wege leiten, um ein Verbannungsurteil gegen ihn zu erwirken (Anlässe dafür gibt es ja genug: Störung der öffentlichen Ordnung, widerrechtliches Tragen von Waffen usw.), ist aus Rom bereits das Exkommunikationsdekret unterwegs. Es wird am 12. oder 13. Mai vom Papst unterzeichnet, kaum eine Woche nach den Vorfällen in Florenz. Doch man kann wohl annehmen, daß der päpstliche Beamte Floridi, der das Dekret verfaßt und gegengezeichnet hat, genügend Zeit hatte, um daran zu feilen und es immer wieder mit den neuesten Mitteilungen zu konfrontieren, die ihm aus Florenz zugespielt wurden.

Auch aus dem äußerst abgeklärten Stil dieses Dokumentes gewinnt man den Eindruck, daß es sich um einen von langer Hand vorbereiteten Text handelt, der schon geraume Zeit in der Schublade bereit lag in Erwartung des günstigsten Augenblicks. So würden sich auch gewisse Indiskretionen über eine bevorstehende Exkommunikation erklären lassen, die bereits im März, noch während der Fastenzeit mit Savonarolas anstößigen Predigten, in Umlauf gesetzt wurden. Die Drahtzieher dürften wohl wie üblich Mei, Ponzo und Genazzano gewesen sein. Es ist ziemlich sicher, daß auch Geld mit im Spiel gewesen ist, um die Exkommunikation zu beschleunigen, Geld, das von einem gewissen Nerli und einem Mann namens Strozzi stammte, zwei sehr aktiven und wohlhabenden Leuten aus den Reihen der »Arrabbiati«.

Der Text dieses Exkommunikationsdekretes umfaßt ca. 400 Worte und ist selbstverständlich in Latein abgefaßt. Er beginnt mit einer Erinnerung an die Geschichte der vorangegangenen päpstlichen Schreiben, die nun, weil sie keinerlei Beachtung gefunden haben, den offiziellen Grund für die nunmehrige Exkommunikation darstellen. In einer eher unüblichen Vorgangsweise richtet sich das Dekret nicht an die gesamte Gemeinschaft der Gläubigen, sondern vielmehr nur an die Mönche der florentinischen Konvente, die das Breve in ihren Kirchen verlautbaren sollen:

»Geliebte Söhne! Mit Unseren Grüßen verbinden Wir auch Unseren Apostolischen Segen.

Oft schon, zu verschiedenen Zeiten und immer zu Unserem tiefsten Schmerz haben Wir von verschiedenen Persönlichkeiten, Priestern und Laien, lauter gebildeten und frommen Leuten, erfahren müssen, daß ein gewisser Fra Girolamo Savonarola aus Ferrara, gegenwärtig (wie es scheint) Vikar von S. Marco in Florenz, unter dem Volk dieser Stadt die Prinzipien einer äußerst gefährlichen Lehre verbreitet, zum Ärgernis und Verderben der schlichten Seelen, die losgekauft sind durch das Blut Christi.

Dennoch hofften Wir, daß er selbst sich seines Irrtums bewußt werden und nicht zögern würde, von dem gefährlichen Weg, den er eingeschlagen hat, abzurücken und in aller Schlichtheit des Herzens wieder zu Christus und in den Schoß der Heiligen Kirche heimzukehren, nachdem er demütig einen Akt des Gehorsams geleistet hat.

Deshalb hatten Wir mit Unseren Briefen in Form eines Breve dem genannten Frate Girolamo unter Hinweis auf seine Gehorsamspflicht befohlen, sich bei Uns einzufinden, um sich wegen der Irrtümer zu rechtfertigen, die ihm angelastet wurden, und Wir haben ihm auch vorgeschrieben, jede Art von Predigt zu unterlassen. Doch er wollte nicht im geringsten auf Uns hören.

Trotzdem sind wir in Anbetracht der Schwere seines Falles gegen ihn bisher viel zu milde vorgegangen und haben gewisse Rechtfertigungen von seiner Seite akzeptiert, ja sogar seinen Ungehorsam gegenüber Unserem Predigtverbot toleriert: alles das in der Hoffnung, daß er angesichts Unserer Güte sein Unrecht einsehen würde.

In Anbetracht seiner fortdauernden Halsstarrigkeit haben Wir ihm unter Strafe der Exkommunikation befohlen, sich Unserer Entscheidung zu beugen und den Konvent von S. Marco in Florenz in die von Uns errichtete Römisch-Toskanische Kongregation einzugliedern: etwas, was zu tun er strikt abgelehnt hat, wobei ihn die Exkommunikation, die er sich dadurch automatisch zugezogen hat, offensichtlich überhaupt nicht kümmert und er sich in seinem rebellischen Verhalten nur noch immer mehr versteift.

Um das Heil dieser genannten Seelen zu gewährleisten, wie es Uns Unsere Hirtenpflicht auferlegt, und um zu vermeiden, daß am Tage des Gerichtes ihre Verdammung Uns zur Last gelegt wird, befehlen Wir einem jeden von Euch persönlich im heiligen Gehorsam und unter Strafe der

Exkommunikation, daß Ihr in Euren Kirchen an den Festtagen und bei solchen Gelegenheiten, wo die Teilnahme des Volkes möglichst zahlreich ist, den obengenannten Frate Girolamo öffentlich für exkommuniziert erklärt, so daß alle es vernehmen und im Gedächtnis behalten, weil er Unsere Ermahnungen in den Wind geschlagen und unsere Anordnungen mißachtet hat.

Außerdem sollt Ihr, immer unter Strafe der Exkommunikation, Kleriker und Laien, Priester und Mönche jeden Standes und jeden Geschlechts sowie alle jene, die aufgrund irgendeines Rechtstitels eine Funktion in der Kirche ausüben, ermahnen, sich von dem genannten Frate Girolamo, welcher der Exkommunikation verfallen und der Häresie verdächtig ist, absolut fernzuhalten. Daher ist es allen verboten, sich mit ihm zu unterhalten oder mit ihm zu sprechen; seine Predigten anzuhören (die Wir ihm untersagt haben) oder sonstwie mit ihm in Kontakt zu treten; ihm irgendwelche Hilfe oder Beistand zu gewähren; sich an Orte oder in Klöster zu begeben, wo er sich aufhält. Schließlich wird jedem von Euch die Pflicht auferlegt, Unserem geliebten Sohn Giovanvittorio da Camerino, Professor der heiligen Theologie und Unser Vertrauter und Beauftragter, in allem Mithilfe zu gewähren und Gehorsam zu leisten, was Wir ihm gegen den vorhin genannten Fra Girolamo zu unternehmen aufgetragen und befohlen haben, und wie es von Euch verlangt wird.

Rom, am 13. Mai 1497.«

Das heißt mit anderen Worten, der Theologe Giovanvittorio da Camerino hat den offiziellen Auftrag erhalten, gemäß den für solche Fälle vorgesehenen kanonischen Bestimmungen den Betroffenen die entsprechenden Exemplare des Exkommunikationsdekretes persönlich auszuhändigen. Doch es läßt sich der Verdacht nicht von der Hand weisen, daß er in dem ganzen Geschehen auch noch eine andere Rolle gespielt hat. Tatsächlich läßt sich feststellen, daß auch er Gründe gehabt hat, auf den Exkommunizierten nicht besonders gut zu sprechen zu sein. Im März jenes gleichen Jahres war er nämlich durch eine Verfügung des damaligen Rates der Acht wegen gewisser polemischer Ausfälle aus Florenz ausgewiesen und mit dem strikten Verbot belegt worden, jemals wieder seinen Fuß in diese Stadt zu setzen. Es muß ihm also wie ein Wunder erscheinen, schon nach zwei Monaten wieder dorthin zurückkehren zu können, noch dazu als Beauftragter des Papstes und unter dem Schutz einer Signoria, die bekanntermaßen Savonarola feindlich gesinnt ist.

Während die Exkommunikation noch nach Florenz unterwegs ist, gelingt es den »Arrabbiati«, ihren Vorschlag, den Prior von S. Marco ins

Exil zu schicken, auf die Tagesordnung der für den 20. Mai festgesetzten »Pratica« setzen zu lassen. In solch dringlichen Fällen pflegt man nämlich in Florenz, wie wir schon gesehen haben, auch wenn die endgültige Entscheidung immer bei der Signoria liegt, zuvor eine sogenannte »Pratica« abzuhalten, d. h. es wird eine Versammlung einberufen, zu der unter verschiedensten Gesichtspunkten die bedeutendsten Bürger der Stadt eingeladen werden, um sich die Stellungnahmen der einzelnen Regierungsbehörden anzuhören, und wo auch die Repräsentanten der Bürger zu Wort kommen.

In dieser Versammlung vom 20. Mai kommt es zu einer wilden und heftigen Auseinandersetzung, aber der Vorschlag, Savonarola in die Verbannung zu schicken, findet schließlich doch keine Zustimmung.

Von der dicken Luft, die im Augenblick in Florenz herrscht, muß wohl auch der Theologe Wind bekommen haben, denn nach seiner Ankunft in Siena hält er es nicht für ratsam, sofort nach Florenz weiterzuziehen. Die Vorstellung, im Palast mit allen Ehren empfangen zu werden, um dort das Apostolische Schreiben zu erläutern, der Gedanke daran, bei den guten und ehrenhaften Mönchen von Florenz als angesehener Gast aufgenommen zu werden und dort in Ausführung des Exkommunikationsdekretes schöne Tage verbringen zu können, beginnt immer mehr vom Verdacht und von der Angst verdrängt zu werden, schließlich doch noch aufgrund dieser früheren Ausweisungsverfügung in einer unbequemen Kerkerzelle jener sonderbaren Republik zu landen. Florenz ist eine unberechenbare Stadt. In wenigen Tagen wird überdies die Wahl der neuen Signoria für die Monate Juni/Juli stattfinden. Besser, einmal abwarten, wie die Signoria auf sein schriftliches Ersuchen um einen ordentlichen Geleitbrief reagiert. Übrigens, abgesehen von dem ständigen Machtwechsel, der immer neue und unberechenbare Leute an die Spitze spült, kann es durchaus geschehen, daß das Gremium der Acht, in dem nunmehr die »Arrabbiati« das Übergewicht haben, eine alte Verfügung ihrer Vorgänger aus einer Zeit, als noch die »Grauen« oder die »Frateschi« die Mehrheit besaßen, pünktlich exekutiert, sogar zum Mißfallen der Signoria selbst.

Zum Beweis dieser Autonomie, was Anordnungen und Entscheidungen betrifft, mag ein Brief der Zehn vom 20. Mai, dem Tag jener stürmisch verlaufenen »Pratica«, an den florentinischen Botschafter in Rom dienen, in dem man ihm noch vor dem Eintreffen der Exkommunikation selbst, deren Verhängung bereits durchgesickert ist, die Argumente einer leidenschaftlichen vorweggenommenen Rechtfertigung des Frate vor dem Papst vertraulich mitteilt. Hier ein Auszug aus diesem Brief:

»Als Prediger in unserer Stadt hat er dank seiner außergewöhnlichen

Lehre und seiner moralischen und religiösen Integrität beispiellose Erfolge zu verzeichnen gehabt. Wir können absolut versichern, daß unsere Stadt ihm zu großem Dank verpflichtet ist. Ihm verdankt sie die Rückkehr unseres Gemeinwesens zu den kostbaren Regeln des moralischen und religiösen Empfindens.

Daher erklären wir schon jetzt, daß wir jede eventuelle Aktion mißbilligen, die aufgrund bösartiger Informationen gegen ihn versucht werden sollte. Wir wollen uns nicht als undankbar erweisen, und deshalb ist es unsere Pflicht, ein Zeugnis der Wahrheit zu seinen Gunsten abzulegen und ihm gleichzeitig zu helfen, soweit wir nur können.«

Auch Savonarola selbst schickt zwei Tage später einen Brief nach Rom. Dieser enthält vorsichtshalber eine Selbstrechtfertigung sowie eine demütige Unterwerfung gegenüber dem Papst, aber auch schwere Anklagen gegen Fra Mariano da Genazzano, wobei auch er auf die »bösartigen Informationen« zu sprechen kommt:

»Was ich in meinen Predigten mit lauter Stimme und mit allen meinen Kräften verlange, ist einzig und allein die Reue für die begangenen Sünden und die Läuterung der Sitten: Es ist der Glaube an unseren Herrn Jesus Christus, den ich in den Herzen der Menschen neu zu beleben versuche. Und in Verteidigung dieses Glaubens wird demnächst, wenn Gott will, ein Werk von mir erscheinen: ›Der Triumph des Kreuzes‹. Daraus wird ersichtlich werden, ob ich als häretische Plaudertasche angesehen werden muß oder nicht vielmehr als ein Verteidiger der katholischen Wahrheit.

Eure Heiligkeit werden also nicht den böswilligen Verleumdern Gehör schenken wollen, ohne sich vorher über deren Zuverlässigkeit Gewißheit verschafft zu haben. Ihre Lügen können schon jetzt bewiesen werden.

Sollte ich am Ende dennoch der Hilfe der Menschen entbehren müssen und die Ungerechtigkeit der Bösewichte triumphieren, dann werde ich meine ganze Hoffnung auf Gott setzen und der ganzen Welt ihre Bosheit vor Augen halten . . .«

Dieser Brief macht einen äußerst positiven Eindruck auf den Papst und zwingt auch die Kurie zu neuen Überlegungen. Die Kardinäle beginnen nach und nach in der Mehrzahl ihre Meinung zu ändern. Der Papst erklärt sogar einem von ihnen, dem Kardinal von Perugia, daß die ganze Geschichte mit der Exkommunikation sich gänzlich außerhalb seines Einflußbereiches abgespielt habe. Und vielleicht kann man ihm dies sogar glauben. Möglicherweise war es so, daß er im vergangenen März, am Höhepunkt seiner Empörung über die Fastenpredigten Savonarolas, zwar die Exkommunikation hatte vorbereiten lassen, sie aber dann in der Schublade liegenließ, bis einer sie auf die Nachricht vom Tumult an Christi

Himmelfahrt hin wieder hervorgeholt hat, um sie von ihm in einem jener Momente siegeln zu lassen, in denen der Papst bereit ist, alles zu unterschreiben und auch noch das Gegenteil von allem; in einem jener Momente also, wo der Papst gerade ein wichtiges Ziel auf einem Gebiet erreicht hat oder zu erreichen hofft, das ihn mehr als die politischen oder religiösen Kontroversen interessiert.

Für den 7. Juni steht nun ein Geheimkonsistorium auf dem Programm, auf dem er für seinen Erstgeborenen, den Herzog von Gandia, die Investitur auf das Herzogtum Benevent bekanntgeben will: ein ziemlich dreistes Unterfangen, wenn man bedenkt, daß es darum geht, zu diesem Zweck das neue Herzogtum vom Territorium des Kirchenstaates wieder abzutrennen. Aber das ist noch nicht alles. Im selben Konsistorium wird er auch noch seinen Sohn Cesare zum Kardinal-Legaten in Neapel ernennen mit dem besonderen Auftrag, demnächst den neuen Herrscher Friedrich von Aragon zu krönen.

Der Brauch, die eigenen Söhne mit solchen Funktionen zu betrauen, ist völlig neu und erst von Alexander selbst eingeführt worden, der auch bezüglich des Geschlechtes keinen Unterschied zu machen pflegt, da er bei anderer Gelegenheit auch schon seine Tochter Lucrezia während seiner Abwesenheit mit der Verwaltung des päpstlichen Palastes beauftragt hat.

Lucrezia wirft jedoch momentan den einzigen Schatten auf seinen Vaterstolz, und zwar wegen ihres Gatten Giovanni Sforza, der offenbar nicht imstande gewesen war, die vier Jahre zuvor geschlossene Ehe mit ihr auch zu vollziehen.

Savonarola und seine Exkommunikation sind Dinge, die dem Papst momentan als wahre Lappalien erscheinen müssen. Und übrigens läßt sich ja alles noch in Ordnung bringen. Mitte Juni stellt sich nämlich heraus, daß das Exkommunikationsdekret in Florenz noch gar nicht eingetroffen ist. Niemand weiß, wohin der Professor mit seinen Schriftstücken verschwunden ist. Und Kardinal Carafa, der darüber mit dem florentinischen Gesandten Becchi spricht, kommentiert das Verschwinden des Apostolischen Kommissars mit folgenden Worten: »Wenn er klug ist, kommt er überhaupt nie in Florenz an. Um Fra Girolamo zum Gehorsam zu bewegen, sind ganz andere Maßnahmen notwendig.«

Man kann wohl sagen, daß diese Exkommunikation immer mehr zu einem persönlichen Anliegen von Giovanvittorio da Camerino wird, denn in Rom sind maßgebliche Kreise mittlerweile eher dafür, den Rückzug anzutreten. Der Brief, in dem der Botschafter Becchi den Zehn von der diesbezüglichen Niederlage des Kardinals Carafa berichtet, trägt das Datum vom 14. Juni.

# XXII.

Aber ausgerechnet in der Nacht vom 14. zum 15. Juni explodiert in Rom eine Bombe, die das Interesse für alles andere auf den Nullpunkt sinken läßt.

Die doppelte Karriere der beiden Borja-Brüder, die vor kaum einer Woche im Geheimkonsistorium dekretiert worden ist, stellt ein Ereignis dar, das von ihren Freunden und Verwandten natürlich gebührend gefeiert werden muß. Und so nehmen sieben Tage später, genau am Abend des 14. Juni, der Herzog von Gandia und neue Herzog von Benevent, sein Bruder Cesare, der neue Kardinal-Legat in Neapel, sowie ihr Cousin, der Kardinal Juan Borja, mit einer großen Zahl von Freunden an einem Bankett in einem Landhaus nahe S. Pietro in Vincoli teil, das den Weinbergen ihrer Mutter Giannozza angeschlossen ist.

Der Herzog von Gandia ist in Begleitung einer maskierten Gestalt, die man schon seit ungefähr einem Monat täglich zu ihm in den vatikanischen Palast kommen sieht, ohne daß jemand weiß, welche genaue Rolle diese Person spielt. Auch ihr Geschlecht läßt sich nicht feststellen.

Zu später Stunde, nach dem letzten Trinkspruch, besteigen die beiden Brüder sowie ihr Cousin ihre Maultiere, um in Begleitung einer bewaffneten Eskorte wieder in den Vatikan zurückzukehren. Immer noch ist die maskierte Gestalt bei ihnen.

In der Nähe des Campo dei Fiori, ausgerechnet unterhalb des ehemaligen Palastes der Familie, der sich nun im Besitz des Kardinals Ascanio Sforza befindet, teilt der Herzog von Gandia seinen Begleitern mit, daß er noch ein ganz bestimmtes Bedürfnis nach Zerstreuung verspüre und sich deshalb von ihnen kurz verabschieden müsse. Er wolle noch einen kleinen Umweg machen und dann in den Palast zurückkehren. Cesare und Juan haben nichts dagegen. Sie bestehen bloß darauf, daß ein Teil der Eskorte ihn begleiten solle. Doch der Herzog will nichts davon wissen. Um sie aber nicht ganz zu vergrämen, nimmt er schließlich doch einen Reitknecht mit und verschwindet mit der maskierten Gestalt, die hinter ihm herreitet, im Dunkel der Nacht.

Aber auch dieser Reitknecht ist ihm noch zuviel. An der Piazza degli Ebrei befiehlt er ihm anzuhalten und hier zirka eine Stunde zu warten; danach solle er sich jedoch, wenn er niemanden kommen sehe, in den Vatikan zurückbegeben.

Am nächsten Morgen herrscht im Palast wegen der nicht erfolgten Rückkehr des Herzogs helle Aufregung. Alle möglichen Hypothesen werden in Betracht gezogen, sogar die Möglichkeit eines politisch motivierten Komplotts durch Erpressung. Die 3000 spanischen Soldaten im Vatikan werden in Alarmzustand versetzt; auch die Milizen der Orsini und der Colonna sind alarmiert; die Kaufläden in der Stadt werden aus Angst vor dem Ausbruch von Unruhen geschlossen.

Trotz allem hofft man noch immer, daß der Herzog sich bloß bei einem seiner Liebesabenteuer verspätet hat und es nun vorzieht, noch bis zum Einbruch der kommenden Nacht im Hause der betreffenden Frau zu bleiben, um nicht beim Verlassen des Hauses erkannt zu werden. Aber auch in der darauffolgenden Nacht wartet man vergeblich auf ihn. Der Papst, der gerade diesen Sohn abgöttisch liebt, vergeht fast vor Sorge und Angst.

Leider weisen die Ergebnisse der ersten Nachforschungen eher nicht auf ein galantes Abenteuer hin. Der Reitknecht wird schwerverletzt aufgefunden. Aus seinen konfusen Angaben sind jedoch keine brauchbaren Hinweise zu gewinnen. Man könnte sogar annehmen, daß der Anschlag auf ihn mit der ganzen Sache überhaupt nichts zu tun hat. Als dann jedoch das Maultier des Herzogs mit den verknoteten Steigbügeln entdeckt wird, beginnt langsam die schwerwiegendste Hypothese Gestalt anzunehmen, nämlich die eines blutigen Racheaktes.

Diese Hypothese wird zwei Tage später, am 16. Juni, fast zur Gewißheit, als ein Augenzeuge des Geschehens aufgespürt wird, ein slawischer Holzhändler namens Giorgio. In jener Nacht vom 14. auf den 15. Juni hatte er gerade bei seinem Warenlager am Tiberufer Wache gestanden. Hier seine Zeugenaussage:

»Es war ungefähr 2 Uhr in der Nacht, als ich von der Straße links vom Hospiz der Slawen zwei Gestalten herankommen sah. Sie blickten sich überall um, als ob sie kontrollieren wollten, ob die Luft rein sei, und dann zogen sie sich wieder zurück. Kurz darauf sind zwei weitere Männer aufgetaucht. Nachdem auch die sich vergewissert hatten, daß niemand in der Nähe war, stießen sie einen kurzen Pfiff aus. Gleich darauf erschien ein Reiter auf einem weißen Pferd mit einer Leiche, die quer über den Rücken des Pferdes lag und rechts und links, am Kopf und an den Beinen, von den beiden zuerst erschienenen Gestalten festgehalten wurde.

Sie sollten offenbar die Leiche beseitigen. Daher zogen sie sie an dieser Stelle vom Pferd herunter und warfen sie ins Wasser. Es kam auch zu einer kurzen Unterhaltung zwischen dem Reiter auf dem Pferd und den anderen vier:

›Habt ihr ihn auch richtig hineingeworfen?‹

›Ja, alles ist in bester Ordnung, Herr‹, war die Antwort.

Schließlich sind sie alle miteinander in Richtung des Hospitals von S. Giacomo verschwunden.«

Auf die Frage, warum er sich nicht sofort gemeldet und die Geschichte erzählt hätte, gab der Slawe zur Antwort: »Seit ich in Rom bin, habe ich sicher schon an die hundert Leichen gesehen, die an dieser Stelle ins Wasser geworfen wurden, und nie hat sich jemand etwas Besonderes dabei gedacht.«

Diesmal aber denkt man sich sehr wohl etwas dabei, und man läßt Freiwillige und eigens dafür angeworbene Fischer den ganzen Fluß genauestens absuchen. Gegen Mittag, wenige Stunden nach der Einvernahme des Slawen, wird an einer Stelle des Tiber, nicht weit von S. Maria del Popolo entfernt, ausgerechnet auf der Höhe der Gärten des Palastes von Kardinal Ascanio Sforza, eine Leiche herausgefischt.

Sie weist eine durchschnittene Kehle auf und mehr als zehn tiefe Wunden am ganzen Körper. Es ist tatsächlich der junge Herzog von Gandia. Seine kostbare Kleidung ist noch völlig intakt, ja selbst den Geldbeutel mit zehn Dukaten (ca. 13.000 öS oder 2000 DM) hat man nicht angerührt.

Auf die Nachricht vom Auffinden der Leiche hin hat sich der Vater gramgebeugt in sein Zimmer eingeschlossen. Der Kanoniker und Zeremonienmeister Burkhardt notiert in seinem Tagebuch, daß der Papst in der Folge drei Tage lang weder geschlafen noch eine Speise angerührt habe.

Die Suche nach den Mördern wird sofort, noch am 17. Juni, mit einer massiven Polizeiaktion eingeleitet. Sämtliche Wohnungen im Umkreis des Auffindungsortes der Leiche werden genauestens durchsucht, angefangen vom Palast Ascanio Sforzas: nicht nur, weil vor dem Gesetz alle gleich sind, sondern weil gerade er, die Nummer zwei im Vatikan, als Hauptverdächtiger gilt. Abgesehen von seinem nicht ganz ungetrübten Verhältnis zu Alexander VI. ist es vor allem die Tatsache, daß der Kardinal einige Tage vor dem Mordanschlag einen heftigen Streit mit dem Sohn des Papstes gehabt hat, und zwar wegen einiger seiner Diener, die der Herzog kurzerhand hatte aufhängen lassen.

Um eine objektive Überprüfung der Verdächtigungen zu ermöglichen, verzichtet der Kardinal richtigerweise darauf, bei der Durchsuchung seines Palastes selbst anwesend zu sein, ja er findet sogar lobende Worte für die Entscheidung, auch bei ihm keine Ausnahme zu machen. Natürlich gelingt es weder in dieser Phase der Nachforschungen noch später, irgendeinen Beweis gegen ihn zu entdecken.

Das Gestrüpp der Meinungen und Hypothesen wird jedenfalls immer dichter. Es ist hier gar nicht möglich, sie alle Revue passieren zu lassen. Es muß genügen, darauf hinzuweisen, daß sich schließlich die Verdachtsmomente auf Giovanni Sforza, den Mann von Lucrezia Borja, konzentrieren. Ende März hatte er alle Beziehungen zur Familie Borja abgebrochen und war aus Rom abgereist, fest entschlossen, sich dem Willen des Papstes zu widersetzen, der von ihm eine ausdrückliche Erklärung verlangte, daß er die Ehe nicht vollzogen habe, um eine Annullierung derselben herbeiführen zu können. Lucrezia selbst stand zu Beginn dieses Streites noch ganz auf der Seite ihres Mannes: ein Grund mehr, der für einen Racheakt dieses letzteren gegen denjenigen spricht, der ihm die Frau mit Gewalt wegnehmen wollte. Einige Stimmen behaupten sogar, daß er am Tag des Verbrechens in Rom gewesen sei.

Auftrieb gibt diesen Stimmen auch die Tatsache, daß Lucrezia Anfang Juni plötzlich den Vatikan verläßt und sich in das Kloster von S. Sisto zurückzieht, scheinbar mit der Absicht, Nonne zu werden. »Die einen sagen«, schrieb der Botschafter von Ferrara am 8. Juni, »daß sie Nonne werden will, andere wiederum äußern ganz andere Dinge, die man in einem Brief gar nicht wiedergeben kann.«

Diese »anderen Dinge« könnten mit jenen nachträglichen, aber jedenfalls völlig unglaubwürdigen Gerüchten in Zusammenhang stehen, die aus dem Verbrechen am Herzog von Gandia einen von Cesare angestifteten Brudermord aus Eifersucht auf Lucrezia machen wollen; sie könnten aber auch mit den vertraulichen Mitteilungen Giovanni Sforzas an Ludovico il Moro zusammenhängen, als dieser im Dezember darauf ihn zu überreden versucht, eine schriftliche Erklärung bezüglich seiner »impotentia coeundi« abzugeben: »Aber ich habe sie doch unzählige Male geliebt!« wird Giovanni dazu sagen. »Die Wahrheit ist, daß der Papst sie mir genommen hat, weil er sie ganz für sich haben wollte.«

Jedenfalls unterschreibt Giovanni Sforza am 22. Dezember eine derartige Erklärung, die schließlich zur Auflösung der Ehe führen wird. Und was den Mord an seinem Schwager, dem Herzog von Gandia, angeht, so schreibt er eiligst einen Brief nach Rom, in dem er seine eigene Unschuld beteuert und auch ein todsicheres Alibi vorweist: an jenem 14. Juni befand er sich gerade auf dem Weg nach Mailand.

Drei Tage nach der Entdeckung des Verbrechens fühlt sich der Papst trotz Schlaflosigkeit und Fasten dennoch imstande, in einem eiligst einberufenen Konsistorium den Vorsitz zu führen und nach den Beileidsbezeigungen der Kardinäle und akkreditierten Botschafter eine kurze Rede zu halten: eine sehr persönlich gehaltene Ansprache, die aus den diplomatischen Berichten ziemlich genau rekonstruiert werden kann:

»Kein Schlag konnte Uns schwerer treffen als das Leid, das man Uns zugefügt hat, denn Wir liebten den Herzog von Gandia mehr als alles auf der Welt. Wir würden gerne sieben Tiaren opfern, wenn Wir ihn dadurch wieder ins Leben zurückholen könnten. Gott hat Uns wegen Unserer Sünden strafen wollen, denn er, der Herzog von Gandia selbst, hat keinen so schrecklichen Tod verdient.

Manche beschuldigen Giovanni Sforza dieses Verbrechens. Wir sind jedoch von seiner Unschuld überzeugt, wie Wir auch von der Unschuld seines Bruders und des Herzogs von Urbino überzeugt sind. Gott möge dem verzeihen, der es getan hat!

Wir aber haben beschlossen, von nun an der eigenen und der Reform der Kirche Unser ganzes Augenmerk zu widmen. Eine Kommission aus sechs Kardinälen und zwei Auditoren der Sacra Rota soll die Art und Weise des Vorgehens beraten.

Von nun an werden die kirchlichen Benefizien nur noch solchen Leuten anvertraut, die sich ihrer auch würdig erweisen, und die Kardinäle sollen in Zukunft mitbestimmen dürfen.

Wir wollen auf jede Art von Nepotismus verzichten und mit der Reform bei Uns selbst beginnen, um sie dann auf die anderen Glieder der Kirche auszudehnen, bis das ganze Werk vollendet ist.«

Der erste, der gleich nach dem Papst das Wort ergreift, ist der Botschafter Spaniens. Er teilt mit, daß er von Ascanio Sforza beauftragt sei, dessen Abwesenheit zu rechtfertigen, um zu vermeiden, daß sie als Eingeständnis der Schuld interpretiert werden könnte, während sie allein mit der Furcht vor eventuellen unkontrollierten Reaktionen seitens der spanischen Garde zu erklären sei.

Die Antwort des Papstes ist in jeder Hinsicht beruhigend: »Gott im Himmel, jeder Gedanke eines solchen Verdachtes liegt mir fern: Ich habe ihn immer als einen Bruder betrachtet, und wenn er hier erscheinen würde, wäre er willkommen.«

Noch am 19. Juni ergeht vom Vatikan ein Schreiben an alle Staatskanzleien mit der offiziellen Nachricht vom Tode des Herzogs. Der Papst betont darin, daß er diesen Todesfall als eine Heimsuchung Gottes und eine Ermahnung betrachte, das eigene Leben zu ändern.

An diesem 19. Juni weiß man in Florenz noch nichts von den sensationellen Ereignissen, die sich in Rom abgespielt haben. Girolamo Savonarola gilt als öffentlich exkommuniziert und schreibt gerade »an alle Christen und von Gott Geliebten« seinen berühmten »Brief gegen die geheime Exkommunikation«, der genau das Datum vom 19. Juni trägt. Was war geschehen?

In den vorangegangenen Tagen ist bei der Signoria ein Brief des Theologen Giovanvittorio da Camerino aus Siena eingelangt mit dem Ersuchen um einen Geleitbrief. Die Antwort aus dem Palast war, aus Angst vor Reaktionen der »Frateschi«, negativ. Daraufhin vertraute der Theologieprofessor die Exkommunikationsdekrete jemandem an, der in Florenz keine Strafverfolgung zu befürchten hatte, ohne daß ihn der Verfahrensfehler weiter kümmerte, der ihm damit unterlaufen war. Und diese betreffende Person stellte die Schriftstücke auch den Empfängern zu, doch viele von ihnen verweigerten wegen der vorschriftswidrigen Zustellung deren Annahme.

Doch am 18. Juni wird die Exkommunikation Savonarolas in einem groß aufgezogenen Spektakel mit Fackelzug und Glockengeläut gleichzeitig in fünf Kirchen der Stadt feierlich verkündet.

Es wäre verlorene Zeit, hier über Gültigkeit oder Ungültigkeit dieser Exkommunikation zu diskutieren. Es muß genügen, auf einen einzigen Nichtigkeitsgrund hinzuweisen: das im Text des Breve enthaltene Eingeständnis, daß die Römisch-Toskanische Kongregation nur zu dem Zweck geschaffen wurde, um den Exkommunizierten zum Ungehorsam zu verleiten.

Inzwischen ist der Brief des Papstes über den Tod des Herzogs von Gandia in allen Hauptstädten eingetroffen, und zwar gleichzeitig mit der Nachricht von der Exkommunikation und dem Brief, in dem Savonarola ihre Gültigkeit bestreitet: ein explosives zeitliches Zusammentreffen. Auf diese Weise tritt sein Fall neuerlich auf recht anmaßende Weise in das Rampenlicht der Öffentlichkeit und wird zum Gegenstand gieriger Sensationslust.

Postwendend beginnen unterdessen in Rom aus allen Teilen der Welt die Kondolenzschreiben für Alexander VI. einzutreffen. Auch von Karl VIII. Und auch von Girolamo Savonarola.

Seine unmittelbare Reaktion auf die Nachricht vom Verbrechen kann man in einem Brief an Giovan Francesco Pico nachlesen: »Die Strafe für die Sünde ist nun eingetroffen.« Doch in dem Kondolenzbrief vom 25. Juni klingen seine Worte aufrichtig. Man kann annehmen, daß er die Exkommunikation nunmehr für überholt ansieht, nachdem der Papst dem Willen zur Erneuerung öffentlich Ausdruck verliehen hat, ja sein Brief zeugt diesbezüglich von großen Hoffnungen und Erwartungen und endet schließlich in einem Aufruf, das Werk zu unterstützen, das er selbst schon in dieser Richtung begonnen hat.

Andererseits hat er von Anfang an diese Exkommunikation in keiner Weise zur Kenntnis genommen und weiterhin, wie gewohnt, die heilige Messe gefeiert.

Besondere Reaktionen auf diesen Brief sind keine festzustellen. Sicher ist nur, daß der Papst und die Kurie, die zuvor ganz konkrete Zeichen gesetzt hatten, welche die Bereitschaft zur Zurücknahme der Exkommunikation bekundeten, nunmehr deutlich zu verstehen geben, daß sie die getroffenen Maßnahmen billigen. Es ist klar, daß jener andere Brief »an alle Christen gegen die geheime Exkommunikation« in Rom nicht besonders gut aufgenommen worden ist. Er ist schon am Tag, nachdem er geschrieben worden war, sowohl in Latein wie in der Volkssprache gedruckt und überall verbreitet worden. Zuviel Publizität also. Daher auch die Verstimmung des Papstes, die dieser einige Tage später gegenüber dem florentinischen Gesandten zum Ausdruck bringt: Es genügt dem Frate offenbar nicht, auf die Exkommunikation zu pfeifen, er erfrecht sich auch noch, dies öffentlich hinauszuposaunen.

Man beginnt nun neuerlich zu insistieren, daß der Exkommunizierte in Rom erscheinen solle, damit ihm dort gemäß den von den kanonischen Bestimmungen gegen kirchliche Rebellen vorgesehenen Verfahren der Prozeß gemacht werde, und dabei wird sein Fall derselben Kommission von sechs Kardinälen anvertraut, die sich auch mit der Frage der Reform beschäftigen soll.

Man kann wohl sagen, daß der Papst nunmehr alle Probleme dieser Art offenbar dadurch lösen will, daß er sie an diese Kommission abschiebt. Und man braucht diesbezüglich auch nicht erst auf den September zu warten, als der venezianische Botschafter aus Rom berichtet, daß »der Papst sich maßlose und unerträgliche Dinge herausnimmt«, um den Fall des ermordeten Sohnes in seinem Bewußtsein möglichst lebendig zu erhalten.

# XXIII.

In Mailand hat der Herzog Ludovico Sforza, um der Exkommunikation Savonarolas ein möglichst großes Echo zu verschaffen, zu seiner gewohnten Methode zurückgegriffen:

»Heute morgen«, schreibt der Botschafter Ferraras am 25. Juni aus Mailand, »hat dieser Durchlauchteste Herr kundgetan, daß die Exkommunikation von Fra Girolamo in vier Kirchen von Florenz verkündet worden sei, und dabei besonders hervorgehoben, daß dieser sich überhaupt nichts daraus gemacht habe und trotzdem am nächsten Morgen zusammen mit allen seinen Brüdern die Messe gelesen habe.

Dann ließ der Herzog noch einen Brief des Frate verlesen, in dem dieser die Ungültigkeit der Exkommunikation, die ihn getroffen hat, nachweist. Und obwohl vielen ehrenwerten Leuten und auch mir selbst die vom Frate angeführten Gründe einleuchtend und unwiderlegbar zu sein schienen, beharrten der Herzog und einige seiner Höflinge dennoch darauf, noch nie etwas so Dummes wie dies gelesen zu haben.«

Man kann sich die ironischen Seitenhiebe des Herzogs gegenüber den Botschaftern von Ferrara und Florenz, die beide verpflichtet sind, die Sache Savonarolas zu verteidigen, lebhaft vorstellen.

In Florenz gehen die Meinungen nach der erfolgten Exkommunikation mehr denn je auseinander. Die Maßnahme wird bei den »Arrabbiati« mit Begeisterung quittiert, und es kommt zu neuerlichen Ausschreitungen gegen den Konvent von S. Marco. Daneben tauchen auch noch Flugschriften spöttisch-aggressiven Inhalts auf, die auf immer gemeinere Weise gegen den Frate vom Leder ziehen.

Es ist zu erwarten, daß es nun tatsächlich zu einem Verbannungsurteil kommt. Doch offenbar funktioniert der Mechanismus des Machtwechsels immer noch einwandfrei als Reaktion auf eine öffentliche Meinung, die durchaus in der Lage ist, die Fakten zu beurteilen: Denn die Signoria, die am 1. Juli für die nächsten zwei Monate ihr Amt antritt, ist dem Frate wieder wohlwollend gesinnt und wird einmal mehr vom Gonfaloniere Bartoli angeführt, der ihm persönlich ergeben ist.

Damit wird die Frage der Exkommunikation gleichzeitig zu einer Staatsangelegenheit, die unmittelbar die Signoria angeht, die auch die Möglichkeit hat, sich direkt an den Papst persönlich zu wenden, gewissermaßen von Staatsoberhaupt zu Staatsoberhaupt, ohne die Vorzimmer der Kurie passieren zu müssen. Und schon am 18. Juli ergeht somit die Forderung nach Rücknahme der getroffenen Maßnahme an den Papst. Sie ist in sehr unbürokratische Worte gekleidet:

»Wir sehen, daß die Bösen bei Eurer Heiligkeit einen völlig Unschuldigen in ungerechter Weise anklagen, den wir als einen rechtschaffenen, frommen und in der christlichen Lehre äußerst beschlagenen Menschen schätzen, der sich seit Jahren für das Wohl unseres Volkes eingesetzt hat, ohne daß man je auch nur einen Schatten von Sünde in seiner Lehre und in seinem Leben hätte feststellen können . . .«

Vielleicht ist das der Moment, wo in Rom die Idee Gestalt anzunehmen beginnt, die Aufhebung der Exkommunikation gewissermaßen als Wechselgeld zu benutzen, um eine Annäherung von Florenz an die Liga zu erreichen, auch wenn die offiziellen Antworten Roms auf dieses und unzählige andere dringende Ersuchen nach wie vor am disziplinären Kernpunkt der Maßnahme festhalten: Wenn man wolle, daß diese aufgehoben würde, müsse Fra Girolamo in Rom erscheinen oder wenigstens der Eingliederung von S. Marco in die Römisch-Toskanische Kongregation zustimmen.

Unterdessen schreitet der Sommer voran, und mit der sommerlichen Hitze breitet sich auch die Pest und damit der Tod in Florenz immer mehr aus. Die tägliche Zahl der Opfer dieser Seuche erreicht an manchen Tagen bereits die Hundertergrenze. Fra Girolamo bleibt mit einer kleinen Schar von Brüdern, die zur Erfüllung der Aufgaben des Konventes unerläßlich sind, in der Stadt zurück, während er die am meisten Gefährdeten und die Jüngeren unter seinen Mönchen aufs Land geschickt hat. Ungefähr vierzig harren an seiner Seite aus, und auf sie scheint die Nähe des Todes einen geradezu beruhigenden Einfluß auszuüben, ja ihnen sogar ein vermehrtes Gefühl der Freude zu vermitteln. Das könnte man zumindest einem Brief Savonarolas an Fra Alberto entnehmen, in dem es heißt: »Unsere ganze Gemeinschaft lebt in großer Freude. Wir führen hier ein Leben fast wie die Engel.«

Was seine derzeitige Tätigkeit betrifft, so widmet er sich, wenn er nicht gerade mit Hilfeleistungen beschäftigt ist, hauptsächlich dem Schreiben:

Es sind vor allem Briefe, aber auch kleinere Traktate zu verschiedenen Themen, es ist sogar ein volkstümlich-praktischer Text darunter über die Art und Weise, wie man der Pest am besten vorbeugen und sie behandeln könne.

Aber schon in den ersten Tagen des August, als der Höhepunkt der Epidemie überschritten zu sein scheint, tritt die Politik mit aller Gewalt wieder auf den Plan. Ein Flüchtling, den man innerhalb des Staatsgebietes von Florenz aufgegriffen hat, gibt unter der Folter die Namen der vermutlichen Drahtzieher des unlängst erfolgten Versuches einer gewaltsamen Restauration der Herrschaft der Medici preis.

Es sind bekannte Namen darunter, Leute aus vornehmen und angesehenen Familien, unter ihnen auch Bernardo del Nero, der zur Zeit dieses Umsturzversuches Gonfaloniere gewesen war. An den Ermittlungen in dieser Sache ist der ehemalige Gonfaloniere Francesco Valori maßgeblich beteiligt, der nunmehr Mitglied des Komitees der Acht und damit einer der Chefs der Polizei und zugleich der Justiz ist.

Anstatt in erster Instanz vom Komitee der Acht oder von der Signoria abgeurteilt zu werden, die in schwerwiegenden Fällen der Staatsgefährdung auch als richterliches Organ fungieren kann, akzeptieren die Angeklagten als Gerichtshof lieber eine »Pratica« von 200 Bürgern. Sie glauben offenbar, daß ein zahlenmäßig so großes und repräsentatives Gericht viel emotionsloser agieren und sich bei der Urteilsfindung viel mehr Zeit lassen würde, und daß die Aussicht auf eine Vertagung des ganzen Verfahrens vielleicht sogar bis zur Wahl einer neuen Signoria, die dann von den »Grauen« dominiert sein könnte, größer wäre. Doch gegen alle Erwartung wird der Prozeß sehr rasch abgewickelt und endet mit dem Todesurteil für fünf Angeklagte, darunter Bernardo del Nero selbst, Lorenzo Tornabuoni und Niccolò Ridolfi, den Bruder von Giovanbattista, einem der mächtigsten Exponenten der »Frateschi«.

Es bliebe also nur mehr die Berufung, ein Weg, der Savonarola seinerzeit schwerste Angriffe eingetragen hat. Doch eine Berufung an den Großen Rat ist nur bei Urteilen von ordentlichen Gerichtsbehörden wie dem Komitee der Acht oder der Signoria selbst vorgesehen, nicht aber bei solchen eines außerordentlichen Gerichtes wie dem, vor dem sich die Angeklagten hatten verantworten wollen.

So wird also dieselbe »Pratica«, welche schon die Todesurteile gefällt hat, von der Signoria neuerlich für den 20. August einberufen, um endgültig über die Zulässigkeit der Berufung zu entscheiden. Die Diskussion verläuft sehr stürmisch, und die Differenzen zwischen denen, welche die Angeklagten für unschuldig halten, und den Befürwortern eines Schuldspruchs, die sich schon bei der ersten Verhandlung gezeigt hatten, erweisen sich jetzt als noch unüberbrückbarer. Angesichts der Unentschlossenheit der Signoria, die das Urteil zu ratifizieren und auszuführen hätte, tritt schließlich Francesco Valori mit drohender Gebärde vor die Mitglieder der Signoria, um diejenigen, die am meisten Widerstand leisten, zur Bestätigung des Urteils regelrecht zu zwingen, das dann noch in derselben Nacht vollstreckt wird.

Savonarola wirft man vor, sich nicht mit seiner ganzen Autorität für die Angeklagten und ihr Recht auf Berufung eingesetzt zu haben. Seine einzige, wenn auch erfolglose Intervention erfolgte bei Francesco Valori zugunsten des jungen Lorenzo Tornabuoni, während er das Urteil gegen den 75jährigen Bernardo del Nero, dem im Grunde nichts weiter zur Last gelegt wird, als daß er es unterlassen habe, die Vorgänge zur Anzeige zu bringen, bloß bedauert.

Was Niccolò Ridolfi angeht, so schreibt er einen tröstenden Brief an dessen Bruder Giovanbattista, in dem es unter anderem heißt:

»Kein Mensch braucht sich zu schämen, außer seiner eigenen Schuld... Daher kann man getrost alle Trauer ablegen und muß nur darum besorgt sein, der Seele Eures Bruders beizustehen, vorausgesetzt, es ist Gottes Wille, daß er sterben muß.«

Indessen bleibt das Problem der Exkommunikation weiterhin eine Art Staatsaffäre, weil die in der Folgezeit gewählten Signorien durchwegs Savonarola günstig gesinnt sind.

Was Savonarola selbst und seinen Anhängern, die immer noch die Mehrheit des Volkes von Florenz darstellen, besonders wehtut, ist offenbar das mit der Exkommunikation verbundene Predigtverbot. Im Palast ist man sich dessen bewußt, und um die allgemeine Unzufriedenheit mit dieser Situation etwas abzuschwächen, wird das Verbot unter dem Vorwand prophylaktischer Maßnahmen im Zusammenhang mit der jüngsten Pestepidemie auf alle Prediger ausgedehnt. Es gilt bis zum November und Dezember, betrifft also auch noch die Predigten in der Adventszeit.

Inzwischen erwartet man von einem Tag auf den anderen die Aufhebung der Exkommunikation, die in Rom auf alle nur erdenkliche Weise betrieben wird. Man geht sogar so weit, daß die Signoria sich bereit erklärt, einer Empfehlung des Kardinals Carafa zu folgen und einige beschlagnahmte Güter von Leuten herauszugeben, die in den jüngsten Prozeß verwickelt waren, um im Gegenzug die ersehnte Aufhebung der Exkommunikation zu erwirken.

Tatsächlich scheint man in Rom bis zum August mit dieser Art von Geschäft geliebäugelt zu haben, wie man aus einem privaten Brief Fra Girolamos entnehmen kann: »Was meine Exkommunikation angeht«, schreibt er dort, »so würde ich es als eine noch viel schwerere Sünde betrachten, ihre Aufhebung durch Geld erreichen zu wollen.« Von Geld in diesem Zusammenhang spricht auch der zeitgenössische Biograph, und zwar exakt von 5000 Dukaten, die man dafür gefordert habe.

Im Oktober stimmt Savonarola auf Drängen der Signoria der Empfehlung des Kardinals Carafa zu, persönlich an den Papst zu schreiben und ihn zum Zeichen der Unterwerfung um Verzeihung zu bitten. Das sollte gewissermaßen der letzte Anstoß sein, der für eine Entscheidung, die im Grunde ja schon feststand, noch fehlte. Diese Aufeinanderfolge von Auflehnung und Unterwerfung braucht uns allerdings nicht zu wundern bei einer Beziehung, die psychologisch gesehen so etwas wie einen »Aufstand gegen den Vater« darstellt.

Aber selbst nach diesem Brief erfolgt noch immer keine Entscheidung. Es bleibt vielmehr weiterhin alles in der Schwebe.

Tatsache ist, daß die große Politik sich nun aufs neue dieses Falles bemächtigt. Der Waffenstillstand zwischen Karl VIII. und Spanien läuft nämlich ab. Und da enthalten nun die Angebote an Florenz, wenn es sich auf die Seite der Liga stellen würde, neben der Rückgabe von Pisa auch das Versprechen der Aufhebung der Exkommunikation Savonarolas.

Inzwischen ist der Frate jedoch mit seiner Geduld am Ende: »Die Frau ist schwanger«, vertraut er einem Bekannten an, »und die Zeit der Geburt ist gekommen.«

Es verschärft sich auch die fortschreitend größer werdende Kluft zwischen seinen Anhängern und seinen Gegnern, wobei die ersteren ihren verfolgten Propheten öffentlich in den Himmel heben, während die anderen eine immer wildere und verantwortungslosere Verleumdungskampagne gegen ihn starten. Es werden Medaillen mit seinem Bildnis geprägt, die seinen Kampf gegen Rom symbolisieren sollen. Die symbolische Darstellung dieser Stadt erscheint auf der Rückseite der Medaillen zusammen mit einem Schwert und der berühmten Inschrift: »Gladius Domini super terram cito et velociter.« Auch das Erscheinen der ersten lateinischen Ausgabe von seinem »Triumph des Kreuzes« fällt zeitlich mit dem Höhepunkt seines Ansehens in der Öffentlichkeit zusammen.

Mittlerweile ist es Weihnachten geworden. Es sind seine ersten Weihnachten als Exkommunizierter. Nach dem Brief vom 13. Oktober hat er immer wieder vergeblich auf eine für ihn günstige Entscheidung gehofft. Am Weihnachtstag zelebriert er nicht nur eine, sondern gleich drei feierliche Messen im Beisein aller seiner Mitbrüder und vor zahlreichem Volk, das nach S. Marco gekommen war. Allen reicht er die heilige Kommunion, ehe er die festliche Prozession rund um den Platz anführt.

Aber Messe lesen ist eben doch nicht das gleiche wie predigen, und predigen bedeutet ihm auch mehr, als den Mitgliedern der Signoria die Hand zum Kusse zu reichen, die am 6. Januar, dem Fest der Epiphanie, offiziell nach S. Marco gekommen sind, um ihre traditionelle Aufwartung zu machen. Auch die Ehre, die ihm dadurch erwiesen wird, daß die Signoria ihn beauftragt, eine Schrift zu verfassen, die später unter dem Titel »Traktat über die Ordnung und Regierung der Stadt Florenz« gedruckt werden wird, kann ihm das Predigen nicht ersetzen.

Predigen aber würde für ihn zum gegenwärtigen Zeitpunkt soviel bedeuten wie den letzten Faden abzuschneiden, der ihn noch mit der Institution Kirche verbindet. Dieser Schnitt erfolgt dann Anfang Februar, zu Beginn der Fastenzeit 1498. Es ist keineswegs eine kühl berechnete Entscheidung, sondern vielmehr die impulsive Reaktion auf die offizielle Nachricht, die vom florentinischen Botschafter Bonsi überbracht wird, daß der Papst es abgelehnt habe, die Frage der Aufhebung seiner Exkommunikation zu erörtern, bevor nicht das andere Problem, nämlich das des Beitritts von Florenz zur Liga, gelöst sei.

Die Signoria steht jedoch auf seiten des Frate und bestärkt ihn in seinem Entschluß, auch als Exkommunizierter auf die Kanzel zurückzukehren. Sie läßt im Dom die Holztribünen wieder aufstellen und geht sogar so weit, den Vikar des Erzbischofs zur Abdankung zu zwingen, weil er in einem Rundschreiben jeden davor gewarnt hatte, der Predigt des exkommunizierten Dominikaners beizuwohnen. Auch das Domkapitel drückt gegenüber der Signoria vergeblich sein Mißfallen und seine Sorge über die Konsequenzen dieser Entscheidungen aus.

Am Sonntag, dem 11. Februar, wird vor Beginn der Predigt von der Menge der Gläubigen laut das »Te Deum« gesungen, währenddessen der Dominikaner unbeweglich auf der Kanzel verharrt. Die ganze Zeremonie trägt auch den Charakter einer öffentlichen Wiedergutmachung nach dem Spektakel, das zehn Monate vorher, zu Christi Himmelfahrt, von den »Compagnacci« veranstaltet worden war. Seit jenem Tag hatte Savonarola nicht mehr gepredigt.

Im Hinblick auf das biblische Thema aus dem Buche Exodus, das er für den neuen Predigtzyklus gewählt hat, hört sich der Beginn seiner Predigt wie ein schmerzlicher Abschied vor einer gefahrvollen Reise an, der von der Angst gekennzeichnet ist, womöglich auch noch das ganze Volk in sein eigenes Abenteuer mit hineinzureißen:

»Staub und Asche bin ich, o Herr, und so will ich mich heute morgen an dich wenden, großer Gott. Du hast mich ins offene Meer hinausgetrieben, wo kein Hafen mehr in Sicht und eine Heimkehr nicht mehr möglich ist. Aber selbst wenn ich könnte, würde ich keine Rückkehr ersehnen. Ich kann es nicht, weil du es nicht willst, und deshalb will auch ich es nicht. Ich bin glücklich, dort zu sein, wo du mich hingestellt hast, aber ich bitte dich: Herr, bleibe bei mir!

Es heißt, daß du nicht mehr auf meiner Seite stehst. Ich bitte dich, Herr, bleibe bei mir ... Stärke das Licht meines Verstandes! Stärke auch das Licht meines Glaubens, damit kein Gefühl oder Gedanke in mir aufkommen kann, der gegen die Heilige Schrift oder die Lehre der Kirche verstößt; damit ich jene Dinge erkennen kann, die in der Zukunft verborgen sind; damit ich mich nicht selbst betrüge und gleichzeitig auch mein Volk, das ich bis jetzt noch nie betrogen habe ... Und ich bitte dich auch, eine neue Zeit heraufzuführen, die der Anfang großer Dinge werden soll.«

Das Thema der Exkommunikation, das er am Anfang nur ganz kurz gestreift hat (»Es heißt, daß du nicht mehr auf meiner Seite stehst«), klingt im Verlauf der Predigt mehrmals an, aber fast immer in abstrakten Bildern, gleichsam als ob das faktisch Geschehene sich gar nicht konkret ereignet habe. Das eindrucksvollste Bild ist wohl das vom »stumpfen Schwert«, das er gebraucht, um die Unwirksamkeit jeder willentlichen Entscheidung eines Menschen zu kennzeichnen, der jedwede Beziehung zu Gott und dessen Willen abgebrochen hat: »Und wenn er sagt: ›Ich habe die Macht‹, dann kannst du ihm ruhig antworten: ›Das stimmt nicht, denn da ist keine Hand, die dich führt, und du bist nur ein stumpfes Schwert.‹«

Natürlich ist es unvermeidlich, daß es nachher heißt, der Frate habe den Papst ein »stumpfes Schwert« genannt. Dieser Meinung ist sogar der Papst selbst, der beim florentinischen Botschafter deshalb schärfsten Protest erhebt.

Der Zustrom zu dieser ersten Predigt nach so langer Zeit ist gewaltig, hält sich aber dennoch im Vergleich zu anderen Gelegenheiten in Grenzen. Bei der nächsten Predigt zeigt sich das Nachlassen des Interesses noch deutlicher. Es ist klar, daß die Angst, selbst von den Folgen der Exkommunikation betroffen zu werden, auf die Leute Eindruck zu machen beginnt. Die Warnung des erzbischöflichen Vikars hat ihre Wirkung also nicht verfehlt. Da nun taucht das Thema der Exkommunikation ohne jede bildhafte Umschreibung von neuem in seinen Predigten auf:

»Ich gehe von der Voraussetzung aus, daß es keinen Menschen gibt, der mit dem Privileg geboren wurde, unfehlbar zu sein ... Du wirst vielleicht sagen: ›Soweit er Mensch ist, kann der Papst irren, aber nicht, soweit er als Papst handelt.‹ Und ich antworte dir, daß der Papst auch in einer Sache wie dieser irren kann.«

Und dann folgt die Chronik der Ereignisse, die zur Exkommunikation geführt haben, mit all den päpstlichen Schreiben, die voll sind von Irrtümern und Widersprüchlichkeiten:

»Warum arbeitet man in Rom mit solchem Eifer gegen mich? Glaubst du vielleicht, daß die Religion sie interessiert? Nein, keineswegs. Sie wollen diese Staatsform ändern, sie wollen hier in Florenz wieder die Tyrannei errichten. Und deshalb haben sie überhaupt keine Hemmungen, jenes Modell eines moralisch einwandfreien Lebens zu zerstören, das wir hier aufgrund unserer Lehre geschaffen haben. Doch wer gegen unsere Lehre auftritt, der wendet sich gegen die Liebe des Evangeliums und ist damit selbst ein Häretiker.«

Am 22. Februar beklagte sich der Papst bei den florentinischen Gesandten wieder einmal über die Halsstarrigkeit ihrer Regierung, die das Bündnis mit Frankreich nicht aufgeben wolle, und am Schluß der Unterredung sagte er wörtlich: »Laßt Fra Girolamo nur weiter so predigen. Ich hätte nie gedacht, daß man mich so behandeln würde.«

Aber in der Zeit zwischen dem 22. und 25. Februar dürfte er wohl auch die Berichte aus Florenz über den Inhalt der Predigten Savonarolas gelesen haben, einschließlich jener aggressiven Ausfälle, die der Frate am 15. Februar in S. Marco ausschließlich vor Priestern und Ordensleuten vom Stapel gelassen hat. Jetzt geht es nicht mehr um die Liga. Was da im Gange ist, droht zu einem Schisma zu führen.

# XXIV.

Am Sonntag, dem 25. Februar 1498, läßt Papst Alexander VI. die beiden florentinischen Gesandten in den Vatikan rufen, und in Gegenwart von mehreren Kardinälen und hochrangigen Prälaten erhebt er schärfsten Protest gegen das, was in Florenz mit dem Einverständnis der Signoria geschieht. Auf den Protest folgt ein trockenes Ultimatum: Entweder findet man einen Weg, um Savonarola zum Schweigen zu bringen, oder es wird ein allgemeines Interdikt gegen die ganze Stadt verhängt.

Bereits am Montag morgen, dem 26. Februar, sind Eilboten mit einem Umschlag unterwegs, der an das Domkapitel von Florenz adressiert ist und zwei Breven enthält. Das eine ist für das Kapitel selbst bestimmt, das zweite stellt eine Kopie jenes Schreibens dar, das der Signoria offiziell auf diplomatischem Wege zugestellt wird. Schon am Abend des 28. Februar kann dieses letztere vor den im Palast versammelten Mitgliedern der Signoria verlesen werden:

»Geliebte Söhne, mit unserem Gruß verbinden Wir auch Unseren Apostolischen Segen.

Seit langem schon wußten Wir von den gefährlichen Irrtümern, die Girolamo Savonarola aus Ferrara, dieser Sohn des Verderbens, in die Welt setzt. Wegen seiner unbeugsamen Hartnäckigkeit, mit der er solche Irrtümer in Eurer Stadt immer weiter verbreiten wollte, und weil dies eine schwere Gefahr für die Seelen und ein großes Ärgernis darstellte, hatten Wir ihm befohlen, sich der Predigt zu enthalten . . .«

Abgesehen von der neuen Bezeichnung als »Sohn des Verderbens« hält sich das Breve in der Folge ziemlich genau – mit gelegentlichen Abänderungen wegen der »consecutio temporum« – an den Text der Exkommunikationsbulle, nur ganz am Schluß wird noch das strikte Verbot für alle ausgesprochen, jene Orte aufzusuchen, wo der Exkommunizierte sich eventuell aufhalten könnte.

»Zu Unserem großen Mißfallen«, heißt es dann im Breve weiter,

»haben Wir aus zahlreichen glaubwürdigen Quellen erfahren, daß der obengenannte Girolamo sich wenig um Unsere Verbote kümmert und weiterhin in der bedeutendsten Kirche Eurer Stadt und auch noch in anderen Gotteshäusern predigt und das Volk in seine Irrtümer mit hineinzureißen versucht. Mit völlig falscher Argumentation behauptet er, daß seine Exkommunikation keine Gültigkeit habe, und er versteift sich auch noch auf andere Dummheiten, was dem katholischen Glauben und der Autorität dieses Heiligen Stuhles schweren Schaden zufügt. Er schämt sich nicht einmal, öffentlich an religiösen Zeremonien teilzunehmen und die priesterlichen Funktionen auszuüben, wobei er den Gläubigen sogar die heilige Kommunion reicht. Eine große Zahl von Bürgern und Bewohnern Eurer Stadt hört seine Predigten, sie sprechen mit ihm und gewähren ihm sogar Hilfe und Schutz, ohne auf das eigene Seelenheil zu achten und sich um das ärgerniserregende Beispiel zu kümmern, das sie damit der Mehrheit des Volkes geben: alles das mit Eurer Zustimmung und in Mißachtung Unserer Verbote, die Ihr sehr wohl kennt.

Ein solches Verhalten haben Wir von Eurer Seite nicht erwartet, zumal Wir in Anbetracht der traditionellen Ergebenheit dieser Stadt gegenüber dem Heiligen Stuhl immer für ihr Wohl und ihre Unversehrtheit Sorge tragen. Dieses Verhalten kann aber nicht einfach übersehen oder weiterhin geduldet werden.

Um nun dem genannten Zustand ein Ende zu bereiten, richten Wir an Euch das formelle Ersuchen, den obgenannten Girolamo in Begleitung einer zuverlässigen Eskorte an Uns auszuliefern: Wenn er freiwillig zu Uns kommt und – auch aufgrund Eures Eingreifens – in sich geht, wird er von Uns mit väterlichem Wohlwollen aufgenommen und behandelt werden, denn Wir wollen nicht, daß der Sünder stirbt, sondern daß er sich bekehrt und lebt. Andernfalls müßt Ihr ihn wie ein verfaultes Glied an einem einsamen und gut bewachten Ort, wo er mit niemandem in Verbindung treten und keine weiteren Skandale verursachen kann, in Verwahrung halten.

Wenn Ihr Euch aber weigert, diese Maßnahmen zu ergreifen, was Wir nicht glauben, teilen Wir Euch mit, daß Wir zur Wahrung Unserer Würde und Autorität sowie derjenigen des Heiligen Stuhles das kirchliche Interdikt über diese Stadt verhängen werden, die nicht davon ablassen wollte, ihre schützende Hand über einen so gefährlichen, öffentlich exkommunizierten sowie der Häresie verdächtigen Menschen zu halten: alles das unter Vorbehalt weiterer und noch schärferer Maßnahmen.

Rom, am 26. Februar 1498.«

Irgend jemand muß noch in der Nacht des 28. Februar oder gleich am nächsten Morgen Savonarola vom Eintreffen dieses Breve benachrichtigt und ihn auch mit annähernden Zitaten aus dessen Inhalt versorgt haben. Denn gegen Schluß seiner Predigt vom 1. März erfolgt bereits seine erste Reaktion:

»Aus Rom sind Breven eingetroffen, nicht wahr? Dort werde ich als ›filius perditionis‹ bezeichnet, als Sohn des Verderbens, nicht wahr?

Nun gut, schreib ihnen folgendes: Der, den du einen Sohn des Verderbens nennst, erklärt, daß jedenfalls er keine solche Freunderlwirtschaft betreibt, daß er sich keine Konkubinen hält, sondern bestrebt ist, den Glauben an Christus zu predigen und die Kirche Christi zu erbauen, während ihr darauf aus seid, sie zu zerstören ... Es sind also offizielle Briefe eingelangt. Ihr seid gewöhnlich viel zu vornehm und rücksichtsvoll bei der Beantwortung solcher Briefe. Laßt es mich machen! Ich werde ihnen so laut in die Ohren schreien, daß sie mich auf jeden Fall verstehen können.«

Doch bevor wir hier den Brief wiedergeben, den der Frate zwei Tage später an den Papst schreibt, ist es unerläßlich, darüber zu berichten, was in Florenz vom 26. bis 28. Februar sowie am 2. März geschehen ist. Dabei kann man ohne weiteres, wenn auch mit einigem Vorbehalt, Paolo Somenzi zu Wort kommen lassen, der am 27. Februar und 2. März dem Herzog von Mailand in folgender Weise berichtet:

»Heute, am letzten Tag des Karnevals, hat der Frate wie im vergangenen Jahr eine feierliche Prozession durch die Stadt abhalten lassen. Daran hat der größte Teil der Bevölkerung teilgenommen, aber wohl mehr aus Neugier denn aus Frömmigkeit. Die Anhänger des Frate waren gegenüber den anderen durch einen Ölzweig zu erkennen, den sie in Händen hielten.

Die Leute nahmen nach Stadtbezirken getrennt an der Prozession teil, wie es hier üblich ist. Zuerst kamen die männlichen Teilnehmer, angefangen von den Kleinsten, und nach ihnen die anderen je nach Altersstufe bis zu den Erwachsenen und Alten; hinter ihnen gingen, in derselben Weise geordnet, die Frauen. Man zog durch die ganze Stadt, kam auch zur Piazza dei Signori und erreichte schließlich die Piazza S. Marco, wo alle miteinander in abwechselnden Gruppen zu singen begannen: ›Ecce quam bonum et quam iucundum habitare fratres in unum.‹ Und während sie so sangen, schickten sie zwölf Kinder in weißen Kleidern und mit brennenden Fackeln los, um die hölzerne Pyramide in Brand zu stecken, welche die Signoria auf dem Platz hatte errichten lassen ...

Vor und während des Feuers war der Platz von bewaffneten Wachen kontrolliert worden, um die mehrmals wiederholten Versuche von einigen jugendlichen Gegnern des Frate zu vereiteln, die Pyramide zu zerstören und dieses Fest zu verhindern. Es hat nur wenig gefehlt, daß es zu schweren Tumulten gekommen wäre. Doch aufgrund der getroffenen Vorkehrungen konnte die Ruhe wiederhergestellt werden.

Die Feinde des Frate sind momentan dabei, die Initiative wieder an sich zu reißen in der Überzeugung, die in den Monaten März/April amtierende neue Signoria, deren Zusammensetzung gestern offiziell bekanntgegeben wurde, fest in der Hand zu haben. Sie glauben, daß sechs der neun Mitglieder auf ihrer Seite stehen, was genügt, um jede Maßnahme mit der erforderlichen Zweidrittelmehrheit (wie es hier üblich ist) durchzusetzen. Doch noch ist nicht ganz klar, ob es fünf oder sechs Mitglieder der Signoria sind, die gegen den Frate eingestellt sind, da ihre Amtseinführung erst übermorgen, am 1. März, stattfinden wird...«

Man könnte zwar einige Ungenauigkeiten in der Darstellung Somenzis aufgrund anderer Quellen richtigstellen, doch es handelt sich dabei bloß um Kleinigkeiten. Deshalb wollen wir lieber gleich zu seinem Bericht vom 2. März übergehen:

»Gestern hat die neue Signoria ihr Amt angetreten. Man behauptet nach wie vor, daß sie dem Frate feindlich gesinnt sei und daß sechs von ihnen einhellig gegen ihn seien.

Seine Heiligkeit, der Papst, hat ein Breve an die Signoria gerichtet, in dem er unter Strafe der Exkommunikation verlangt, daß sie Fra Girolamo am Predigen hindern, ihn verhaften lassen und hierauf an ihn ausliefern solle. Wenn sich dies aber nicht ohne Ärgernis für die Stadt bewerkstelligen ließe, sollte man ihn an einem sicheren Ort internieren.

Ein weiteres Breve hat der Papst an die Kanoniker des Domkapitels gerichtet. Darin werden sie beauftragt, in der ganzen Stadt zu verkünden oder verkünden zu lassen, daß Seine Heiligkeit die Exkommunikation keineswegs unterschiedslos auf die ganze Bevölkerung ausdehnen wolle, weil der Papst sich bewußt sei, daß ein Großteil der Leute zu den Predigten des Frate gegangen sei, ohne sich der Konsequenzen bewußt zu sein, und deshalb habe er allen die Absolution von dieser Schuld gewährt und gewähre sie noch immer, sofern sie schwören, in Zukunft nicht mehr dorthin zu gehen. Und zu diesem Zweck ermächtigt er das genannte Kapitel, drei Kanoniker zu ernennen, welche die Vollmacht haben, alle zu absolvieren. Gleichzeitig ordnet er an, daß man der ganzen Stadt zur Kenntnis bringen solle, daß alle, die in Zukunft an den Predigten von Fra Girolamo teilnehmen, automatisch exkommuniziert seien und nur vom Papst persönlich die Absolution erlangen könnten.

Kaum hatte der Frate davon Kenntnis erhalten, wartete er nicht erst, bis man ihm das Predigen verbot, sondern verzichtete von sich aus darauf, im Dom zu predigen. Aber trotz der sofortigen Veröffentlichung der päpstlichen Schreiben, in denen allen die Exkommunikation angedroht wird, sind zur Predigt, die der Frate heute in der Kirche von S. Marco gehalten hat, alle gekommen, die auch schon vorher immer gekommen waren, vor allem der Botschafter von Ferrara, das komplette Gremium der Zehn und das Komitee der Acht, ebenfalls in voller Stärke, außerdem die wichtigsten Vertreter der Bürgerschaft. Nur die Mitglieder der Signoria fehlten.

Da das Breve eine Antwort forderte, haben sich die genannten Autoritäten sofort mit den Mitgliedern der neuen Signoria in einer gemeinsamen Sitzung beraten und ihre Ansichten über die zu erteilende Antwort geäußert. Schließlich wurde der Beschluß gefaßt, folgendermaßen zu antworten: Die Signoria glaubt aus verschiedenen Gründen nicht, irgendwelche Maßnahmen gegen Fra Girolamo ergreifen zu müssen, vor allem weil sie der Überzeugung ist, daß Seine Heiligkeit, der Papst, sich nicht solcher Ausdrücke gegen ihn bedienen und auf solche Weise gegen ihn vorgehen würde, wenn er dessen heiligmäßiges Leben und hervorragende Arbeit kennen würde, deren gute Früchte man in der gegenwärtigen Lebensweise des Volkes von Florenz erkennen kann, das von seinen Lastern abgelassen hat, um sich wieder ganz und gar auf den von der Heiligen Römischen Kirche und vom Gesetz Christi vorgeschriebenen Weg zu begeben. Wer Seiner Heiligkeit jedoch berichtet habe, daß er eine falsche Lehre verkünde, der habe ihn absichtlich falsch informiert. Schließlich könne diese Signoria auf keine Weise gegen Fra Girolamo vorgehen, ohne Unruhen heraufzubeschwören, und deshalb möge Seine Heiligkeit entschuldigen ...

Diese Antwort ist von der neuen Signoria unterschrieben worden, aber diese hat, soweit ich in Erfahrung bringen konnte, ihre Zustimmung nur deshalb gegeben, um noch schärfere Reaktionen von seiten Seiner Heiligkeit zu provozieren, damit all die Leute, die durch die Stadt ziehen und behaupten, daß der Papst mit diesen Dingen gar nichts zu tun habe, sondern daß es vielmehr einige Personen aus Florenz seien, die mit Hilfe von Geld und Intrigen dies alles in die Wege geleitet hätten, sich anhand der Fakten überzeugen können, daß das nicht wahr ist, so daß dieselbe Signoria dann mit noch größerer Berechtigung gegen den Frate vorzugehen vermag, ohne daß jemand ihre Maßnahmen kritisieren kann. Denn wenn der Papst tatsächlich das Interdikt verhängt, was er ja, wie man meint, angesichts der von diesen Autoritäten eingenommenen Haltung auf der Stelle tun muß, dann wird die Signoria die ganze Situation noch besser in den Griff bekommen können...

Florenz, am 2. März 1498.«

Noch einmal: Abgesehen von gewissen Ungenauigkeiten Somenzis in einigen Details entspricht das politische Bild der Lage, das er in seinem Bericht zeichnet, im wesentlichen genau den Tatsachen: Die Offensive der »Arrabbiati« nimmt an Intensität zu, einerseits mit der Mobilisierung von gewalttätigen Gruppen, die sehr bald den Charakter von paramilitärischen Verbänden annehmen; andererseits mit ihrem neuerlichen Erstarken in der Signoria, auch wenn dies nur zum Teil gelungen ist, insofern nämlich – und das ist eine der Ungenauigkeiten bei Somenzi – ihre Leute in der Signoria nur fünf und nicht sechs sind. Erst etwas später, mit dem Abfall des ehemaligen Savonarola-Anhängers Piero Fedini, erringen sie die Zweidrittelmehrheit. Außerdem geht aus den Berichten klar hervor, daß die übrigen Autoritäten und Behörden nach wie vor an ihrer Solidarität mit dem Frate festhalten.

Abgesehen von den »Machiavellismen« der neuen Signoria, wie sie von Somenzi geschildert werden, ließe sich die negative Antwort auf die Forderungen des Papstes dennoch nicht ohne die Empörung erklären, die der unannehmbare Ton des Breve auch in Kreisen hervorgerufen hat, die Savonarola nicht nahestehen: »Solche Breven soll er an die Leute in Perugia schreiben«, soll ein Teilnehmer an der gemeinsamen Sitzung geäußert haben, eine Bemerkung, die in der Stadt die Runde machen sollte.

Die negative Antwort der Signoria geht am 3. März von Florenz ab. Am selben Tag und fast sicher auch mit demselben Boten geht auch die Antwort Savonarolas mit, die der »Sohn des Verderbens« zwei Tage vorher schon angekündigt hat:

»Heiligster Vater! Als ein Christ, der die Pflicht hat, die Ehre Gottes, den Glauben an Christus und die Redlichkeit eines guten Lebens zu verteidigen, und der gesehen hat, wie die Schafe durch das schlechte Beispiel der Hirten ganz vom Wege abgekommen sind, habe ich die Wahrheit des Evangeliums gepredigt, den Glauben gestärkt und gefestigt, das christliche Leben gelehrt und durch göttliche Eingebung die Zukunft vorausgesagt, um die Menschen zur Umkehr zu bewegen. Da ich immer für den Frieden dieser Stadt mich abgemüht und deshalb viele Verfolgungen erlitten habe, habe ich es sicher nicht verdient, daß Deine Seligkeit sich diesem Werk entgegenstellt, wie es der Fall war und noch immer ist, vielmehr solltest Du mich unterstützen und in jeder Weise fördern.

Aber obwohl Du meine Rechtfertigungsgründe gehört und gelesen hast und Dir der Wahrheit meiner Predigt bewußt bist, an der nur die Gottlosen und Feinde des Kreuzes Christi ununterbrochen etwas auszusetzen haben, hast Du, der Du über alles das ständig am laufenden gewesen bist, trotzdem immer nur meinen Lästerern und Verleumdern Gehör geschenkt, und da Du mir so jene Hilfe verweigert hast, die Du mir nicht nur als Christ, sondern auch aufgrund Deines Amtes schuldig warst, hast Du den Wölfen den Weg geebnet und ihnen alle Macht und Autorität gegeben, um dem Werk Christi Hindernisse in den Weg zu legen.

Aber Gott, der die kleinen und schwachen Geschöpfe in der Welt erwählt hat, um die starken und stolzen zu demütigen, hat ihre Gebete erhört und ist bereit, jene Wahrheit zu erweisen, um deretwillen wir jetzt soviel Böses von Dir ertragen müssen, ja, sie zu erweisen gegen Dich und gegen alle seine anderen Feinde, sei es mit natürlichen Mitteln, sei es durch übernatürliche Zeichen. So wird sich alles klar herausstellen, auch für diejenigen, die versuchen, dieses Werk Gottes zu verhindern.

Wir suchen ja nicht die Ehre der Menschen, sondern allein die Ehre Christi, für die zu sterben unser sehnlichster Wunsch wäre. Du solltest also, Heiligster Vater, nicht länger zögern, für Dein Heil Sorge zu tragen.

S. Marco in Florenz, am 3. März 1498.«

# XXV.

Die gegenwärtige Kraftprobe zwischen Rom und Florenz, zwischen Alexander VI. und Fra Girolamo, steht nun im Mittelpunkt der allgemeinen Aufmerksamkeit. Das beweist auch ein Auszug aus einem Privatbrief, aus dem die ganze Atmosphäre durchschimmert, die in Rom um den 4. März herum geherrscht haben muß, während man noch auf die Reaktionen von Florenz auf das Entweder-Oder des Papstes wartete:

»Im Palast diskutieren die Prälaten über nichts anderes, und nur ganz wenige setzen sich offen für Fra Girolamo ein, während viele den Papst weiterhin bedrängen, er möge doch alle notwendigen Maßnahmen ergreifen, um diesen Brand einzudämmen. Was sie fürchten, ist die Gefahr eines Schismas; und in bezug darauf heißt es, daß der Papst persönlich Fra Mariano damit beauftragt habe, öffentlich den Irrtum jener anzuprangern, die sich auf die Seite von Fra Girolamo stellen und jeden zum Häretiker stempeln, der seine Exkommunikation für gültig ansieht.«

Und dann beginnt der Brief Punkt für Punkt jene Predigt wiederzugeben, die Fra Mariano da Genazzano (der inzwischen zum General des Augustinerordens emporgestiegen ist) am 4. März in Gegenwart des Papstes und zahlreicher Kardinäle gehalten hat:

»Zunächst hat er von der Machtfülle des Papstes gesprochen und betont, daß die Apostel in der Kraft des Heiligen Geistes gehandelt hätten, die aus dem Licht des Parakleten stammt. Dieses sei das wahre Licht und nicht das des Mannes aus Ferrara, der im Lichte des Teufels predige und sogar die Frechheit besitze, den Papst ein ›stumpfes Schwert‹ zu nennen. Und plötzlich ist es aus ihm herausgebrochen, und er hat mehrmals wiederholt: dieser Jude und Räuber, dieser Frevler und Schurke. Und er hat noch hinzugefügt: ›Er trägt einen kurzen Mantel und predigt die Armut, dabei hat er die Taschen voller Dukaten. Du kannst es mir glauben, ich weiß es, denn keiner kann einen Frate besser beurteilen als einer, der selbst ein Frate ist. Wir haben mehr Schalen als eine Zwiebel.‹ Daraufhin ist er sich noch in eher banalen Einzelheiten ergangen.

Und nach einer Pause hat er dann gesagt: ›Er hat sicher weniger oft auf Papst Alexander herabgepißt, als er sich Medaillen zu seinem eigenen Ruhm hat anfertigen lassen.‹ Er sprach in diesem Zusammenhang von irgendeiner Medaille mit der Inschrift: ›Frater Hieronymus vir doctissimus et propheta sanctissimus‹, und dann wiederholte er die schon gewohnten Beschimpfungen und fügte weitere hinzu, die noch viel ärger waren . . .«

Leider müssen wir hier, weil es sonst zu weit führen würde, die sich immer mehr steigernden Wutausbrüche des Genazzano unterbrechen und kommen gleich zum Schluß seiner Predigt:

»›Ist die Autorität der Kirche schon so tief gesunken, daß ein Trunkenbold sie mit Füßen treten darf?‹ Und dann hat er noch hinzugefügt: ›Du sollst nämlich wissen, daß vor zwei Jahren viele ehrenwerte Leute aus Florenz zu mir gekommen sind, um mich zu fragen, ob es denn wirklich notwendig wäre, nach Rom zu flüchten: Der Frate hatte nämlich für den ganzen Monat Mai Erdbeben vorausgesagt, aber nicht einmal ein Kamin ist damals umgefallen.‹

Und dann hat er erneut zu schreien begonnen: ›Man wird dich verbrennen, du elender Schurke! Weißt du, wann du diese Visionen hast? Immer dann, wenn du diesen guten Trebbiano getrunken hast. Und dann behauptest du noch, du seist ein heiligmäßiger Prophet! Wenn du verbrannt wirst, werden deine Anhänger die ersten sein, die den Scheiterhaufen in Brand stecken.

Auf was wartet ihr noch, Heiliges Kollegium, ehrwürdigster Pontifex? Seht euch vor, denn ihr wißt nicht, was er noch alles anzettelt: Er wird Dinge aussprechen, daß darob die Sonne sich verfinstert. Aber ihr kümmert euch ja nicht darum. Man kann nur mehr den Kopf über euch schütteln, und wenn der Respekt es mir nicht verbieten würde, würde ich selbst mich über euch lustig machen.‹ Er hat es dennoch getan, und sein Spott war beißend genug.«

In Mailand verfolgt man die Lage nicht weniger aufmerksam als in Rom. Ludovico Sforza hat in Rom einen hochrangigen Informanten in der Person seines Bruders Ascanio. In einem Brief vom 10. März schildert der Kardinal seinem Bruder die Reaktionen des Papstes unmittelbar nach der Lektüre der beiden Briefe, die er am 7. März aus Florenz erhalten hatte, einer ärgerlicher als der andere:

»Der florentinische Botschafter«, schreibt Ascanio am 10. März, »hat Seiner Heiligkeit den Brief der Signoria als Antwort auf sein Breve überreicht. Praktisch stellt er eine Litanei von Lobeshymnen auf Fra Girolamo und sein Werk dar. Dieser letztere hat auch selbst einen derart unverschämten Brief geschrieben, daß der Papst darüber in unbeschreibliche Wut geraten ist.

Glücklicherweise ist bei der Übergabe der Briefe der Erzbischof von Parma anwesend gewesen, dem es gelungen ist, den Papst ein wenig zu besänftigen, andernfalls wäre es wahrscheinlich zu nicht wiedergutzumachenden Entscheidungen für die Zukunft von Florenz gekommen...

In der Folge habe auch ich selbst interveniert, so daß sich Seine Heiligkeit schließlich doch entschlossen hat, ein im Ton weniger scharf gehaltenes Breve an die Signoria zu schicken, um ein eventuell doch noch mögliches Vorgehen derselben gegen Fra Girolamo und sein Werk nicht zu vereiteln, falls es tatsächlich stimmt, daß die Signoria ihm nunmehr feindlich gesinnt ist.«

Doch noch vor diesem Breve hat der Papst in seinem ersten Wutanfall vom Erzbischof von Lucca, Felino Sandei, ein anderes, wahrlich furchterregendes Schreiben vorbereiten lassen, ein Breve, das nach dem Eingreifen von Ascanio in irgendeiner Schublade verschwunden ist, obwohl eine Kopie davon über inoffizielle Kanäle wahrscheinlich doch nach Florenz gelangt ist, um weitere Spannungen zu schüren.

Doch hier zunächst die empörten Worte des Papstes an den florentinischen Gesandten, wie sie von Bonsi nach Florenz berichtet wurden:

»Eure Signoria hat mir einen sehr traurigen Brief geschrieben. Ich habe die Predigten eures Frate in den gedruckten Ausgaben selbst gelesen. Und ich habe auch mit Leuten gesprochen, die sie gehört haben. Daher ist es absurd, von einer Fehlinformation zu sprechen. Dieser Frate hat die Unverfrorenheit, den Papst ein ›stumpfes Schwert‹ zu nennen und zu behaupten, daß alle, die seine Exkommunikation für gültig erachten, selbst Häretiker seien und er selber lieber in die Hölle ginge, als um die Absolution zu bitten. Und es ist nicht ausgeschlossen, daß dieser traurige Brief sogar von ihm selbst inspiriert ist. Ich erkenne das an seinem Stil.

Nun, die Alternative ist immer noch die gleiche: Entweder bringt man ihn zum Schweigen, oder es gibt das Interdikt.«

Kaum waren die Diplomaten gegangen, erlitt der Papst jenen Nervenzusammenbruch, von dem Ascanio spricht. Das alles passierte in Anwesenheit des Bischofs von Parma, der nach dem Bericht von Bonsi dem florentinischen Diplomaten nachgelaufen sei, um ihm noch ganz aufgeregt und unter strengster Geheimhaltung anzuvertrauen, daß es seiner Meinung nach genügen würde, um den Papst zu beruhigen, wenn man das Schweigen des Frate und seine Bitte um Absolution erwirken könne. Das schärfere Breve, das offiziell nie abgeschickt wurde, beginnt mit folgenden Worten:

»Wir hätten nie gedacht, daß Ihr es wagen würdet, mit Uns über Fra Girolamo in dieser Art zu sprechen, die einem Streitgespräch, ja einer Rauferei mit Worten gleichkommt. Wir sind darüber so empört, daß Wir nicht eher besänftigt werden können, bis Wir dafür gesorgt haben, daß die Ehre des Heiligen Stuhles, die von diesem kleinen Wurm so in den Schmutz gezogen wurde, wiederhergestellt ist.« An dieser Stelle muß sich der Kardinal-Staatssekretär Ascanio Sforza mit Argumenten eingeschaltet haben, über die man nur Vermutungen anstellen kann: Wie soll das bewerkstelligt werden? Will man gerade jetzt, wo die Signoria sich endlich vom Frate losgesagt hat, sie durch eine direkte Attacke auf sie selbst neuerlich in seine Arme treiben?

Daher wird also offenbar das in einem scharfen Ton gehaltene Breve durch das eher gemäßigte ersetzt, von dem Ascanio in seinem Brief vom 10. März spricht und das tatsächlich das Datum vom 9. März trägt. Darin werden zwar die gegenüber Savonarola bereits erhobenen Forderungen neuerlich bekräftigt, aber man spricht nicht mehr vom »Sohn des Verderbens« und schon gar nicht von diesem »kleinen Wurm« – ganz im Gegenteil:

»Wir haben nie«, schreibt der Papst am 9. März, »seine Lehre verurteilt und tun es auch jetzt nicht, ja Wir stellen ihm sogar ein großes Lob aus. Wir verurteilen nur seine Weigerung, sich der Exkommunikation zu unterwerfen, seine Behauptungen, daß diese null und nichtig sei, seine Anrufungen Gottes, er möge ihn in die Hölle stürzen, sollte er je um die Absolution ersuchen.«

Am Schluß wird sogar das Versprechen abgegeben, daß der Frate, wenn er sich erst einmal in Rom gestellt habe, nach erfolgter Absolution ohne weiteres wieder nach Florenz zurückkehren könne, um seine pastorale Tätigkeit fortzusetzen.

Wie man sieht, beschränkt sich das Breve darauf, den disziplinären Aspekt des Falles Savonarola zu betonen, ohne neuerlich den Vorwurf der Häresie gegen ihn zu erheben, ja es wird sogar sein Einsatz für die kirchliche Lehre lobend hervorgehoben. Will man ihm auf diese Art vielleicht jeden Anlaß nehmen, am »Schlüsselchen« eines Konzils zu drehen?

Dieses Bild vom »Schlüsselchen«, das zum geeigneten Zeitpunkt gedreht werden soll, ist eine von jenen Metaphern, die Savonarola gebraucht, um auf die Einberufung eines Konzils hinzuweisen, sobald die Zeit dafür reif sein wird. Und es ist eigenartig, daß am 9. März zur selben Stunde, da in Rom Kardinal Ascanio sich bemüht, jenes andere, viel versöhnlichere Breve durchzusetzen, der Frate in Florenz bei seiner

Predigt in S. Marco das Thema des Konzils ganz konkret, ohne jede metaphorische Umschreibung, aufs Tapet bringt:

»Sag mir, Florenz, was bedeutet eigentlich ein Konzil? Man hat heutzutage vergessen, was ein Konzil überhaupt ist. Wieso wissen eure Kinder nichts darüber? Wieso gibt es heute keine Konzilien mehr?

›O Vater, es ist doch unmöglich, sich zum gegenwärtigen Zeitpunkt zu einem solchen Konzil zu versammeln.‹

Vielleicht hast du recht, wenn du sagst, daß es nicht möglich sei, eine solche Versammlung zustande zu bringen. Aber ich weiß nicht, ob du mit diesem Satz dasselbe meinst wie ich. Ein Konzil bedeutet eine Zusammenkunft aller gesunden Glieder der Kirche, also aller guten Äbte, aller guten Prälaten, der besten und angesehensten Männer, auch aus dem Laienstand, die zur Führungsschicht der Kirche gehören ... In diesem Sinne ist es vielleicht nicht möglich, ein Konzil zu versammeln, denn wo die Gnade des Heiligen Geistes fehlt, gibt es keine Kirche, und wo keine Kirche, da auch kein Konzil.

Auf jeden Fall muß ein Konzil Reformatoren wählen. Aber welche Reformatoren? Man müßte zuerst den Reformator reformieren. Auf einem Konzil müßte man auch die unwürdigen Prälaten bestrafen und die simonistischen oder schismatischen Bischöfe absetzen. Ach, wie viele müßten da abgesetzt werden!«

Gibt es auch Signale in Richtung Rom? Wenn ja, dann hat sie Rom jetzt nicht mehr nötig. Es hat schon seit langem verstanden und ist dabei, entsprechende Vorsorge zu treffen.

Es mag seltsam erscheinen, daß der Papst und der florentinische Gesandte Bonsi noch immer über eine Absolution verhandeln, die Savonarola erbitten müßte, wo er doch um diese Absolution schon in seinem Brief vom 13. Oktober demütig ersucht hat. Doch es handelt sich hier offenbar um ein neuerliches Ansuchen, das wegen der erneuten Aufmüpfigkeit des Frate im Februar, als er seine Predigten trotz Verbots wieder aufnahm, für notwendig gehalten wird.

Was nun Domenico Bonsi angeht, der eine steile Karriere in den Reihen der »Frateschi« hinter sich hat, so läßt sich feststellen, daß er gerade in dieser Periode seine hellhörigen diplomatischen Antennen bereits in eine neue Richtung ausgefahren hat. Anfang März gab es in seiner römischen Wohnung einen mysteriösen Anschlag auf seine Person. Es handelte sich wieder einmal um einen der nicht seltenen Überfälle von Provokateuren auf den Sitz der Botschaft, um auf diese Weise Spannungen zu erzeugen. Der Botschafter befindet sich zu diesem Zeitpunkt am Rande eines psychischen Zusammenbruchs. Die florentinische Kolonie in Rom scheint zwischen »Arrabbiati«, »Frateschi« und Anhängern der Medici gespalten zu sein. Piero de' Medici fühlt sich im Vatikan wie zu Hause, er ist ständiger Gast bei den Audienzen und hält ununterbrochen Konferenzen ab. Priester und Laien, Mailänder und Venezianer üben Druck auf den Botschafter aus, um Florenz zum Eintritt in die Liga zu bewegen, während man seitens von Florenz wegen Pisa vorstellig wird, die Absolution des Frate verlangt und, als ob das nicht schon genügte, auch noch die Ermächtigung fordert, eine Steuer auf das Kirchenvermögen einheben zu dürfen. Alles das, ohne auch nur die geringste Gegenleistung anzubieten, ja man hört nicht einmal damit auf, den Papst weiterhin zu beleidigen.

Eines Tages wird der Botschafter am Ende seiner Kräfte angelangt sein und um seine Demission einkommen, außer er macht sie wiederum rückgängig, wenn sich auch in Florenz die offizielle Haltung gegenüber Savonarola geändert haben wird. Mitte März jedenfalls fungiert Bonsi eher als Sprachrohr Roms in Florenz denn als florentinischer Botschafter in Rom, und darüber hinaus dramatisiert er auch noch in seinen Depeschen aus Rom die Konsequenzen eines drohenden Interdikts.

Die guten Ratschläge von Ascanio Sforza haben inzwischen die beabsichtigte Wirkung erzielt und das Vorgehen der Signoria »gegen die Bosheit von Fra Girolamo« beschleunigt. Am 14. März, kaum daß sie das von Ascanio inspirierte Breve erhalten hat, beruft die Signoria neuerlich eine »Pratica« ein, die diesmal noch durch eine große Zahl von Bürgern, 25 für jeden Stadtbezirk, erweitert wird. Es geht darum, endgültig über die Forderungen des Papstes in bezug auf Fra Girolamo zu entscheiden.

Auch von dieser Sitzung gibt es ein Protokoll. Daraus kann man entnehmen, daß die öffentliche Meinung zu jenem Zeitpunkt geteilt ist. Es gibt etwa dreißig Wortmeldungen.

Selbst unter den Gegnern des Frate gibt es einige, die eine gewisse Anerkennung für sein Werk durchblicken lassen (wird dieses nicht auch vom Papst in dem zur Diskussion stehenden Breve gelobt?). Aber die Hauptschwierigkeit ist eine andere. Was tun mit ihm?

Paolo Antonio Soderini, der einflußreiche Inspirator der republikanischen Staatsreform, meldet sich im Namen der Zehn zu Wort, um die außenpolitischen Aspekte des Problems zu unterstreichen, indem er auf den nur allzu deutlichen Zusammenhang mit den Forderungen der Heiligen Liga hinweist, die den Fall Savonarola dazu benutzt, um von Florenz den Bruch des Bündnisses mit Frankreich zu erzwingen: Es ist dieselbe These, die bereits Giovanbattista Ridolfi bei anderer Gelegenheit entwickelt hat. Wieder einmal stehen die Zehn auf der Seite des Frate.

Nicht so jedoch die zwölf »Guten Männer«. Nach ihrem Sprecher Giovanni Canacci müßte ihm nicht nur die Predigt verboten werden, es wäre auch notwendig, ihn an den Papst auszuliefern, der durchaus das Recht habe, über ihn zu urteilen. Sonst bliebe nichts anderes übrig, als das Interdikt in Kauf zu nehmen, das jedoch die florentinische Wirtschaft für immer ruinieren würde.

Das Thema der wirtschaftlichen Katastrophe im Falle eines Interdikts wird auch von anderer Seite während dieser Sitzung aufgegriffen, so von Guidantonio Vespucci, dem mächtigen Gegenspieler Soderinis zur Zeit der Verfassungsreform, als man zwischen einer Republik mit Volksbeteiligung und einer solchen nach aristokratischem Zuschnitt zu wählen hatte. Hier im wesentlichen die Wiedergabe seiner Wortmeldung:

»Es ist schmerzlich, gerade während der Fastenzeit ohne die geistlichen Tröstungen auskommen zu müssen. Aber nach einer genauen Abwägung des Für und Wider glaube ich, daß man den Forderungen des Papstes nachkommen soll. Sehen wir doch auch, wie unsere Forderungen lauten: den kirchlichen Zehnt, Pisa und die Absolution für den Frate. Scheint es euch denn nicht ein Widerspruch, vom Papst alle diese Dinge zu fordern und gleichzeitig fortzufahren, ihn zu reizen? . . . Abgesehen davon, daß im Falle eines Interdikts unsere Wirtschaft zugrunde gehen würde, welcher Schaden erwächst uns denn, wenn wir die Predigten verbieten? Keiner, denn die Ordnung geht von jener Autorität aus, die legitimiert ist, eine solche zu erlassen: Es ist jedoch sicher, daß der Papst seine Autorität von Gott hat, während es andererseits keineswegs sicher ist, daß Fra Girolamo von Gott gesandt ist.«

Es fehlen aber auch nicht die Stimmen anderer Bürger, die zu seiner Verteidigung antreten, unter ihnen Enea della Stufa:

»Es wäre unser unwürdig, wenn wir uns dazu hergeben würden, zu Agenten und gewissermaßen zu Kerkermeistern im Dienste einer auswärtigen Macht zu werden, denn dies ist ganz und gar eine Aktion ausländischer Potentaten. Übrigens haben die Bürger, deren Sprecher ich bin, nicht die geringste Angst vor einem Interdikt und sind überzeugt, daß keinerlei Schaden für unsere Wirtschaft daraus entsteht.«

Doch inzwischen hat sich die Angst vor dem wirtschaftlichen Ruin wie eine Psychose in der Versammlung breitgemacht. Die Schlußbilanz der Wortmeldungen ergibt schließlich nur acht Stimmen zugunsten des Frate, hingegen 17 gegen ihn, die restlichen lassen sich nicht eindeutig zuordnen.

Die Signoria, der die letzte Entscheidung zukommt, weiß nicht so recht, wie sie sich verhalten soll. Soll sie sich darauf beschränken, dem Frate das Predigen zu verbieten? Oder soll sie ihn unter Geleitschutz nach

Rom bringen lassen oder ihn sogar ins Gefängnis stecken, wie es der Papst nach wie vor verlangt?

So wird drei Tage später, am 17. März, neuerlich eine »Pratica« abgehalten, zu der aber nur mehr 19 Bürger zugelassen sind. Sie faßt unter der Führung der Signoria den Beschluß, Savonarola die Predigt zu verbieten, aber alle anderen Forderungen einfach zu ignorieren.

Während in Florenz diese »Pratica« zusammentritt, beruft auch Alexander VI., der neuerdings empört und besorgt ist wegen der Berichte, die ihm über die immer unverschämteren Predigten des Exkommunizierten nach wie vor zugespielt werden, ein kleines Konsilium ein, dem nur Kardinal Ascanio und einige wenige andere angehören, um einen Aktionsplan zu beschließen, der die ganze Sache zu einer Lösung bringen soll. Nach diesem Plan kann auf die Auslieferung Savonarolas an Rom objektiv nicht verzichtet werden. Um diesen Plan jedoch durchzusetzen, wird ein genau befristetes Ultimatum beschlossen, nach dessen Ablauf, sollte Savonarola bis dahin nicht ausgeliefert worden sein, nicht nur das Interdikt verhängt würde, sondern auch die in Rom ansässigen florentinischen Kaufleute sofort verhaftet, ihre Waren beschlagnahmt und sie selbst in der Engelsburg eingekerkert werden sollen.

Bei diesem Stand der Dinge reicht nun der florentinische Gesandte Bonsi bei den Zehn seinen Rücktritt ein. Die betroffenen Kaufleute selbst schreiben schon am nächsten Tag einen gemeinsamen dramatischen Brief nach Florenz und versetzen die Signoria in höchsten Alarmzustand. In dieser Situation erfolgt wahrscheinlich auch der spektakuläre Frontwechsel des den »Frateschi« zugehörigen Priors Piero Fedini zur Partei der »Arrabbiati«. Nun sind es in der Signoria tatsächlich sechs, die gegen den Frate eingestellt sind, einschließlich des Gonfaloniere Piero Popoleschi, des erbittertsten Gegners Savonarolas.

Die offizielle Mitteilung über das von der Signoria beschlossene Predigtverbot erhält Savonarola am Abend des 17. März, und der Frate, der dem Papst zuvor nicht gehorcht hatte, ist nunmehr bereit, der weltlichen Obrigkeit zu gehorchen.

Die Nachricht, daß Savonarola nun mundtot gemacht worden sei, wird dem Papst am 23. März vom Botschafter Bonsi überbracht, der als seinen eigenen Eindruck nach Florenz berichtet, daß der Heilige Vater sehr befriedigt gewesen sei, obwohl er sich darüber beklagt habe, daß er noch keine direkte und offizielle Antwort auf alle seine im letzten Breve erhobenen Forderungen erhalten habe.

# XXVI.

Wieder einmal ist es interessant, die Entwicklung der Situation in Florenz anhand der Berichte zu verfolgen, die von Somenzi nach Mailand übermittelt werden, auch weil seine Beurteilung der Lage mit der Roms auffallend im Einklang steht; was jedoch kein Wunder ist, denn als die Situation noch brenzliger wird, erhält Somenzi sogar die Erlaubnis, auf ausdrücklichen Wunsch von Kardinal Ascanio direkt mit diesem Kontakt aufzunehmen. Hier nun sein Bericht an den Herzog vom 27. März:

»Frate Girolamo hat selbst nicht mehr gepredigt, seit es ihm die Signoria verboten hat, wie ich schon in einem der letzten Briefe berichtet habe. Er hat jedoch in drei verschiedenen Kirchen drei seiner Mitbrüder auf die Kanzel geschickt, die nunmehr nicht minder heftig, ja vielleicht sogar noch heftiger gegen den Papst und den Klerus vom Leder ziehen, als er selbst es getan hätte.

Das Predigtverbot scheint somit nicht jene Wirkung zu zeitigen, die Seine Heiligkeit wünscht. So hat zum Beispiel am letzten Sonntag, dem Fest Mariä Verkündigung, der Frate selbst ungeachtet aller Exkommunikationen und Zensuren eine feierliche Messe gelesen und einer großen Menge von Gläubigen die heilige Kommunion gespendet, die damit ebenfalls die Exkommunikation ignoriert haben.

Es ist also offensichtlich, daß es keinem Verbot dieser Art gelingen wird, dieser Seuche in der Stadt Herr zu werden, wenn Seine Heiligkeit der Drohung mit dem Interdikt nicht mehr Nachdruck verleiht, wenn der Papst also nicht eine feste Frist setzt, innerhalb derer der Frate die Stadt verlassen haben muß . . .

Die Freunde des Frate versuchen indes unter den Mitgliedern der Signoria, die – wie ich schon berichtet habe – mehrheitlich gegen ihn sind, Zwietracht zu säen; aber bisher ohne Erfolg, und es besteht auch gar keine Aussicht, daß diese Bemühungen erfolgreich sein könnten.

Die Freunde Eurer Exzellenz beginnen vielmehr die Oberhand zu gewinnen: In diesen Tagen hat der Große Rat einige Ämter neu besetzt, und in alle diese Ämter wurden Freunde Eurer Exzellenz und Feinde des Frate gewählt.

Infolgedessen nimmt man als sicher an, daß die ›Frateschi‹, wenn Seine Heiligkeit nachdrücklich darauf besteht, daß Savonarola aus Florenz entfernt wird, unterliegen werden. Außerdem glaubt man, daß das Bündnis mit dem König von Frankreich, das von diesen eingegangen wurde und an dem sie festgehalten haben, seit sie an der Macht sind, dann aufgekündigt wird.«

Gleichzeitig damit geht der Papst in Rom einer direkten Begegnung mit dem Botschafter Bonsi geflissentlich aus dem Weg. Dieser sieht sich somit gezwungen, den Zehn bloß zufällig aufgeschnappte Gerüchte mitzuteilen. So etwa am 31. März, als er berichtet, er habe vom Kardinal von Perugia erfahren, daß in Kürze ein Prälat mit dem Auftrag nach Florenz geschickt werde, Savonarola nach Rom zu bringen, wobei das Versprechen abgegeben wird, daß er dort menschlich behandelt werde: »Mein Eindruck ist«, schließt Bonsi, »daß auf Seine Heiligkeit von seiten einiger Leute, die in unserer Stadt einen Aufruhr anzetteln möchten, Druck ausgeübt wird.«

Wer sind diese Leute? Piero de' Medici? Ludovico Sforza? Die »Arrabbiati«? Schwer zu sagen, denn alle hätten sie ein Motiv. Es kann sich natürlich nur um Unruhen handeln im Zusammenhang mit einer eventuell sehr emotionsgeladenen Reaktion der »Frateschi«, wenn sie sehen, wie ihr Prophet einfach verschleppt wird. Man würde also den »Tumult« künstlich herbeiführen, der traditionellerweise notwendig ist, damit in Florenz jene politischen Veränderungen Platz greifen können, die von einigen, die im Hintergrund stehen, gewünscht werden.

Aber schon am 20. März, also eine beträchtliche Zeit vor Bonsi, hat ein anderer Agent des Moro, nämlich jener in Bologna, von gewissen Stimmen nach Mailand berichtet, denen zufolge »in Florenz entweder wegen des Frate oder aus anderen Gründen ein Aufruhr entstehen könnte, um eine politische Veränderung herbeizuführen«.

Die Tatsache, daß er drei seiner Mönche in drei Kirchen von Florenz auf die Barrikaden schickt, ist für Savonarola sicherlich kein Grund zur Hoffnung, seinen Kampf wirksam fortsetzen zu können. Und außerdem hat er sich nie wirklich für die Machtkämpfe auf lokaler Ebene interessiert. Wenn überhaupt, dann mischen eher seine Stellvertreter darin mit, vor allem Fra Silvestro Maruffi, mit ihrer besonderen Art von Seelsorge, die jedoch immer – das ist jedenfalls der Eindruck, den man gewinnt – in lauterster Absicht ausgeübt wird.

Savonarolas letzter Trumpf ist ein Konzil; doch das ist keine Karte, die auf lokaler Ebene ausgespielt werden kann, sie gehört vielmehr zu einem internationalen Spiel. Auf dieser Ebene stehen dem Frate über einige seiner hochrangigen Anhänger immer noch gewisse Kanäle offen. Zu diesen Persönlichkeiten zählen auch solche, die immer noch im Rat der Zehn sitzen oder lange Zeit diesem Gremium angehört haben: Domenico Mazzinghi zum Beispiel, ein Mitglied der Zehn, der den florentinischen Gesandten in Frankreich Gioacchino Guasconi veranlassen könnte, bei Karl VIII. zu intervenieren; oder Simone del Nero, dessen Sohn selbst Mönch in S. Marco ist und der seinen Bruder, den Botschafter beim König von Spanien, mobilisieren könnte; auch Giovanni Cambi, dem es möglich wäre, direkt an den Kaiser nach Deutschland zu schreiben; dann Francesco del Pugliese, der in der Lage wäre, Kontakte zum englischen König herzustellen; und schließlich gibt es auch noch einen Mann im Konvent von Ferrara, der eine Verbindung zum König von Ungarn herstellen könnte.

»So gegen Ende März«, wird Mazzinghi beim Prozeß aussagen, zu dem er wie alle anderen im April als Zeuge vorgeladen wird, »ließ mich Fra Girolamo rufen und sagte zu mir: ›Ich möchte, daß du mir einen Gefallen tust und einen Brief an Gioacchino schreibst. Ich werde dir einen diesbezüglichen Entwurf zukommen lassen. Außerdem sollst du auch noch einen anderen Brief beilegen, den ich selbst an den Papst geschrieben habe.‹

Ich antwortete, daß ich bereit sei, dies zu tun. So überbrachte mir am nächsten Tag Fra Niccolò da Milano (der Sekretär Savonarolas) den Entwurf samt einer Kopie des Briefes an den Papst. Dann schrieb ich eigenhändig den gewünschten Brief...«

Den Text des Briefes an den Papst kennen wir bereits; es handelt sich dabei um jenen »bösartigen« Brief vom 3. März. Auch der Brief Mazzinghis nach Frankreich ist uns bekannt, der übrigens dem anderen von Simone del Nero sehr ähnelt, dessen Text wir ebenfalls kennen. Beide verfolgen sie den Zweck, das Terrain vorzubereiten, wenn demnächst ein Appell Savonarolas zur Einberufung eines Konzils an die fünf Souveräne ergehen wird.

Von seinem Brief schickt Mazzinghi auf verschiedenen Wegen mehrere Kopien nach Frankreich, und das nicht ohne Grund. Denn eine dieser Kopien wird tatsächlich von den Agenten des Moro abgefangen und sofort zur Einsicht nach Rom weitergeleitet. Im folgenden aber der Text jenes Briefes, den del Nero nach Spanien geschickt hat:

»Liebster Bruder! Du weißt sehr gut, wie lange der ehrwürdige Fra Girolamo Savonarola in dieser unserer Stadt gewirkt hat, um hier ein Modell eines vollkommenen christlichen Lebens einzuführen...

Allen sind seine Angriffe auf die italienischen Fürsten und besonders auf Rom wegen des frevelhaften Lebens der Prälaten und Priester, die ohne Zweifel allen möglichen Lastern verfallen sind, bekannt.

Da sie sich wegen dieser Dinge, die in aller Öffentlichkeit zu tun sie sich nicht schämen, aufs Korn genommen sehen, haben sie sich mit allen Bösewichten dieser Stadt und auch von außerhalb zusammengetan, um diesen Diener Gottes grausam zu verfolgen; und so hat ihn der Papst unter dem Vorwand des Ungehorsams exkommuniziert, um ihn am weiteren Predigen zu hindern.

Aber da es zu offensichtlich ist, daß diese Exkommunikation nur einen Vorwand darstellt, um diese Stadt mit ihrem großen Erbe eines moralischen Lebens zu ruinieren, nimmt man sie hier überhaupt nicht zur Kenntnis. Fra Girolamo hat vielmehr eigenhändig einen recht groben Brief an den Papst gerichtet, wie Du aus der Kopie, die ich Dir mitschicke, ersehen kannst. Außerdem hat er von der Kanzel herab erklärt, er werde noch Dinge offenbaren, welche die Welt in Staunen versetzen würden, und er werde deren Wahrheit nicht nur auf natürlichem Wege, sondern auch durch Wunder beweisen . . .

Und weil ich weiß, daß Ihre Durchlauchtigsten Majestäten, der König und die Königin, im Glauben an Christus überaus eifrig sind, habe ich Dir dies geschrieben, damit Du sie über alles aufklären kannst. Ihnen würde es nämlich zukommen, in erster Linie dafür zu sorgen, daß solchen Verirrungen Einhalt geboten wird, indem sie ein für solche Fälle vorgesehenes Konzil einberufen, wie man es auch in der Vergangenheit oft getan hat. Sicherlich wäre es ein größeres Verdienst, sich darum zu kümmern und diese Frevler zu verfolgen, als Krieg gegen Türken und Mauren zu führen . . .

Es wäre nicht zu verwundern, wenn Fra Girolamo selbst dieser Tage direkt in diesem Sinne an die betreffenden Souveräne schreiben würde . . .«

Bei seinem Verhör am 24. April wird Simone del Nero genau zu Protokoll geben, daß er diesen Brief am Samstagabend, dem 24. März, geschrieben und dabei ebenfalls eine Vorlage benutzt hat, die ihm von S. Marco zugestellt worden ist. Eine ähnliche Aussage wird für seinen Teil auch Giovanni Cambi machen.

Doch kommen wir am besten gleich zum Ergebnis: In der zweiten Hälfte des Monats März, während man auf der einen Seite auf ein Konzil hofft und auf der anderen ein solches fürchtet, beginnt sich in Florenz die Hoffnung auf eine Art Wunder breitzumachen, das durch Savonarola geschehen soll: Bei seinen Anhängern und dem Volk ist diese Erwartung fast schon zur Gewißheit geworden. Der Prophet von S. Marco glaubt selbst offenbar, sich noch einmal als Prophet bestätigen zu können, und zwar durch eine jener plötzlichen Erleuchtungen über die unmittelbare Zukunft, mit denen Gott ihn in der Vergangenheit scheinbar für einige Augenblicke an seinem eigenen Vorherwissen hatte teilnehmen lassen. Andere hingegen erwarten sich für die nächste Zukunft ganz andere Dinge.

Am 25. März, dem Fest Mariä Verkündigung, zelebriert der Exkommunizierte, wie Somenzi später berichtet, eine feierliche Messe in S. Marco, während drei seiner Mitbrüder an seiner Statt in drei anderen Kirchen in aller Öffentlichkeit predigen und dabei den Papst noch schärfer angreifen (wie Somenzi behauptet), als er selbst es vielleicht getan hätte. Gleichzeitig fordert der Franziskanerprediger Francesco di Puglia in der Kirche von S. Croce im Verlauf seiner polemischen Auseinandersetzung mit Fra Domenico da Pescia, einem von diesen drei Dominikanern, alle diejenigen, die an den Ideen Savonarolas weiterhin festhalten wollen und seine Exkommunikation für null und nichtig halten, dazu auf, mit ihm gemeinsam durchs Feuer zu gehen.

Die Feuerprobe ist gewissermaßen die Königin aller Beweise: Im Unrecht ist derjenige, den die Flammen verbrennen, und im Recht jener, der lebend davonkommt. Jede andere Lösung ist ausgeschlossen.

Handelt es sich hier etwa gar um ein abgekartetes Spiel des Franziskaners mit irgend jemand anderem, den die Verheißung und Erwartung von Wundern auf diese rettende Idee gebracht haben?

Tatsache ist, daß derselbe di Puglia bereits ein Jahr zuvor eine derartige Herausforderung in den Raum gestellt hat, als er sich zur Predigt in Prato aufhielt. Damals hatte Fra Domenico da Pescia, der sich ebenfalls dienstlich in Prato befand, diese sogar angenommen. Aber gleich darauf war der Franziskaner von seinen Vorgesetzten nach Florenz zurückgerufen worden, was ihm sehr gelegen gekommen war, denn so konnte er, ohne das Gesicht zu verlieren, aus der ganzen Sache wieder aussteigen.

Mit der öffentlichen Wiederholung dieser Herausforderung vor dem Volk von Florenz wird Fra Domenico automatisch neuerlich in die Sache mit hineingezogen. Doch von allem Anfang an ist das Verhalten der mehrheitlich aus Anhängern der »Arrabbiati« zusammengesetzten Signoria sehr verwunderlich und äußerst verdächtig. Angesichts einer solchen Probe, wo es um Tod oder Leben geht, verzieht die Signoria keine Miene, sie ist weder darüber entrüstet, noch sorgt sie für Abhilfe, sie erläßt auch keine eindringliche Verlautbarung gegen derartige Wetten, wie sie es im vergangenen Mai am Vorabend von Christi Himmelfahrt getan hat.

Diesmal bietet sie sogar ihre technische Hilfestellung, ihren wirksamen Schutz und ihre öffentlichen Einrichtungen an, damit die Probe auch tatsächlich stattfinden kann.

Und wirklich, kaum hat Fra Domenico zwei Tage darauf in seiner Predigt vom 28. März erklärt, daß er die Herausforderung annehme, ersucht sie ihn auch schon, in den Palast zu kommen, und fordert ihn auf, vor einem ihrer Notare gleichzeitig mit der Zustimmung zur Feuerprobe auch die Klauseln dieser Wette zu unterschreiben: Es geht dabei um den gesamten Inhalt der leidenschaftlichen Predigt des Frate aus Ferrara, um sein ganzes Leben als Mann Gottes, in sechs Kurzformeln zusammengefaßt:

1. Die Kirche Gottes bedarf einer Erneuerung; diese wird stattfinden, nachdem sie zuvor gezüchtigt worden ist.
2. Auch Florenz wird sich nach erfolgter Züchtigung erneuern und dann von neuem aufblühen.
3. Die Ungläubigen werden sich zu Christus bekehren.
4. Alles das wird noch zu unseren Lebzeiten geschehen.
5. Die unlängst gegen unseren ehrwürdigen Fra Girolamo verhängte Exkommunikation ist null und nichtig.
6. Diejenigen, die sich nicht um sie kümmern, begehen keine Sünde.

Nach der begeisterten Zustimmung von Fra Domenico wartet die Signoria geduldig darauf, daß sich auch der Herausforderer rührt, um zu unterschreiben, und als dieser sich verspätet, läßt man ihn einfach holen. Als Francesco di Puglia schließlich widerwillig im Palast eintrifft, hat er sofort Bedenken, seine Unterschrift zu leisten. Ist er vielleicht von irgend jemandem beeinflußt worden? Wahrscheinlich ja, denn seine Bedenken sehen ganz danach aus, als seien sie ihm von jemandem suggeriert worden, der sich bei solchen Reglements und Vertragsbedingungen gut auskennt.

Er will nämlich protokollarisch festgehalten wissen – was ihm auch zugestanden wird –, daß er auf die offizielle Aufforderung der Signoria hin gekommen sei, um die Wette zu unterschreiben. Ein weiteres Bedenken, das er ebenfalls ins Protokoll aufnehmen läßt, geht dahin, daß er nicht die geringste Absicht habe, zusammen mit Fra Domenico ins Feuer zu gehen. Er will dies vielmehr nur zusammen mit Fra Girolamo tun, der in der ganzen Auseinandersetzung, wie es wörtlich heißt, die »Hauptperson« ist. Vergeblich erinnert man ihn daran, daß die von ihm in S. Croce ausgesprochene Herausforderung »erga omnes«, also an alle gerichtet war: Dort in S. Croce gab es ja keinen Notar.

Offensichtlich geht es ihm vor allem darum, die Feuerprobe überhaupt zu vermeiden. Er weiß sehr genau, daß Fra Girolamo es in der Vergangenheit immer abgelehnt hat, auf Provokationen solcher Art einzugehen. Seine Hintermänner sind jedoch brennend daran interessiert, daß Fra Girolamo öffentlich in dieses Schauspiel verwickelt wird, ob er es will oder nicht. Und sie sind sich sicher, daß nach dieser Erklärung des Franziskaners der Prophet von S. Marco, zumindest in den Augen des Volkes, mitten in der ganzen Sache drinstecken wird.

Doch um die Begeisterung von Fra Domenico nicht zu enttäuschen und um ihn nicht gänzlich von der Feuerprobe auszuschließen, schlägt Fra Francesco di Puglia vor – und auch das wird ins Protokoll aufgenommen –, daß mit Fra Domenico nicht er, sondern einer seiner franziskanischen Mitbrüder ins Feuer gehen soll. Jedenfalls will man unbedingt, daß die Feuerprobe stattfindet, und wenn es nicht anders geht, ist man sogar bereit, sich mit den Stellvertretern zu begnügen, sollten die »Hauptdarsteller« es ablehnen, die Bühne zu betreten.

In Kenntnis der neuen Bedingungen und neuen Vorschläge des Franziskaners bringt Fra Domenico da Pescia einen weiteren hervorragenden Prediger aus S. Marco, Fra Mariano Ughi, mit in den Palast und gibt vor dem Notar und in Anwesenheit der Signoria sowie des erzbischöflichen Vikars zu Protokoll, daß sein Freund Fra Mariano bereit sei, mit einem der von di Puglia vorgeschlagenen Franziskaner ins Feuer zu gehen; während Fra Domenico seinerseits noch einmal formell darauf besteht, daß der erste Herausforderer sich mit ihm zu messen habe, da Fra Girolamo bei anderen Gelegenheiten zur Verfügung stehen müsse.

Offenbar muß Fra Girolamo seinem treuen, aber ungestümen Freund Fra Domenico sein ganzes Mißfallen über diese Initiative bereits zum Ausdruck gebracht haben.

Glücklicherweise scheint die ganze Sache schließlich doch im Sande zu verlaufen. Denn bis zum Abend des 28. März konnte der Franziskaner seine Verpflichtung, Fra Domenico einen anderen seiner Mitbrüder entgegenzustellen, noch immer nicht einlösen. Es ist nur zu klar, daß es in S. Croce innerhalb weniger Stunden nicht gelungen war, jemanden zur Unterschrift zu bewegen: denn Fra Domenico da Pescia gilt allgemein als ein untadeliger und ehrenhafter Mann.

Am nächsten Tag erscheint di Puglia neuerlich vor der Signoria, diesmal allein. Er will noch eine weitere Erklärung zu Protokoll geben. Er möchte sich zwar nicht wiederholen, aber auch nicht mißverstanden werden: Er denke nicht im Traum daran, sagt er, sich mit Fra Girolamo vergleichen zu wollen, weder was seine intellektuellen Fähigkeiten noch seine moralischen Qualitäten betreffe. Der Grund, warum er dennoch darauf bestehe, sich mit ihm und keinem anderen zu messen, sei der, daß Fra Girolamo eben die Hauptperson in der ganzen Geschichte sei. Im übrigen ist di Puglia (und auch das läßt er protokollarisch festhalten) überzeugt, daß er im Feuer brennen wird, wenn er hineingeht, aber er werde sich gerne opfern, damit die Zwietracht unter den Bürgern endlich ein Ende habe (womit er deutlich zu verstehen gibt, daß auch Savonarola mit ihm brennen werde). Mit anderen Worten: Es ist sinnlos, sich mit Fra Domenico zu messen, denn dessen Tod würde keinerlei Lösung herbeiführen.

Doch wo sind die anderen Kandidaten aus dem Franziskanerorden? Darüber drückt sich di Puglia eher unklar aus. Es gäbe zwar drei oder vier, die zur Unterschrift bereit wären, aber er könne ihre Namen noch nicht bekanntgeben. Angesichts der frostigen Blicke, die ihm von den Herren der Signoria daraufhin zugeworfen werden, nennt er dann schließlich doch den Namen eines gewissen Fra Giuliano Rondinelli, der nicht einmal ein echter und wirklicher Frate ist, sondern ein Laie des Konventes und überdies nicht gerade ein großes Kirchenlicht. Es ist vielleicht auch gar nicht so einfach, ihn zu überreden, denn erst am nächsten Tag, dem 30. März, geht er in den Palast, um seine Unterschrift unter jene von Fra Mariano Ughi zu setzen. Auch er gibt zu Protokoll, daß er überzeugt sei, im Feuer zu brennen. Es ist – wenigstens im Augenblick – nicht ganz verständlich, warum die Franziskaner auf diesen Punkt solches Gewicht legen.

Die Feuerprobe wird jedenfalls stattfinden. Falls sie es sich nicht in letzter Minute noch anders überlegen, werden Fra Mariano Ughi für die Dominikaner und Fra Giuliano Rondinelli für die Franziskaner ins Feuer gehen.

Aber die Signoria will ganz im Einklang mit dem Gesetz vorgehen. Noch am Abend des 30. März wird eine »Pratica« einberufen, um die Stellungnahme dieser repräsentativsten Bürgervertretung über das weitere Vorgehen, wie es die Signoria beschlossen hat, einzuholen. Diesmal gibt es keinerlei Meinungsverschiedenheiten zwischen den »Frateschi« und den »Arrabbiati«. Nur einige der traditionellen Gegner Savonarolas sprechen sich dagegen aus: Es ist für sie eine Frage der Würde dieser Volksvertretung, und deshalb treten sie dafür ein, sich von diesem Spektakel zu distanzieren, und sie betonen ihr Unbehagen darüber, sich in einer öffentlichen Versammlung mit einem Problem wie diesem herumschlagen zu müssen. Andere wiederum machen sich, um den eigenen Zynismus zu verschleiern, in witzigen und spöttischen Bemerkungen Luft. Auch auf seiten der »Frateschi« spricht sich die Mehrzahl für das Experiment aus, unter ihnen Giovanbattista Ridolfi und Piero Guicciardini, der Vater von Francesco. Kurz und gut, die Mehrheit ist für die Durchführung der Feuerprobe.

Nun wird das, was als private Polemik zwischen zwei Mönchen begonnen hat, zu einer öffentlichen Angelegenheit, die sogar in einem offiziellen Dokument der Signoria Aufnahme findet, das die Kraft eines Gesetzes hat. Wer sich nicht an die Spielregeln hält, macht sich strafbar.

# XXVII.

Hier nun in seinen Hauptpunkten der aus dem lateinischen Original übersetzte Text des Beschlusses, den die Signoria am 30. März gefaßt hat:

»Die hohen Herren Prioren und der Gonfaloniere di Giustizia des florentinischen Volkes haben bei ihrer gemeinsamen Sitzung von dem Streit Kenntnis genommen, der in ihrer Stadt zwischen den Mönchen des heiligen Dominikus und denen des heiligen Franziskus wegen einiger Thesen entstanden ist, welche die Zukunft der Kirche betreffen. Zwei Repräsentanten dieser beiden Orden sind bei ihnen erschienen, um eine Erklärung zu unterschreiben, wonach sie beabsichtigen, ihren Streit mittels eines übernatürlichen Beweises zu schlichten. Es wird weiter festgestellt, daß diese Prüfung darin bestehen soll, daß die beiden gleichzeitig ins Feuer gehen gemäß den Bestimmungen, die von der Signoria selbst erlassen werden, so daß die Thesen desjenigen, der unverletzt aus den Flammen hervorgeht, als der Wahrheit entsprechend angesehen werden müssen. Das Ganze verfolgt den Zweck, die Störung der öffentlichen Ordnung, wie sie von ihren ständigen Streitigkeiten hervorgerufen wird, endlich auszumerzen. Nachdem die Signoria alles gut überlegt und bedacht hat und nach umfangreichen Beratungen gemäß den geltenden Normen, hat sie folgendes beschlossen: Sollte bei dieser Feuerprobe nur der Vertreter der Dominikaner ums Leben kommen, so werden Fra Girolamo Savonarola, der Prior von S. Marco und Vater jener Ideen, die Gegenstand des Streites sind, sowie Fra Domenico da Pescia, ein Anhänger und Verfechter dieser Ideen, auf ewig vom Territorium des florentinischen Staates verbannt.«

In dem Beschluß heißt es weiter, daß die Verbannung Fra Francesco di Puglia und Fra Lorenzo Corsi als Angehörige des Franziskanerordens treffen werde, sollte nur der Vertreter ihres Ordens im Feuer umkommen. Wenn hingegen die Vertreter beider Orden ums Leben kämen, dann würden nur die beiden Dominikaner, nicht aber die zwei Franziskaner von der Verbannung betroffen sein. Nun ist es klar, was di Puglia bezweckt hat, als er darauf bestand, seine und Rondinellis Überzeugung zu Protokoll zu nehmen, daß sie auf jeden Fall den Flammen zum Opfer fallen würden: Die Tatsache, daß sie für sich selbst dieses einzig mögliche Resultat vorhersahen, unterschied sie von ihren Gegnern und bot vor allem di Puglia selbst im Falle des nur natürlichen und voraussehbaren Ausgangs dieses Experimentes, daß nämlich sowohl der Franziskaner Rondinelli als auch sein Gegenspieler aus dem Dominikanerorden in den Flammen umkommen, die Möglichkeit einer besseren Behandlung von seiten der Signoria. Jedenfalls hat sich di Puglia auf diese Weise, was ihn selbst betrifft, von allen Seiten gut abgesichert.

Der Beschluß der Signoria mißt schließlich vollends mit zweierlei Maß, wenn darin festgelegt wird, daß die Signoria mit gesondertem Beschluß jene der beiden Streitparteien mit allen Konsequenzen zum Verlierer erklären kann, die nach ausdrücklicher Aufforderung zögert, sogleich ins Feuer zu gehen.

Man kommt also zu dem Schluß, daß für die Dominikaner ein Wunder notwendig ist, um der Verbannung zu entgehen, während es den Franziskanern genügt, wenn die Dinge ihren natürlichen Lauf nehmen.

Aber nach diesem Beschluß der Signoria will Fra Domenico da Pescia sich nicht damit abfinden, daß nicht er bei diesem Experiment, das nun abzurollen beginnt, der Vertreter der Dominikaner sein soll. Und so besteht er weiterhin darauf, selbst anstelle von Ughi ins Feuer zu gehen. In dieser Hinsicht gibt es für die Signoria keinerlei Problem. Für sie ist es sogar besser, wenn der aktive und dynamische Fra Domenico in den Flammen stirbt. Außerdem gibt ihr die Einsetzung des Namens von Fra Domenico anstelle von Ughi die Gelegenheit, in den Text des Beschlusses vom 30. März auch noch eine andere Änderung einzufügen, welche die Position Savonarolas weiter erschwert.

Tatsächlich beschließt die Signoria am 6. April, dem Tag vor dem für das Experiment festgesetzten Termin, in teilweiser Abänderung des vorhergehenden Beschlusses, Fra Domenico entgegenzukommen, und sie verfügt, daß im Falle seines Unterliegens Fra Girolamo zum Rebellen erklärt werde. Man würde ihm dann noch drei Stunden Zeit einräumen, um aus der Stadt zu verschwinden. Die für die Franziskaner vorgesehenen Sanktionen bleiben jedoch in unveränderter Form aufrecht.

Nach dieser Abänderung kann eigentlich überhaupt nichts mehr schiefgehen, denn wenn Fra Domenico in den Flammen umkommt, kann ihn die Verfügung der Verbannung ja nicht mehr treffen, und Fra Mariano Ughi kann in diesem Fall klarerweise kein vollwertiger Ersatz für ihn sein;

daher, um das Mißverhältnis bei den vorgesehenen Strafen auszugleichen, die Verschärfung der Sanktionen gegenüber Savonarola.

Doch am 6. April, dem Tag vor der Feuerprobe, glaubt kein Mensch in S. Marco, daß Fra Domenico tatsächlich in den Flammen umkommen werde. Seine Heiterkeit, seine Begeisterung, seine unerschütterliche Ruhe, die beruhigenden Träume von Fra Silvestro, die erhebende Tatsache, daß mehr als 300 Mönche und Tausende von Gläubigen ebenfalls mit ihm ins Feuer gehen wollen, alles das hat bei vielen die Überzeugung gefestigt, daß die Stunde des erhofften Wunders nunmehr gekommen ist.

Leider ist auch Fra Girolamo dieser Überzeugung. Und leider war er der erste, der über das Ziel hinausgeschossen ist, was dieses Wunder betrifft, vor allem in seinem Brief vom 3. März. Er ist sogar von der Kanzel herab immer wieder auf diesem Punkt herumgeritten, bis schließlich am 25. März prompt die Herausforderung zu dieser Feuerprobe von seiten di Puglias erfolgt ist. Es war aber sicherlich nicht diese Art von Wunder, an die er dabei gedacht hat. Denn schon am 1. April, nachdem die Signoria den Inhalt der Wette offiziell hat drucken und überall verbreiten lassen, beeilt er sich, in einer kleinen Schrift, die ebenfalls in gedruckter Form veröffentlicht wurde, seine Ansicht über die Ereignisse, in die er nun involviert ist, darzulegen. Er beteuert vor allem, daß er sich gezwungen sehe, einer Initiative seine Zustimmung geben zu müssen, die er zwar nicht gewollt habe, die aber jetzt nicht mehr aufzuhalten sei. Und denjenigen, die ihn wegen der Tatsache kritisieren, daß er selbst sich nicht erbötig gemacht habe, ins Feuer zu gehen, gibt er zur Antwort, daß er sich nicht im geringsten dazu verpflichtet fühle und daß er sich lieber für ein Unternehmen anderer Art bereithalten wolle, wo ebenfalls sein Leben auf dem Spiel stehen werde. Er meint damit mit größter Wahrscheinlichkeit das angestrebte Konzil.

Man könnte sagen, daß die von der Signoria an den Tag gelegte Eile, mit der sie die Nachricht von der bevorstehenden Feuerprobe mit allen Mitteln amtlich verbreiten läßt, damit zu tun hat, daß sie einfach alle vor vollendete Tatsachen stellen will: sogar den Papst, der als »Hauptakteur« ja wohl das Recht hätte, in dieser Auseinandersetzung ein Wörtchen mitzureden. Man kann jedenfalls verstehen, daß man ihm unbedingt Zeit geben mußte, sich zu der ganzen Angelegenheit zu äußern. Und vielleicht wird gerade deshalb der zunächst für Freitag, den 6. April, vorgesehene Termin des Experiments auf Samstag, den 7. April, verschoben.

Glücklicherweise scheint Alexander VI., der bereits über alles informiert ist, sich sowieso aus der Sache heraushalten zu wollen. Seine

Reaktionen auf die Ereignisse in Florenz, die in einem Brief Bonsis vom 4. April geschildert werden, sind entschieden negativ. Der Papst ist absolut für ein Nein, das Experiment dürfe nicht stattfinden. Sein zustimmender Brief an die Franziskaner bleibt jedoch ebenfalls als Tatsache bestehen. Und es bleibt auch ein Faktum, daß kein Breve mit einem diesbezüglichen Verbot jemals die Signoria erreicht hat.

Für die Florentiner geht es nun darum, sich für den Samstagmorgen, den 7. April, einen möglichst guten Platz auf der Piazza zu sichern.

Die Herren der Signoria hingegen müssen sich darum kümmern, daß für diese ungewöhnliche Darbietung eine Holzkonstruktion errichtet wird, die den Anforderungen entspricht und allen eine gute Sicht ermöglicht. Man plant daher ein etwa zwei oder drei Meter hohes Podest von ca. 30 Metern Länge und mehr als 6 Metern Breite. 6 Meter Breite müssen genügen, um auf beiden Seiten je zwei hohe, langgestreckte Haufen aus Brennholz in der Weise aufschichten zu können, daß in der Mitte ein enger Durchlaß für eine Person frei bleibt: Von den beiden äußersten Enden müssen die beiden Kontrahenten also ihren Ausgangspunkt nehmen und dann gleichzeitig aufeinander zugehen, während die Holzhaufen, über die man leicht entflammbares Material wie Terpentin und Schießpulver gestreut hat, in Brand gesteckt werden.

Die Aufrechterhaltung der öffentlichen Ordnung ist mit speziellen Sicherheitsmaßnahmen sicherzustellen. Daher wird verfügt, daß die Stadttore während der gesamten Dauer des Experiments geschlossen bleiben müssen und das gesamte Militär, das sich außerhalb der Stadt befindet, in den Quartieren zu bleiben hat und nur im Falle einer Anforderung seitens der Signoria ausrücken darf. Es werden nur drei Zugänge zur Piazza offen gehalten, die übrigen mit Bretterzäunen abgeriegelt. Waffen bei sich zu tragen ist strengstens verboten. Frauen und Kindern ist die Teilnahme am Schauspiel untersagt. Den Ordnerdienst auf der Piazza versehen neben den Soldaten der Signoria noch dreihundert Mann unter dem Kommando von Marcuccio Salviati, einem Savonarola persönlich ergebenen Hauptmann. Die ersteren haben die Aufgabe, sich vor dem Palast und an den Zugängen zur Piazza zu postieren, während die letzteren vor der »Loggia dei Signori« Aufstellung nehmen. Diese Loggia wird mittels einer Trennwand in zwei Teile geteilt und soll während der Feuerprobe auf der einen Seite den Franziskanern, auf der anderen den Dominikanern Platz bieten. Im Inneren wird sogar ein Altar errichtet, vor dem die beiden Kontrahenten sich im Gebet noch einmal sammeln können.

Es ist klar, daß die dreihundert Mann von Salviati die Aufgabe haben, die »Compagnacci« von Doffo Spini im Zaum zu halten, deren Stärke sich auf ungefähr fünfhundert Mann beläuft und die nunmehr als paramilitärische Organisation offiziell zugelassen sind.

Außerdem sind auch noch vier Bürger zu nominieren, die für den ordnungsgemäßen Ablauf der Feuerprobe verantwortlich sind. Es sind dies Francesco Gualterotti und Giovanbattista Ridolfi für die Dominikaner und der ehemalige Gonfaloniere Piero degli Alberti (der seinerzeit beim Tumult zu Christi Himmelfahrt im Amt war) und Tommaso Antinori für die Franziskaner. Jetzt ist alles bereit.

Am Samstagmorgen, dem 7. April 1498, ist die Piazza della Signoria von Menschen überfüllt. Die Leute stehen sogar an den Fenstern und auf den Dächern, sie klettern auf Säulen und Eisengitter und nützen jeden nur erreichbaren Platz.

Auf der dem Palast zugewandten Seite der Loggia haben die Franziskaner, die in aller Stille gekommen sind, bereits Platz genommen. Ihr Vertreter hat ausdrücklich erklärt, daß er für sich den Tod in den Flammen erwarte. Für ihn ist es also so etwas wie ein Selbstmord. Die Franziskaner hatten jedenfalls nicht den Mut, in feierlicher Prozession zu erscheinen. Die Dominikaner hingegen, die etwas später kommen, ziehen unter dem gemeinsamen Gesang des gläubigen Volkes feierlich ein. Es sind insgesamt ungefähr 250 Mönche, die Fra Domenico begleiten, der mit einem flammroten Meßgewand angetan ist, ein Hinweis auf die bevorstehende Feuerprobe. Als letzter kommt Fra Girolamo mit einer silbernen Monstranz in den Händen, gefolgt von der Menge seiner Anhänger. Alle zusammen singen sie den Psalm »Exurgat Deus et dissipentur inimici eius«. Von diesem einmütigen und mächtigen Gesang fühlen sich selbst die fünfhundert Leute von Doffo Spini, die geschlossen gegenüber der Loggia auf der anderen Seite des Podiums postiert sind, sichtlich bewegt, auch wenn sie Waffen bei sich tragen.

Nun, da die Dominikaner auf der Loggia Platz genommen haben, kann man Fra Domenico mit seinem roten Meßgewand deutlich erkennen, wie er in Erwartung der Feuerprobe im Gebet versunken vor dem Altar kniet. Nicht weit von ihm entfernt blickt Fra Girolamo ab und zu hinüber zum Palast.

Doch was ist mit den anderen? Wo sind Fra Giuliano Rondinelli und Fra Francesco di Puglia? Niemand kann sie ausmachen. Die besser Informierten behaupten, daß sie gar nicht auf der Piazza anwesend seien, sondern sich im Inneren des Palastes aufhielten, um sich noch mit den Leuten von der Signoria zu besprechen. Plötzlich hat es den Anschein, als ob vom Palast her Savonarola ein Zeichen gegeben würde, mit der Feuerprobe zu beginnen. Die Sache hat aber keinen Sinn. Denn der Gang ins Feuer muß ja völlig gleichzeitig erfolgen. So sagt es der Beschluß der Signoria, der in Latein abgefaßt ist. Welche Bedeutung hat also dieses Manöver? Außerdem sind auch die Herren der Signoria noch nicht auf ihren Plätzen erschienen, was bedeutet, daß man mit dem Beginn noch zuwarten muß.

Schließlich erfährt man, daß die beiden Franziskaner weitere Vorbehalte anmelden. Vor allem das rote Meßgewand von Fra Domenico erregt ihr Mißfallen. Sie sagen, es könnte womöglich verhext sein und ihn vielleicht vor dem Feuer schützen. Jedenfalls lehnen sie dieses Gewand ab. Für sie ist es sicher nur ein Vorwand, doch unter den Dominikanern gibt es einen, der die Wahrheit über dieses Meßgewand weiß, und vielleicht ist die ganze Sache auch bis zu den Franziskanern durchgesickert: In der vorhergehenden Nacht hat Fra Silvestro, ein überaus sensibler Mann, der mondsüchtig ist und in S. Marco als Nachtwandler gilt, die ganze Szene der Feuerprobe bereits im voraus im Traum erlebt. Und er hat gesehen, wie Fra Domenico im roten Meßgewand und mit der geweihten Hostie in der Hand unverletzt und als Sieger aus den Flammen hervorgeht. Daher das rote Gewand, mit dem Fra Domenico ins Feuer zu gehen gewillt ist.

Die beiden Kommissare auf franziskanischer Seite, Alberti und Antinori, informieren nun Savonarola mit allem Respekt von den Vorbehalten, die im Hinblick auf dieses Meßgewand erhoben wurden. Piero degli Alberti bietet bei dieser Vermittlungsaktion seine ganze Beredsamkeit als ehemaliger Gonfaloniere auf und erreicht schließlich den Verzicht auf das umstrittene Meßgewand. Fra Domenico ist mit Erlaubnis seines Vorgesetzten bereit, ein anderes Gewand anzuziehen.

Es folgen nun weitere Beratungen im Palast und noch weitere Einwände, während bereits eine ganze Stunde mit solchen Diskussionen vergangen ist. Jetzt betreffen die Einwände die anderen Kleidungsstücke von Fra Domenico, die ja ebenfalls verhext sein könnten. Nach nochmaligen Diskussionen wird auch diesem Einwand, obwohl er völlig unsinnig ist, Rechnung getragen.

Fra Domenico zieht sich daraufhin in den Waffensaal des Palastes zurück, um die Kleider eines willkürlich ausgewählten Mönchs überzuziehen. Dann unterzieht er sich noch einer genauen Durchsuchung und Kontrolle.

Jetzt kann es sich nicht mehr um das Gewand drehen. Es geht vielmehr um das hölzerne Kruzifix, mit dem Fra Domenico ins Feuer gehen möchte. Nachdem auch diesem Protest stattgegeben wurde, tritt sofort ein nächster

Einwand auf den Plan, der die geweihte Hostie betrifft, die Fra Domenico statt des verweigerten Kreuzes mit sich tragen möchte. Bei diesem Thema nimmt die Diskussion fast den Charakter einer gehobenen theologischen Disputation an, und solche Streitgespräche nehmen, wie man weiß, viel Zeit in Anspruch. Mittlerweile bricht ein heftiges Gewitter los, es donnert und blitzt und regnet in Strömen. Aber die Leute harren dennoch eisern auf ihren Plätzen aus. Das Wunder muß einfach geschehen. Doch der Disput geht unvermindert weiter.

Von Giuliano Rondinelli, dem Vertreter der Franziskaner, fehlt nach wie vor jede Spur. Man könnte sogar den paradoxen Verdacht hegen, daß Giuliano Rondinelli deshalb nicht in Erscheinung tritt, weil es ihn gar nicht gibt, und daß das, was sich da im Palast abspielt, bloß eine große Komödie ist. Doch das wäre ja wirklich unsinnig. Und eine solche Komödie würde man außerdem wohl nicht vor so einem großen Publikum inszenieren. Aber wenn das stimmt, was Simone Filipepi in seiner »Chronik« schreibt, dann hat sich auch Giuliano Rondinelli von allen Seiten abgesichert. Die »Compagnacci« und insgeheim wohl auch einige Herren der Signoria haben ihm offenbar weitgehende Zusicherungen gemacht, daß es zu der Feuerprobe gar nicht erst kommen werde. Doffo Spini selbst, der Chef der »Compagnacci«, wird ihn einfach entkommen lassen. Er wird sich dann in das Atelier von Sandro Filipepi, genannt Botticelli, flüchten, und Simone Filipepi, der Bruder von Sandro, wird diese vertrauliche Mitteilung in seiner »Chronik« vermerken. Auch wenn dieses Zeugnis aus den Reihen der »Piagnoni« stammt und obendrein nur einen indirekten Wert hat (von der genannten Chronik ist nur ein Teil erhalten geblieben, der jedoch diese Episode nicht enthält), weist doch vieles darauf hin, daß die Geschichte sich tatsächlich so zugetragen hat.

Daß es sich hier um ein abgekartetes Spiel zwischen den Franziskanern und einigen Mitgliedern der Signoria handelt und daß ab einem bestimmten Zeitpunkt, nämlich nach dem Gewitter, als man lebhaft über die Hostie, ihre äußere Erscheinungsweise und ihr Wesen, zu diskutieren beginnt, auch die Dominikaner sich an diesem Spiel beteiligen, ist aus der gegebenen Situation heraus psychologisch verständlich, wo doch im Grunde niemand die Notwendigkeit einer solchen Probe einsieht, die es einfach nicht geben darf.

Dennoch ist die Argumentation, mit der Savonarola seine Entscheidung zu rechtfertigen versucht, in diesem Punkt, was die Hostie betrifft, nicht nachzugeben, keinesfalls von der Hand zu weisen: »Wenn wir jetzt in diesem Punkt nachgeben«, so lautet im wesentlichen seine Begründung, »werden die Franziskaner sofort einen neuen Einwand erheben. Daher ist es sinnlos, noch weiter zu diskutieren. Man soll jetzt endlich zur Probe schreiten.«

Als schließlich von der Signoria die Anweisung kommt: »Alles nach Hause!«, ist bereits der Abend hereingebrochen. Bald wird es finster sein, und man wird nichts mehr sehen können. Auch Motive der Aufrechterhaltung der öffentlichen Ordnung spielen eine Rolle. Die Probe ist jedenfalls für diesmal abgesagt.

Doch über den Kern der Auseinandersetzung hüllt sich die Signoria in Schweigen. Sie äußert sich nicht darüber, wer nun eigentlich gemäß dem Reglement gewonnen oder verloren hat. Sie hätte es lieber, wenn das Volk selbst darüber entscheiden würde, jene Leute also, die nun enttäuscht, verunsichert, vom Regen völlig durchnäßt und durchfroren sind, die keine Ahnung haben von den lateinisch abgefaßten Bestimmungen des Reglements und die nach sechs Stunden vergeblichen Wartens einfach wütend sind: Der halbe Tag ist vergangen, und nach den ersten Aufregungen hat sich schließlich tödliche Langeweile ausgebreitet. Der Magen knurrt, während man zusehen muß, wie ständig irgendwelche Personen im Palast ein- und ausgehen und einige Mönche untereinander eifrig diskutieren, ohne daß man weiß, worum es überhaupt geht. Man hat keine genauen Informationen und ärgert sich über diese Taugenichtse in den Reihen der »Compagnacci«, die höhnisch grinsend sich einen Spaß daraus machen, die seltsamsten Gerüchte in die Welt zu setzen und die am ehesten wahrscheinlichen Tatsachen völlig entstellt wiederzugeben.

Zum Schluß lautet jedenfalls das Urteil der Mehrheit des Volkes dahingehend, daß es angesichts solcher durchsichtiger Manöver nun an Savonarola sei, im Notfall auch allein in das Feuer zu gehen.

Schon bei der Räumung des Platzes kommt es unter der Führung der »Compagnacci« zu dem Versuch eines Überfalls auf die Gruppe der Dominikaner, der aber sofort von Marcuccio Salviati im Keime erstickt wird, der schließlich große Mühe hat, die Mönche von S. Marco samt ihrem Anhang heil zum Konvent zurückzugeleiten.

Voller Angst harren inzwischen an die tausend Frauen nun schon sechs Stunden lang betend in der Kirche von S. Marco aus. Vor diesen Frauen und der Menge, die ihm gefolgt ist, gibt nun Savonarola einen genauen Bericht darüber, wie die Dinge gelaufen sind: Es besteht kein Zweifel, daß der Sieg den Dominikanern gebührt.

Doch die »Piagnoni«, die es an diesem Abend wagen, auf die Straße zu gehen, werden mit Schlägen und Drohungen traktiert, wenn sie nicht bereit sind, den Frate als Betrüger zu bezeichnen. Noch in der Nacht schafft man die Voraussetzungen für die Ereignisse des folgenden Tages.

Die paramilitärischen Formationen im Dunstkreis der »Compagnacci« werden in Alarmzustand versetzt und sind bereit, bei der zu erwartenden Reaktion des Volkes kräftig mitzumischen. Eine solche Reaktion wird aber nicht nur vorausgesehen, sondern auch kräftig geschürt, indem noch in der Nacht halbwüchsige Randalierer mobilisiert werden, um in der Früh die Volkswut weiter anzustacheln. Unter den Beschuldigungen, die gegen den Frate vorgebracht werden, befindet sich auch die, daß er ein Blutsauger am Volk von Florenz sei, offenbar eine Bezugnahme auf das päpstliche Interdikt, das als unmittelbar bevorstehend hingestellt wird.

Wie viele geheime Zusammenkünfte mag es wohl in dieser Nacht von Samstag auf Sonntag gegeben haben? Von einer haben wir genauere Kenntnis, nämlich von der Versammlung der führenden Leute der »Piagnoni«. Unter ihnen tritt Luca degli Albizzi energisch für vorbeugende Maßnahmen ein: unverzügliche Bewaffnung und sofortiges Losschlagen, bevor man selbst angegriffen wird. Doch dem widersetzen sich die engsten Vertrauten des Frate. Diesen widerstrebt ein solcher Gedanke. Selbst Francesco Valori spricht sich dagegen aus.

Letztlich zeigt sich, daß Valori in seinen Aktivitäten überhaupt wie gelähmt ist. Vielleicht belastet ihn noch die Erinnerung an die Rolle, die er im vergangenen August beim Tod jener fünf Bürger gespielt hat, die wegen des Versuches einer Restauration der Medici-Herrschaft verurteilt worden waren. Nun scheint er sich so sehr auf einen strengen Legalismus festgelegt zu haben, daß er schließlich sogar Beweise für gewisse geheime Zusammenkünfte im Hause eines führenden Mannes der »Arrabbiati« sammelt, um bei der Signoria dagegen protestieren zu können.

Doch die ersten Proteste, die am Palmsonntag im Palast erhoben werden, kommen von seiten der »Arrabbiati«. Sie erheben Protest, so sagen sie wenigstens, weil der Frate trotz Verbots weiterhin Predigten halte. Offenbar sind sie über die wenigen Worte, die er vor und nach der verhinderten Feuerprobe in S. Marco an die Gläubigen gerichtet hat, genau im Bilde. Und vielleicht haben sie auch schon von der Ansprache Kenntnis erhalten, die er am Vormittag in der Kirche gehalten hat.

Er hat dabei nur wenig gesagt. In erster Linie hat er Gott gedankt, daß er sich gewürdigt hat, ihm eine Leidenswoche zu bereiten, die mit der des Herrn zeitlich zusammenfällt. Und er hat auch zu verstehen gegeben, daß er bereit sei, den Tod zum Wohle aller auf sich zu nehmen.

Es ist damit klar, daß er es auf keinen Fall auf einen Kampf ankommen lassen will. Vielleicht hat er sogar die Briefe an die verschiedenen hochrangigen Persönlichkeiten, die seit geraumer Zeit zum Versand bereitliegen, schon verbrannt.

Doch mit ihren Protesten bei der Signoria zeigen die »Arrabbiati«, daß sie befürchten, Savonarola könnte vielleicht von neuem an Ansehen gewinnen, eventuell mit einem von der Kanzel des Domes herab an das Volk gerichteten Appell. Oder vielleicht wollen sie nur weiteres Öl ins Feuer gießen, damit die Leute noch gespannter aufpassen, wenn sie sich am Nachmittag zur gewohnten Predigt im Dom versammeln. Es ist nämlich geplant, daß ein Dominikaner die Kanzel besteigen soll.

# XXVIII.

Weniger als 24 Stunden haben genügt, um die allgemeine Stimmung auf den Siedepunkt zu bringen. Die Volkswut beginnt überzukochen und sich nun an S. Marco auszulassen. Hier nun eine erste Version des Geschehens vom Sonntag, dem 8. April 1498. Sie stammt von Somenzi, der uns seinen Bericht noch während des Ablaufs der Ereignisse, also gewissermaßen noch warm, serviert. Es ist dies allerdings ein Zeugnis, das bereits an der Quelle verunreinigt ist, doch gewisse lebendige Schilderungen und spontane Aussagen seinerseits, auch wenn sie in anderen Quellen keine Bestätigung finden oder sich sogar als falsch herausstellen, werfen doch ein besseres Licht auf die ganze Szenerie als andere, am grünen Tisch verfaßte Berichte, und sie ermöglichen eine nicht ganz so museale Rekonstruktion der tatsächlichen Ereignisse als gewöhnlich.

Und so lautet der Bericht, den Somenzi noch in der Nacht vom 8. zum 9. April an den Herzog von Mailand weiterleitet:

»Heute am späten Nachmittag ist es im Dom zu Tumulten gekommen: Die Ursache der Zusammenstöße war einer von den Mönchen des Fra Girolamo, der eine Predigt halten wollte, während viele Bürger, alles Feinde Savonarolas, ihn daran zu hindern versuchten. Daraufhin haben die Freunde des Frate den Rückzug zum Kloster von S. Marco angetreten, verfolgt von einer großen Menge junger Leute, von denen sie wüst beschimpft und mit Steinen beworfen wurden. Als man beim Kloster angelangt war, stürzten von dort zahlreiche bewaffnete Männer heraus und begannen diese jungen Leute und die anderen, die ihnen gefolgt waren, anzugreifen.

Plötzlich hat man vom Kloster heraus mit Geschützen zu feuern begonnen, die offenbar schon seit vielen Tagen bereitstanden. Auch mit der Armbrust wurde geschossen, als ob es nicht ein Mönchskloster wäre, sondern eine schwerbewaffnete Festung.

Als die Signoria davon erfuhr, ließ sie ein Kommuniqué verbreiten, das jeden ermächtigte, zu den Waffen zu greifen und sich am Sturm auf das Kloster zu beteiligen.

Ein Teil des Volkes, das sofort die Waffen ergriff, rannte sogleich nach S. Marco, der andere zur Piazza della Signoria. Daraufhin flammten bei S. Marco die Kämpfe zwischen diesen Verstärkungen und den mehr als hundert Mann, die sich schwerbewaffnet und von Artillerie unterstützt im Inneren des Klosters aufhielten, erneut wieder auf.

Um nun in dieser Situation das Ärgste zu verhüten, gab die Signoria den Befehl, den Angriff einzustellen, und forderte Fra Girolamo und Fra Domenico ultimativ auf, innerhalb von sieben Stunden das Territorium der Stadt zu verlassen. Sollten sie dieser Aufforderung nicht nachkommen, drohe ihnen der Galgen, und außerdem sei nach Ablauf dieser Frist jedermann ermächtigt, sie gegen eine Belohnung von 1000 Dukaten festzunehmen und zu töten. Gleichzeitig wurden alle Bürger, die sich im Kloster aufhielten, angewiesen, sich innerhalb von zwei Stunden im Palast zu stellen, andernfalls sie zu Rebellen erklärt würden.

Unterdessen setzte sich der andere Teil des Volkes, der auf der Piazza zusammengelaufen war und dessen Zahl immer mehr anschwoll, zum Haus von Francesco Valori in Bewegung, das geplündert und niedergebrannt wurde. Er selbst war nicht zu Hause, denn er befand sich unter jenen Männern, die sich in S. Marco aufhielten. Von dort ist er durch einen geheimen Hinterausgang entkommen und versuchte, aus der Stadt zu fliehen, doch wurde er von einigen ›Compagnacci‹ aufgegriffen und gefangengenommen. Diese mißhandelten ihn, doch ist es einem angesehenen Mann aus jenem Bezirk gelungen, ihn aus ihrer Hand zu befreien und mit einigermaßen heiler Haut in das eigene Haus zu schaffen. Von dort ließ man ihn wieder laufen, und es ist bisher niemandem gelungen, ihn nochmals zu fassen. Die Signoria will ihn zum Rebellen erklären, wenn er nicht binnen einer Stunde freiwillig im Palast erscheint.

Das ganze Volk schreit: ›Nieder mit Francesco Valori!‹ Einige von den anderen Bürgern, die sich in S. Marco aufhielten, wurden in den Palast gebracht. Unter ihnen befinden sich Francesco Gualterotti und Gianbattista Ridolfi, zwei Nepoten Valoris und noch viele andere.

Paolo Antonio Soderini ist unauffindbar. Man vermutet, daß er sich noch immer in S. Marco befindet. Es ist durchaus möglich, daß auch sein Haus geplündert wird. Aber auch sein Leben ist in großer Gefahr, wenn es ihnen gelingen sollte, ihn zu fassen.

Es ist jetzt ungefähr 8 Uhr abends, und das Volk hat inzwischen auch noch das Haus von Andrea Cambini, einem Freund Valoris, und weitere drei Häuser seiner Anhänger geplündert.

Jetzt, ungefähr um 9 Uhr, hat sich der ganze bewaffnete Pöbel auf Anordnung der Signoria vor S. Marco zusammengerottet, um das Kloster zu stürmen und Fra Girolamo lebend oder tot in seine Gewalt zu bekommen. Die im Kloster ausharrenden Männer leisten erbitterten Widerstand und beginnen mit den Glocken Sturm zu läuten. Unterdessen hat das Volk bereits an den Toren Feuer gelegt und setzt zum Sturm auf das Kloster an, so daß eine friedliche Lösung des Konflikts sehr unwahrscheinlich geworden ist.

Man kann es gar nicht beschreiben, hochverehrtester Herr Fürst, wie sehr das Volk bei diesem empörten Aufstand mit der Signoria solidarisch ist: eine Solidarität, die nach dem Tod oder der Gefangennahme des Frate die Wiederherstellung der Ruhe und Ordnung garantieren müßte. Dann wird diese geschundene Stadt, die dieser Schuft so lange in tiefste Nacht gestürzt hat, endlich wieder von ihrer Krankheit genesen.

Und heute hat Gott in seiner Güte beschlossen, sie zu befreien, so daß Eure Exzellenz und alle anderen italienischen Fürsten von nun an sicher sein können, daß diese Republik keinen Versuch mehr unternehmen wird, die Franzosen nach Italien zu holen. Heute hat sich diese Stadt jener Bürger entledigt, die diesem ruchlosen Frate gefolgt sind.«

»Kurze Zeit später (es ist jetzt etwa 10 Uhr) wurde auch Francesco Valori aufgegriffen und auf dem Weg zum Palast mitten auf der Straße ermordet. Beim Konvent dauern die Kämpfe noch an, und bisher ist es noch nicht gelungen, ihn einzunehmen. Die Männer im Inneren des Klosters verteidigen sich mit allen Mitteln, und wie man hört, soll es zahllose Tote auf beiden Seiten geben.

Ich habe den Kurier bis zu diesem Moment (es ist jetzt ungefähr Mitternacht) zurückgehalten in der Hoffnung, Eurer Exzellenz noch die letzten Nachrichten über das Schicksal des Frate und der anderen geben zu können, aber bis jetzt erweist sich das Kloster aufgrund der großen Zahl seiner Verteidiger, zu denen auch die Mönche selbst gehören, als uneinnehmbar.

Das Volk hat zwar die Tore in Brand gesteckt, aber statt sich zu ergeben, haben die Männer sich im Inneren verschanzt und erwidern die Attacken mit Geschützfeuer und noch anderen zur Verteidigung geeigneten Waffen, so daß anzunehmen ist, daß sie noch eine Weile Widerstand leisten werden. Deshalb habe ich beschlossen, den Kurier aufbrechen zu lassen. Ich werde eventuell morgen früh einen weiteren Boten mit den allerneuesten Nachrichten entsenden.«

»Leider war ich gezwungen, den Boten noch einmal zurückzuhalten, denn alle Verbindungen zur Außenwelt wurden mittlerweile unterbrochen, und die Stadttore können nur mit einer speziellen Genehmigung der Signoria passiert werden.

Doch gegen zwei Uhr, während ich gerade im Palast war, um diese Genehmigung zu erhalten, habe ich gesehen, wie man Fra Girolamo und seinen Gefährten Fra Domenico mit Handschellen gefesselt hereingebracht und in eine Gefängniszelle geführt hat: Das Kloster ist also unterdessen erobert und die Mönche sind verhaftet worden.

Nun kann man wahrlich sagen, daß die ganze Angelegenheit zum gewünschten Ende gebracht worden ist.

Hier gibt man sich zuversichtlich, daß das Volk nach der Verhaftung dieser beiden Schurken und dem Tod von Francesco Valori keine weiteren Tumulte mehr veranstalten wird ...«

Nun wollen wir dieselben Ereignisse aus der Sicht der Gegenseite betrachten.

Am Sonntag, dem 8. April, am späten Nachmittag, verläßt der junge Stellvertreter von Fra Girolamo, Fra Mariano Ughi, der mit Fra Domenico die Bereitschaft zur Feuerprobe unterschrieben hatte, gefolgt von einer Menge von Gläubigen das Kloster von S. Marco, um sich – wie sonst der Prior – zur Predigt in den Dom zu begeben. Er ist nämlich jener Dominikaner, der in Vertretung seines vom Papst exkommunizierten und von der Signoria mit Auftrittsverbot belegten Vorgesetzten an diesem Tag die Kanzel von S. Maria del Fiore besteigen soll.

In seiner Begleitung dürften sich auch die führenden Vertreter der »Frateschi« befunden haben, mit Ausnahme derer, die aus irgendwelchen Gründen lieber in S. Marco zurückgeblieben sind, um dort unter anderem gemeinsam die Vesper zu singen. Sie ziehen gerade durch die Via del Cocomero, während im Inneren des Domes bereits ein Riesenwirbel inszeniert wird, so ähnlich wie damals am Christi-Himmelfahrts-Tag. Und wie damals drängen auch jetzt wieder die Gläubigen in Massen zu den Ausgängen. Doch diesmal werden sie von einem Steinhagel jenes Gesindels empfangen, das draußen mit einem reichlichen Vorrat an Steinen bereits auf sie wartet. Der gleiche Empfang wird zur selben Zeit auch Fra Mariano Ughi und seinem Gefolge bereitet, die gerade von der Via del Cocomero kommend vor dem Dom eintreffen.

Was den Rest angeht, so kann man sich hier wieder dem Bericht von Somenzi anschließen, um ihn aufgrund anderer Quellen hie und da zu vervollständigen und zu korrigieren.

Niemand dürfte nämlich Somenzi davon unterrichtet haben, daß das erste Opfer dieser Unruhen schon während des Marsches nach S. Marco zu verzeichnen ist, als die Demonstranten zufällig auf einen noch ganz jungen Burschen stoßen, der völlig ahnungslos und in die Lektüre eines frommen Buches vertieft gerade zur Kirche Mariä Verkündigung unterwegs ist. Dort wird er allerdings nie ankommen, weil er von einem Lanzenstoß durchbohrt wird.

Kaum haben die Demonstranten S. Marco erreicht, stürmen nach dem Bericht von Somenzi sofort bewaffnete Männer, die von Artillerie unterstützt werden, aus dem Kloster. In Wirklichkeit beherbergt S. Marco zu jener Stunde bloß Frauen, Männer und Kinder, die jeden Sonntag dorthin kommen, um der Vesper beizuwohnen. Und diese Leute werden beim Eintreffen der ersten Demonstranten sogleich durch eine Hintertür hinausgelassen. Es bleiben lediglich einige Dutzend Männer zurück, die engsten Getreuen und die Mutigsten, außerdem die prominentesten Führer der »Frateschi«, von Giovanbattista Ridolfi bis Francesco Valori.

Haben sie Waffen bei sich? Sicherlich sind in der letzten Zeit einige Waffen ins Kloster gebracht worden. Es handelt sich dabei größtenteils um veraltete Stücke, welche die Anhänger Savonarolas bei sich trugen, wenn sie ihn zur Predigt in den Dom begleiteten, und die sie ohne sein Wissen in einer kleinen Kammer des Konventes aufzubewahren pflegten. Einige weitere Waffen sind ins Kloster gelangt, weil nach den wiederholten nächtlichen Angriffen auf den Konvent ein halbes Dutzend Männer abwechselnd einen Wachdienst während der Nacht aufgezogen hatte.

Sicher ist, daß der erste Widerstand vor allem mit Hilfe von Dachziegeln (der »Artillerie« Somenzis) erfolgt und von den anwesenden Laien in der Überzeugung organisiert wird, daß in Kürze sowieso von der Signoria reguläre Truppen entsandt würden, um die Angreifer zu stoppen. Die große Glocke von S. Marco, die »Piagnona«, wie die »Compagnacci« sie nennen, läutet nur deshalb ununterbrochen, um diese Hilfe möglichst rasch herbeizurufen. Doch um die ganze Wahrheit zu sagen, in den Händen der Verteidiger befindet sich auch noch eine alte Kanone, mit der geschossen wird, aber nur eine einzige. Alle anderen Geschosse kommen vom Dach.

Andererseits gibt es – außer im Bericht von Somenzi – keinerlei Hinweis auf einen Aufruf der Signoria, wonach jeder ermächtigt sei, zur Waffe zu greifen und sich am Sturm auf S. Marco zu beteiligen. Vielleicht handelt es sich dabei nur um ein Gerücht, das absichtlich verbreitet wurde, um die Signoria vor vollendete Tatsachen zu stellen.

Sicher ist jedoch, daß die Signoria zwei Stunden nach Ausbruch der Unruhen den Beschluß faßt und verlautbart, die beiden Mönche aus der Stadt zu verbannen, wobei nur der Prior Lanfredini dagegen stimmt.

Damit hat sie sich bereits selbst die Emotionen der Straße zu eigen gemacht.

Somenzi berichtet auch nicht (doch das konnte er nicht wissen), daß Fra Girolamo schon gleich zu Beginn auf den Platz hinausgehen wollte, um den Angreifern auf seine Art entgegenzutreten, nämlich mit einem Kruzifix in der Hand. Er konnte nur mit Mühe von den anwesenden Bürgern davon abgehalten werden: »Laßt mich gehen«, soll er gesagt haben, »denn dieser Aufruhr ist wegen mir entstanden!« Dann zog er sich in den Chor zurück, um mit seinen Brüdern zu beten.

Unterdessen trifft die Nachricht von jener Verfügung der Signoria ein, mit der die im Konvent anwesenden Bürger aufgefordert werden, sich umgehend im Palast zu stellen. Während Fra Girolamo sich noch immer im Chor aufhält und mit seinen Brüdern betet, beraten die anwesenden Bürger, was nun zu tun sei: sich ergeben oder Widerstand leisten?

Francesco Valori zieht es vor, sich an der Klostermauer hinunterzulassen, um etwas zu tun, was er die Nacht zuvor noch nicht für möglich gehalten hätte: nämlich Männer zu rekrutieren und Waffen zu besorgen, um zum Gegenangriff überzugehen. Doch draußen ist das Netz der Solidarität zum großen Teil schon zerrissen. Schließlich wird er in den Ruinen seines geplünderten und niedergebrannten Hauses, wo er sich versteckt hielt, gefaßt, nachdem man bereits seine Frau, die man ebenfalls dort aufgriff, getötet hatte. Wie wir schon gesehen haben, läßt man sich Zeit damit, ihn in den Palast zu bringen. Ein Tornabuoni und ein Ridolfi, Verwandte der im August zum Tode Verurteilten, entreißen ihn der schützenden Eskorte und erledigen ihn noch auf der Straße. Unterdessen treffen im Palast nach und nach jene führenden Männer der »Frateschi« ein (einige von ihnen nennt Somenzi beim Namen), die beschlossen haben, sich zu stellen.

Zur Verteidigung des Klosters, dessen Pforten in der Zwischenzeit in Brand gesteckt und dessen Kreuzgänge und Zellen verwüstet und geplündert worden sind, blieben nur einige weniger prominente Gläubige zurück sowie jene wenigen zum Kampf entschlossenen Mönche (etwa 15 von insgesamt 250), die dem Prior und den anderen nicht in den Chor gefolgt waren. Sie taten sich mit den anderen Verteidigern des Klosters zusammen, um bis aufs äußerste Widerstand zu leisten. Unter ihnen befindet sich der Miniaturenmaler Fra Benedetto, der später, nachdem er entkommen ist, in Prosa und in Versen sehr eindrucksvoll von diesen letzten dramatischen Stunden des Geschehens berichten wird. Auch Fra Luca della Robbia ist darunter, ebenfalls ein Künstler, sowie ein gewisser Fra Enrico, genannt »der Deutsche«, ein großgewachsener und robuster

Junge, der einem der Angreifer eine Arkebuse (Hakenbüchse) aus den Händen reißt und sie zuerst auf der Kanzel und dann auf dem Altar in Stellung bringt. Von dort aus beginnt er dann jene zu beschießen, die zum entscheidenden Angriff gegen den Chor vorzustoßen versuchen mit der Absicht, Savonarola festzunehmen oder zu töten. Tatsächlich bezieht sich eine der sicherlich richtigen Informationen Somenzis auf den Befehl, den Frate lebend oder tot dingfest zu machen.

Im Chor dauert der Gesang der Mönche schon seit mehreren Stunden ohne Pause unvermindert an: »Salvum fac populum tuum, Domine« – »Rette dein Volk, o Herr!« Sie wissen noch nicht, daß ringsum tatsächlich die Hölle los ist, sie wissen weder, wer die Angreifer sind, noch wer sie verteidigt, ja man könnte sogar sagen, daß sie mit ihrem mächtigen Gesang versuchen, von diesem furchtbaren Geschehen noch mehr Abstand zu gewinnen. Und als einige von ihnen durch irgendeinen äußeren Anlaß, ein stärkeres Getöse oder ein Geschoß, das in der Nähe einschlägt, aufgeschreckt werden und sich vom Gebet ablenken lassen, werden sie sofort von den anderen ermahnt: »Orate, fratres!«

Doch mittlerweile beginnen die Kugeln direkt im Chor einzuschlagen. Die Geschosse hageln nur so nieder. Da ergreift der Prior, wie einer festgelegten Liturgie folgend, die Monstranz und führt die Mönche in geordneter Prozession zur Bibliothek. Auf dem Weg dorthin begegnet er Fra Benedetto in voller Kampfausrüstung, und er gebietet ihm, sich der Prozession anzuschließen und das Kreuz statt der Waffen zu ergreifen.

Draußen auf dem Platz bringt man inzwischen die Kanonen in Stellung, und dabei handelt es sich um wirkliche Artillerie. Doch bevor man sie zum Einsatz bringt, werden noch einmal Unterhändler mit einer letzten Botschaft der Signoria losgeschickt. In Wirklichkeit handelt es sich dabei um ein Ultimatum, das die unverzügliche Auslieferung von Fra Girolamo fordert. Aber dieses Ultimatum wird nur mündlich vorgebracht. Drinnen im Kloster aber verlangt man etwas Schriftliches, doch da man im Augenblick ein solches Dokument nicht zur Hand hat, schickt man in den Palast, um das Verlangte zu besorgen.

Man wird im nachhinein den Verdacht nicht los, daß es sich hier um eine Aktion der »Compagnacci« gehandelt hat. Praktisch wurde ja die ganze Operation von ihnen geleitet, und die Signoria scheint sich nur darauf beschränkt zu haben, deren Manöver nachträglich gutzuheißen. Es ist also möglich, daß die Anführer des tobenden Pöbels diese letzte Aktion beschlossen haben, nachdem ihnen einer der Mönche versichert hatte, daß man ihnen Savonarola spontan ausliefern werde. Erst danach dürften sie die schriftliche Anweisung eingeholt haben. Die Rolle des Judas wird von den zeitgenössischen Quellen aus dem Umkreis der »Piagnoni« Fra Malatesta Sacramoro zugeteilt, einem ehemaligen Domherrn, der später Dominikaner geworden ist.

Tatsache ist, daß während des Wartens auf die schriftliche Anweisung irgend jemand Fra Girolamo den Vorschlag unterbreitet, doch die Flucht zu ergreifen. Und da ist es ausgerechnet dieser Sacramoro, der mit der harten Frage dazwischenfährt: »Muß nicht der Hirt sein Leben hingeben für seine Schafe?« Ohne auch nur ein Wort darauf zu erwidern, umarmt ihn Savonarola. Danach umarmt er zum Abschied nacheinander alle seine Brüder. Doch bevor er sich in die Hände jener begibt, die draußen auf ihn warten, richtet er noch eine letzte Ermahnung an seine Mönche und spricht ihnen schließlich ein letztes Mal Mut zu: »Ihr werdet sehen, daß mein Tod dazu beitragen wird, das Werk des Herrn beschleunigt zu vollenden.«

Als er sich gerade von den Seinen entfernen will, tritt plötzlich – man weiß nicht, woher – Fra Domenico vor. Er hat vielleicht gerade erst der Versuchung widerstanden, dem Beispiel von Fra Silvestro zu folgen, der bereits die Flucht ergriffen hat. Er stellt sich neben seinen Prior hin und sagt: »Auch ich will zu dieser Hochzeit gehen.«

# XXIX.

Es ist schon deutlich geworden, wie Girolamo Savonarola sich in seinen letzten Lebenstagen bewußt und in aller Demut zur Nachfolge Christi bekannt hat. Dies läßt sich schon aus seinen letzten Worten ablesen, die er am Samstag vor seiner Verhaftung an die Gläubigen gerichtet hat. Darin hat er dem Herrn dafür gedankt, daß er ihm gleichzeitig mit der seinen ebenfalls eine Leidenswoche bereitet hat. Was die Szenen bei seiner nächtlichen Überstellung ins Gefängnis, das sich im Turm des Palastes befindet, angeht, so sind die Ähnlichkeiten mit dem Schicksal Jesu unverkennbar, wenn etwa die Leute ihn unterwegs anspucken, ihm mit den brennenden Fackeln ins Gesicht fahren, ihm auf die Schulter schlagen und dann fragen: »Rate einmal, wer es gewesen ist?« Bis der Gefangene schließlich mit einem kräftigen Fußtritt über die Schwelle des Palastes befördert wird mit der Bemerkung: »Siehst du, das hast du nun von deinen Prophezeiungen!«

Solche Ähnlichkeiten mit dem großen Vorbild gibt es auch noch im weiteren Verlauf der Ereignisse. Außer in einem Punkt, und der betrifft das von Savonarola unterschriebene Geständnis, alles nur vorgetäuscht zu haben, d. h. die Prophezeiungen aus Ehrgeiz und Ruhmsucht selbst erfunden zu haben. Doch wie ist dieses Geständnis zustande gekommen?

Am Montagmorgen, dem 9. April, wenige Stunden nach der Verhaftung Savonarolas, wird von der Signoria eine dringliche »Pratica« einberufen, um darüber zu beraten, was nun im Hinblick auf die blutigen Ereignisse des vorangegangenen Tages zu geschehen habe. Man braucht sich wohl nicht zu fragen, wo die Zehn bzw. die Acht plötzlich geblieben sind oder wie viele es überhaupt noch sind. Denn unter den Zehn und bei den Acht gibt es einige, die bereits als Mitschuldige verdächtigt werden, Leute, die am Tag zuvor persönlich Gefahr gelaufen sind, vom Pöbel gelyncht zu werden oder daß ihr Haus geplündert und niedergebrannt wird, und die sich nun verständlicherweise versteckt halten oder bereits im

Gefängnis sitzen. Es ist auch überflüssig zu fragen, wo die anderen Freunde Savonarolas sind. Ehrlich gesagt, einige von ihnen haben Verwandte oder mächtige Freunde unter den Anführern des Aufstandes vom Vortag, und so kommt es, daß diese Verwandten und Freunde gerade im rechten Augenblick vor ihren Häusern stehen und sagen: »Hier ist niemand!«

Es gehört daher zu den ersten Maßnahmen dieser »Pratica«, daß man den alten Gremien der Zehn und der Acht andere und neue Zehn bzw. Acht überordnet, ohne jedoch die ersten für abgesetzt zu erklären. Schon am nächsten Tag, dem 10. April, ist Somenzi in der Lage, dem Herzog von Mailand die Namen der neu in das Amt der Zehn Gewählten zu übermitteln: ein Katalog der prominentesten Vertreter der »Arrabbiati«, angefangen vom Ex-Gonfaloniere Piero degli Alberti bis zum gegenwärtig amtierenden Gonfaloniere, der auf diese Weise gleich zwei Ämter auf einmal ausübt.

Doch hören wir von Somenzi selbst die letzten Neuigkeiten, wie sie in seinem Bericht vom 10. April enthalten sind:

»Die Signoria hat beschlossen, Fra Girolamo nicht sofort der Folter zu unterwerfen, weil man auf die Erlaubnis Seiner Heiligkeit wartet. Doch da es in der Stadt bereits heißt, daß man diesen schändlichen Häretiker von einem Frate gar nicht seiner gerechten Strafe zuführen wolle, hat man heute angeordnet, ihn in den Bargello zu bringen, wo man ihn verhörte und ihm mehrere Geißelhiebe verabreichen ließ. Alle Untersuchungen sind von einer Kommission, bestehend aus zwölf Bürgern, durchgeführt worden, die den Auftrag erhielt, einen Prozeß vorzubereiten, der die schändlichen Umtriebe dieser Häretiker öffentlich aufdecken und alle Verantwortlichen wegen Verbrechens gegen den Staat bestrafen soll. Auch sein Gefährte Fra Domenico wurde gefoltert, doch es ist noch nicht bekannt, was sie alles gestanden haben.«

Daß der Druck der Öffentlichkeit, den Frate sofort der Folter zu unterwerfen, an diesem Tag äußerst groß war, läßt sich denken. Schließlich hatte es beim Angriff auf S. Marco Todesopfer (vielleicht ein Dutzend) ausschließlich unter den Anstürmenden gegeben, hingegen mehr als 90 Verletzte auf beiden Seiten. Unter den Verwundeten hat Jacopo de' Nerli, der Sohn eines der reichsten und angesehensten Exponenten der »Arrabbiati«, Tanai de' Nerli, ein Auge verloren, jenes Mannes, der angeblich zusammen mit Alfonso Strozzi in Rom jenes Geld zur Verfügung gestellt hat, das für die Exkommunikation Savonarolas unter der Hand gefordert worden war.

Aber auch diesmal ist Somenzi, obwohl es ihm durchaus möglich wäre, seine Informationen direkt an der Quelle einzuholen, in den Details ziemlich ungenau. Bevor er den Brief vom 10. April verfaßte, hatte er nämlich Gespräche mit den Spitzen der Regierung von Florenz geführt, die nach seinen eigenen Worten allesamt für seine Anliegen in höchstem Maße aufgeschlossen waren: »Ich bin sicher«, sagt er, »daß Eure Exzellenz mit diesem Staat machen können, was Sie wollen.« Dennoch müssen seine Informationen wieder einmal korrigiert werden. Denn es ist nicht wahr, daß die Signoria bis zum 10. April mit der Folter für den Frate zugewartet hat. Aus den Prozeßakten, die in den Tagen danach veröffentlicht werden, geht vielmehr hervor, daß bereits am Morgen des 9. April eine erste Kommission von vier Bürgern von der Signoria mündlich den Auftrag erhalten hat, Fra Girolamo nach vorhergehender Folter einem Verhör zu unterziehen.

Man muß sich auch über die Bedeutung des Ausdrucks »Prozeß« in diesem Zusammenhang klarwerden, wenn diese Schriftstücke uns als »Prozeß«-Akten überliefert sind. Es handelt sich eigentlich mehr um drei verschiedene Abfolgen von Verhören, von denen jede als »Prozeß« bezeichnet wird, obwohl diese Verhöre einzig und allein in der Protokollierung von Antworten bestehen, die außerdem noch häufig mittels der Folter erpreßt werden. Die letzte Serie von Verhören, also der dritte »Prozeß«, wird von Francesco Remolines geleitet, einem der beiden Kommissare, die Mitte Mai vom Papst eigens nach Florenz geschickt werden. Natürlich gibt es bei diesen drei »Prozessen« keinerlei Diskussion, keinen öffentlichen Schlagabtausch mit Argumenten.

Die Antworten des Beschuldigten werden in den beiden ersten »Prozessen« vom Notar Francesco di Ser Barone, genannt Ser Ceccone, zu Protokoll genommen. Die Abfassung dieses Protokolls geschieht aber erst im nachhinein aus dem Gedächtnis und nicht unmittelbar während des Verhörs. Und mit dem Ende der Vernehmungen ist gleichzeitig auch schon der ganze Prozeß zu Ende, denn sofort danach wird das Urteil verkündet.

Im Falle der beiden anderen Mönche, Fra Domenico da Pescia und Fra Silvestro Maruffi (die sich später gestellt haben oder gefangengenommen wurden), besteht der »Prozeß« gar nur aus einem von den beiden Angeklagten eigenhändig niedergeschriebenen Schuldbekenntnis, dem jedoch ebenfalls die Folter vorausgegangen war.

Was die Bedenken der Signoria betrifft, ob sie sich eventuell entschließen soll, die Folterung Savonarolas bis zum Eintreffen einer diesbezüglichen Ermächtigung aus Rom aufzuschieben, so wird in den »Prozeß«-Akten eine solche Vollmacht, ganz im Gegensatz zu den Behauptungen

Somenzis, seit dem Verhör vom 9. April als gegeben angenommen. Dieses Verhör fand »auf Befehl und Anordnung Seiner Heiligkeit, des Papstes«, auch im Beisein von zwei Kanonikern aus Florenz statt, was nach damaligem Verständnis soviel wie eine Präventiverlaubnis bedeuten dürfte, die sogar schon vor seiner Verhaftung als gegeben angenommen werden kann. In Wirklichkeit ist dies aber bereits ein Indiz für die Ungenauigkeit jener Protokolle.

Nicht einmal über die genaue Zahl der Mitglieder der Untersuchungskommission gibt Somenzi präzise Auskunft, denn tatsächlich sind es nicht zwölf, sondern siebzehn Personen. Wegen des Ausscheidens von Bartolo Zati, der offenbar nicht bereit ist, mit Leuten wie Doffo Spini zusammenzuarbeiten, verringert sich dann diese Zahl auf sechzehn. Als neues Mitglied im Komitee der Acht sitzt dieser nämlich zusammen mit weiteren traditionellen Feinden des Frate, die binnen kurzem zu höchsten Staatsämtern aufgestiegen sind, ebenfalls in dieser Kommission.

In der »Pratica« vom 9. April wird auch schon im voraus die Haltung gegenüber dem Papst festgelegt, von dem man in allernächster Zukunft ein Auslieferungsbegehren erwartet. Es wird beschlossen, in diesem Punkt jedoch nicht nachzugeben, und das sicherlich nicht deswegen, weil man unter allen Umständen am Prinzip der Souveränität festzuhalten gewillt ist. Man möchte vielmehr einerseits über die Auslieferung des Gefangenen verhandeln, um dafür den Zehnten auf die Kirchengüter herauszuschlagen, andererseits aber zuerst an Ort und Stelle das Ansehen des Frate so gründlich zerstören, daß der Volkspartei in nächster Zeit eine Rückkehr an die Macht unmöglich gemacht wird.

Ehrlich gesagt, die Angst vor einer solchen neuerlichen Machtübernahme plagt auch den Papst, und wohl nur deshalb drängt er so sehr auf die Auslieferung des Häftlings. In wenigen Tagen, am 25. April, werden die Wahlen für die Signoria der beiden Monate Mai/Juni stattfinden, und es ist keineswegs gesagt, daß die Lage sich nicht noch einmal ändern und Savonarola ihm dann durch die Lappen gehen könnte.

Aber die Untersuchungsrichter sind tüchtig genug, um bis zum 25. April das Ansehen des Frate in der Öffentlichkeit völlig zu zerstören. Am 19. April gelingt es ihnen endlich, ihn so weit zu bringen, daß er die Vernehmungsprotokolle des ersten »Prozesses« unterschreibt. Sie enthalten verschiedene Äußerungen, aus denen man schließt, daß er aus purer Eitelkeit und Ehrsucht die Rolle des von Gott erleuchteten Propheten gespielt habe. Die Protokolle werden noch am selben Tag in Abwesenheit des Angeklagten im Saal des Großen Rates verlesen. Savonarola hatte auf sein Erscheinen – so heißt es wenigstens in den Papieren – aus Furcht vor den Reaktionen der Anwesenden verzichtet.

Doch um die Vorgänge richtig zu verstehen, muß man noch einmal auf Somenzi zurückgreifen, und zwar auf seinen Bericht, den er am 19. April nach Mailand weiterleitet.

»Die Signoria hat heute in Anwesenheit des gesamten Großen Rates einen Teil der Prozeßprotokolle gegen Fra Girolamo öffentlich verlesen lassen, und zwar nur jenen Teil, der sich auf eher nebensächliche Aspekte des ganzen Geschehens bezieht. Man wollte damit dem ganzen Volk klarmachen, was für ein Frevler und Schurke dieser Frate sei. Indessen schwörten seine Anhänger weiterhin auf seine Anständigkeit und sein gutes Wesen und wiesen vor allem auf die Tatsache hin, daß es trotz Anwendung der Folter und anderer Torturen bisher nicht gelungen sei, ihm irgendeine Schuld nachzuweisen. Denn wenn die Untersuchungsrichter bei ihm irgend etwas Nachteiliges gefunden hätten, so meinen sie, dann hätten sie es sicher schon mit größtem Vergnügen der Öffentlichkeit bekanntgegeben.

Dieser veröffentlichte Teil der Prozeßakten enthält im wesentlichen das Geständnis, daß er nur darauf aus gewesen sei, berühmt zu werden, und daß er ein Regierungssystem habe errichten wollen, das dem von Venedig ähnlich ist, mit Francesco Valori als Dogen und vielen anderen schändlichen Dingen.

Ich habe um eine Kopie davon gebeten, aber die Herren der Signoria wollten mir keine aushändigen mit der Begründung, daß es sich hier noch nicht um den vollständigen Prozeß handle und daß sie mir nach Abschluß des Verfahrens eine Kopie für Eure Exzellenz überlassen würden.«

Von der Weigerung, Kopien von den Protokollen dieses ersten »Prozesses« in Umlauf zu setzen, ist nicht nur Somenzi betroffen. Diese Ablehnung richtet sich vielmehr »erga omnes«, und zwar so nachdrücklich, daß die Signoria, als es kurz darauf einem findigen Drucker gelingt, eine solche Kopie zu ergattern und deren Text als Flugschrift zu verbreiten, die gesamte Auflage beschlagnahmen läßt und sogar die Rückgabe der bereits verkauften Exemplare unter Androhung schwerer Sanktionen anordnet.

Die Weigerung gilt sogar für den Papst, der ebenfalls keine genaue Abschrift erhält, sondern bloß einen Auszug, mit vielen Entschuldigungen wegen der bisher erzielten mageren Resultate: »Bei aller Mühe und Anstrengung und trotz ständiger intensiver Untersuchungen haben wir nur wenige Dinge herausbekommen.«

Offenbar wagen es die Spitzen der Behörden nicht, ein Protokoll zu veröffentlichen, in dem die für das Charisma Savonarolas abträglichsten Geständnisse ausgerechnet am Schluß einiger Absätze stehen und in so plumpe Sätze gekleidet sind, daß jeder merkt, daß sie offensichtlich erst nachträglich, nach der Unterschrift Savonarolas, dem Dokument beigefügt worden sind.

Als Sekretär der Kommission fungiert, wie schon gesagt, der Notar Ceccone di Ser Barone, der für diese Tätigkeit ja bestens geeignet ist. Er war bereits Kanzler der Acht gewesen, war an der Verschwörung zugunsten der Medici beteiligt, ist von seinem Vater enterbt worden und hat auch einmal, scheinbar als Spitzel, eine Annäherung an die »Frateschi« versucht; schließlich ist er im Zuge der jüngsten politischen Veränderungen wieder aus der Versenkung aufgetaucht und zu diesem Amt berufen worden. Die Quellen aus dem Umkreis der »Piagnoni« legen ihm einen Ausspruch in den Mund, den er in dem Augenblick getan haben soll, als die Untersuchungskommission merkte, daß sie im Grunde nichts in der Hand hat: »Wenn es keine Beweise gibt, muß man eben welche fabrizieren.«

Doch am 19. April ist der Kampf der Untersuchungsbehörden gegen die Zeit noch keineswegs gewonnen. Nicht einmal ihnen scheint das zu genügen, was sie im ersten Prozeß aus ihm herauspressen konnten. Daher beschließen sie, am 21. April mit einer neuen Serie von Verhören fortzufahren. Es ist dies der sogenannte zweite Prozeß.

Diesmal vermerkt das Protokoll zum Unterschied vom ersten Prozeß die Anwendung der Folter nicht, dafür ist aber in anderen Quellen sehr wohl davon die Rede. Abgesehen von der Folter kann sich Ser Ceccone diesmal auch eine gewisse Naivität Savonarolas geschickt zunutze machen, der am 24. April beim Unterschreiben der Vernehmungsprotokolle folgenden Vorbehalt hinzufügen läßt oder zumindest duldet, daß er hinzugefügt wird: »obwohl es einige Zusätze von der Hand des Herrn Ceccone gibt«. Er macht jedoch keine genaueren Angaben darüber, um wie viele solcher Hinzufügungen es sich handelt und wo sie sich genau befinden, womit er dem Sekretär Ceccone für mögliche Aktivitäten in dieser Richtung ziemlich freie Hand läßt. Am nächsten Tag, dem 25. April, ist es dann soweit, daß auch das Protokoll des zweiten Prozesses im Saal des Großen Rates verlesen werden kann. Man steht kurz vor den Wahlen für die neue Signoria.

Natürlich ist das Ergebnis dieser Wahl eine Signoria, die noch stärker von den »Arrabbiati« dominiert wird als die vorhergehende. Beruhigt über diesen Ausgang verzichtet Alexander VI. nun gern auf die Auslieferung Savonarolas. Ohne jedoch eine Ermächtigung zur Einhebung des Zehnten auf die Kirchengüter auszusprechen, läßt er der Republik seine offizielle Gratulation zur Festnahme des Frate übermitteln. Und zur Gewissenserleichterung der Florentiner, die sich durch ihren freundschaftlichen Umgang mit dem Exkommunizierten und das Anhören seiner Predigten in seinen Augen schuldig gemacht haben, verbindet er seine Glückwünsche auch noch mit einer Generalabsolution.

Die neue Führung, die nach dem Sieg der »Arrabbiati« installiert wird, bemüht sich nun ihrerseits um eine Entspannungspolitik gegenüber jenen Bürgern, die auf der Seite der »Frateschi« stehen. Zwar hat man zahlreiche ehrenwerte Leute unter Anklage gestellt und ihnen so einen gehörigen Schrecken eingejagt, doch schließlich begnügt man sich mit einigen Verbannungen, Verboten und Geldstrafen, die man in manchen Fällen sogar als Opferspenden tarnt, um die prominenten Bürger, die sich durch ihren Umgang mit dem Frate kompromittiert haben, nicht zu sehr bloßzustellen. Tatsächlich kann man sich nach seinem »Geständnis« so ziemlich alles erlauben: »Legen wir einfach alles Schlechte diesem Frate zur Last und befreien wir die Stadt von ihm«, meint Bernardo Rucellai während einer »Pratica«. Er ist einer der Notabeln, die mit dem »Dauerbrenner« Guidantonio Vespucci die Spitze der neuen Regierung bilden.

Am 25. April hat die von der Signoria eingesetzte Untersuchungskommission ihre Arbeit praktisch abgeschlossen. Nur eine Kleinigkeit ist noch zu klären: Wie steht es um das Geschlecht von Fra Girolamo? Diese Untersuchung wird vom Kommissar Giovanni Manetti eigenhändig und bei Kerzenlicht vorgenommen, vor allem weil er persönlich und einige andere Kommissare neugierig sind und sich im Einverständnis mit der Signoria Gewißheit darüber verschaffen wollen, ob die alte Weissagung eines Astrologen am Hofe des Herzogs von Mailand über das Erscheinen eines Propheten in Italien, der ein Hermaphrodit sein soll, nicht zufällig auf Savonarola zutrifft. Nachdem diese Vermutung entkräftet worden ist, wird der Gefangene etwa 20 Tage lang in Ruhe gelassen. In dieser Zeit muß er unter anderem die Bewegungsfähigkeit des linken Armes wiedererlangen, den man ihm im Zuge der Folterung im Bereich der Achselhöhle so weit aufgerissen hat, daß das ganze Schultergelenk freigelegt wurde. Innerhalb von etwa 20 Tagen dürfte aber der Häftling wieder so weit hergestellt sein, daß man ihn den Apostolischen Kommissaren vorführen kann, die vom Papst nach Florenz entsandt wurden, um die dritte Serie von Verhören zu eröffnen, d. h. den dritten »Prozeß«, der diesmal von der kirchlichen Instanz geführt wird.

Doch man weiß auch noch von einem anderen »Prozeß«, den die Quellen aus dem Umkreis der »Piagnoni« als den eigentlichen Prozeß ansehen. Es handelt sich dabei um eine von Savonarola nach seinem ersten Verhör eigenhändig niedergeschriebene Aussage, die jedoch nie veröffentlicht wurde, die man sogar vor der Signoria streng geheim hielt und die in der Folge nie mehr auftauchen sollte. Es muß sich dabei wohl um eine Beteuerung seiner Unschuld gehandelt haben, die so überzeugend war wie manche seiner Schriften und die von dem gleichen Edelmut Zeugnis gab wie die analoge Aussage, die Fra Domenico da Pescia ebenfalls schriftlich und eigenhändig niederlegte und die bei den Akten verblieben ist.

Die Aussage von Fra Domenico ist ein Zeugnis von hoher moralischer Würde, obwohl sie unter den Qualen der Folter zustande gekommen ist, von denen er selbst in seiner Niederschrift berichtet:

»Ich habe versucht, die Wahrheit zu sagen, als ob ich in diesem Augenblick sterben müßte, was ja tatsächlich der Fall sein könnte, wenn ihr mich weiterhin so quält. Denn ich bin bereits ganz zerschunden, und meine Arme, vor allem der linke, sind völlig zerfleischt, und das ist bereits das zweite Mal, daß mir dies geschieht.«

Doch was will man eigentlich von diesen drei Mönchen herausbekommen? Aus ihren Antworten kann man entnehmen, daß die Fragen um folgende drei Punkte kreisen: Ob sie gegen den Staat konspiriert haben, ob sie auf unerlaubte Weise in den Besitz von größeren Geldsummen gelangt sind und ob die Prophezeiungen von Fra Girolamo ein Täuschungsmanöver waren. Die Folter hat den Zweck, Schuldgeständnisse in diesen drei Punkten sowie belastendes Material gegen Leute von der Partei der »Piagnoni« und gegeneinander aus ihnen herauszupressen.

Doch Fra Domenico bleibt standhaft, und seine Aussage endet mit den Worten:

»Manchmal habe ich zu den Brüdern, auf der Kanzel, aber auch im privaten Gespräch zu einigen Laien gesagt, wenn ich bei Fra Girolamo jemals auch nur den kleinsten Irrtum oder Betrug entdeckt hätte, dann hätte ich ihn entlarvt und zur Anzeige gebracht. Er selbst hat mehrmals zum Ausdruck gebracht, daß ich das auf jeden Fall getan hätte und auch jetzt noch tun würde, wenn ich auch nur den geringsten Anhaltspunkt für ein Doppelspiel von seiner Seite hätte ...«

Die Aussage von Fra Silvestro, die uns ebenfalls von eigener Hand schriftlich vorliegt, enthält die Namen von häufigen Besuchern des Klosters von S. Marco und gibt eine Mitwirkung seiner Person an den prophetischen Offenbarungen von Fra Girolamo zu (die ihm übrigens auch von Fra Domenico und von Savonarola selbst in ihren diesbezüglichen Aussagen bescheinigt wird), und zwar in dem Sinne, daß der Prior sich für die eigenen Offenbarungen, die er von der Kanzel herab verkündete, manchmal auch der Visionen von Fra Silvestro bedient habe. Seine Aussage schließt mit den Worten:

»Was meine Meinung über das Wirken von Fra Girolamo angeht, so brauche ich nur zu berichten, was mir mindestens zwanzig- oder fünfundzwanzigmal widerfahren ist, wenn er predigen mußte. Kurz vor seiner Predigt kam er zu mir in die Zelle und sagte zu mir: ›Ich weiß nicht, was ich predigen soll. Betet für mich, denn ich glaube, daß Gott mich vielleicht wegen meiner Sünden im Stich gelassen hat.‹ Und er bat mich, ihm die Beichte abzunehmen, was ich auch tat. Nichtsdestoweniger hielt er dann wunderbare Predigten. Das letzte Mal geschah dies an jenem Samstag in dieser Fastenzeit, als er aufhörte, in S. Marco zu predigen. Kurz und gut, ich muß gestehen, daß Fra Girolamo euch betrogen hat.«

Diese letzten Worte, die ein sonst durchaus positives Urteil negativ abschließen, bedürfen wohl keines Kommentars.

Die Überzeugung, daß auch eine eigenhändig verfaßte Aussage von Fra Girolamo existiert haben muß, gründet sich vor allem auf die Tatsache, daß es eben die Aussagen der anderen beiden Mönche gibt. Aber auch die Zeugnisse aus dem Kreis der »Piagnoni« sind in diesem Punkt äußerst überzeugend, weil sie genaue Namensangaben enthalten und exakt die gegebenen Umstände verzeichnen.

Nach diesen Quellen soll ein Exemplar dieser Aussage in die Hände eines Mitgliedes der Signoria namens Giovanni Berlinghieri gelangt sein, der es dann aber (wahrscheinlich etwa zwei Jahre nach den Ereignissen, als die »Frateschi« mit Giovanbattista Ridolfi als Gonfaloniere wieder an die Macht gelangten) verbrannt haben soll. Denn – so seine nachträgliche Erklärung – da das Dokument etwa vierzig Personen schwer belastet hätte, hätten diese wohl mit ihrem Leben bezahlen müssen.

Daß das ganze Verfahren nicht den gesetzlichen Vorschriften entsprechend abgewickelt wurde, geht aus zahlreichen Erklärungen und Äußerungen hervor. So zum Beispiel aus einer Bemerkung des Ex-Gonfaloniere Popoleschi, die nicht etwa erst zwei oder zehn Jahre nach den Ereignissen, sondern bereits zehn Tage danach gefallen ist, und auch nicht etwa bloß im privaten Kreis, sondern in öffentlicher Sitzung im Beisein zahlreicher Schreiber, die sie zu Protokoll nahmen. Es handelt sich dabei um die »Pratica« vom 5. Mai 1498, bei der Popoleschi als Mitglied der Zehn das Wort ergreift und dafür eintritt, daß man die Forderung des Papstes nach Auslieferung Savonarolas unbedingt zurückweisen müsse. Popoleschi ist gegen eine solche Auslieferung, und er sagt auch ganz klar, warum: »Ich bin der Meinung, daß diese ganze Angelegenheit unter uns ausgemacht werden soll. Die Verhöre sind nun einmal so durchgeführt worden, wie es geschehen ist. Außerdem gibt es auch noch Motive der Aufrechterhaltung der öffentlichen Ordnung. Denkt doch daran, welchen Skandal ein Rückzieher unsererseits auslösen würde!« (Der Brief Bonsis mit der Nachricht von der Verweigerung der Auslieferung stammt vom 3. Mai.)

Doch wie und was hat Savonarola eigentlich gestanden?

# XXX.

Es ist unmöglich, die Vernehmungsprotokolle zu analysieren und richtig zu bewerten, ohne auf die Empfindungslage und die ganze Einstellung der damaligen Folterer näher einzugehen, zumal wenn dieser Weg sich für eine objektive Beurteilung als hilfreich erweist. Es ist daher am besten, zunächst einmal einige der Antworten Savonarolas kommentarlos wiederzugeben. Hier nun ein etwas längerer Abschnitt aus dem sogenannten ersten »Prozeß«:

»Alles, was ich getan oder zu tun beabsichtigt habe, habe ich zu dem Zweck getan und geplant, um jetzt wie in Zukunft immer groß dazustehen und in der Stadt Florenz ein solches Ansehen zu erlangen, daß man über meinen Kopf hinweg nichts unternehmen kann, was irgendwie von Bedeutung ist. Und wenn ich erst einmal in Florenz eine solche Position erreicht hätte, dann wollte ich mit Hilfe jener mächtigen Herren, mit denen ich Freundschaft geschlossen hatte, innerhalb und außerhalb Italiens große Dinge vollbringen, zum Beispiel ein Konzil abhalten. Und wenn das erfolgreich verlaufen wäre, dann hätten wir noch ganz andere Dinge geplant.

Nach Abschluß des Konzils war es vor allem meine Absicht, die christlichen Fürsten, vornehmlich jene außerhalb Italiens, dazu zu bewegen, gegen die Ungläubigen vorzugehen und sie zu unterwerfen.

Ich hatte kein großes Interesse daran, Kardinal oder gar Papst zu werden. Denn wenn es mir gelungen wäre, dieses Werk zu vollbringen, dann wäre ich, auch ohne Papst zu sein, was Autorität und Ansehen betrifft, der Größte auf der Welt gewesen. Hätte man mich aber zum Papst gemacht, so hätte ich nicht abgelehnt, obwohl es mir wichtiger zu sein scheint, an der Spitze dieses Werkes zu stehen, als Papst zu sein: Denn Papst kann auch ein völlig ungeeigneter Mensch werden, doch ein Werk wie dieses erfordert einen äußerst tüchtigen Mann.«

Ein Kommentar ist wohl überflüssig, lediglich eine Feststellung sei noch getroffen. Sie bezieht sich auf den Protokollführer Ser Ceccone und sein auffallendes Schweigen über die Namen der angeblich so mächtigen Freunde Savonarolas. Eigentlich handelt es sich ja nur um einen einzigen solchen mächtigen Herrn, der aber ist nicht irgendein x-beliebiger, sondern der König von Frankreich, Karl VIII. Mitte April wissen offenbar weder Ser Ceccone noch andere in Florenz, daß dieser Herr mittlerweile niemandem mehr Angst einzujagen vermag, denn er ist am Samstag, dem 7. April, dem Tag der verhinderten Feuerprobe, plötzlich nach einem Schwächeanfall gestorben.

Sicherlich, die Protokolle dieses ersten »Prozesses« wurden in Gegenwart zahlreicher Zeugen, darunter des neuen Priors von S. Marco und weiterer fünf Mönche des Konventes, die sie gegengezeichnet haben, verlesen und unterschrieben. Doch um zu wissen, was man wirklich davon zu halten hat, genügt allein schon die Tatsache, daß mit den Antworten des Befragten manchmal auch die Geißelhiebe protokolliert wurden, die man ihm verabreicht hat, um die gewünschten Antworten zu erhalten.

Daß der Frate schließlich vor seinen Henkern den göttlichen Ursprung seiner Prophezeiungen geleugnet haben soll, läßt sich unter Zuhilfenahme seines eigentlichen Geständnisses besser verstehen, in dem er Gott um Verzeihung und Erbarmen bittet. Es findet sich in dem berühmten »Miserere«, das er Anfang Mai in seiner Gefängniszelle verfaßt hat, als man ihm nach Abschluß der beiden ersten »Prozesse« vor der weltlichen Instanz die Möglichkeit zum Schreiben einräumte. Er kann jetzt schreiben, ohne daß er gleich wieder mit der Folter bedroht wird. Am besten, man überläßt seine Verteidigung in diesem »Miserere« ihm selbst.

Das Geständnis findet sich, wenn auch noch in sehr vager Form, bereits ganz am Beginn: »Ich Unglückseliger bin nun von allen verlassen, nachdem ich Himmel und Erde beleidigt habe. Wohin soll ich gehen? An wen soll ich mich wenden? Zu wem meine Zuflucht nehmen? Wer hat Erbarmen mit mir? . . .«

Nunmehr wird er das Vorbild, mit dem er sich identifizieren kann, wohl nur mehr unter den Renegaten oder Büßern suchen müssen. Doch da fällt ihm auf einmal der heilige Petrus ein, er erinnert sich an seine Tränen, nachdem er Jesus angesichts der peinlichen Fragen der Frau dreimal verleugnet hatte: »Doch diese Fragen«, so lautet seine Selbstrechtfertigung, »bestanden bloß aus Worten: Was hätte Petrus wohl getan, wenn die Juden damals mit Schlägen nachgeholfen hätten? . . . Er hätte ihn neuerlich verleugnet, wenn er gesehen hätte, wie man vor seinen Augen alle Vorbereitungen für die Folter trifft. Wenn schon Petrus, dem du doch so viele Gnadengaben verliehen hast, derart schmählich gefallen ist, was konnte dann ich, o Herr, schon ausrichten?«

Am 19. Mai treffen in Florenz die Kommissare des Papstes ein. Sie sollen den Gefangenen über seine Verfehlungen gegenüber der Kirche befragen. Es sind zwei Kommissare: Francesco Remolines, ein junger Referendar des Gouverneurs von Rom, der schon seit geraumer Zeit für eine höhere Karriere vorgesehen ist (die er schließlich als Kardinal beschließen wird), und der Dominikaner Gioachino Torriani, der sich als Ordensgeneral gerade am Höhepunkt seiner Laufbahn befindet.

Es ist einem natürlich sofort klar, wer von den beiden die wirklich entscheidende Figur ist. Man sieht, daß der alte Torriani eher eine Statistenrolle spielt. Vielleicht fühlt er sich auch nicht ganz wohl in seiner Haut, weil er Savonarola ja persönlich kennt. Abgesehen vom Alter, ist ihm Remolines wohl in jeder Hinsicht überlegen.

Kaum in Florenz angekommen, zeigt der Spanier sofort, daß er ein sehr volksverbundener und herzlicher Mensch ist. Umgehend steigt er aus dem Sattel, mischt sich unter die Leute und beeilt sich, die größten Hitzköpfe über das künftige Schicksal des Angeklagten unverblümt aufzuklären. Dasselbe wiederholt er auch gegenüber den »Arrabbiati«, die ihm noch am selben Abend in der von Pandolfo della Luna zur Verfügung gestellten Unterkunft ihre Aufwartung machen: »Wir werden ein schönes Feuer machen«, sagt er. »Das Urteil habe ich bereits in der Tasche.« Im Hause Pandolfos nimmt er auch ohne Zögern das nette Gastgeschenk entgegen, das Girolamo Martelli ihm offeriert: ein echtes Produkt des Landes, nämlich ein als Knabe verkleidetes schönes Mädchen. In den offiziellen Dokumenten heißt es von ihm, daß er nicht nur Referendar und Doktor beider Rechte, sondern auch noch Kleriker von Ilerda in Spanien gewesen sei. Einige bezeichnen ihn sogar als Bischof von Ilerda.

Jedenfalls kann man sagen, daß die Arbeitsweise des jungen Kommissars ziemlich effizient ist. Seine Fragen an den Angeklagten sind sehr geschickt formuliert und zeugen von großer Sachkenntnis. Keinerlei Abschweifungen, die Folter wird ganz gezielt zum richtigen Zeitpunkt eingesetzt, um zu den erwünschten Ergebnissen zu kommen. Das geht jedenfalls aus den Vernehmungsprotokollen hervor.

Es ist jedoch verständlich, daß er es eilig hat, die ganze Sache zu einem Abschluß zu bringen. Daher verzichtet er auch auf ein Verhör von Fra Domenico und Fra Silvestro und verurteilt sie einfach als Häretiker und Schismatiker zum Tode, ohne sich Zeit zu nehmen, sich einmal genauer anzuhören, was sie in Sachen Religion wirklich denken. Doch es hat keinen Sinn, viel Zeit zu verschwenden, wenn das Urteil sowieso schon feststeht.

Er nimmt sich gerade noch Zeit, den Hauptangeklagten um einige Klarstellungen zu fragen, vor allem hinsichtlich der Pläne für ein Konzil.

Er will damit einige Kardinäle in Schwierigkeiten bringen, die ihm eventuell noch gefährlich werden könnten. Vor allem sammelt er Beweise gegen Carafa. Der Papst selbst ist überzeugt, daß sowohl Carafa, der schon 1492 auf die Tiara scharf war, als auch Giuliano della Rovere die Art und Weise, in der seine Wahl zum Papst erfolgt ist, noch nicht ganz verdaut haben.

Doch in dieser Hinsicht hat Remolines keinerlei Erfolg, denn der prominente Häftling, der am 21. Mai unter Androhung der Folter ein eher allgemeines Geständnis abgelegt hat, widerruft dieses schon tags darauf wieder beim letzten Verhör, weil er nicht – wie er sagt – vor seinen Beichtvater mit der unverzeihlichen Schuld hintreten möchte, einen Unschuldigen bezichtigt zu haben.

Tatsächlich hat Savonarola schon beim ersten Verhör vor Remolines am 20. Mai versucht, alles in Abrede zu stellen und vornehmlich jenes prekäre Geständnis rückgängig zu machen, das er bei den Vernehmungen im April vor der weltlichen Untersuchungskommission abgelegt hatte und in dem er zugab, nie aus göttlicher Inspiration, sondern immer nur aus eitler Ehrsucht gehandelt zu haben. Hier nun ohne jeden Kommentar ein Auszug aus dem offiziellen Vernehmungsprotokoll mit seinem Widerruf des Geständnisses, der auch in Gegenwart von fünf Repräsentanten der weltlichen Macht (Piero degli Alberti, Giovanni Canacci und anderen) erfolgt ist:

»Der obengenannte M. Francesco Remolines befahl, ihn zu entkleiden, um ihn mit dem Seil zu foltern. Er aber hatte riesige Angst davor, kniete nieder und sagte: ›Wohlan denn, hört mich an: Gott, du hast mich ertappt. Ich bekenne, daß ich Christus verleugnet und Lügen von mir gegeben habe. Ihr Herren von Florenz, ihr seid meine Zeugen. Ich habe dies nur getan aus Angst vor den Foltern. Wenn ich schon leiden muß, dann will ich für die Wahrheit leiden. Was ich gesagt habe, kam aus göttlicher Eingebung. Gott, du strafst mich, weil ich dich verleugnet habe, verleugnet aus Angst vor den Qualen. Ja, ich verdiene diese Strafe.‹

Unterdessen hatte man ihm die Kleider ausgezogen. Er kniete sich neuerlich hin, wies auf seinen linken Arm hin und sagte, daß er ihn schon nicht mehr heben könne. Dann wiederholte er von neuem: ›Ich habe dich verleugnet, o Gott, aus Angst vor den Foltern.‹

Während er dann am Seil hochgezogen wurde, sagte er: ›Jesus, hilf mir, diesmal hast du mich ertappt.‹

Auf die Frage, warum er nun anders gesprochen hätte, gab er, immer noch am Seil hängend, zur Antwort: ›Um euch willfährig zu sein: Hört auf, mich zu quälen, dann werde ich euch die Wahrheit sagen, ganz sicher, ganz gewiß.‹

›Und warum habt ihr jetzt wieder geleugnet?‹ – ›Weil ich ein Verrückter bin.‹«

Nach dreitägigem Verhör ist am 22. Mai schließlich auch der dritte, kirchliche »Prozeß« abgeschlossen. Bevor man ihn wieder in seine Zelle zurückbringt, wird der Gefangene gemäß der Verfahrensordnung noch aufgefordert, am nächsten Tag bei der Urteilsverkündung anwesend zu sein: »Ich werde kommen, wenn ich kann«, lautet seine Antwort. »Schließlich befinde ich mich ja in Haft.« Doch das Urteil ergeht sofort im Anschluß an das letzte Verhör. Und die Begründung kann man in einigen alten Abschriften der »Prozeß«-Akten am Ende des Protokolls über das letzte Verhör am 22. Mai nachlesen:

»Die Apostolischen Kommissare sind zur Erkenntnis gelangt, daß die obengenannten Fra Girolamo, Fra Domenico und Fra Silvestro die ihnen zur Last gelegten Delikte, die in den Verhören von Fra Girolamo am 20. Mai zur Sprache kamen, begangen haben. Sie sind zur Überzeugung gekommen, daß alle drei Häretiker und Schismatiker sind und in ihren Predigten ganz neuartige Dinge verbreitet haben. Deshalb haben sie das Urteil gefällt, daß sie ihrer Ämter und Würden verlustig gehen und dem weltlichen Richter auszuliefern oder zu überlassen sind.«

Prüft man aber das Protokoll der Vernehmungen vom 20. Mai genauer nach, so findet man, daß Fra Girolamo dort zwar von Fra Domenico und Fra Silvestro spricht, aber nur um ihre Unschuld darzulegen. Von Fra Domenico sagt er, daß dieser ihm keine Beichtgeheimnisse anvertraut haben könne, weil er gar nie bei ihm gebeichtet habe, und er halte ihn nach wie vor für einen ehrenhaften und anständigen Menschen. Von Fra Silvestro hält er offenbar etwas weniger. Doch wenn man von ihm verlangt, daß er aussagen soll, Fra Silvestro (der auch der Beichtvater von Pier Capponi ist) habe ihm Beichtgeheimnisse verraten, kann ihn nichts dazu veranlassen, dies zuzugeben. Es ist also keinerlei Belastungsmaterial gegen die beiden Mönche aus ihm herauszubringen. Doch mit sich selbst geht Savonarola, wie üblich, sehr scharf ins Gericht: »Ich war der schlechteste von ihnen«, fügt er sogleich hinzu, »und aufgrund meines heimlichen Stolzes und meiner Eitelkeit wollte ich als ein Prophet und Heiliger angesehen und geachtet werden.« Diese Art von Selbstkritik stellt in allen drei »Prozessen« das einzige Eingeständnis einer gewissen Mitschuld dar. Doch in allen drei »Prozessen«, ob es dort nun mit rechten Dingen zugegangen ist oder nicht, findet sich kein einziges Vergehen, das nach menschlichem Gesetz strafbar wäre.

Als Häretiker und Schismatiker in die Hände des weltlichen Richters ausgeliefert zu werden, in diesem Falle in die Hände der Acht, bedeutet ganz von selbst das Todesurteil. Da ist es nicht einmal mehr von Bedeutung, daß diesem Tribunal der Acht auch Doffo Spini angehört.

Doch Girolamo Savonarola kennt auch angesichts des Todes keinerlei Angst. Der Tod hat eine ganz andere Dimension. Für Fra Domenico da Pescia ist er geradezu ein festliches Ereignis. Für Fra Silvestro Maruffi ist es zwar nicht ganz so, aber auch er wird sich schließlich in sein Schicksal fügen.

Im folgenden wollen wir nun kurz die letzten zwölf Stunden ihres Lebens Revue passieren lassen.

Das Todesurteil wird den drei Mönchen noch am Abend des 22. Mai, gegen 10 Uhr, mitgeteilt. Die Hinrichtung durch den Strang ist für den nächsten Tag um 10 Uhr vormittag auf der Piazza dei Signori vorgesehen. Danach wird man den Holzstoß zu ihren Füßen entzünden, also jenes schöne Feuer machen, von dem Francesco Remolines gesprochen hatte: eine zweifache Hinrichtung also, entsprechend dem weltlichen und dem kirchlichen Arm, die sich beide zu diesem Unterfangen zusammengetan haben.

Von Fra Silvestro weiß man, daß er den Schuldspruch heftig beklagt. Wir kennen zwar keine Einzelheiten, aber wahrscheinlich reagiert er so wie viele andere auch in einem solchen Fall: Er beteuert lautstark seine Unschuld, ja er trägt sich sogar mit der Absicht, am nächsten Tag bei der Hinrichtung vor dem ganzen Volk öffentlich gegen dieses Urteil zu protestieren.

Fra Domenico hingegen hat noch vor der Bekanntgabe des Urteils einen Abschiedsbrief an die Mönche von S. Domenico in Fiesole geschrieben, deren Prior er gewesen war. Daraus einige Zeilen:

»Da es der Wille Gottes ist, daß wir für ihn sterben, sollt Ihr, die Ihr zurückbleibt, für uns beten ... Bestattet meinen Leib bei Euch an einem unauffälligen Ort, nicht im Inneren der Kirche, sondern seitlich vom Eingang ... Küßt in meinem Namen alle Brüder, auch die von S. Marco ... Nehmt aus meiner Zelle die Schriften von Fra Girolamo, laßt sie neu binden und legt ein Exemplar im Refektorium auf, wo beim Mittagessen daraus vorgelesen werden soll. Befestigt es vielleicht an einer Kette, damit es auch den Laienbrüdern zur Verfügung steht und sie gemeinsam daraus lesen können ...«

Als ihm später das Urteil mitgeteilt wird, gefällt ihm daran nur eines nicht: daß er als Toter verbrannt werden soll und nicht bei lebendigem Leib. Dagegen erhebt er Einspruch und bittet inständig darum, daß die

Vorgangsweise in dem von ihm gewünschten Sinn geändert werde, um – so heißt es in den Quellen – noch mehr für den gekreuzigten Christus leiden zu können. Aber gleichzeitig will er damit offenbar auch die Gelegenheit erhalten zu zeigen, daß er auch an jenem Samstag, dem 7. April, ins Feuer gegangen wäre, wenn die Dinge damals anders verlaufen wären. Es ist aber auch verständlich, warum man ihm jetzt nicht gestattet, sich lebendig dem Feuer auszusetzen: Wie auch immer er aus dem Feuer hervorgehen würde, lebend oder tot, es würde vor dem Volk so aussehen, als wolle man ihm gewissermaßen die Gelegenheit zu einer Revanche einräumen. Und außerdem, Beweise nützen jetzt sowieso nichts mehr.

Im Augenblick ist es vordringlich, zunächst einmal alles für die morgige Zeremonie vorzubereiten. Auf der Piazza della Signoria ist man bereits dabei, die für die Exekution des Urteils notwendigen Vorkehrungen zu treffen, wobei man vielleicht sogar teilweise auf die Aufbauten vom 7. April zurückgreifen kann. Auch diesmal errichtet man wieder eine Art Laufsteg, der mit der Plattform beim Eingang des Palastes verbunden ist und bis zur Mitte des Platzes reicht, so daß die drei Verurteilten, sobald sie aus dem Hauptportal auf die Plattform getreten sind und die nötigen Formalitäten vor den dort versammelten höchsten Autoritäten erledigt haben, direkt und auf gleichem Niveau zu den drei Galgen schreiten können, die etwa in der Mitte des Platzes am äußersten Ende des laufstegartigen Podiums aufgestellt worden sind.

Nachdem er eingesehen hat, daß es keinen Sinn hat, weiterhin auf seiner Forderung zu bestehen, lebend ins Feuer gehen zu dürfen, willigt Fra Domenico schließlich ein, das Abendessen zu sich zu nehmen, denn – so sagt er – mit vollem Magen werde er besser schlafen können. Doch zuvor kommt es noch zu einer Begegnung von ihm und Fra Silvestro mit Fra Girolamo, der darum gebeten hatte, sie nochmals sehen zu dürfen.

Savonarola wurde das Urteil mitgeteilt, während er gerade im Gebet versunken war. Ohne ein Anzeichen innerer Anteilnahme hat er es vernommen und sich dann wieder dem Gebet hingegeben. Hierauf trat die Bruderschaft der schwarzen Mönche in Erscheinung, die zu jedem der Verurteilten einen Mitbruder entsandte, um ihnen in den letzten Stunden beizustehen. Zu ihm kam ein gewisser Jacopo Niccolini, ein frommer und sehr feinfühliger Mann, der sofort alles daransetzte, um die gewünschte Begegnung mit den beiden anderen durchzusetzen.

Doch was hat man sich nach so vielen Tagen der Trennung schon zu sagen? Da bricht plötzlich der Prior das eisige Schweigen, denn er hat einiges auszusetzen: an Fra Domenico, weil er bei lebendigem Leib verbrannt zu werden wünscht, und an Fra Silvestro, weil er vor der versammelten Menge unbedingt seine Unschuld beteuern möchte: »Das dürft ihr nicht tun«, ermahnt er sie, »denn nicht einmal Christus wollte vom Kreuze herab seine Unschuld beteuern. Daher müssen auch wir es so halten: ›quia omnis Christi actio nostra est instructio‹ – denn alles, was Christus tat, ist für uns ein verpflichtendes Vorbild.« Den beiden bleibt nichts anderes übrig, als sich dem Wunsch ihres Vorgesetzten in Demut und Gehorsam zu beugen. Mit seiner noch immer ungebrochenen Autorität erreicht also Fra Girolamo von den beiden, daß sie am nächsten Tag so wie er, und wie es das Beispiel Christi zeigt, dem Tod entgegengehen. Das stille Einverständnis wird schließlich noch durch den Segen besiegelt, den die beiden am Schluß auf den Knien von ihm erbitten. Die drei Mönche von S. Marco sind offenbar nicht im geringsten auf die Idee gekommen, daß sie Häretiker und Schismatiker seien, welche »neuartige Dinge« gepredigt hätten, und daß sie deswegen morgen öffentlich auf der Piazza gehängt und verbrannt werden müßten.

Am nächsten Morgen empfangen die drei Verurteilten gemeinsam die heilige Kommunion. Das von Savonarola vor der Kommunion abgelegte Glaubensbekenntnis läßt wohl keinen Zweifel an seiner katholischen Rechtgläubigkeit.

Es geht nun schon gegen 10 Uhr. Die für die Vollstreckung des Urteils festgesetzte Stunde naht. Im Inneren des Palastes der Signoria, wo sich die Gefangenen aufhalten, ist bereits der Lärm der Volksmassen zu hören, die den Platz draußen immer dichter zu füllen beginnen.

Auf dem Podium links vom Hauptportal, wo sonst die Signoria Platz zu nehmen pflegt, sind die Sitzplätze für drei Tribunale aufgestellt worden: Gleich neben dem Portal hat unter anderen auch Bischof Paganotti, der Vikar des Erzbischofs, seinen Platz eingenommen, in der Mitte haben Remolines und Torriani ihre Plätze, und das dritte Tribunal bilden schließlich die Acht, die das von den Apostolischen Kommissaren ergangene Urteil nochmals zu bestätigen und dann auszuführen haben.

Die Aufgabe von Bischof Paganotti ist für ihn eher betrüblich. Ihm wurde nämlich die Aufgabe übertragen, die drei Mönche zu degradieren, bevor er sie den anderen beiden Tribunalen übergibt. Benedetto Paganotti war selbst einmal Mönch von S. Marco gewesen, ein Dominikaner also, der später Karriere gemacht hat. Fra Girolamo hatte seinerzeit bei seinem Kampf um die moralische Erneuerung der Diözese Florenz immer auch mit seiner Unterstützung rechnen können. Der Bischof war von der vorbildlichen moralischen Integrität Savonarolas beeindruckt und hat ihn tatkräftig unterstützt, wenn er auch am Schluß gar zu sehr auf die Durchführung der Feuerprobe zu drängen schien.

Peinlich muß für ihn wohl auch die Tatsache sein, daß er den Auftrag, die drei Dominikaner zu degradieren, unter Strafe der Exkommunikation und mit einem Breve übertragen erhielt, das mit 11. Mai datiert ist und in dem die drei Mönche noch vor einem Urteilsspruch als »fratres morituros« (todgeweihte Brüder) bezeichnet werden.

Als die drei Mönche aus dem Portal des Palastes auf die Plattform der Vortreppe hinaustreten, erblicken die Augen des auf dem Platz wartenden Volkes nicht etwa drei Mönche, sondern drei Männer in langen, leinenen Hemden, mit nackten Füßen und gefesselten Händen, die nicht mehr das Ordenskleid der Dominikaner tragen. Zwei Mitbrüder aus S. Maria Novella haben es ihnen bereits zuvor, noch ehe sie auf den Platz hinaustraten, auf nicht sehr feine Art ausgezogen. Es war dies gewissermaßen ein symbolischer Akt – man wollte von seiten des Ordens gleichsam verhindern, daß das Ordenskleid durch die Schande der drei Verurteilten befleckt würde. Bevor Fra Girolamo seinen Habit aber hergab, wollte er ihn noch ein wenig auf den Armen halten, und mit tränenerstickter Stimme sagte er: »O heiliges Gewand, wie sehr habe ich dich begehrt! Von Gott habe ich dich empfangen, und bis zu dieser Stundc habe ich dich unbefleckt bewahrt, und ich würde auch jetzt nicht von dir lassen, wenn ich nicht dazu gezwungen würde.«

Doch gleich darauf wird ihnen der Habit, wenn auch nur für kurze Zeit, wieder übergestreift, um Bischof Paganotti, dem die Sache offiziell übertragen ist, Gelegenheit zu geben, die drei Verurteilten zu degradieren und ihnen das Ordenskleid neuerlich vom Leibe zu reißen. Nur wenige Meter entfernt wartet bereits der Bischof, um seines Amtes zu walten. Er muß dabei ziemlich aufgeregt gewesen sein, denn es kann ihm wohl nicht aus Unwissenheit passiert sein, daß er, während er Savonarola von Angesicht zu Angesicht gegenübersteht, eine falsche Formel gebraucht und sagt: »Ich scheide dich von der streitenden und triumphierenden Kirche.«

»Nur von der streitenden«, korrigiert ihn darauf sofort der Frate, »das andere liegt nicht in deinem Machtbereich.«

Wieviel Zeit ist doch vergangen seit jenem Traum seiner Jugend, in dem er sah, wie Gott ihn anflehte, sich mit seinem Schwert zu umgürten und unter seinen Feldzeichen in den Kampf zu ziehen. Jetzt steht er da in einem langen Hemd, mit nackten Füßen und gefesselten Händen, vor den Augen Tausender Leute und hört unbewegt auf das, was der Kanzler des

Apostolischen Tribunals feierlich vorliest: »Die Apostolischen Kommissare usw. usw. haben folgendes Urteil gefällt usw. usw.« Aber es gibt auch noch eine Überraschung, gewissermaßen ein kleines Abschiedsgeschenk Alexanders VI., der Remolines beauftragt hat, die Delinquenten in seinem Namen von allen ihren Sünden loszusprechen. Es ist dies eine Gunst, die man keinesfalls zurückweisen kann.

Dann ist schließlich der weltliche Richter an der Reihe, nämlich das Tribunal der Acht, das auch noch seinen eigenen Urteilsspruch zu verlesen hat:

»Florenz, am 23. Mai 1498. Die ehrwürdigen Herren vom Tribunal der Acht, in der vom Gesetz vorgeschriebenen Anzahl versammelt (einzig und allein ihr Kollege Francesco Cini fehlt), ... haben Kenntnis genommen von den Verhören und den Geständnissen einer ganzen Reihe von Delikten, die von Fra Girolamo Savonarola aus Ferrara, von Fra Silvestro aus Florenz und von Fra Domenico aus Pescia, alle drei aus dem Predigerorden und Mitglieder des Klosters von S. Marco in Florenz, verübt und begangen wurden. Sie sind zur Überzeugung gelangt, daß sie der schändlichsten Verbrechen schuldig sind. Sie haben weiters ihre Degradierung durch den Bischof vor dem ganzen Volk, vor dem Ordensgeneral und Apostolischen Kommissar sowie vor dem hochwürdigsten Kommissar unseres Heiligsten Vaters gesehen und das Urteil der obengenannten beiden hochwürdigsten Kommissare, die mit päpstlicher Vollmacht ausgestattet sind, sie dem weltlichen Arm zu übergeben, zur Kenntnis genommen, damit der Gerechtigkeit Genüge getan werde. Und so verurteilen sie die obengenannten Girolamo Savonarola aus Ferrara, Silvestro aus Florenz und Domenico aus Pescia dazu, daß sie auf und über der Piazza dei Signori gehängt und dann verbrannt werden sollen, so daß ihre Seele sich vom Körper scheidet ...«

Ja, ganz richtig: auf dem Platz, aber auch darüber, denn am äußersten Ende des hölzernen Laufstegs hat man einen hohen Pfahl errichtet, der ganz oben mit einem Querbalken versehen wurde, wobei man vergeblich versucht hat, dem Ganzen durch ständiges Kürzen dieses Querbalkens die Ähnlichkeit mit einem Kreuz zu nehmen. Von diesem Pfahl, der hoch in den azurblauen Himmel ragt, hängen drei Stricke herunter. Vom Podium an der Front des Palastes hat sich inzwischen bereits der Zug mit den zum Tode Verurteilten formiert und in Bewegung gesetzt. Sie schreiten nun langsam auf dem Laufsteg voran bis zum großen Pfahl am äußersten Ende. Unter dem hölzernen Steg aber haben sich Kinder versteckt, die mit spitzen Nägeln, die sie an den Verbindungsstellen der Holzplanken durch die Ritzen stecken, auf das Kommen der Todeskandidaten lauern.

Fra Domenico gelingt es noch einmal, die Aufmerksamkeit auf sich zu lenken. Er möchte unbedingt abwechselnd mit den Beiständen von der Bruderschaft der schwarzen Mönche laut das »Te Deum« singen. Doch diese machen da nicht mit, denn sie wollen nicht in letzter Minute noch einen Skandal heraufbeschwören. Also begnügt er sich damit, allein und mit leiser Stimme zu singen.

Der erste, der die Treppe zum Galgen hinaufsteigen soll, ist Fra Silvestro. So wurde es am Vorabend festgelegt. Seine letzten Worte gleichen denen Christi: »In manus tuas commendo spiritum meum« – »In deine Hände empfehle ich meinen Geist«.

Von Fra Domenico, der als zweiter an der Reihe ist, weiß man außer dem »Te Deum« nur, daß er einen glücklichen und von Festesfreude erfüllten Eindruck gemacht hat.

Fra Girolamo schien ebenfalls von Freude erfüllt zu sein. Er rezitierte feierlich das »Credo«, während er als letzter die Richtstätte bestieg.

Doch was im Gedächtnis der Nachwelt vor allem haftengeblieben ist, war das »schöne Feuer«, das man gleich darauf entzündet hat.

# DIE WICHTIGSTE LITERATUR

Der Autor dieses Buches stützt sich bei seiner Darstellung vornehmlich auf jene Quellen, die der historischen Gestalt von Girolamo Savonarola zeitlich am nächsten liegen, und nur wo diese Quellen versagen, weil sie zu undeutlich oder widersprüchlich sind, versucht er sie nach eigenen Mutmaßungen zu interpretieren. Diese Interpretationen sind aber hinsichtlich ihrer historischen Zuverlässigkeit und psychologischen Glaubwürdigkeit hoffentlich immer logisch und vernünftig.

Ein umfassender Überblick alles dessen, was über Savonarola seit 1800 publiziert worden ist, findet sich in dem Buch von *Mario Ferrara,* Bibliografia savonaroliana: bibliografia ragionata degli scritti editi dal 1800, Firenze 1958.

Eine Bibliographie der Werke über Savonarola vor 1800 bietet *Alessandro Gherardi* in dem Beitrag »Saggio di una bibliografia biografica del Savonarola« seines Buches: Nuovi documenti e studi intorno a Girolamo Savonarola, Firenze 1887.

Eine Gesamtausgabe der Werke Savonarolas erscheint in Italien seit 1953: Edizione nazionale delle opere di Girolamo Savonarola, Roma 1953 ff. In deutscher Übersetzung ist eine Auswahl seiner Predigten und Schriften 1957 erschienen: Savonarola – Predigten und Schriften. Ausgewählt und erläutert von *Mario Ferrara,* Salzburg 1957.

Unter den alten Biographien findet vor allem die von Fra *Pacifico Burlamacchi* aus dem 16. Jahrhundert Berücksichtigung. Sie beruht auf zwei noch älteren Darstellungen von Fra Placido Cinozzi und Giovan Francesco Pico und ist 1937 von *Roberto Ridolfi* neu herausgegeben worden unter dem Titel: La vita del Beato Ieronimo Savonarola, scritta da un Anonimo del sec. XVI e già attribuita a Fra Pacifico Burlamacchi . . ., Firenze 1937.

Was die modernen Biographien betrifft, so sind vor allem die fundamentalen Werke von Villari, Schnitzer und Ridolfi zu nennen, die sich alle auf reichhaltige Forschungsergebnisse und beträchtliches Archivmaterial stützen können:

*Pasquale Villari,* La storia di Girolamo Savonarola e de' suoi tempi, 2 Bände, Firenze 1930.

*Joseph Schnitzer,* Savonarola. Ein Kulturbild aus der Zeit der Renaissance, 2 Bände, München 1924.

*Roberto Ridolfi,* Vita di Girolamo Savonarola, 2 Bände, Firenze 1974.

In deutscher Sprache sind u. a. noch erschienen: Savonarola. Revolutionär, Ketzer oder Prophet? von *Nikolaus Sementovsky-Kurilo,* Olten 1950, sowie: Savonarola – Ketzer oder Heiliger? Eingeleitet, ausgewählt und übersetzt von *Gundolf Gieraths,* Freiburg 1961.

Natürlich stützt sich diese Arbeit auch noch auf andere und verschiedenartigste Literatur, die hier anzuführen aber nicht möglich ist. Doch da es in diesem Buch außer um Savonarola auch noch um andere wichtige Persönlichkeiten geht, Päpste, Fürsten und Kardinäle nebst ihren Familien, die in irgendeiner Weise mit dem Schicksal Savonarolas verbunden sind, darunter vor allem die Medici in Florenz und die Este in Ferrara, soll auch auf diesbezügliche Werke kurz hingewiesen werden: *Ludwig von Pastor,* Geschichte der Päpste, 3. Band: Geschichte der Päpste im Zeitalter der Renaissance von der Wahl Innozenz' VIII. bis zum Tode Julius' II., Freiburg 1924. *Marcel Brion,* Die Medici. Eine Florentiner Familie, Wiesbaden 1972. *John R. Hale,* Die Medici und Florenz, Stuttgart 1979.

GESCHICHTE DER KIRCHE
IN GROSSEN GESTALTEN

Jeffrey Richards
GREGOR DER GROSSE
*Sein Leben – seine Zeit*
ISBN 3-222-11443-9

Guy Bedouelle
DOMINIKUS
*Von der Kraft des Wortes*
ISBN 3-222-11513-3

James A. Weisheipl
THOMAS VON AQUIN
*Sein Leben und seine Theologie*
ISBN 3-222-11258-4

P. Scandaletti
ANTONIUS VON PADUA
*Volksheiliger und Kirchenlehrer*
ISBN 3-222-11444-7

Manfred Entrich (Hrsg.)
ALBERTUS MAGNUS
*Sein Leben und seine Bedeutung*
ISBN 3-222-11421-8

VERLAG STYRIA
GRAZ WIEN KÖLN